Treinamento esportivo

# Treinamento esportivo

José Cassidori Junior
Jackson José da Silva

Rua Clara Vendramin, 58 • Mossunguê • CEP 81200-170 • Curitiba • PR • Brasil
Fone: (41) 2106-4170 • www.intersaberes.com • editora@intersaberes.com

**Conselho editorial**
Dr. Alexandre Coutinho Pagliarini
Dr.ª Elena Godoy
Dr. Neri dos Santos
Dr. Ulf Gregor Baranow

**Editora-chefe**
Lindsay Azambuja

**Gerente editorial**
Ariadne Nunes Wenger

**Assistente editorial**
Daniela Viroli Pereira Pinto

**Preparação de originais**
Palavra Arteira Edição e Revisão de Textos

**Edição de texto**
Letra & Língua Ltda. - ME
Monique Francis Fagundes Gonçalves

**Capa**
Laís Galvão (*design*)
bbernard/Shutterstock (imagem)

**Projeto gráfico**
Luana Machado Amaro

**Diagramação**
Andreia Rasmussen

**Equipe de *design***
Luana Machado Amaro

**Iconografia**
Celia Kikue Suzuki
Regina Claudia Cruz Prestes

---

**Dados Internacionais de Catalogação na Publicação (CIP)**
**(Câmara Brasileira do Livro, SP, Brasil)**

Cassidori Junior, José Cassidori
   Treinamento esportivo/José Cassidori Junior, Jackson José da Silva. Curitiba: InterSaberes, 2020. (Série Corpo em Movimento)

   Bibliografia.
   ISBN 978-65-5517-644-5

   1. Educação física 2. Esportes 3. Treinamento esportivo I. Silva, Jackson José da. II. Título. III. Série.

20-37005                                                                    CDD-613.71

**Índices para catálogo sistemático:**
1. Treinamento esportivo: Educação física   613.71

Cibele Maria Dias – Bibliotecária – CRB-8/9427

---

1ª edição, 2020.

Foi feito o depósito legal.

Informamos que é de inteira responsabilidade dos autores a emissão de conceitos.

Nenhuma parte desta publicação poderá ser reproduzida por qualquer meio ou forma sem a prévia autorização da Editora InterSaberes.

A violação dos direitos autorais é crime estabelecido na Lei n. 9.610/1998 e punido pelo art. 184 do Código Penal.

# Sumário

Apresentação • 13
Como aproveitar ao máximo este livro • 15

**Capítulo 1**
*Esporte e atividade competitiva • 19*
1.1 O que é esporte? • 22
1.2 Função social do esporte • 31
1.3 Diversidade esportiva • 40
1.4 Competições esportivas e atividade competitiva • 44
1.5 Manifestação das qualidades do atleta na atividade competitiva • 51

**Capítulo 2**
*Preparação esportiva: tópicos fundamentais • 71*
2.1 Sistema de preparação esportiva • 74
2.2 Objetivos e tarefas da preparação do atleta • 80
2.3 Meios e métodos da preparação do atleta • 82
2.4 Carga de treinamento e descanso • 89
2.5 Princípios da preparação esportiva • 95

**Capítulo 3**

*Fundamentos gerais da preparação e do treinamento desportivo* • 117

3.1 Aspectos biológicos relevantes no processo adaptativo durante o treinamento físico • 120

3.2 Fisiologia e bioquímica da atividade muscular e suas implicações no desempenho físico • 140

3.3 Contribuição dos sistemas cardiovascular e respiratório no desempenho de resistência • 164

3.4 Neurofisiologia, aprendizado e aperfeiçoamento de ações motoras • 177

**Capítulo 4**

*Treinamento das capacidades físicas do atleta* • 199

4.1 Capacidade coordenativa • 202

4.2 Capacidade de flexibilidade • 210

4.3 Capacidade física *força muscular* • 217

4.4 Velocidade e rapidez no esporte • 243

4.5 Capacidade física *resistência* • 254

**Capítulo 5**

*Preparações técnica, tática e psicológica* • 283

5.1 Preparo técnico do atleta • 286

5.2 Preparação técnica • 291

5.3 Preparo tático • 299

5.4 Preparação tática • 304

5.5 Preparo e preparação psicológica • 313

**Capítulo 6**
*Estruturação do processo de treinamento • 327*

6.1 Teoria da periodização do treinamento desportivo • 330
6.2 Microestrutura do processo de treinamento • 345
6.3 Mesoestrutura do processo de treinamento • 358
6.4 Macroestrutura do processo de treinamento • 367
6.5 Preparação plurianual • 373

**Capítulo 7**
*Evolução e conceitos modernos da teoria da periodização do treinamento desportivo • 395*

7.1 Problemática da periodização do treinamento desportivo • 398
7.2 Abordagens e estratégias de periodização do treinamento desportivo • 402
7.3 Modelos de periodização no ciclo anual de preparação • 407
7.4 Modelagem no esporte • 428
7.5 Aplicação da abordagem de modelo-alvo na construção de macrociclos • 442

Considerações finais • 473
Referências • 475
Bibliografia comentada • 487
Respostas • 491
Sobre os autores • 493

Dedico esta obra aos meus pais, José Cassidori e Maria Idalina, que são uma grande inspiração e sempre me apoiaram em meus estudos na área de educação física. Também dedico a pessoas muito especiais da minha vida que já se foram, meu querido tio Rui Paulo e minha querida tia Diva Cassidori.

*José Cassidori Junior*

Dedico esta obra a todos que contribuíram das mais diferentes formas na minha vida acadêmica e pessoal em direção ao caminho desportivo.

*Jackson José da Silva*

Agradeço a toda minha família, meus pais José e Maria Idalina, minhas irmãs Isabela e Gabriela, meu cunhado Praxedes, por fazerem parte da minha vida e pela valiosa ajuda em tantos momentos.

Aos meus amigos de profissão, Rene Stanzioni, Juliano Trindade, Claudio Tencati, Antônio Carlos Gomes, Stéfane Dias, Vitor Machado, Jackson José da Silva e Tamires Santos. Também ao meu amigo e quase companheiro de profissão (o maior entusiasta do esporte) Mieroslau Honesko.

A todos os meus alunos e amigos de Ponta Grossa-PR, por confiarem no meu trabalho e no meu caráter. Também aos amigos da faculdade Sant'Ana, em especial ao professor Claudio Leitão.

Por fim, mas não menos importante, agradeço aos professores Serguey Ivanovich Vovk, Vladimir Solomonovich Rubin, Victor Nikolaevich Seluianov (*in memoriam*) e à minha professora e orientadora de mestrado e doutorado, Marina Vladimirovna Sakharova, pelas mais profundas reflexões.

*José Cassidori Junior*

Agradeço à minha família e a Deus
por todas as inspirações e conquistas
que obtive.

*Jackson José da Silva*

# Apresentação

O esporte é um fenômeno cultural que abrange muitas pessoas ao redor mundo. Atletas profissionais e amadores, treinadores, pesquisadores e professores, árbitros, médicos, fisioterapeutas, nutricionistas, torcedores, profissionais da imprensa, telespectadores, entre outros, são exemplos do conjunto de pessoas envolvidas direta ou indiretamente nessa atividade. O que hoje conhecemos como *esporte de alto rendimento* é apenas um ramo do fenômeno *esporte*, que, de certa forma, contempla e propaga o movimento esportivo no mundo todo. Diante de todo o crescimento e reconhecimento que o esporte ganhou ao longo do século XX até o presente momento, somado aos interesses profissionais, comerciais e midiáticos, é imprescindível o estudo dessa atividade por diversos ramos da ciência.

Nesse contexto, esta obra foi preparada especialmente para treinadores, cientistas do esporte, professores e acadêmicos de educação física. O objetivo principal é apresentar ao leitor todo o conteúdo que compõe a teoria do esporte, ou seja, os conhecimentos exigidos pela atividade do treinador. Dessa forma, com a assimilação do conteúdo por parte do leitor, torna-se possível elaborar o processo de treinamento para atletas em qualquer idade ou estágio de preparação.

Com o intuito de atingir nosso objetivo, dividimos este livro em sete capítulos. Nos Capítulos 1 e 2, contemplamos tópicos filosóficos a respeito da natureza da atividade esportiva e seu contexto na sociedade, além de tarefas e objetivos da preparação esportiva. Nos Capítulos 3, 4 e 5, analisamos temas sobre a metodologia de treinamento dos componentes do preparo (físico, técnico, tático e psicológico) com embasamento teórico em conceitos modernos das ciências naturais. Por fim, nos Capítulos 6 e 7, discutimos de forma aprofundada a estruturação do processo de treinamento. Em resumo, buscamos responder aos seguintes questionamentos: O que o atleta deve treinar? Como treinar? Quando treinar?

Além dos objetivos e da contextualização do conteúdo, vale destacar que este livro traz uma abordagem típica da escola científica esportiva do leste europeu, com a integração de tópicos específicos, principalmente biológicos, da escola ocidental. Dessa forma, considerando as dificuldades de uma visão que englobe diferentes escolas, a ausência de material na língua portuguesa e os obstáculos de tradução e interpretação da escola do leste europeu, o estudo desta obra torna-se uma ferramenta imprescindível para qualquer treinador ou profissional de educação física ou de áreas relacionadas.

# Como aproveitar ao máximo este livro

Empregamos nesta obra recursos que visam enriquecer seu aprendizado, facilitar a compreensão dos conteúdos e tornar a leitura mais dinâmica. Conheça a seguir cada uma dessas ferramentas e saiba como elas estão distribuídas no decorrer deste livro para bem aproveitá-las.

## — Introdução do capítulo

Logo na abertura do capítulo, informamos os temas de estudo e os objetivos de aprendizagem que serão nele abrangidos, fazendo considerações preliminares sobre as temáticas em foco.

## Síntese

Ao final de cada capítulo, relacionamos as principais informações nele abordadas a fim de que você avalie as conclusões a que chegou, confirmando-as ou redefinindo-as.

## Atividades de autoavaliação

Apresentamos estas questões objetivas para que você verifique o grau de assimilação dos conceitos examinados, motivando-se a progredir em seus estudos.

# Capítulo 1

Esporte e atividade competitiva

Podemos dividir este primeiro capítulo em duas partes principais. Na primeira (Seções 1.1 e 1.2), a ênfase reside na busca pelo entendimento do conceito de esporte e suas particularidades – aqui, discutiremos o conceito de esporte e a diferença entre esporte de alto rendimento e amador, o significado e as funções do esporte na sociedade, entre outras. Na segunda parte (Seções 1.3 a 1.5), abordaremos os grupos de modalidades esportivas, o significado da competição e todas as particularidades e manifestações da atividade competitiva. De certa forma, na primeira parte, pretendemos responder à pergunta: Qual é o sentido da existência do esporte? E, na segunda parte, ao tratarmos das manifestações técnicas, táticas, físicas e psicológicas, iniciamos uma reflexão para responder à outra pergunta: O que devemos treinar ou aperfeiçoar?

## 1.1 O que é esporte?

O esporte faz parte do cotidiano das pessoas. Esse termo está presente o tempo todo na imprensa (em programas esportivos), entre professores de educação física e, até mesmo, em uma conversa informal em um encontro entre amigos. Diante do fato de o esporte ser um grande fenômeno cultural que abrange um número enorme de pessoas, ele faz parte da cultura humana e ganhou destaque (assim como a música, a arte e outros tipos de atividades). Talvez pelo fato de esse fenômeno cultural contar com uma tradição que supera milênios, seu significado pareça óbvio. No entanto, quando buscamos entender o conceito de esporte com o intuito de defini-lo e buscar sua essência, surgem algumas dificuldades.

A palavra *esporte* é pronunciada praticamente da mesma forma em todas as línguas; a origem da expressão vem do francês *desport*, que significa "descarga ou distração após o trabalho" (na transcrição para a língua inglesa, surgiu o termo *sport*, então, podemos considerar *esporte* e *desporto* termos sinônimos). Por muito tempo, o conceito desse termo foi relacionado com diversas formas de recreação e lazer, logo, era possível interpretar como esporte quase que qualquer tipo de sessão de exercícios físicos recreativos, além de jogos de cartas ou uma disputa de quem consome mais bebidas ou algo análogo, atividades que, em geral, não tinham relação com a cultura física.

No entanto, com o desenvolvimento dos Jogos Olímpicos da era moderna[1], o conceito fundamental do termo adquiriu conotação mais específica, e a palavra *esporte* passou a ser interpretada mais relacionada à cultura física e menos à distração após o trabalho. Nesse contexto, a **cultura física** é entendida como um tipo de cultura na qual a essência é representada pela ótima atividade

---

[1]  Edições realizadas a partir de 1896.

motora, realizada por meio de exercícios físicos com base em valores materiais e morais criados especialmente na sociedade para o aperfeiçoamento do ser humano. No esporte, podemos observar expressivamente a designação da cultura física – o aperfeiçoamento e o desenvolvimento físico do ser humano. Isso faz do esporte uma das principais formas de cultura física, visto que, em comparação com outras formas, ele direciona-se inevitavelmente à realização do mais alto desempenho (Makcimenko, 2009).

Segundo Matveev (2010), o conceito de esporte, na forma reduzida ou simplificada, pode ser entendido como a atividade competitiva propriamente dita. Historicamente, essa atividade é destacada em forma de competição, ou seja, um tipo particular de atividade de realização (rendimento) que detecta, nas condições de competitividade regulamentada, as possibilidades máximas do indivíduo (capacidades físicas e habilidades motoras) por meio de uma avaliação objetiva ou subjetiva dos resultados alcançados. Na atualidade, tal atividade, com relação a formas e condições de organização, é caracterizada pelos seguintes indícios:

- **Sistema de estímulos especiais** que motivam e intensificam os objetivos competitivos (determinação de *ranking*, reconhecimento, premiações e outras formas de estímulos morais que crescem em conformidade com o nível das realizações do atleta).
- **Unificação do conteúdo de ações permitidas nas competições**, abrangendo as condições de execução das ações e as formas de avaliação do resultado (regras oficiais regulamentadas pelas federações internacionais).
- **Regulamentação do comportamento dos competidores** pelo fundamento de concorrência não antagônica por meio de princípios humanitários – normas oficiais e não oficiais de ética esportiva que são reconhecidas pela Carta Olímpica (COI, 2011) e pela Carta Internacional da Educação Física e do Esporte da Unesco (1978).

- **Sistema de reprodução das competições** com crescimento do nível de concorrência dos participantes e exigências das capacidades de rendimento dos atletas como critério para participação (exemplo: índice olímpico e competições que são classificatórias para outras disputas).

Makcimenko (2009) enfatiza que, quando comparado com outras formas de cultura física, o esporte diferencia-se por contar com alguns componentes que inevitavelmente o direcionam para realização do mais alto resultado, como esforço, obstáculo (ou dificuldade), realização (ou rendimento) e competição.

O **esforço** é caracterizado pelo trabalho muscular realizado junto aos meios de preparação para atingir o objetivo. O treinamento desportivo é o responsável pelo desenvolvimento do atleta nessa direção. Para tornar claro o significado da categoria *esforço* para a caracterização do esporte, podemos comparar, como exemplo, a prática de cultura física recreativa com o esporte em si. Quando alguém joga futebol aos fins de semana antes de um churrasco com amigos, é pouco provável que essa pessoa faça séries de muitos chutes a gol para aperfeiçoar a precisão ao máximo como fazem os atletas no esporte. Isso demonstra que o simples ato de jogar futebol com os amigos não caracteriza o que chamamos de *esporte*, mas sim uma forma de recreação ou algo análogo. Uma das premissas para que algo seja denominado *esporte* é o processo de treinamento e preparação do atleta.

O **obstáculo (ou dificuldade)** é caracterizado pela busca do atleta em superar as dificuldades específicas de cada modalidade esportiva. No caso, diversos obstáculos existem de forma contínua, por exemplo, o peso a ser superado em uma barra ou a distância que determinado implemento deve superar após um arremesso, ou a efetividade de finalizações em uma partida de handebol. O atleta sempre procura superar esses obstáculos.

A **realização (ou rendimento)** esportiva é, por um lado, a essência da atividade competitiva, por outro, um critério objetivo da manifestação do esforço e das dificuldades ou dos obstáculos superados. No esporte, a realização é representada de diferentes formas, desde os recordes pessoais e de equipe até os níveis nacional e mundial. O resultado esportivo apresenta-se como indicador das possibilidades de realização (rendimento) do atleta ou da equipe. A capacidade de realização nada mais é do que um conjunto de capacidades físicas, habilidades motoras (fundamentos técnicos) e conhecimentos (táticos, entre outros) que, juntos, permitem que seja executada a atividade competitiva realmente possível para determinado atleta. O resultado esportivo e a realização desportiva diferenciam-se pelo simples fato de que a realização não é todo resultado que o atleta apresenta nas competições, mas sim aquele resultado que supera os anteriores. Em outras palavras, o esporte busca o aperfeiçoamento contínuo.

Todas essas categorias e os atributos citados ainda não seriam suficientes para existência do esporte na sociedade sem as competições. É exatamente na **competição** que surgem as maiores dificuldades, o que obriga o atleta a manifestar esforços máximos para atingir as maiores realizações. A essência das competições esportivas resume-se ao fato de que cada participante deve esforçar-se para alcançar a vitória ou o melhor resultado individual. As condições competitivas elevam o nível dos esforços e convencem o ser humano a manifestar máxima força e volição. A história do esporte demonstra a grande vontade do ser humano de vencer e de se superar. A comparação entre as pessoas, junto à demanda das atividades criativas, de conhecimento e de comunicação, é um poderoso estímulo para o desenvolvimento. Por tudo isso é que o esporte alcançou reconhecimento mundial – a cada recorde mundial batido revelam-se as possibilidades do ser humano e aumenta mais ainda o estímulo para os próximos grandes resultados (realizações) e recordes.

Portanto, é possível observar uma série de particularidades e características que podem ser entendidas como um tipo de propriedade pertencente única e exclusivamente ao esporte, o que viabiliza a diferenciação desse fenômeno de outras atividades competitivas, não esportivas, recreativas, físicas etc., por exemplo, concursos de arte, concorrência na produção industrial ou atividades análogas que não se relacionam com a cultura física. Por isso, o **conceito de esporte**, na forma mais ampla e abrangente, envolve a atividade competitiva, o processo de preparação, as relações interpessoais específicas e as normas comportamentais que surgem na base dessa atividade (Matveev, 2010).

Apesar de o conceito ora delineado parecer muito claro (diferenciação entre a atividade esportiva e outras formas de atividade), na prática e sem mudar a essência e a finalidade (busca contínua pelo autoaperfeiçoamento), o fenômeno cultural denominado *esporte* pode ser dividido em duas direções: (1) esporte de massa ou ordinário (amador) e (2) esporte de alto rendimento.

O **esporte de massa ou ordinário (amador)** é caracterizado por um número grande de praticantes com resultados esportivos menos expressivos quando comparados ao esporte de alto rendimento. Nesse caso, a atividade esportiva não exerce o papel principal na vida do atleta e fica limitada por outras atividades que são dominantes. O tempo dedicado ao esporte é menor, e o resultado desportivo fica limitado, mas isso não quer dizer que, nos aspectos pessoal e prático, o atleta não procure o aperfeiçoamento contínuo e o próprio desenvolvimento. Em outras palavras, mesmo que o atleta amador não tenha o esporte como fonte principal de renda e dedicação exclusiva, o objetivo é sempre buscar o melhor desempenho possível nas competições por meio do processo de treinamento. No esporte ordinário, existem diferentes perfis que modificam as sessões de treinamento, como ocorre nos casos do esporte escolar, do esporte universitário, do esporte com fins de condicionamento físico para pessoas de idade mais avançada (*master*), entre outras formas.

O **esporte de alto rendimento** abrange uma parcela muito pequena da população. É orientado para o desempenho máximo e, na superação contínua dos resultados já alcançados, torna-se a atividade dominante na vida do indivíduo. O nível dos resultados dessa subdivisão do esporte só pode ser atingido com uma preparação plurianual bem organizada e um talento esportivo individual extraordinário (predisposição genética).

A diferença entre esporte de alto rendimento e esporte ordinário é clara, no entanto, no esporte de alto rendimento alguns problemas exigem atenção dos especialistas.

Com a grande popularidade que o esporte adquiriu no século XX, não era de se duvidar que começassem a surgir interesses comerciais e na profissionalização dessa atividade. Principalmente nos anos 1980, aumentaram de forma expressiva os lucros com patrocinadores, os direitos de imagem e transmissão de televisão etc. Paralelamente a isso, a quantidade de competições esportivas oficiais também aumentou significativamente. Naquele momento, já existia uma ideia concreta e bem fundamentada de que o calendário de competições muito denso poderia, de certa forma, prejudicar a preparação racional dos atletas para as competições de maior prestígio, porém, as grandes premiações em dinheiro fizeram com que surgisse o interesse de federações, de clubes e, até mesmo, dos próprios atletas, visto que a preparação de um atleta ou de uma equipe de alto rendimento vem-se tornando, a cada dia, mais cara em todas as relações existentes (Platonov, 2015).

Apesar da discordância, os especialistas da área de preparação de atletas entenderam que a comercialização e a profissionalização do esporte eram processos inevitáveis. Logo, nos anos 1990, o esporte de alto rendimento passou a ser subdividido, segundo Matveev (2010), em: (a) esporte profissional comercial e (b) esporte não comercial de alto rendimento.

O **esporte profissional comercial** segue princípios do mundo *business* (ou mundo dos negócios), em que o objetivo é a máxima arrecadação e o máximo lucro mediante a adoção de estratégias que envolvam os espectadores. O atleta fica em uma situação na qual não está em conformidade com o processo de preparação ótimo para atingir os mais altos resultados, logo, o desenvolvimento do atleta e o crescimento do resultado esportivo no decorrer dos ciclos nem sempre são observados. Um exemplo típico dessa situação é verificado quando atletas preferem participar de uma quantidade grande de competições no decorrer do ano (como ligas, copas e outras competições de segundo escalão), o que traz muito lucro financeiro, mas, embora o direcionamento do treinamento permita que o atleta mantenha um nível de preparo relativamente alto para participar com êxito em grande parte das competições, não permite que ele alcance realizações significativas nas competições de maior prestígio internacional, como Jogos Olímpicos e campeonatos mundiais – isso pode acontecer no atletismo, na natação e em muitas outras modalidades. Outro exemplo são os jogos desportivos (principalmente o futebol), que têm calendários esportivos extremamente densos, prevendo de duas a três competições paralelas com dois jogos semanais. Tal atividade competitiva nem sempre permite que o atleta consiga treinar o suficiente para melhorar o rendimento por meio de capacidades físicas, habilidades motoras e conhecimentos táticos próprios.

O **esporte não comercial de alto rendimento**, apesar de ser profissional e receber grande quantidade de investimento, não é regido por relações comerciais. Nele continua existindo um tipo específico de atividade que garante o máximo de desenvolvimento do talento natural e das qualidades pessoais do atleta, o que resulta em relevantes realizações esportivas. Aqui, por muitas vezes, os atletas e as equipes recusam participar de algumas competições com a intenção de dedicar mais tempo para uma preparação racional, que vise ao melhor desempenho nas competições de maior prestígio. Apesar disso, nem sempre se observa essa diminuição de competições. Desse modo, alguns treinadores propõem classificar as competições por grau de importância, fazendo com que o atleta mantenha o foco no treinamento e utilize algumas competições como meio de preparação ou controle para que somente, posteriormente, venha a manifestar a máxima capacidade nas competições principais.

Figura 1.1 Esquema estrutural da prática social de esporte

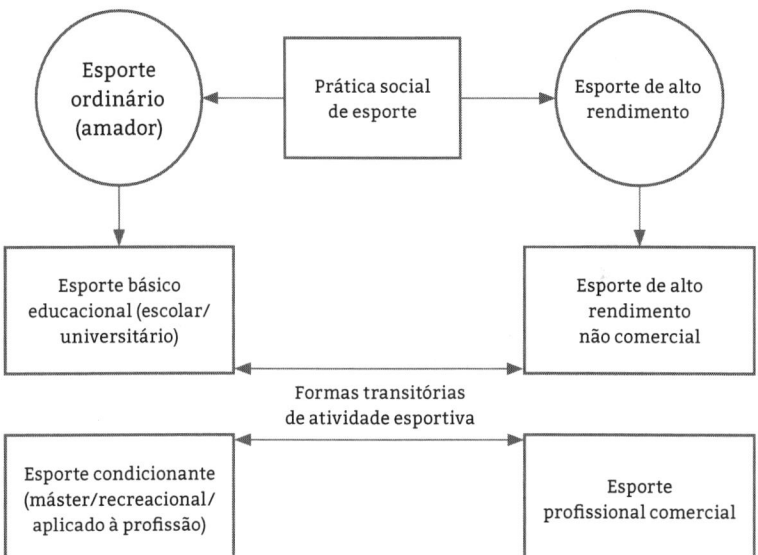

Fonte: Elaborado com base em Matveev, 2010.

Antes de encerrarmos o primeiro tópico deste capítulo, precisamos ressaltar a importância e o significado do principal protagonista do esporte: o **atleta**. Tanto o estado atual quanto o desenvolvimento futuro do esporte nada mais são do que produto do trabalho longo e meticuloso de organizações esportivas internacionais, especialistas na área das ciências do esporte, treinadores, médicos, representantes dos meios de informação em massa e outros. Porém, o lugar central na atividade esportiva pertence aos atletas, ou seja, aqueles que têm maestria e realizações esportivas (grandes resultados), além de comportamento e estilo de vida que servem de base para o desenvolvimento e a manifestação do esporte moderno.

*Atleta* é a pessoa que se dedica regularmente ao aperfeiçoamento das próprias possibilidades em uma modalidade esportiva, disciplina ou prova (Fiskalov, 2010). Nesse contexto, seguindo o conceito de esporte e suas particularidades na prática social, o atleta pode ser profissional de alto rendimento ou amador.

No caso dos **atletas de alto rendimento**, é necessário considerar que a atividade esportiva sempre é maximizada, ou seja, relacionada tanto com a necessidade quanto com a vontade do atleta em demonstrar os mais altos resultados nas competições. Atingir tais realizações nesse tipo de atividade só é possível para pessoas excepcionalmente talentosas. No entanto, apresentar qualidades ou predisposição genética para determinada modalidade desportiva é apenas uma premissa que indica a necessidade de uma preparação para o alto rendimento, visto que o potencial genético por si só não forma campeões.

De forma geral, o atleta tem direitos e deveres. Entre os **direitos** podemos destacar, de acordo com Fiskalov (2010):

- escolher a modalidade esportiva a ser praticada;
- participar das competições do esporte escolhido;
- cooperar com as federações esportivas de dada modalidade na defesa dos direitos e interesses legislativos dos atletas em organizações esportivas internacionais.

Ainda segundo Fiskalov (2010), o atleta tem **deveres**, como:

- respeitar as regras que regulamentam a realização das competições em conformidade com a modalidade esportiva;
- cumprir o regulamento e as exigências dos organizadores de cada competição concreta de que participa;
- observar as exigências de segurança no momento de participação das competições nos objetos esportivos (ginásios, estádios, piscinas, pistas etc.).

- atender às exigências sanitárias, higiênicas e médicas, além de passar por *checkup* médico (avaliação) regularmente, com o objetivo de ter garantia de saúde na prática de esporte;
- não usar substâncias proibidas e submeter-se a controle de *doping* conforme ordem preestabelecida;
- atuar com respeito às normas éticas do esporte.

Caso as regras citadas sejam violadas ou quebradas, o atleta pode ser desqualificado. A desqualificação esportiva é a exclusão do atleta ou da equipe da participação de competições esportivas organizadas pelas federações nacionais e internacionais de determinada modalidade esportiva.

## 1.2 Função social do esporte

Neste capítulo, o conceito de *esporte* já foi bem definido, diferenciando-o, assim, de outras formas de atividade, além disso, apontamos as orientações esportivas existentes na atualidade. No entanto, ainda existe um problema que pode ser expresso pelas seguintes perguntas: Qual é o sentido do esporte e de sua existência? Por que as pessoas praticam esporte? A resposta a essas e outras perguntas está na função social atribuída ao esporte e em uma série de reflexões filosóficas que nos ajudam a entender o porquê da existência e qual é a importância real desse fenômeno cultural que abrange tantas pessoas ao redor do mundo.

O esporte tem uma série de funções sociais e um papel multifacetado na vida do indivíduo e da sociedade. Assim, é caracterizado como um **fenômeno multifuncional**. Existem funções que são particulares (específicas) do esporte, ou seja, somente nesse tipo de atividade podem ser observadas, mas também existem outras funções (gerais) que o esporte pode exercer, ainda que não exclusivas dessa atividade.

Entre as **funções específicas** do esporte, estão: função competitiva padronizada; função heurística de rendimento; e função esportiva de prestígio (Fiskalov, 2010).

A **função competitiva padronizada (normativa)** é responsável pela identificação e fixação das realizações esportivas (nas formas de resultados técnico-esportivos, normas classificatórias e, principalmente, recordes), adquirindo reconhecimento da sociedade e servindo como gênero de medição padronizada das possibilidades individuais do ser humano. Junto a isso, é importante enfatizar que os padrões esportivos mudam continuamente, progridem, estimulando a mobilização de esforços para o autoaperfeiçoamento. Em outras palavras, quando nos perguntamos coisas como: Qual é a maior velocidade que o ser humano pode correr e quanto ela pode ser treinada? Qual é o peso máximo que o ser humano pode levantar? Geralmente, as respostas são encontradas no esporte de alto rendimento.

A **função heurística de rendimento** tem um contexto intimamente relacionado com a função anterior, sendo essencial tanto para o indivíduo quanto para sociedade. A palavra *heurística* está relacionada com a "arte de descobrir" ou a "busca de solução de problemas diversos". O esporte apresenta em si um tipo de atividade heurística, ou seja, uma atividade de pesquisa que envolve momentos de descobertas ou revelação de algo novo. No entanto, ao contrário de outras formas de atividade heurística, a esportiva é orientada não na descoberta de algo além do ser humano, mas na identificação prática das próprias possibilidades de rendimento do indivíduo. No desenrolar da atividade esportiva, não apenas se reproduzem os resultados anteriormente atingidos, mas também se realizam novos resultados ainda mais elevados (novos recordes e realizações). Logo, além da identificação das possibilidades máximas do ser humano, também são estudadas e testadas novas abordagens de preparação. Assim, a essência da função heurística de alto rendimento é o principal e mais efetivo fator de aperfeiçoamento esportivo. Porém, essa é, sem dúvida, uma propriedade exclusiva do esporte de alto rendimento, pois atingir tais níveis de realização ou rendimento só é possível para uma fração muito pequena da sociedade. Essa fração é composta por pessoas com um conjunto de talentos naturais extraordinários somados a um conjunto de meios, métodos e condições de plena mobilização e elevação das possibilidades funcionais do próprio organismo, ou seja, todo o processo de preparação plurianual e seleção de talentos (Fiskalov, 2010; Matveev, 2010).

A **função esportiva de prestígio** resume-se ao fato de que o esporte é um importante fator de autoafirmação do indivíduo na sociedade, o prestígio elevado do atleta aos olhos da sociedade, assim como o prestígio daquelas organizações e territórios que ele representa – prestígio internacional do país (Fiskalov, 2010).

Tendo em vista que o esporte é uma parte orgânica da cultura da sociedade, a ele são inerentes algumas funções socioculturais gerais. Essas funções geram condições objetivas para a influência do esporte na formação e no desenvolvimento progressivo de valores que possibilitam o desenvolvimento do indivíduo e de toda a sociedade. Entre as **funções gerais** do esporte, estão as seguintes: educativa; econômica; de espetáculo e estética; socializante; comunicativa; e recreativa (Matveev, 2010; Fiskalov, 2010).

A **função educativa do esporte** torna-se óbvia pelo fato de o esporte estar inserido no sistema educacional. Nesse contexto, existem competições como os jogos escolares e os jogos universitários, além de as aulas de educação física serem direcionadas ao desenvolvimento multifacetado do indivíduo, havendo também horas extracurriculares voltadas para o treinamento desportivo. O esporte, graças às suas propriedades, tem essa utilidade no sistema educacional, sendo útil para a satisfação de diferentes demandas da sociedade e da personalidade do ser humano. O caráter competitivo, as exigências incomuns (quando comparadas a outras atividades) físicas e psíquicas, entre outras particularidades da atividade esportiva, fazem dessa atividade um fator de profunda influência na educação física do indivíduo e servem como meio de educação da volição, do caráter, da disciplina, entre outras particularidades da personalidade do ser humano. Quando, na atividade esportiva, reforçam-se determinadas qualidades pessoais de comportamento esportivo – como relação de respeito e lealdade ao adversário, trabalho em conjunto, competição não antagônica, capacidade de manter as virtudes humanas mesmo em situações extremas de confronto, coragem, respeito para com os árbitros, torcedores etc. –, então, o esporte serve como uma preparação para a vida!

A **função econômica** é expressa pelo fato de que os investimentos no desenvolvimento do esporte, principalmente amador, são compensados com a elevação do nível de saúde da população, com o crescimento da capacidade de trabalho das pessoas, com o aumento da produção e com a melhor qualidade e maior longevidade da vida humana. Além disso, o esporte, em especial o de alto rendimento, movimenta muito a economia ao utilizar a imagem dos grandes atletas para o público de espectadores e consumidores.

A **função de espetáculo e estética** é determinada pelas questões emocionais, que afetam os interesses pessoais e coletivos de muitas pessoas, assim como pela linguagem universal do esporte, que é compreendida por todos. Essa função traz consigo propriedades estéticas que se manifestam na harmonia das qualidades físicas e mentais do ser humano e, nessa relação, aproxima-se da arte. A beleza do corpo e dos movimentos técnicos complexos dos grandes atletas e o estado de espírito festivo atraem um número enorme de pessoas.

A **função socializante** é resultado do fato de o esporte ser um potente fator de envolvimento das pessoas na vida social (comunidade) e de formação de experiência de relações sociais dos praticantes. As relações esportivas (entre pessoas ou grupos), de uma forma ou de outra, estão envolvidas nos vínculos sociais além da esfera do esporte. O conjunto dessas relações compõe a base de influência do esporte na personalidade, visto que a experiência social na esfera do esporte, assim como em escalas mais amplas, é um fator de aproximação das pessoas, de união de grupos por interesses. Desse modo, a popularidade do esporte tem uma ligação natural com as realizações esportivas, com interesses do prestígio da nação e do Estado, que se valem dele como um meio de influência na consciência da sociedade.

A **função comunicativa** mostra que toda a atratividade do esporte permite estabelecer facilmente contatos entre as pessoas, fazendo desse fenômeno um fator que age no fortalecimento das relações internacionais, apresentando um potente impulso para o crescimento do entendimento recíproco e da cultura de cooperação. Nesse contexto, o esporte tem lugar de destaque na comunicação entre pessoas e povos.

A **função recreativa** manifesta-se na influência positiva da preparação física no estado das possibilidades funcionais do organismo. Isso fica ainda mais destacado no esporte infantil e juvenil, em que a influência beneficente das sessões esportivas no organismo que está em formação e desenvolvimento é simplesmente inestimável. Justamente nessa idade, o indivíduo, por meio da atividade motora sistemática nas sessões de exercício físico, forma as habilidades motoras, assim como os hábitos de respeito às regras de higiene pessoal e social, que são a base para a boa saúde.

Apesar de terem sido demonstradas algumas funções específicas do esporte na sociedade e alguns de seus benefícios, vale a pena destacar uma reflexão importante proposta por filósofos a respeito da contradição da função social do esporte.

Segundo Stoliarov, Peredelsky e Bashaieva (2015), existe a possibilidade de o esporte, dependendo da abordagem, causar sérios prejuízos, ou seja, uma influência negativa nas relações sociais. Isso basicamente tem relação com fato de existir um sistema social orientado na disputa e na rivalidade. Nesses "subsistemas", cada um dos competidores está inclinado a buscar os interesses pessoais, e não o bem comum, principalmente tendo em vista que a profissionalização, a comercialização e a politização do esporte atribuem cada vez maior valor à vitória. A consequência dessa supervalorização da vitória cria nos atletas, e em todas as outras pessoas envolvidas no esporte (treinadores, torcedores, profissionais de imprensa e até políticos), o "princípio da vitória a qualquer custo".

Essa orientação em atingir o sucesso por meio da busca incessante por altos resultados e recordes – características do princípio da vitória a qualquer custo – pode ter um papel muito negativo no sistema de relações sociais e contribuir potencialmente para o surgimento de situações conflitantes. Sem sombra de dúvidas, isso leva à destruição de normas e princípios éticos do esporte. Por exemplo, não é incomum atletas colocarem em risco a própria saúde utilizando meios farmacológicos proibidos (*doping*) com o intuito de vencer as competições e ganhar mais dinheiro. Não é raro ouvir falar em manipulação de resultados com pagamento de propinas para árbitros, dirigentes ou, até mesmo, agências antidopagem. Tudo isso fere gravemente um dos princípios mais importantes do esporte: a igualdade das condições de competitividade, ou seja, a disputa limpa e sem trapaça.

Outro ponto relevante relacionado à supervalorização da vitória concentra-se no fato de que esporte de alto rendimento pode, em razão do processo rígido de preparação – treinamento diário, processo de seleção, distanciamento da família –, servir como uma "arma" que traz consequências negativas para a imagem cultural e moral da pessoa, deformando a personalidade. O rígido sistema existente no esporte de seleção e de hierarquia (premiação e medalha para os gloriosos) pode levar, por um lado, ao sofrimento de muitos atletas diante dos "fracassos", causando a sensação de insignificância e rejeição. Por outro lado, nos atletas vitoriosos, o esporte pode conduzir à sensação de que são excepcionais e insubstituíveis, ou seja, ao estrelismo, ao egoísmo, à arrogância etc.

O esporte pode contribuir para o desenvolvimento da agressividade tanto nos atletas quanto nas pessoas que dele participam diretamente ou indiretamente. Quando o atleta tem em mente o "princípio da vitória a qualquer custo", a derrota em uma competição importante pode levá-lo à perda do respeito a si próprio, à sensação de humilhação e de perda de dignidade. Esses sentimentos podem servir como um estímulo ao sentimento de ira e, consequentemente, à agressividade. Isso sem contar que a agressividade dos atletas estimula, por meio da observação, a agressividade de torcedores e espectadores. Um dos grandes problemas associados a essa questão é que o esporte, em sua prática, infelizmente, foi-se tornando uma das atividades em que a manifestação da agressividade, não raro, é aceita e, pior ainda, aplaudida por muitos. Então, a tolerância dessas sensações e manifestações de ódio por parte das pessoas envolvidas no esporte em sua relação com outros indivíduos tem como resultado a formação de hábitos de comportamento violento, principalmente no caso de frustrações. É muito comum ver torcedores de futebol que, na vida pessoal, não são agressivos, no entanto, acreditam plenamente que, durante um jogo contra a equipe rival, a violência é totalmente justificada.

Como destacamos, a depender de como as pessoas encaram o esporte, as normas éticas e morais acabam completamente distorcidas. Quem nunca ouviu falar em um atleta de lutas que utilizou a maestria técnica para agredir outras pessoas fora do contexto da prática esportiva? Quem nunca viu atitudes anti-humanas (agressão, jogo sujo, desrespeito com arbitragem) de jogadores e torcedores de futebol? Quem nunca presenciou atitudes pateticamente arrogantes de atletas dominados pelo estrelismo agindo e influenciando negativamente a cabeça dos amantes do esporte?

Tudo isso não é suposição, mas fato negativo concreto da prática esportiva no mundo, principalmente no esporte profissional.

Apesar de todos os pontos indicados nesta reflexão, assim como enfatizam Stoliarov, Peredelsky e Bashaieva (2015), esses fatos negativos não fazem do esporte algo ruim. Na verdade, isso só mostra como o esporte pode ter influência negativa quando os princípios não são respeitados. Quando o esporte segue os princípios da Carta Olímpica (COI, 2011), como o *fair play*[2], entre outros, há uma influência social positiva simplesmente inestimável. Nesse contexto, a principal função positiva do esporte está na contribuição que as competições esportivas – quando organizadas considerando, especialmente, a disputa não antagônica – podem trazer para a resolução de uma série de tarefas sociais importantes de orientação humanista.

Entre os fatores que têm papel humanitário na socialização citamos os seguintes:

- **Autorrealização** – O esporte cria condições para a autorrealização, pois qualquer pessoa experimenta uma grande sensação de orgulho de si mesmo quando atinge aquilo que antes não poderia alcançar no contexto esportivo. Cada centímetro mais longe, cada segundo ganho, cada quilograma levantado não dão ao atleta somente a sensação agradável de vencer um adversário, mas também, e principalmente, de vencer a si mesmo, ou seja, de se superar a cada dia com base na força de vontade, na persistência, na contínua preparação, na disciplina etc.
- **Aperfeiçoamento físico e estilo de vida saudável** – Graças ao longo período de desenvolvimento do esporte e ao esforço de cientistas e treinadores, foi possível formar tecnologias pedagógicas que permitem influenciar

---

[2] *Fair play* é jogo justo – princípio filosófico olímpico que prima pela conduta ética no esporte.

de forma objetivamente direcionada todos os componentes do estado físico da pessoa, como capacidade físicas, habilidades motoras, compleição física, composição corporal, saúde etc. Dessa forma, tornam-se viáveis as correções necessárias em possíveis defeitos ou insuficiências, assim como formam-se conhecimentos e interesses na área desportiva.

- **Formação de qualidades psicológicas** – O treinamento desportivo e a participação em competições exigem do atleta a manifestação de qualidades volitivas e de autorregulação. O esporte é conhecido, por muitos, como a *escola do caráter*.
- **Formação de conhecimentos** – O esporte e as ciências que o estudam contribuíram muito para uma série de conhecimentos de caráter biológico, como as propriedades da contração muscular, do funcionamento dos sistemas cardiovascular e respiratório, entre outros.
- **Formação de princípios e normas democráticas** – O esporte e o atleta são capazes de contribuir para a formação de valores democráticos na sociedade graças ao respeito às regras do jogo e às condições iguais de competição. Assim como na democracia, o esporte também permite oposição e concorrência, sobretudo quando são discutidas, revistas, canceladas ou incluídas as regras de dada modalidade, o que revela claramente que a concordância universal não existe.
- **Comportamento ético e moral** – princípio do *fair play*.
- **Profilaxia de alcoolismo e de substâncias viciantes ilegais** – Não é novidade que o esporte ajuda muitas pessoas nessa direção.
- **Integração de pessoas com deficiência física** – Verifica na realização dos jogos paraolímpicos, entre outras competições correlatas.

Enfim, fica claro que o esporte moderno realiza com sucesso uma série de funções sociais importantes. No entanto, precisamos destacar que, dependendo da abordagem – respeitar os princípios olímpicos ou estimular o absurdo princípio da vitória a qualquer custo –, o esporte pode servir como um potente estímulo para paz ou guerra, altruísmo ou egoísmo, idealismo ou materialismo, nacionalismo ou internacionalismo etc. O ponto-chave dessa contradição dialética do potencial do esporte está justamente nos postulados de "vitória" e de "justiça", ou seja, é específico para o esporte essa tarefa "esquizofrênica" de o atleta esforçar-se para ser o melhor e, ao mesmo tempo, buscar ser justo com relação aos outros. Por isso, é importante a observação de Saraf (1997), que enfatiza que o movimento olímpico sempre priorizou o papel dos valores éticos e estéticos do esporte, destacando a expressão "o principal não é vencer, mas sim competir". Apesar de essa ser uma forma importante de se evitar o surgimento do princípio da vitória a qualquer custo, também diminui a motivação pela vitória e pelo autodesenvolvimento. Por isso, para esse autor, o correto é dizer que "o principal não é a vitória, mas sim a luta por ela", pois, nesse caso, o compromisso do atleta está em manifestar o máximo esforço e a superação na luta pela vitória, mas sem a obrigação de alcançá-la (Saraf, 1997).

## 1.3 Diversidade esportiva

O intenso desenvolvimento do esporte por todo o planeta levou ao surgimento de mais de 200 modalidades esportivas. Cada uma delas é caracterizada pela forma de disputa, pelas particularidades do conteúdo das ações e dos modos de comportamento competitivo, pelas regras etc.

Para que a preparação do atleta tenha metas e objetivos concretos, é preciso entender quais são as exigências do esporte sobre o organismo humano. Dessa forma, torna-se incontestável o estudo da natureza da atividade competitiva, permitindo assim a sistematização dos tipos de esporte pelos seus indicadores característicos. É bem disseminada, na literatura russa, a classificação de Matveev (1977; 1999), que subdivide os grupos de esportes em seis, considerando as particularidades do objeto da competição e do caráter da atividade motora:

1. esportes nos quais é característica a atividade motora com a máxima manifestação das qualidades físicas e psíquicas do praticante (a maioria dos esportes);
2. esportes em que as ações se resumem em coordenar meios técnicos especiais de deslocamento (automobilismo etc.);
3. esportes em que a atividade motora é limitada pelas condições regulamentadas de acerto nos alvos a partir de armas especiais (tiro com arco, pistola, carabina etc.);
4. esportes em que o foco é a atividade de modelagem e construção (aeromodelismo, entre outros);
5. esportes em que o conteúdo é cognitivo e resume-se à lógica abstrata de vencer o adversário (damas, xadrez, jogos de tabuleiro);
6. esportes que são compostos de ações motoras de diferentes esportes (biatlo, pentatlo moderno, triatlo etc.).

Na prática esportiva, as modalidades e disciplinas esportivas que estão no primeiro grupo são a grande maioria dos esportes e predominam no programa olímpico. Assim, podem ser classificadas em outros seis grupos de acordo com o tipo característico de manifestação das capacidades físicas e técnico-táticas dos praticantes.

O **Grupo 1** abrange os **esportes cíclicos**; o termo *cíclico* aplicado a modalidades esportivas relaciona-se com o fato de que, na atividade competitiva desses atletas, os ciclos de movimento são repetidos. Portanto, modalidades como ciclismo, natação, remo, patinação de velocidade, corrida de esqui, assim como as disciplinas de corrida e marcha atlética no atletismo, são classificadas como esportes cíclicos. No entanto, nesse grupo existem ainda duas subdivisões: as modalidades cíclicas de resistência (provas de fundo e meio-fundo) e as modalidades cíclicas de velocidade (corrida de 100, 200 e 400 metros; patinação de 500 e 1.000 metros; natação de 50 e 100 metros; provas de ciclismo de velocidade no velódromo etc.). Entre esses dois subgrupos, apesar das diferenças nas técnicas dos movimentos, muitos fatores se assemelham. Por exemplo, tanto nas corridas quanto na natação e na patinação, nas provas de fundo, os fatores determinantes são o consumo máximo de oxigênio, o consumo de oxigênio no nível do limiar anaeróbio, a distribuição de fibras musculares (oxidativas e glicolíticas), a tática de distribuição racional da força nos diferentes trechos da distância, a economicidade da técnica etc. Em outras palavras, esses esportes são muito parecidos no que concerne às características do processo de treinamento e na determinação dos resultados, apesar de os meios utilizados para as práticas – piscina, pista de gelo, rua etc. – serem completamente diferentes.

No **Grupo 2**, que envolve **esportes de força-velocidade**, as capacidades de força têm papel decisivo na determinação do resultado – levantamento de peso olímpico, saltos e arremessos no atletismo, entre outros. Aqui, apesar da diferença de técnica e de meio ambiente, os critérios de determinação do resultado são sempre objetivos e dependem, em grande medida – não exclusiva, mas preferencialmente – das possibilidades de força e da capacidade em gerar potência do atleta. Fatores como propriedades elásticas do aparelho locomotor, força explosiva e força máxima são imprescindíveis.

No **Grupo 3**, que abarca **esportes de coordenação complexa**, a técnica complexa, do ponto de vista coordenativo, tem papel decisivo na determinação do resultado – ginástica rítmica e artística, saltos ornamentais, nado sincronizado, patinação artística, esqui aéreo etc. Aqui se faz análise subjetiva do resultado com base na complexidade da técnica, como elementos técnicos mais difíceis, beleza do movimento, ritmo, "artisticidade" etc.

O **Grupo 4** envolve **esportes de luta**, como boxe, luta greco-romana, judô, *taekwondo*, esgrima. Nesse grupo de esportes ocorre o contato direto entre os atletas, sendo analisado o efeito final, e não a complexidade técnica. O objetivo é atingir o adversário para superá-lo. A tática tem peso decisivo, e o combate é dividido em partes.

O **Grupo 5** abrange **jogos desportivos** – futebol, basquetebol, voleibol, handebol, polo aquático, tênis de campo, tênis de mesa, vôlei de praia, hóquei na grama, hóquei no gelo, *curling*, entre outros. Esse grupo de esportes tem o nome de *jogos* pelo fato de "jogo" ser classificado como um tipo de atividade na qual o participante tem livre escolha entre as ações para chegar a determinado objetivo. Por exemplo, o jogador de basquete pode resolver passar a bola em vez de arremessar e, ainda, pode escolher para quem passá-la; além disso, nos jogos existem muitas variáveis táticas possíveis. Quando comparamos, por exemplo, os jogos com as modalidades cíclicas, o corredor de maratona não tem a opção de escolher outro caminho que saia do trajeto previamente delimitado a fim de chegar antes até linha de chegada. Os jogos desportivos apresentam muitas semelhanças com as lutas, ou seja, existe o confronto direto corpo a corpo em muitos casos; o efeito final da ação técnica – acertar a direção do passe ou fazer o gol – independe da complexidade (um gol de bicicleta e um gol de "canela" tem o mesmo valor, assim como em um nocaute com chute ou soco); e há o peso indiscutível da tática (o modo de conduzir o jogo ou a luta) no resultado. No entanto, nos jogos desportivos, o objetivo é sempre marcar pontos, acertando a bola ou o implemento esportivo em um lugar específico (gol, baliza, cesta) ou na área demarcada (voleibol, *curling*), e não atingindo o adversário.

Por fim, o **Grupo 6** representa os **esportes combinados** – decatlo, ginástica artística (combinação de todos aparelhos). Esses esportes combinam várias disciplinas de uma mesma modalidade. Nas modalidades combinadas, o mais importante é o produto da soma dos pontos, ou seja, a combinação do resultado das diferentes provas e disciplinas. Aqui, é comum o atleta ter um ponto forte que até se aproxima de atletas que são especialistas naquela prova, porém o resultado depende da soma de todas as provas.

Apesar de essas divisões e subdivisões do esporte serem bem definidas e fundamentadas, vale destacar que, na atualidade mundial, surgem novos grupos de modalidades esportivas, como esportes cibernéticos com jogos *on-line* e esportes de robótica.

## 1.4 Competições esportivas e atividade competitiva

A atividade competitiva, de forma simplificada, é o comportamento do atleta nas competições, ou seja, é tudo aquilo que o atleta manifesta em forma de ações técnicas em contextos táticos e com exigências físicas e psicológicas. Compreender as particularidades da atividade competitiva de um atleta é primordial para o treinador refletir sobre o treinamento. Porém, o atleta só pode manifestar seu real potencial em competições oficiais que exigem grande motivação e mobilização de seu potencial funcional máximo. Por isso, antes de analisar a estrutura da atividade competitiva, é necessário conceituar e entender detalhadamente a competição esportiva.

### 1.4.1 Competições esportivas

A competição é, sem dúvida, o núcleo do esporte, pois não há esporte sem competição! A competição esportiva pode ser entendida como o processo de concorrência e comparação das possibilidades reais de rendimento dos atletas ou das equipes, organizado em forma de disputa regulamentada, ou seja, uma "luta" ordenada e justa pela liderança ou por outro resultado esportivo disponível (Matveev, 2010). Nesse tipo de competição, podem ser observadas características que integralmente fazem dela um evento da vida esportiva:

- atividade competitiva dos atletas;
- coparticipação na competição de outras pessoas interessadas (indiretamente – telespectadores e imprensa; diretamente – treinadores, árbitros, torcedores);
- inter-relação entre a disputa esportiva e seus participantes diretos e indiretos;
- formas diferentes de organização da atividade competitiva e do comportamento dos participantes e coparticipantes da disputa e a relação entre eles.

Apesar de o conceito de competição esportiva parecer claro e simples, existem outras formas de certame – por alguns classificadas como competições não oficiais – que têm algumas características em comum com a competição esportiva, mas se diferenciam desta última em alguns pontos. Por isso, é importante destacar que as competições esportivas estão relacionadas com um conceito amplo que envolve os seguintes indícios:

- A competição está no calendário esportivo oficial, ou seja, é confirmada pelas organizações esportivas com data marcada previamente, além disso, tem enumeradas todas as indicações de prazo de duração, escala (estadual, nacional, internacional) e designação (torneios, campeonatos, copas, ligas etc.).
- As competições são organizadas segundo uma posição oficial, ou seja, um regulamento que tem a formulação clara das normativas e das regras, as quais, em conformidade com a designação concreta da competição, determinam o conteúdo dos participantes, a ordem do acesso para inscrição e participação, os critérios de determinação do

resultado (êxito) da competição e outras questões e condições de realização do evento.
- A competição é realizada em conformidade com as regras atuais oficialmente regidas pela federação de dada modalidade esportiva e garantida por árbitros qualificados.

Com base nesses itens citados, fica fácil diferenciar uma competição esportiva oficial de outras formas de certames como desafios, jogos amistosos etc. Como exemplo citamos os jogos de futebol amistosos na pré-temporada e alguns eventos organizados por emissoras de televisão com objetivo de trazer espectadores (consumidores), patrocinadores e, consequentemente, dinheiro na apresentação de um ou mais atletas (jogo dos "reis do drible", uma corrida de Usain Bolt na beira da praia etc.). Essas formas de disputa até têm algo em comum com as competições esportivas, no entanto, a "atmosfera emocional" é bem diferenciada, não permitindo que os atletas tenham motivação suficiente para conseguir toda a mobilização – psíquica, física e funcional – necessária para que obtenham os melhores resultados.

## 1.4.2 Classificação das competições esportivas no processo de preparação

Na grande maioria das modalidades esportivas, as competições são realizadas ao longo de todo o ano. Porém, infelizmente, para os atletas que buscam o aperfeiçoamento contínuo, não é possível apresentar grandes resultados em todas as competições, pois, muitas vezes, as tarefas da preparação conflitam com o rendimento máximo em dado momento. Não é à toa que atletas inseridos no esporte profissional comercial apresentam resultados elevados, mas dificilmente máximos. Para os atletas inseridos no esporte profissional de alto rendimento, é comum que a participação em competições de diferentes graus de importância seja utilizada como meio de verificar e intensificar a preparação do atleta para que ele possa atingir os melhores resultados em competições de maior prestígio. Por isso, na prática, o treinador e o atleta estabelecem e classificam as competições da seguinte forma:

- **Competições preparatórias** – São geralmente realizadas durante o período preparatório do macrociclo de treinamento. Nesse caso, a competição é utilizada como mais um meio de preparação, além do treinamento. Isso se deve ao fato de que, na competição, a elevada tensão emocional gera a mobilização máxima das possibilidades funcionais do organismo, o que dificilmente é alcançado no treinamento, servindo como meio de preparação física e psicológica, pois estimula os mecanismos de adaptação.
- **Competições de controle** – Servem para que o treinador analise, por meio do resultado esportivo e pelo próprio desenrolar da atividade competitiva, se a preparação naquela etapa ou período atingiu os objetivos desejados e se são necessários novos ajustes na preparação. Geralmente, são competições realizadas ao final da etapa geral de preparação e no meio da etapa especial de preparação.
- **Competições modeladoras** – São realizadas antes de competições seletivas e principais, quando o atleta já está praticamente pronto para atingir os mais elevados resultados. Nessas competições, os atletas buscam "fixar" melhor aquilo que pretendem apresentar antes das competições principais e seletivas.
- **Competições seletivas** – São competições muito importantes que, em determinado momento, podem até ser entendidas como principais, pois exigem elevados resultados para que o atleta se classifique (índice, vitória ou colocação) para as competições principais.

- **Competições principais** – São as principais competições (alvo) do macrociclo de preparação do atleta. No esporte de alto rendimento, geralmente, essas competições são associadas aos Jogos Olímpicos e aos campeonatos mundiais[3].

### 1.4.3 Estrutura da atividade competitiva

A estrutura da atividade competitiva pode ser entendida como o conjunto de ações do atleta no decorrer da competição, unidas pelo objetivo competitivo e pela lógica (sequência natural) de sua realização (Suslov; Cycha; Shutina, 1995; Vovk, 2007; Fiskalov, 2010). A atividade competitiva, como qualquer outra forma de atividade humana consciente, apresenta objetivo, meio e resultado.

O **objetivo** é o modelo daquilo que o atleta busca na atividade competitiva. O **meio** envolve as ações e os fundamentos técnicos direcionados na realização do objetivo estabelecido. O **resultado** é o produto das ações técnicas, ou seja, o resultado esportivo concreto atingido em uma atividade competitiva concreta (Platonov, 2015).

A atividade competitiva no esporte, conforme Platonov (2015), pode ser classificada em três níveis:

1. nível de características gerais típicas do esporte como um todo;
2. nível de características generalizadas para grupos de esportes;
3. nível de características específicas de uma modalidade esportiva ou de alguma disciplina ou prova/competição pertencente a dada modalidade.

Independentemente do nível da estrutura da atividade competitiva, as características e os fatores determinantes no

---

[3] A discussão a respeito da importância e da classificação das competições, bem como dos meios de preparação e de controle, será aprofundada no Capítulo 6.

resultado esportivo consideram ainda dois componentes: os básicos e os de realização.

No nível de **características gerais**, o **componente básico** é determinado pela construção do organismo, ou seja, por suas propriedades/particularidades morfológicas e possibilidades funcionais. Já o **componente de realização** é constituído pela maestria técnico-tática e pelo nível de preparo físico e psicológico (Platonov, 2015).

No nível das **características de grupos de modalidades esportivas**, os componentes de base e de realização concretizam-se com a consideração da especificidade esportiva. Assim, em modalidades como corridas de velocidade e patinação de velocidade, o resultado depende da efetividade do *start* (largada ou saída do bloco), da aceleração, da velocidade absoluta e da manutenção da velocidade no *finish* (trecho final e linha de chegada). Nesse contexto, o **componente básico** é composto por tempo de reação simples e complexa, rapidez da reação de antecipação, impulso da força muscular, rapidez da contração muscular, potência anaeróbia máxima etc. Já o **componente de realização** corresponde à técnica de saída, amplitude e frequência das passadas, efetividade da corrida na curva etc. (Platonov, 2015).

A análise dos componentes de realização da atividade competitiva em cada modalidade esportiva, disciplina e prova deve ser feita com base na identificação clara das características da atividade competitiva das quais depende o resultado esportivo. A especificidade de cada modalidade é condicionada pelos principais elementos (micro-operações) que determinam o resultado da atividade competitiva (Platonov, 2015).

Nas modalidades esportivas **cíclicas** relacionadas com manifestações de resistência, são significativas: a velocidade por trecho; a diferença de velocidade entre os trechos; a efetividade das viradas (natação); a efetividade nas curvas (patinação).

Nas modalidades cíclicas de velocidade têm relevância o gráfico da distância percorrida; a cadência em cada trecho; o tempo de reação no *start*; a aceleração após o *start*; a velocidade absoluta ou máxima atingida; a velocidade nos metros finais (Platonov, 2015).

Nas modalidades de **coordenação complexa**, como a ginástica artística, a ginástica rítmica e a patinação artística, os componentes mais expressivos da atividade competitiva são a quantidade de elementos de grande dificuldade; os elementos originais; os coeficientes artístico e de complexidade (Platonov, 2015).

Nos **jogos esportivos** e nas **lutas**, têm grande relevância no resultado características como a quantidade das ações de ataque, defesas e transição; a efetividade das ações de ataque, de defesa e de transição; a diversidade das ações de ataque, de defesa e de transição (Platonov, 2015).

Nas modalidades ou disciplinas de **força-velocidade**, têm significado decisivo as características da corrida de aproximação; a quantidade de passadas; a velocidade da última passada; a virada; a velocidade inicial (largada) do implemento; a direção do esforço final (ângulo de ataque, saída do implemento, ângulo da repulsão etc.); a força explosiva (Platonov, 2015).

Nas modalidades **com arma** são significativos os resultados por série; o tempo de mira; a quantidade de tentativas na primeira e última série; a dispersão da média; a manutenção do ponto médio dos acertos no alvo (Platonov, 2015).

Por fim, nas modalidades esportivas **combinadas**, têm importância a correlação dos pontos em diferentes combinações; os componentes da atividade competitiva em cada modalidade (Platonov, 2015).

O conhecimento multilateral e aprofundado sobre a estrutura da atividade competitiva em uma modalidade, disciplina ou prova esportiva concreta – fatores que garantem sua realização e respectivas possibilidades funcionais e técnico-táticas – é uma premissa básica para se atingir o resultado esportivo planejado. No entanto, é importante entender que existem variantes de estrutura da atividade competitiva em modalidades como as lutas e os jogos esportivos. Isso ocorre em razão da complexidade da atividade competitiva relacionada com a contínua mudança de situação, a limitação de tempo e espaço, a imprevisibilidade do início das ações etc.

## 1.5 Manifestação das qualidades do atleta na atividade competitiva

As qualidades do atleta na atividade competitiva caracterizam o que chamamos de *componentes do preparo*. Esses componentes podem ser físicos, técnicos, táticos e psicológicos. Considerando que as capacidades físicas são exigidas nas ações técnicas de cada modalidade, discutiremos a técnica e a tática antes de analisarmos as exigências físicas e psicológicas.

A **técnica** esportiva pode ser entendida como o modo relativamente efetivo de execução das ações competitivas, sendo primariamente a forma integrada de construção do movimento do atleta. Já a **tática** da atividade competitiva é compreendida como a forma geral e eficiente de estrutura integral, que une as ações competitivas sequencialmente em conformidade com a ideia e com as linhas fundamentais de comportamento do atleta ou da equipe na competição (Suslov; Cycha; Shutina, 1995; Zakharov; Gomes, 2003; Sakharova, 2005b; Gomes, 2009; Matveev, 2010).

Na atividade competitiva real, a técnica e a tática não existem separadamente, pois a tática é, resumidamente, a forma de condução das ações técnicas. No entanto, no estudo da técnica e da tática, é interessante a análise desses elementos de forma não somente integral, mas também seletiva.

### 1.5.1 Técnica na atividade competitiva

Segundo Platonov (2015), no que se refere ao resultado da técnica, ela pode ser direcionada para:

- atingir o máximo resultado metricamente (ou por tempo) medido (atletismo, natação, levantamento de peso);
- atingir determinada forma e estrutura de movimento, pelos critérios de complexidade e "artisticidade" das ações (ginástica, patinação artística, saltos ornamentais);
- realizar o efeito final: marcar gol, arremessar uma bola nos jogos desportivos, acertar um golpe na luta ou na esgrima.

Independentemente do direcionamento do resultado, a qualidade da técnica é determinada por características cinemáticas, dinâmicas e rítmicas (Popov; Samsonova, 2011).

A cinemática é o ramo da mecânica que estuda o movimento de corpos sem considerar as razões pelas quais o movimento é causado. Tendo em vista que o movimento é um processo que ocorre no espaço e no tempo, as **características cinemáticas** da técnica são dadas por parâmetros como: tempo; posição do corpo; trajetória retilínea e curvilínea do corpo e das articulações; deslocamento – dado pela diferença vetorial da posição inicial e final do corpo (resultado do movimento); pelo percurso – comprimento de parte da trajetória percorrida pelo corpo ou pelo ponto do corpo em um intervalo escolhido de tempo; pela velocidade – relação do percurso percorrido com o tempo, ou seja, o tempo para que um corpo percorra dois pontos diferentes no espaço; pela aceleração – grandeza igual à relação da alteração de velocidade de movimento de um corpo com a duração do intervalo de tempo no qual essa alteração ocorreu.

A dinâmica é o ramo da mecânica que estuda o movimento dos corpos considerando a ação das forças a eles aplicadas. As **características dinâmicas** da técnica estudadas pela biomecânica manifestam-se na interação entre o corpo humano e seus segmentos com o meio externo, principalmente implementos esportivos e corpos de outros atletas. Nesse contexto, tem destaque o papel das três Leis de Newton, conceitos como braço de momento, momento de inércia, momento angular, massa, força, impulso da força etc.

A **característica rítmica** da técnica dos exercícios esportivos manifesta-se no ritmo, ou seja, na acentuação racional de distribuição de esforços do movimento ou da ação no tempo e no espaço. O ritmo das ações do atleta pode ser tomado como parâmetro integral que caracteriza o nível de maestria técnico-esportiva desse esportista. O ritmo pode estar presente não só em modalidades que exigem coreografias com música, mas também em modalidades cíclicas de resistência em que o atleta determina a própria velocidade de deslocamento em cada trecho da distância justamente por meio da percepção de ritmo. No salto com vara, o ritmo é muito importante no momento da sequência de ações na fase de apoio, em que o atleta faz uma complexa combinação de movimentos flexionando (agrupando) e estendendo o corpo de uma forma que faça com que a deformação da vara seja grande e consequentemente aumente o impulso. Se o atleta não tiver noção de ritmo, não é possível que ele execute essa técnica racionalmente.

A adaptação ininterrupta das percepções sensitivas do atleta diante das condições do meio externo determina a contínua mudança dos mecanismos coordenativos. Considerando isso, Donskoi (1969) classificou os esportes em três grupos, conforme o caráter de estabilidade da manifestação das características da técnica:

1. esportes com manifestação das características cinemáticas relativamente estáveis: ginástica, patinação artística, nado sincronizado, saltos ornamentais etc.;

2. esportes com manifestação das características dinâmicas relativamente estáveis: atletismo, natação, levantamento de peso;
3. esportes com contínua variação das características cinemáticas e dinâmicas em correspondência com as situações competitivas que se alteram: lutas e jogos esportivos.

Em modalidades como a ginástica são possíveis diversas variantes de união dos elementos nas combinações competitivas. Até mesmo nas provas de natação, a estrutura da atividade competitiva é composta de diversas ações – *start*, fase submersa após o salto, trabalho cíclico, aproximação para a virada, fase submersa após a virada etc. No entanto, tais esportes nem se comparam com os jogos desportivos e as lutas no que tange à variabilidade da técnica e de seus parâmetros. A enorme quantidade de variações possíveis das situações competitivas nesses esportes faz com que surja, no atleta, a necessidade de reagir rapidamente e de forma adequada a cada uma delas, por isso, nos jogos desportivos e nas lutas, tentar criar um estereótipo motor é muito difícil e, por vezes, até ineficiente. Isso acontece principalmente porque até quando o atleta se encontra com um adversário conhecido que executa sempre a mesma ação, dificilmente é possível repetir com precisão as características cinemáticas e dinâmicas.

### 1.5.2 Tática na atividade competitiva

O conceito de tática esportiva abrange **operações mentais (concepção)** e **estruturais (modelo)** que determinam as linhas principais de comportamento do atleta ou da equipe na competição. Em outras palavras, a tática da atividade competitiva do atleta ou da equipe considera as formas práticas e cognitivas integralmente, mas, ao mesmo tempo, busca diferenciá-las. Não notar essa diferença é inadmissível, visto que até uma boa concepção tática frequentemente pode não ser bem executada na prática ou simplesmente não ser realizável e, da mesma forma, um atleta que tenha possibilidades táticas eficientes pode não as utilizar corretamente em razão de uma concepção ruim (Matveev, 2010).

Com o objetivo de simplificar a interpretação do parágrafo anterior, podemos citar o exemplo de um corredor de 800 metros que estabelece, juntamente ao treinador, uma tática ideal de distribuição de forças no decorrer da distância para que sobre energia para um *sprint* nos últimos 200 metros com base na análise dos melhores corredores do mundo. No entanto, se esse atleta não tem os mesmos parâmetros físicos e funcionais dos melhores atletas do mundo, na hora da execução da tática, ou seja, no momento de aplicar o modelo ou a operação estrutural, o resultado atingido não será nem de longe o esperado. Da mesma forma, um corredor que tem possibilidades físicas e funcionais equiparáveis aos melhores atletas do mundo, porém sem uma concepção tática de como distribuir as forças racionalmente na distância, pode desgastar-se no decorrer da prova e acabar perdendo no final. Outro exemplo bem comum na prática esportiva atual é a tentativa de imitação do modelo de jogo das equipes de futebol europeias. Por muitas vezes, os treinadores entendem a concepção tática, em outras palavras, os princípios de jogo e o modo de operação. Porém, infelizmente, é comum esquecerem que seu grupo de jogadores não conta com as mesmas características dos jogadores de clubes como Barcelona ou Chelsea. Nesse caso, o bom técnico é aquele que constrói o próprio modelo de jogo, com base em uma concepção que pondera as características (pontos fortes e fracos) dos atletas. Seguindo o mesmo raciocínio, por vezes, o atleta tem um bom entendimento da tática, mas diante da concepção tática ruim dos próprios companheiros e do treinador, essa tática não pode ser realizada. Por isso, é importante que fique clara a diferença entre operações mentais (concepção) e estruturais (modelo).

Em geral, o sentido da tática resume-se na formulação e na utilização de tais concepções, modelos e formas de comportamento competitivo que permitem que as possibilidades de rendimento do atleta – físico, psíquico, técnico – sejam realizadas com maior efetividade e a oposição do adversário seja superada com menor dificuldade.

A base mental da tática é a capacidade de o atleta desenvolver pensamentos que são formados junto à criação de concepções gerais que determinarão o modelo de comportamento tático, assim como as tomadas de decisão no decorrer da competição. A concepção tática do comportamento competitivo, isto é, a tática no plano teórico, nada mais é do que um esboço de uma linha de pensamento bem fundamentada que busca a correspondência com o objetivo-alvo na competição – estabelecimento de recorde, conquista de índice, vitória absoluta, vitória por decisão etc. A composição dessa concepção depende da especificidade da modalidade esportiva, por exemplo: em modalidades cíclicas de resistência, a concepção tática pode ser composta pelo "plano" de distribuição uniforme de esforços nos diferentes trechos da distância ou por meio de outra variante que propõe algumas "fugas". Nos jogos desportivos, a concepção tática baseia-se em alguns princípios táticos do jogo e em impor à equipe adversária alguma maneira de condução do jogo que seja incomum ou inesperada para esse adversário – marcação individual, por zona ou sob pressão, no campo adversário, pressão intensa nas ações de ataque, maior posse de bola, verticalização intensa do jogo etc. (Teoldo et al., 2009; Teoldo; Guilherme; Garganta, 2015; Sakharova, 2005b).

A concepção tática concretiza-se no modelo tático da competição, no qual são detalhadas sequencialmente as tarefas que estão sujeitas à decisão do atleta no decorrer da competição em conformidade com a tática e as respectivas formas realizá-la.

A eficiência da tática esportiva, antes de tudo, depende tanto da concepção tática quanto do modelo concretizado de condução da competição, isso se esses itens forem elaborados considerando algumas premissas, como as seguintes:

- **Reais possibilidades do atleta** – Ao elaborar e realizar o próprio modelo de jogo, um técnico deve observar quais são as características dos atletas. Não adianta, por exemplo, adotar uma tática que utiliza contra-ataques se os jogadores da linha de ataque não forem suficientemente rápidos, tanto no contexto das tomadas de decisão quanto na velocidade de deslocamento propriamente dita.
- **Equipe** – Entre os atletas é necessário existir entrosamento, no entanto, isso depende do grau de conhecimento, da aquisição e da fixação da concepção tática do treinador na mente de cada jogador.
- **Adversários** – Sempre é preciso que o técnico analise os pontos fortes e fracos do adversário na estratégia de preparação e na formulação da tática. Por exemplo, nas lutas de MMA (artes marciais mistas, do inglês *mixed martial arts*), é comum ver atletas fugindo do combate no chão quando o adversário é especialista em *jiu-jitsu* estilo brasileiro.
- **Condições da competição** – As condições do meio ambiente podem influenciar de modo significativo na maneira de condução de um jogo, por exemplo, em jogos da Copa Libertadores da América, quando uma equipe brasileira joga em lugares com elevada altitude. Nesse caso, a velocidade de deslocamento da bola nos chutes é diferente, a pressão diminuída de oxigênio reduz a capacidade cognitiva dos atletas e eleva o grau de fadiga, fatos que, por muitas vezes, comprometem a técnica e a tática.

Com fundamento nessas premissas, é possível que sejam feitos alguns prognósticos dando base para determinada "flexibilidade" tanto da concepção quanto do modelo tático. Como não existe uma tática ideal ou universal para todos os casos, às vezes a tática é subjetiva, analisa as ações do atleta (ou equipe) e do adversário (equipe ou atleta) como dois sistemas que interagem. Cada sistema tem as próprias características e a função da tática, nesse caso, é inibir os pontos fracos e expor os pontos fortes, encontrando as "brechas" deixadas pelo adversário, ou seja, os pontos fracos do oponente.

Além disso, durante a competição, é necessário que sejam realizadas correções do modelo tático aplicadamente às situações competitivas e assumidas as decisões táticas operacionais. É justamente aqui que se expressam mais dinamicamente as propriedades do pensamento tático, em que o atleta tem a capacidade de: (a) instantaneamente perceber, avaliar e reformular as informações momentâneas e essenciais que determinam a resolução das tarefas táticas parciais; (b) prever as intenções do adversário e dos companheiros; (c) tomar decisões buscando o caminho mais rápido entre algumas variantes possíveis de decisão que levariam ao sucesso das ações com maior veracidade.

Sem dúvida, o sucesso em qualquer modalidade esportiva depende dessas capacidades e dos conceitos táticos, apesar de a contribuição desses elementos ser muito maior em modalidades como jogos desportivos e lutas.

Na tática competitiva, manifestam-se todas as faces do preparo do atleta, e ela acaba servindo como fator integrador na realização das possibilidades de rendimento do atleta ou da equipe. Por isso, é essencial que o treinador compreenda a tática e a técnica – tanto seletiva quanto integradamente – da atividade competitiva para que, então, possa conceber como elaborar o processo de treinamento.

### 1.5.3 Manifestação das qualidades psíquicas da atividade competitiva

A competição esportiva é, sem sombra de dúvidas, um teste das qualidades do indivíduo. A tensão psicoemocional observada na atividade competitiva do esporte de alto rendimento dificilmente é encontrada ou reproduzida em outras atividades da vida cotidiana do ser humano.

Podemos afirmar que o foco e a determinação em atingir os mais altos resultados (rendimento) nas principais competições exigem do atleta uma mobilização psíquica extrema, sendo necessária, por parte desse esportista, a capacidade de autorregulação do estado psicológico em situações extremas.

As exigências psíquicas agudas que agem sobre o atleta são justificadas pelos seguintes fatos:

- o significado pessoal e social da competição em razão do sistema de estímulos progressivos causados pelo rendimento esportivo;
- as relações específicas esportivo-competitivas, como de rivalidade, de confronto e de interação na busca pela realização do objetivo;
- as condições de regulamento e as situações da competição que trazem determinada tensão, excitação e outras mudanças no estado psicológico do atleta e dificultam o resultado ou o decorrer (processo) desejado da competição.

A significância de uma ou outra competição esportiva depende não apenas da relação subjetiva de determinado atleta com a competição, mas também do interesse pela competição por parte de outras pessoas, incluindo a grande sociedade; da escala e do conteúdo de participantes da competição; do prestígio do rendimento dela; e da relação da competição com as medidas de estímulos morais e materiais. Além disso, é importante ressaltar questões culturais de cada país, por exemplo, sabe-se que, no Brasil, a vitória na Copa do Mundo de futebol tem peso muito maior do que a vitória em qualquer modalidade; para a sociedade brasileira, um lutador, corredor, ginasta, basquetebolista que consegue uma medalha de bronze no Jogos Olímpicos é reconhecido como um atleta que obteve um grande resultado, já para a seleção brasileira de futebol, qualquer resultado que não seja o título é considerado fracasso e, por muitos, de forma até exagerada, um vexame histórico. Situação análoga pode ser observada no basquetebol nos Estados Unidos, no hóquei no gelo no Canadá, no judô no Japão etc., uma vez que cada país ou região tem o próprio esporte de tradição.

Naturalmente, quanto mais significativa é a competição, maior é a chance de ela afetar os interesses e as emoções do atleta. Além disso, as alterações no estado psicológico não são causadas somente no momento da competição, mas também no período que a antecede, como é o caso do estado de apatia pré-competitiva que se manifesta antes de uma prova (Sopov, 2010; Gorbunov, 2014).

Quando o atleta está bem preparado, motivado e focado em atingir grandes resultados, a lógica das relações competitivas cria um potente canal emocional que intensifica a mobilização do potencial físico e psíquico, principalmente quando o significado da competição é elevado. Por outro lado, quando o atleta está mal preparado nesse sentido, ocorre exatamente o oposto.

A concorrência rígida, as emoções agudas, entre outros fatores que surgem no decorrer das competições, são capazes de influenciar a psique do atleta e dos competidores. No futebol, por exemplo, existe uma chance muito grande de uma equipe marcar o segundo gol nos 10 minutos subsequentes ao primeiro gol, e isso ocorre em virtude da influência psicológica – negativa na equipe que sofreu o gol, e positiva na equipe que o marcou (Chirva, 2015). Essa influência é tão intensa que pode ser considerada forte estresse. O estresse psíquico causa no atleta grande grau de tensão emocional, que pode contribuir ou atrapalhar a realização das possibilidades de rendimento, dependendo do quanto o atleta é capaz de regular e gerir eficientemente o próprio estado psicológico.

Na totalidade, o conjunto de exigências apresentadas ao atleta na atividade competitiva e as circunstâncias típicas dessa atividade afetam profundamente muitas funções psicofísicas e psicofisiológicas, que são ativadas, acarretando grande tensão psíquica. Em particular, as grandes exigências psicológicas influenciam as percepções do atleta e, como consequência, agem na reformulação imediata das informações nas quais se baseia o atleta para a tomada de decisões relativas à execução das ações competitivas – dados sobre comportamento de adversário e companheiros, condições externas das ações, da dinâmica das situações competitivas, percepção das próprias ações, entre outros.

Portanto, a carga psicológica nas competições esportivas é intensificada por fatores emocionais incomuns. A variação das emoções no processo de reprodução de apresentações nas competições esportivas é muito grande – da calma externa ligada à tensão interna até a alegria desenfreada ou a profunda decepção. Aqui surgem, em diferentes graus, sensações expressas de inquietação ou ansiedade, excitação, perigo, risco, falta de confiança, constrangimento, confusão, relaxamento e entusiasmo, inspiração, sede de vitória, orgulho pelo desempenho superior e muitas outras formas de experiências que são atingidas nas situações de forte estresse emocional.

Todo esporte exige a manifestação incomum das capacidades volitivas, tais como: determinação, iniciativa, coragem, autodomínio, estabilidade, bravura etc. No entanto, algumas exigências são específicas para determinada modalidade. Com base nisso, fica claro que o estado psicológico do atleta, tanto momentâneo quanto a médio e longo prazos, tem peso significativo no sucesso ou no fracasso desse esportista na atividade competitiva.

### 1.5.4 Manifestação das qualidades físicas da atividade competitiva

A influência psicológica das competições esportivas causada pela dinâmica e pelas condições da competição condiciona naturalmente uma mobilização incomum nas possibilidades funcionais que compõem a base da manifestação das capacidades físicas e motoras do atleta. O caráter e o nível das manifestações físicas dependem, antes de tudo, das particularidades do conteúdo motor da atividade competitiva e do respectivo regulamento. Desse modo, é possível destacar vários tipos de atividades competitivas: (1) atividades competitivas de caráter de força, velocidade e força-velocidade com ações de curta duração; (2) atividades competitivas com exigência preferencial de resistência, manifestadas no regime de reprodução permanente das ações competitivas; (3) atividades competitivas com diversas exigências coordenativo-motoras, de força-velocidade e outras capacidades motoras que se manifestam em formas de grande variação de ações; (4) tipos combinados de atividade competitiva.

Nas **atividades competitivas de caráter de força, velocidade e força-velocidade com ações de curta duração** estão incluídas as competições de levantamento de peso olímpico, de lançamentos e arremessos de implementos no atletismo (disco, martelo, dardo, peso), de saltos acrobáticos, de saltos no atletismo e de *sprints* de natação, atletismo, ciclismo, patinação. Na atividade competitiva, são típicos o esforço muscular curto e máximo, uma quantidade rígida de tentativas na competição, a exigência máxima de potência, precisão e consistência nos movimentos com crescente aumento dos indicadores de resultado (peso na barra, distância dos implementos) e, portanto, a mobilização máxima das funções dos sistemas do organismo que garantem esse tipo de atividade – sistema nervoso e sistemas anaeróbios de abastecimento energético. Aqui também têm papel relevante algumas propriedades do corpo do atleta que garantem a efetividade biomecânica dessas atividades, como a rigidez e a elasticidade do aparelho locomotor.

As **atividades competitivas com exigência preferencial de resistência, manifestadas no regime de reprodução permanente das ações competitivas** incluem todos os esportes cíclicos que envolvem a superação de distâncias médias e longas – corridas no atletismo, marcha atlética, corridas na patinação e no esqui, ciclismo, natação, remo etc. A exigência da resistência nessa grande diversidade de esportes e competições é, sem dúvida, muito alta, apesar de essa exigência não ser exatamente igual em cada uma delas. Por exemplo, quanto menor for a distância a ser percorrida, maior será a intensidade das ações competitivas, logo, a resistência adquire caráter de velocidade. Dependendo da duração e da distância da competição, as exigências das funções e dos sistemas do organismo do indivíduo mudam a fim de garantir a efetividade da atividade competitiva.

Na literatura científica existe uma série de classificações de zonas de intensidade de acordo com o tempo de atividade e com a intensidade dos esforços. Por exemplo, corredores de maratona de elite que atingem o resultado de 2 horas e 10 minutos correm em uma velocidade média de aproximadamente 5,3 metros/segundo, já corredores de meio-fundo, na prova de 800 metros com o resultado de 1 minuto e 45 segundos, têm uma velocidade média de aproximadamente 7,6 metros/segundo. O que se encontra na literatura é que os corredores de maratona passam boa parte do tempo correndo na velocidade do limiar anaeróbio, ou seja, o exercício é preferencialmente garantido pelos mecanismos aeróbios de produção de energia; não é à toa que atletas, não só de maratona, mas de qualquer atividade que supere 10 a 15 minutos de duração, apresentem características morfofuncionais específicas. Atletas desse tipo de atividade têm parâmetros de consumo máximo relativo de oxigênio altíssimos (75 a 85 ml/kg/minuto de oxigênio), também significativo percentual de fibras musculares oxidativas (60 a 70% ou mais) e grande débito cardíaco. Já os atletas de meio-fundo têm exigências de natureza anaeróbia maior do que os fundistas, visto que superam grande parte da distância acima da velocidade do limiar anaeróbio, e têm um percentual de fibras rápidas um pouco maior em comparação aos maratonistas, o que justifica a capacidade de maior velocidade.

As **atividades competitivas com diversas exigências coordenativo-motoras, força-velocidade e outras capacidades motoras que se manifestam em formas de grande variação de ações** estão relacionadas com a maioria das lutas e dos jogos esportivos. O conteúdo das ações nesse tipo de atividade competitiva varia dinamicamente em grande medida, mas, em uma série delas, essa variação ocorre com grande indeterminação da escolha da ação na situação seguinte. Isso apresenta um alto nível de exigência das capacidades coordenativas e outras diretamente relacionadas com a coordenação e as manifestações dela, incluindo a aptidão de o atleta avaliar precisamente e de imediato as condições e os parâmetros espaço-temporais das ações, regular os parâmetros dinâmicos, espaciais e temporais do movimento, reformulá-los eficientemente e trocar de uma ação coordenativa para outra. Junto a isso, ainda se observa a exigência de velocidade, de força e de resistência especial do atleta nas ações competitivas.

Os **tipos combinados de atividade competitiva** envolvem diferentes disciplinas esportivas combinadas, as quais apresentam exigências funcionais e físicas multifacetadas. Estão entre os tipos de combinações as seguintes:

- O tipo de exigência preferencial das capacidades de força (levantamento de peso olímpico clássico) ou de coordenação (ginástica artística nas provas combinadas, ou seja, no geral) ou de resistência (triatlo).
- O tipo único de formato de movimento, mas com diferentes exigências das capacidades físicas (por exemplo,

as provas combinadas de patinação com competições de *sprint*, média e longa distância).
- O tipo que se diferencia tanto pela forma de movimento quanto pela manifestação das capacidades físicas (decatlo, pentatlo moderno etc.). Esse é o tipo mais complexo e exige funções orgânicas completamente distintas na prática esportiva, o que cria uma dificuldade específica na combinação das capacidades físicas.

## III *Síntese*

Ao término deste capítulo, fica claro que o esporte é, sem dúvida, um fenômeno cultural e multifuncional que ganhou muito destaque não só ao longo do século XX, mas também nas últimas décadas. Esse destaque é principalmente justificado pela atribuição de grande prestígio internacional e significado político das competições no esporte de alto rendimento. Além disso, o bem-estar promovido pelo esporte amador e as funções sociais gerais e específicas desse fenômeno sociocultural aumentaram muito a atratividade desse tipo de atividade. Com isso, como já era de se esperar, o esporte se profissionalizou, interesses financeiros e comerciais surgiram, e a quantidade de modalidades cresceu e continua crescendo muito. Tudo isso fez com que o interesse pelo estudo do esporte fosse aumentando até o nível em que se encontra atualmente.

Graças a esses acontecimentos, atualmente muito sabemos a respeito do esporte. Desse modo, treinadores, pesquisadores, professores de educação física e outras pessoas envolvidas com o esporte compreendem com total clareza a importância do estudo da atividade competitiva. Somente com o entendimento das particularidades e das manifestações da atividade competitiva é possível ponderar o que a preparação de um atleta deve preconizar. Informações como o significado pessoal e social de dada competição, de que forma a técnica e a tática podem influenciar o resultado esportivo e a importância das capacidades físicas em determinados esportes são imprescindíveis para que um treinador comece a refletir sobre como preparar um atleta. Não é à toa que os componentes do preparo de um atleta são embasados na análise da atividade competitiva.

### ■ Atividades de autoavaliação

1. Quanto às características do esporte ordinário e do esporte de alto rendimento, analise as assertivas a seguir e indique V para as verdadeiras e F para as falsas:
   - ( ) O esporte amador abrange uma parcela pequena da população.
   - ( ) O esporte de alto rendimento abrange uma parcela grande da população.
   - ( ) O esporte ordinário não exerce papel principal na vida do atleta.
   - ( ) No esporte ordinário, o tempo dedicado à prática é menor, e o resultado esportivo fica limitado.
   - ( ) Os resultados do esporte de alto rendimento só são possíveis com talento extraordinário do atleta e uma preparação plurianual.

2. Nos anos 1980, ocorreu uma intensa comercialização do esporte. Com isso, o esporte de alto rendimento passou a ser subdividido em (1) esporte profissional comercial e (2) esporte não comercial de alto rendimento. Correlacione as assertivas a seguir conforme a numeração indicada:
   - ( ) Ainda conta com um tipo específico de atividade que garante o máximo desenvolvimento do talento natural e das qualidades pessoais do atleta, o que resulta em grandes realizações esportivas.

( ) O nível do desempenho esportivo é elevado, mas não necessariamente máximo.
( ) Muitas vezes, os atletas e as equipes recusam participar de algumas competições com a intenção de dedicar mais tempo a uma preparação racional, que objetive o melhor desempenho nas competições de maior prestígio.
( ) É voltado para estratégias que envolvam os espectadores.
( ) O atleta fica em uma situação na qual não está em conformidade com o processo de preparação ótimo para atingir os mais altos resultados.

3. Sobre os tipos de esporte, correlacione as assertivas a seguir conforme a numeração indicada: (1) esportes cíclicos; (2) jogos desportivos; (3) esportes de coordenação complexa; (4) esportes de força velocidade; (5) lutas:

( ) Realiza uma análise subjetiva do resultado por meio da técnica – elementos técnicos mais difíceis, beleza do movimento, ritmo, "artisticidade" etc.
( ) Os critérios de determinação do resultado são sempre objetivos e dependem, em grande medida, das possibilidades de força e da capacidade de gerar potência do atleta.
( ) O participante tem livre escolha entre as ações para chegar a determinado objetivo, o efeito final da ação técnica independe da complexidade, e a tática tem peso decisivo no resultado.
( ) Conta com provas de resistência e velocidade.
( ) Apresenta muitas semelhanças com os jogos desportivos, porém o objetivo principal é acertar o adversário.

4. Para que uma competição seja considerada oficial, é necessário que:

a) reúna atletas famosos, público pagante presente e árbitros competentes.
b) seja acessível a qualquer pessoa, tenha imprensa presente e conte com número massivo de atletas.

c) esteja no calendário esportivo oficial, seja organizada segundo um regulamento, seja realizada de acordo com as regras oficiais regidas pelas federações.
d) tenha um regulamento preestabelecido, podendo ser organizada por qualquer instituição.
e) tenha designação, escala e ordem de acesso, sem a obrigatoriedade de considerar as regras da federação.

5. Quanto à atividade competitiva, analise as assertivas a seguir e indique V para as verdadeiras e F para as falsas:

( ) A estrutura da atividade competitiva é um conjunto de ações do atleta no decorrer da competição, unidas pelo objetivo competitivo e pela lógica (sequência natural) de sua realização.

( ) A atividade competitiva de um atleta apresenta manifestações técnico-táticas, psicológicas e físicas, sendo imprescindível o entendimento destas para a reflexão sobre o processo de treinamento.

( ) A atividade competitiva apresenta modelo, meio e resultado.

( ) A tática na atividade competitiva conta com operações psicológicas e sociais.

( ) O estudo da atividade competitiva é direcionado principalmente ao entendimento das regras e do calendário das competições.

## ■ Atividades de aprendizagem

*Questões para reflexão*

1. Do ponto de vista social, o esporte pode servir tanto para o bem quanto para o mal. Você concorda com essa afirmação? Por quê?

2. Por que a tática tem peso maior e mais determinante nos jogos desportivos e nas lutas do que em outras modalidades?

3. Quais são as consequências da comercialização intensa do esporte? O que pode ser positivo e o que pode ser negativo nessa situação?

*Atividade aplicada: prática*

1. Imagine que você está trabalhando como treinador na iniciação esportiva. Uma situação comum é que alguns pais desejam muito que os filhos, no futuro, tornem-se atletas de alto rendimento bem-sucedidos. O problema é que, não raro, os pais desconhecem a vontade dos filhos, impõem aos treinadores a intensificação da preparação e cobram por resultados nas competições infantis. Sabe-se que, de alguma forma, essas atitudes podem desenvolver na criança o princípio da vitória a qualquer custo e destruir as funções sociais do esporte, causando consequências psicológicas catastróficas para criança. Como você agiria em tal situação? Elabore um *paper* para expor seus argumentos.

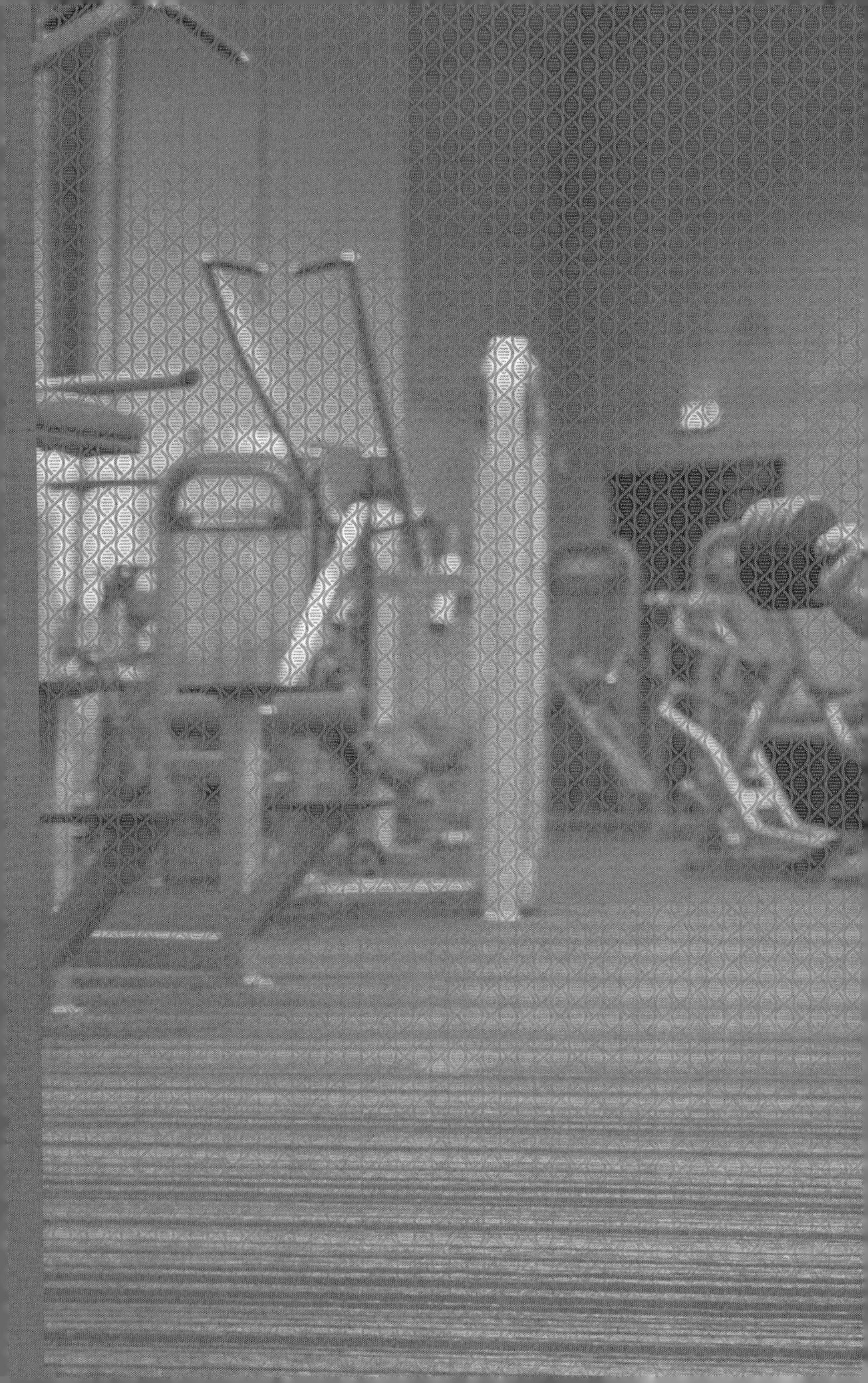

# Capítulo 2

Preparação esportiva:
tópicos fundamentais

**N**o Capítulo 1, ao analisarmos a atividade competitiva, suas particularidades e suas manifestações, foi possível compreender a importância do que chamamos hoje de *componentes do preparo* (físico, técnico, tático e psicológico). Neste capítulo, a reflexão proposta nos ajudará a responder à seguinte pergunta: Do que é composta a preparação do atleta? De início, buscaremos evidenciar os principais pilares do processo de preparação, ou seja, tudo aquilo que pode influenciar direta e indiretamente os resultados esportivos não só de um atleta ou de uma equipe, mas de toda uma nação. Em seguida, destacaremos os objetivos e as tarefas do treinamento e da preparação do atleta. Posteriormente, trataremos dos mais difundidos meios e métodos de treinamento desportivo e dos conceitos de carga e descanso. Tal combinação, meio-método-carga-descanso, determina a efetividade da prática de exercícios para o aumento das possibilidades físicas e funcionais do atleta. Por fim, verificaremos uma abordagem "norteadora" que auxilia o treinador a agir corretamente nas diversas situações complexas e problemáticas do processo de preparação.

## 2.1 Sistema de preparação esportiva

Nos dicionários, o significado da palavra *sistema* está sempre associado a grupo ou conjunto de elementos interdependentes que tendem a formar um todo organizado, ou seja, elementos separados que, quando unidos, têm um objetivo concreto. No sistema de preparação esportiva, existem diversos fatores ou elementos que podem influenciar o desempenho do atleta. Considerando diversos autores (Savin, 2003; Zakharov; Gomes, 2003; Weineck, 2003; Sakharova, 2005b; Vovk, 2007; Zatsiorsky; Kraemer, 2008; Gomes, 2009; Matveev, 2010; Fiskalov, 2010; Verkhoshansky; Verkhoshansky, 2011; Bompa; Haff, 2012; Volkov et al., 2013; Eliceev; Kulik; Seluianov, 2014; Platonov, 2010; 2015), é possível afirmar que o sistema de preparação esportiva apresenta três pilares básicos (elementos) que sustentam o processo de preparação do atleta. São eles:

1. **Sistema de treinamento desportivo** – É forma fundamental de preparação do atleta, englobando um processo pedagógico especializado, construído com base no sistema de exercícios e direcionado à educação e ao aperfeiçoamento de determinadas capacidades que garantem o preparo desse esportista para a realização de grandes resultados.
2. **Sistema de competições esportivas** – Envolve uma série de competições de diferentes classes, níveis, escalas e designações organizadas em correspondência com as leis que regem o funcionamento do esporte. Elas são oficialmente planejadas pelas organizações esportivas, ou seja, federações, comitês, clubes etc., em forma de calendário competitivo. Com base nesse calendário, é construído, pelo treinador e pelo atleta, o sistema individual de competições, ou seja, aquelas nas quais vão participar, relacionando-as com o sistema de treinamento e seguindo uma lógica para uma preparação racional voltada às principais competições.

3. **Sistema de fatores complementares (externos ao treinamento) à preparação e à competição** – Envolve a utilização de meios e condições de otimização dos processos recuperativos após as cargas de treinamento e o aumento da capacidade de trabalho. Nesse contexto, utilizam-se dietas especiais, suplementos alimentares, recursos farmacológicos legais, diferentes formas de massagem, sauna, crioterapia, entre outros elementos.

Dessa forma, podemos entender *preparação esportiva* como o processo orientado na utilização de todo o conjunto de fatores que causam influências seletivas nas possibilidades de rendimento do atleta e condicionam o crescimento, a manutenção e a realização desse atleta nos resultados esportivos. Assim, a preparação apresenta conteúdo multifacetado e estrutura sistêmica, englobando o treinamento desportivo (parte principal do processo), a prática preparatório-competitiva (teoria da atividade competitiva) e os fatores externos ao treinamento e à competição (dieta, utilização de fármacos autorizados etc.)

Fica claro, então, que, quando aludimos a *treinamento desportivo*, estamos basicamente tratando do exercício físico (meio e método) direcionado ao aperfeiçoamento das capacidades físicas, da técnica, tática etc. Em outras palavras, no treinamento desportivo discutem-se temas como: tempo ótimo de pausa entre as séries dos exercícios com cargas de treinamento de diferentes orientações (aláticas, láticas, aeróbias) com objetivo de aperfeiçoar diferentes capacidades (resistência, força, velocidade etc.); tempo de descanso e recuperação entre sessões de treinamento; dinâmica das cargas ao longo dos ciclos de treinamento, entre outros. Enfim, o treinamento desportivo estuda a prática do processo de treinamento.

Por outro lado, quando nos referimos à *preparação esportiva*, é importante termos claro que os termos *treinamento* e *preparação* não são exatamente sinônimos. Quando se diz que preparação é tudo aquilo que influencia as possibilidades de realização do atleta, fatores que não são estudados pelo treinamento desportivo passam a ser integrados no conteúdo (como tratado anteriormente, fatores externos ao treinamento e sistema de competições). No entanto, o treinamento desportivo pode ser considerado o "pilar principal" da preparação do atleta em razão de a carga de treinamento ser considerada o mais potente meio ergogênico[1] existente (Volkov et al., 2013). Muitas vezes, o treinamento pode ser entendido como sinônimo de preparação, mas não o contrário, pois o conceito de preparação é mais amplo e abrangente.

A preparação esportiva está direcionada para a elevação do resultado esportivo do atleta, ou seja, para novas realizações. O resultado esportivo é o indicador das possibilidades de rendimento do atleta ou da equipe, avaliado por critérios estabelecidos em cada modalidade esportiva. Quando falamos em resultado esportivo, é importante compreender que ele pode alterar-se por ingerência de muitos fatores. Assim, os principais fatores gerais que influenciam a dinâmica do resultado esportivo são (Suslov; Cycha; Shutina, 1995; Filin; Volkov, 1998; Matveev, 2010):

- o talento individual e o grau de realização do atleta ao longo do processo de desenvolvimento individual;
- o estado concreto do sistema de preparação dos atletas na sociedade, ou seja, o grau de qualidade desse sistema;
- a grandeza do movimento esportivo e as condições sociais concretas de seu desenvolvimento na sociedade.

Os resultados esportivos de alto rendimento dependem, em primeiro plano, do talento individual e do nível de preparo do atleta. O talento individual é determinado pela predisposição genética e não pode ser mudado com o treinamento, ou seja, é inato. O nível de preparo depende do processo de treinamento

---

[1] Meio ou recurso ergogênico é tudo que aumenta a capacidade de trabalho, como carga de treinamento, utilização de suplementos, fármacos etc.

plurianual, construído de forma racional, que garante a máxima aquisição de habilidades e de conhecimentos que condicionem o máximo desenvolvimento das capacidades físicas, da técnica, da tática e dos aspectos psicológicos.

Com o nível atual de desenvolvimento do esporte e as grandes realizações atingidas pelos atletas, fica claro que tanto o talento individual quanto a preparação racional, quando isolados, não podem garantir elevados resultados. Uma pessoa sem predisposição genética para correr em velocidade, mesmo que treine da forma mais adequada possível, não consegue chegar ao nível dos atletas de alto rendimento. Da mesma forma, o talento sem uma preparação racional de 7 a 12 ou mais anos dificilmente pode garantir resultados de alto rendimento. Com base nisso, fica clara a importância do terceiro fator – o movimento esportivo.

É claro que não é fácil encontrar pessoas extremamente talentosas para o esporte de alto rendimento. Por esse motivo, a única forma de encontrar crianças talentosas para inserir em um processo de preparação racional e plurianual para a formação de atletas é por meio da intensa popularização e massificação do esporte. Quando há um grande contingente de praticantes, os talentos manifestam-se naturalmente, facilitando, assim, o processo de seleção e de orientação. Além disso, a popularidade do esporte também estimula a atualização do quadro de profissionais que trabalham nessa área e incentiva a pesquisa, fazendo com que a metodologia de treinamento se desenvolva com excelência.

Diante disso, é fácil compreender o porquê de o Brasil formar excelentes jogadores de futebol, ou os Estados Unidos formarem jogadores de basquetebol excepcionais. O fator determinante, nesse caso, é a cultura e a popularidade do esporte no país. No Brasil, praticamente todas as crianças já experimentaram jogar futebol, por outro lado, a quantidade de crianças brasileiras que praticam ou que pelo menos tiveram alguma experiência com nado sincronizado, luta olímpica, tiro com arco é centena de vezes menor, logo, isso dificulta muito a chance de identificar nas pessoas aquele talento promissor que permite, junto ao treinamento racional, que seja atingido o alto rendimento.

Dando continuidade ao tema *fatores determinantes que influenciam o resultado esportivo*, Platonov (2010) destaca que, na preparação das equipes nacionais para os Jogos Olímpicos, existem alguns fatores que são essenciais para o desenvolvimento do esporte em um país e, consequentemente, para a colocação no quadro geral não oficial de medalhas. Entre esses fatores estão as possibilidades econômicas do país; a estabilidade da sociedade; o nível de desenvolvimento da ciência e educação; a relação das pessoas com a cultura física e com o esporte de alto rendimento; as políticas voltadas para o desenvolvimento do esporte etc. No entanto, em condições iguais, a efetividade da apresentação das equipes nacionais nos Jogos Olímpicos é condicionada pela capacidade de os especialistas da área do esporte formarem e realizarem o sistema de preparação olímpica. Não menos importante é o papel dos órgãos estatais, assim como da iniciativa privada, em definir corretamente as prioridades que dão todo apoio técnico, material e financeiro.

Há muitos exemplos de países que conseguiram formar um sistema racional de preparação olímpica e, por diversas vezes, alcançaram êxito em relação a países com potencial humano e econômico incomparavelmente superiores. Por exemplo, nos anos 1970 e 1980, equipes de países como Hungria, Bulgária e Cuba frequentemente apresentavam-se com mais sucesso do que as equipes de maior potencial, como Itália, França e Japão. No entanto, apesar disso, destaque ainda maior pode ser dado para a equipe da Alemanha Oriental (República Democrática da Alemanha – RDA), que, na mesma época, ainda que contasse com uma população e com um Produto Interno Bruto (PIB) 20 e 60 vezes inferiores, respectivamente, em comparação aos Estados

Unidos, conseguiu, mais de uma vez, ficar à frente da equipe estadunidense no quadro geral não oficial de medalhas.

O sistema de preparação olímpica da Alemanha Oriental começou e foi fundamentado por meio do trabalho conjunto entre especialistas da própria RDA e da União Soviética (URSS) em meados dos anos 1960. Esse sistema de preparação começou a dar resultados já nos anos 1970, nos jogos de inverno e de verão. Embasado em um trabalho minucioso, envolvia aspectos importantes, como o sistema de seleção de talentos e preparação plurianual, os fundamentos médico-biológicos e científico-metodológicos, a criação de estruturas e tecnologia de equipamentos etc. Contudo, diante de questões tendenciosas, especialistas ocidentais, por meio de uma análise superficial, atribuem o êxito da equipe da RDA exclusivamente à utilização de meios farmacológicos proibidos. No entanto, uma análise mais aprofundada mostra que a aplicação de estimulantes, inclusive os proibidos, não era a razão do sucesso da RDA, principalmente pelo simples fato de o *doping* ter sido muito utilizado em países como Estados Unidos e Canadá, entre outros com potencial econômico, populacional e esportivo muito maiores (Platonov, 2015).

Com a extinção da URSS e da RDA entre o final dos anos 1980 e o início dos anos 1990, o sistema de preparação olímpica desses países foi completamente desmantelado, principalmente pelo agravamento de crises econômicas, o que dificultou o trabalho objetivamente orientado na preparação dos atletas para os Jogos Olímpicos. As consequências disso foram, por um lado, negativas, pois evidenciou-se a perda abrupta de qualidade do sistema de preparação olímpica daqueles países. Por outro lado, sob um ponto de vista mais otimista, coisas positivas aconteceram, uma vez que aquele conteúdo científico único, adquirido na experiência dos países socialistas, foi disseminado com a saída dos especialistas (principalmente soviéticos) para o Ocidente. Com isso, após os anos 1990, diversos países aproveitaram a experiência adquirida na URSS para formar os próprios sistemas de preparação olímpica de forma adaptada, como é o caso da Inglaterra, da China, da Noruega, do Japão, entre outros (Platonov, 2015).

A experiência prática tem mostrado que a análise do potencial populacional e econômico de um país por si só não determina o resultado dos atletas na arena olímpica, e isso pode ser claramente demonstrado quando utilizamos como exemplo países com baixo potencial econômico, como Jamaica, Etiópia e Quênia, que têm resultados muito superiores quando comparados com a Índia (potência populacional e econômica). No entanto, quando o esporte é desenvolvido no país, ou seja, quando o país tem como base fatores que influenciam a dinâmica do resultado esportivo, os potenciais econômico e populacional passam a ter alguma importância. Isso pode ser visto claramente nos resultados de equipes de países como Estados Unidos, Inglaterra, Rússia, China e Alemanha, que são as equipes que de fato têm potencial para conquistar o primeiro lugar no quadro de medalhas nos Jogos Olímpicos de Verão.

## 2.2 Objetivos e tarefas da preparação do atleta

Segundo Platonov (2004; 2013; 2015), o objetivo da preparação desportiva é atingir o maior nível possível de preparo físico, técnico, tático e psicológico individual do atleta. Esse nível de preparo é condicionado pela especificidade de cada modalidade esportiva e pelas exigências máximas de realização dos altos resultados esportivos na atividade competitiva. As tarefas fundamentais a serem resolvidas no processo de preparação são as seguintes:

- assimilação da técnica e da tática da modalidade praticada pelo atleta;
- estabelecimento do nível necessário de desenvolvimento das capacidades físicas e das possibilidades funcionais do

organismo que é garantido pela carga de treinamento em dada modalidade esportiva;
- educação das qualidades volitivas e morais;
- garantia do nível necessário de preparo psicológico específico;
- aquisição de conhecimentos teóricos e experiência prática (tática, entre outros itens), necessários para a atividade bem-sucedida de treinamento e de competição;
- aperfeiçoamento complexo e a manifestação de diferentes faces do preparo do atleta na atividade competitiva.

No **aperfeiçoamento técnico**, essas tarefas são: criação do modelo imaginário da técnica; posse e domínio de habilidades motoras; aperfeiçoamento por meio de alterações nos parâmetros dinâmicos e cinemáticos; aquisição de novos elementos e fundamentos técnicos; garantia da variabilidade da técnica esportiva; adequação às condições competitivas e às possibilidades funcionais do atleta; estabilidade das características fundamentais da técnica diante da ação dos fatores externos e internos que possam nela interferir.

No **aperfeiçoamento tático**, presume-se a análise das particularidades das competições seguintes (clima, topografia etc.), dos adversários (características fundamentais) e, por fim, a criação da tática ótima para a competição (concepção e modelo).

No **processo de preparação física**, é necessário elevar o nível das possibilidades dos sistemas funcionais que asseguram o nível de preparo geral e especial do atleta, desenvolver as capacidades físicas, assim como as manifestações delas nas condições competitivas.

Por fim, na **preparação psicológica**, aperfeiçoam-se qualidades morais e volitivas, funções psicológicas específicas do atleta e capacidade de controlar o próprio estado psicológico nos períodos de treinamento e de competição.

## 2.3 Meios e métodos da preparação do atleta

Os meios e os métodos de treinamento, apesar de distintos, sempre são aplicados de forma concomitante. Afinal de contas, o método é a forma pela qual o meio é aplicado. Contudo, assim como em outras seções deste livro, determinados conceitos devem ser estudados de forma separada para um entendimento mais aprofundado.

### 2.3.1 Meios de treinamento desportivo

O meio é entendido como alguma força real, necessária para realização de determinado objetivo. Em outras palavras, é o modo, o recurso, o veículo ou algo análogo para se chegar a um fim. Por exemplo, para tratar determinada doença, o meio pode ser um medicamento oral; para viajar de um continente a outro, o meio pode ser o avião. No caso do treinamento desportivo, o meio pelo qual se atingem os objetivos da preparação do atleta é o exercício físico.

O **exercício físico** nada mais é do que qualquer ação motora executada conscientemente que considere os princípios da educação física com objetivo de trazer efeitos positivos (Makcimenko, 2009). Os **meios de treinamento** e/ou preparação do atleta podem ser entendidos como os mais diversos exercícios físicos que, diretamente ou indiretamente, influenciam o aperfeiçoamento da maestria esportiva ou das possibilidades de rendimento do atleta (Platonov, 2015). A **maestria esportiva** pode ser entendida como capacidade de o atleta utilizar efetivamente e por completo todo o potencial locomotor com vistas ao sucesso em determinada modalidade esportiva (Verkhoshansky, 2013). Já as **possibilidades de rendimento esportivo**, segundo Matveev (2010), são entendidas como um conjunto de capacidades, habilidades e conhecimentos que, integradas em um complexo, permitem executar, em determinada modalidade esportiva, as ações competitivas e atingir aquilo que é acessível para o atleta nas competições esportivas.

O conteúdo dos meios de preparação esportiva é formado com base nas particularidades de cada modalidade esportiva. Logo, os meios de treinamento podem ser subdivididos em quatro grupos: (1) exercícios ou meios gerais; (2) semiespeciais; (3) especiais; (4) competitivos (Vovk, 2007; Geletsky, 2008; Fiskalov, 2010; Vinogradov; Okunkov, 2015).

Os **exercícios ou meios de preparação geral** são aqueles que servem para o desenvolvimento harmônico e multifacetado do organismo do atleta. Eles podem estar em conformidade parcial com as particularidades da modalidade esportiva, dependendo da tarefa a ser resolvida na sessão ou no processo de treinamento.

Os **exercícios ou meios de preparação semiespecial** são compostos de ações motoras que criam fundamento para o desenvolvimento mais avançado em determinada atividade esportiva.

Os **exercícios ou meios de preparação especial** têm lugar central no sistema de treinamento dos atletas de alto rendimento. Esses exercícios abrangem todo o conjunto de meios que envolvem elementos e ações que se aproximam ao máximo da atividade competitiva. O critério de similaridade, ou seja, o entendimento de como os exercícios se aproximam ou se assemelham à atividade competitiva, considera a forma, a estrutura e o caráter de manifestação, tanto das capacidades físicas quanto da atividade funcional dos sistemas do organismo, durante a prática de determinada modalidade ou disciplina esportiva.

Por fim, os **exercícios competitivos** são resultado da execução de um complexo de ações motoras que está em correspondência com as regras da competição. Além disso, o exercício competitivo é caracterizado por uma série de particularidades. Em primeiro, junto à execução do exercício, busca-se o resultado recorde, assim, trabalha-se no nível máximo das possibilidades adaptativas do organismo do atleta, que só podem ser atingidas como resultado da aplicação anterior de exercícios gerais, semiespeciais e especiais na preparação esportiva. Em segundo, o exercício competitivo pode ser considerado como uma das formas mais confiáveis e objetivas de avaliar o processo de preparação do atleta[2].

## 2.3.2 Métodos de treinamento desportivo

Anteriormente, verificamos que o exercício físico é um meio utilizado para resolver tarefas a fim de atingir dado objetivo. Dessa maneira, o exercício físico deve promover uma série de mudanças psicofísicas que são responsáveis pelo desenvolvimento das capacidades físicas do indivíduo. A natureza dessas mudanças psicofísicas determina a especificidade do processo adaptativo, fato que reflete diretamente nas capacidades físicas e no aprendizado de habilidades. A resistência, por exemplo, é melhorada quando o exercício físico promove determinado grau de fadiga no organismo, por outro lado, a rapidez nem sempre pode ser melhorada nessa condição. Portanto, no treinamento desportivo, não basta apenas selecionar um meio (exercício), mas também saber em qual intensidade executá-lo, quantas vezes repeti-lo, dar a pausa adequada entre os estímulos para garantir as melhores condições para o aperfeiçoamento das capacidades, assim como a técnica do exercício.

Seguindo esse raciocínio, podemos utilizar como exemplo a corrida, que pode ser executada de forma intermitente, contínua, com mudanças de direção, em diferentes velocidades e percorrendo diferentes distâncias. Cada variação é característica de determinado método, logo, *método de treinamento* pode ser definido como a forma de aplicação do meio para a resolução de dada tarefa. A categoria de métodos aplicadas ao treinamento desportivo reflete o nível de desenvolvimento do conjunto de ciências

---

[2] Mais detalhes sobre os meios de preparação serão abordados no Capítulo 7.

que estudam o esporte e da própria teoria do esporte. Assim, os métodos de treinamento podem ser divididos em três grupos principais: (1) de influência verbal; (2) de influência demonstrativa; (3) de influência prática (Zakharov; Gomes, 2003; Kholodov; Kuznetsov, 2003; Makcimenko, 2009; Fiskalov, 2010).

Os **métodos de influência verbal** estão relacionados com diálogo, explicação, discussão, análise e, até mesmo, aula. Em outras palavras, esse é o método didático e pedagógico utilizado pelo treinador para fazer com que o atleta entenda a tarefa de treinamento ou de competição.

Os **métodos demonstrativos**, como o próprio nome já diz, referem-se à demonstração, por parte do treinador, para o aprendizado dos alunos ou atletas. Geralmente, nas primeiras etapas do processo plurianual de treinamento, o método demonstrativo baseia-se na demonstração de como executar o exercício físico (técnico), tanto parcial quanto integralmente. Nas etapas em que o atleta já se localiza no estágio de maestria esportiva, os métodos demonstrativos abrangem questões mais aprofundadas e complexas, por exemplo, um treinador de basquetebol ou futebol que, com o uso de um quadro ou uma prancheta (que reproduz o campo de jogo), explica as funções táticas de cada jogador ou, ainda, utiliza filmagem e análise biomecânica do nado ou da corrida de um atleta para, posteriormente, visualizar e indicar erros e correção.

O grupo de **métodos de influência prática** é aquele que utiliza o exercício físico (meio) para resolver as tarefas de preparação do atleta. Dessa forma, esse método apresenta três divisões e algumas subdivisões. As três divisões principais são as seguintes: (1) método de exercício regulamentado; (2) método de jogo; (3) método competitivo.

O método de exercício regulamentado conta com grandes possibilidades pedagógicas que permitem ao especialista (treinador):

- organizar a atividade motora do praticante na base de um programa prescrito (escolha, relação e combinação do exercício etc.);
- regulamentar rigorosamente a carga de treinamento pela relação de volume, intensidade, intervalo de descanso, assim como a gestão da dinâmica da carga, a depender do estado psicológico do atleta;
- desenvolver seletivamente qualquer capacidade física ou parte do corpo do atleta;
- ensinar efetivamente a técnica do exercício;

Dessa maneira, o método de exercício regulamentado dá ao treinador a possibilidade de ele organizar detalhadamente e claramente o processo de treinamento e resolver, de maneira direta e objetiva, tarefas específicas da educação física e da execução do controle pedagógico. Nesse contexto, o método de exercício regulamentado pode ser subdividido em método de ensino das ações motoras e método de treinamento das capacidades físicas.

O **método de ensino das ações motoras** é um método direcionado ao ensino da técnica, sendo subdividido em:

- Método dividido ou analítico sintético – Método de ensino da técnica esportiva em partes. Geralmente, esse método é utilizado em técnicas de alta complexidade e de difícil reprodução com base na imitação. No ambiente esportivo, exemplos claros são os arremessos e os lançamentos no atletismo; os elementos técnicos na ginástica; o levantamento de peso etc. Esse método também pode ser utilizado em ensino e correção de fundamentos técnicos nos jogos esportivos. No entanto, é importante frisar que a prática de exercícios divididos em fases deve acontecer de forma paralela ao método integral.
- Método integral – Método de ensino e aperfeiçoamento da técnica com base na imitação e na reprodução da forma mais qualitativa possível.

- Método conectado ou combinado – Esse método envolve diversos exercícios integrados que, em essência, além de buscar ensino ou aperfeiçoamento técnico, exigem grandes esforços físicos, servindo também para o treinamento das capacidades físicas. Por exemplo, determinadas ações técnicas da ginástica artística (salto sobre o cavalo, técnicas nas argolas etc.).

O **método de treinamento das capacidades físicas** é o método que utiliza os exercícios para resolver tarefas da preparação de força, velocidade e resistência. Pode ser subdividido em:

- Contínuo – A característica principal desse método é a manutenção da intensidade no decorrer da execução do exercício. Geralmente, é utilizado em modalidades cíclicas de resistência, como natação, corrida e ciclismo, mas também pode ser adotado em outras modalidades com o objetivo de melhorar a resistência geral. Os parâmetros que, em regra, são utilizados para o controle da execução do exercício por parte do atleta são frequência cardíaca e velocidade de deslocamento. O método contínuo é mais eficiente quando se treina na frequência cardíaca e na velocidade de execução correspondentes ao limiar anaeróbio e com duração superior a 30 minutos, podendo chegar até a horas. As adaptações mais expressivas ocorrem no sistema cardiovascular com correspondente aumento no consumo máximo de oxigênio.
- Contínuo variável – Método contínuo (ininterrupto) com discretas variações de intensidade (velocidade) que, em alguns momentos, superam a intensidade correspondente ao limiar anaeróbio. Também é utilizado em modalidades cíclicas de resistência, com o objetivo de aumentar o consumo de oxigênio no nível do limiar anaeróbio.
- Intervalado – Método caracterizado pela execução do exercício em alta intensidade e pausas (ativas ou passivas) de

recuperação incompleta. Geralmente, a pausa permite ao atleta executar as próximas repetições de tiros de corrida ou de série de exercícios em alta intensidade, no entanto, no decorrer dos estímulos, constata-se o acúmulo da fadiga causada pela recuperação incompleta entre os estímulos. Por exemplo, 100 metros de corrida em velocidade submáxima seguida de 100 metros de trote, repetindo o estímulo 15 vezes – esse método é muito utilizado para aumentar o limiar anaeróbio, a resistência especial e, em alguns casos, a força muscular.

- De repetição – Método caracterizado pela execução do exercício em alta intensidade com pausas (ativas ou passivas) de recuperação completa que permitam a execução da próxima série ou a repetição de exercício na mesma intensidade. Por exemplo, 10 tiros de 400 metros para 1 minuto de execução e 5 a 10 minutos de pausa.
- Circuito – Método que combina vários exercícios para resolver diferentes tarefas do treinamento. Por exemplo, combinar 6 a 10 exercícios de força para diferentes grupamentos musculares (agachamento, supino, remada, *stiff*, desenvolvimento, barra fixa), executando uma série em cada sem pausas de descanso passivo. Nesse caso, é possível, em uma única sessão de treinamento, trabalhar a força de vários grupamentos musculares, mas a ausência de pausas passivas faz com que a frequência cardíaca (FC) eleve-se (melhorando parâmetros de resistência), no entanto, a qualidade de execução dos exercícios de força não sofre decréscimo significativo, visto que os exercícios são para diferentes grupos musculares.

O método de jogo é um modo de treinamento que pressupõe a execução de ações motoras em condições de jogo, considerando regras, situações e todo o arsenal de fundamentos e ações técnico-táticas. Em outras palavras, o método de jogo é aquele que pressupõe uma forma de organização e utilização das ações motoras quando o objetivo é atingido com base na escolha livre dessas ações e respeitando-se as regras do jogo.

O método competitivo propõe uma atividade competitiva organizada como forma de aumento do resultado do processo de treinamento. A aplicação desse método está relacionada com grandes exigências técnico-tática, psicológica e física, que causam profundas mudanças nos mais importantes sistemas do organismo e estimulam os processos adaptativos no atleta, garantindo um aperfeiçoamento integral das diferentes faces do preparo. Na aplicação do método competitivo, é importante variar as condições de realização do método, aproximando-o, ao máximo, das exigências competitivas[3].

## 2.4 Carga de treinamento e descanso

Alguns autores, cientistas e professores entendem que a expressão *carga de treinamento* está relacionada com o significado de *carga mecânica*. Assim, muitos afirmam que carga de treinamento é o peso a ser superado em uma barra ou em um halter, e isso, de certa forma, tem causado confusão terminológica e, como consequência, distorcido o sentido de alguns conceitos. É comum, hoje em dia, que as pessoas associem o termo *intensidade* a treinamentos extenuantes e cansativos em salas de musculação, logo, inferem que um treinamento "intenso" é aquele no qual o sujeito experimenta muita fadiga muscular ao levar os músculos até a falha, sentindo grandes mudanças fisiológicas e sensações como náuseas e tonturas. No entanto, o termo *carga de treinamento* já foi diferenciado do termo *carga mecânica* há mais de meio século,

---

[3] Os diversos métodos de treinamento aqui mostrados apresentam ainda mais variações, pontos fortes e pontos fracos, no entanto, a discussão a respeito da adequada aplicação de cada um será ampliada nos capítulos destinados ao treinamento das capacidades físicas da técnica e da tática (Capítulos 4 e 5).

assim, os parâmetros da carga – volume e intensidade – têm conceitos muito bem fundamentados e esclarecidos na literatura científica do esporte. A seguir, apresentaremos os argumentos que fundamentam a terminologia correta.

**Carga de treinamento** é o aumento da atividade funcional do organismo trazida pela execução de exercícios de treinamento e/ou pelo grau de superação de dificuldades (Godik; Skorodumova, 2010). A carga de treinamento também pode ser definida como o grau de influência do exercício físico no organismo, que, como consequência, eleva a atividade dos sistemas funcionais (Fiskalov, 2010). Em outras palavras, a carga de treinamento é um conceito que integra o estresse, a quebra da homeostase e a resposta fisiológica do organismo em razão do exercício.

De acordo com Vovk (2007), o termo *carga* ainda pode ser diferenciado em:

- **Carga externa** – Medida quantitativa da influência do exercício físico no organismo humano. Essa medida expressa-se por parâmetros como a duração e o nível de tensão do trabalho físico, a superação de determinada distância, o peso a ser superado, entre outros.
- **Carga interna** – Representada pela grandeza das respostas e reações do organismo causadas pela execução de exercícios físicos. A carga interna é caracterizada por alguns indicadores concretos, principalmente fisiológicos, como o consumo excessivo de oxigênio pós-exercício, o consumo de oxigênio máximo, a frequência cardíaca (FC), a fadiga muscular etc.

A carga externa determina a carga interna, ou seja, quanto maior a carga externa, maiores são as mudanças no organismo. A inter-relação entre carga interna e externa serve para o julgamento do estado e do nível de condicionamento do atleta, e, por meio dessa análise, é possível corrigir o processo de treinamento.

Em regra, o treinador opera os indicadores de carga externa do atleta, por exemplo: com qual peso treinar, em que velocidade nadar ou correr etc. Por esse motivo, o entendimento completo da carga só acontece com a determinação de dois parâmetros: (1) volume e (2) intensidade.

O **volume de treinamento** é uma medida quantitativa, ou seja, a quantidade de quilômetros o atleta percorreu em uma partida de futsal; a distância percorrida por um nadador em uma sessão de treinamento; a tonelagem de uma sessão, ou microciclo, de treinamento de um levantador de peso; a quantidade de horas de treinamento em determinada etapa ou período. Enfim, existem diversas formas de quantificar o processo de treinamento.

A **intensidade de treinamento** é uma medida qualitativa que dá noção a respeito do nível de esforço por unidade de tempo. A intensidade pode ser sinônimo daquilo que, na física, é tratado como módulo de uma força. Tanto a velocidade de execução quanto o nível de tensão muscular são parâmetros para determinar a intensidade. Por exemplo, levantar uma barra com 100 kg é mais intenso do que levantar uma barra com 80 kg na mesma velocidade; correr 200 metros em 20 segundos é mais intenso do que correr 200 metros em 21 segundos. Parece óbvio, mas alguns especialistas acreditam que a intensidade é dada pela grandeza da influência da carga no organismo (conforme foi tratado no início desta seção). Por isso, quando se trata de intensidade, sempre devemos pensar no grau de esforço por unidade de tempo, e não nas sensações fisiológicas – levantar 1 barra com 100 kg uma única vez é mais intenso do fazer 4 a 5 séries até a falha muscular com 99 kg. Não importa o grau de fadiga, o importante é a análise do ponto de vista da biomecânica! Em outras palavras, aumenta-se ou o peso ou a velocidade de execução (força ou potência), aí, sim, falamos em intensidade.

Tanto o volume quanto a intensidade são parâmetros que norteiam o treinador para operar o que chamamos de *carga externa*, porém, como vimos anteriormente, a carga externa gera mudanças fisiológicas (carga interna). Por isso, a relação entre volume e intensidade, o tipo de tarefa a ser resolvida e a modalidade esportiva a ser treinada formam os componentes da carga.

Segundo Suslov, Cycha e Shutina (1995), os quatro **componentes da carga** são:

1. orientação;
2. grandeza;
3. especificidade;
4. complexidade coordenativa.

Quanto à **orientação**, a carga de treinamento pode ser alática, lática ou aeróbia, em outras palavras, a orientação da carga dá o direcionamento dos processos adaptativos em conformidade com a tarefa a ser resolvida. Por exemplo, com o intuito de melhorar a velocidade de deslocamento de corrida ou aumentar a potência do levantamento de peso do atleta, utilizam-se exercícios de altíssima intensidade e curta duração. Esses exercícios recrutam muitas unidades motoras de forma sincronizada, melhorando os mecanismos de coordenação neuromuscular, bem como ativam a síntese de proteínas contráteis e de enzimas que regulam as reações metabólicas do sistema alático (ou ATP CP) de produção de energia. Por outro lado, as cargas de orientação aeróbia, com o intuito de melhorar a resistência, são caracterizadas por atividades físicas com intensidade menor em relação às cargas aláticas; ativam e, consequentemente, trazem adaptações ao sistema cardiovascular e respiratório; e aumentam a síntese de mitocôndrias e enzimas relacionadas com o metabolismo aeróbio. Logo, fica claro que a orientação da carga explica a natureza do processo adaptativo em conformidade com a tarefa do treinamento.

Quanto à **grandeza**, a carga pode ser grande ou de choque; significativa ou ordinária; média ou estabilizadora; pequena ou recuperativa. A carga grande é aquela que, independentemente da orientação, gera mudanças funcionais no organismo, nas quais a capacidade de trabalho fica perturbada ou diminuída por aproximadamente 48 a 72 horas e, em alguns casos, até por mais horas. A carga significativa é aquela na qual a capacidade de trabalho recupera-se em 24 a 48 horas. A carga média ou estabilizadora é aquela que não gera profundas mudanças no organismo, ou seja, não estimula ao máximo os processos adaptativos, no entanto, é suficiente para estimular a manutenção da capacidade de trabalho, e o tempo de recuperação, em média, é de aproximadamente 12 a 24 horas. A carga pequena estimula a recuperação do organismo.

Apesar de existirem prazos aproximados de recuperação de acordo com a grandeza da carga, salientamos que o parâmetro utilizado para essa avaliação é a capacidade de trabalho, ou seja, a capacidade da pessoa de executar o exercício com a mesma qualidade, visto que, internamente, os processos recuperativos/adaptativos podem durar ainda mais. No caso de exercícios direcionados para hipertrofia muscular, por exemplo, a síntese de proteínas pode durar de 7 a 15 dias, mesmo com a capacidade de levantar pesos praticamente recuperada após 3 ou 4 dias.

De forma simplificada, o parâmetro *intensidade* determina o componente *orientação* da carga, ao passo que, para dada orientação, o volume determina a grandeza. Por exemplo, a corrida em velocidade (intensidade) máxima só pode ser garantida por meio do mecanismo alático de abastecimento energético e exercícios aláticos são sempre executados em intensidade máxima, no entanto, a grandeza da carga é muito diferente no caso de uma sessão de treinamento composta de 1 tiro de corrida de 50 metros executado em intensidade máxima e 20 tiros de 50 metros na mesma intensidade. De maneira semelhante, existe uma diferença muito grande em executar um exercício aeróbio de 30 minutos ou de 90 minutos. Essas analogias foram feitas porque, infelizmente, alguns especialistas acreditam que cargas de choque estão relacionadas exclusivamente com a intensidade do exercício.

Quanto à **especificidade** da carga, parece óbvio que o exercício físico, quando executado de maneira mais ou menos semelhante àquilo que se observa na atividade competitiva, pode promover efeitos diversos. Portanto, o grau de influência dos exercícios sobre o organismo, ou seja, a carga de treinamento, é também influenciado pela especificidade dos exercícios. Assim, quando se trata de especificidade, a carga pode ser geral ou especial.

Por fim, no que se refere à **complexidade coordenativa**, exercícios diferentes, mesmo que tenham a mesma orientação, grandeza e especificidade, podem gerar efeitos diversos. Quando se executa um movimento desconhecido até então, quando se muda a rotina de exercícios na sala de musculação, quando se diminui o tamanho da bola no treinamento técnico de jogadores de futebol, ou em situação análoga, observa-se claramente maior mobilização não somente fisiológica, mas também mental/cognitiva/psicológica.

O Quadro 2.1, a seguir, apresenta os componentes da carga.

Quadro 2.1 Componentes da carga de treinamento

| Orientação | Grandeza | Especificidade | Complexidade coordenativa |
|---|---|---|---|
| Alática | Grande/choque | Especial | Elevada |
| Lática | Significativa/ordinária | Geral | Média |
| Aeróbia | Média/estabilizadora | | Baixa |
| | Pequena/recuperativa | | |

De forma resumida, o exercício físico é o meio utilizado no treinamento desportivo para que sejam resolvidos os problemas do processo de preparação, e a carga de treinamento dá noção da magnitude do efeito promovido pelo exercício físico. Na literatura, ainda existem outros componentes da carga, como a distribuição, que pode ser diluída ou concentrada, e a sessão de treinamento, que pode ser composta de cargas seletivas ou complexas.

## 2.5 Princípios da preparação esportiva

Os princípios especiais da preparação esportiva são considerados o fundamento da teoria do esporte (do latim *principium* – base, início). Em outras palavras, eles orientam as ideias e as posições bem estabelecidas que apoiam seu conteúdo nas leis que regem o processo de preparação. Nesse contexto, as leis que regem o processo de preparação podem ser entendidas como relações estáveis e repetitivas entre:

- o talento natural e as possibilidades de realização do alto nível dos componentes da maestria esportiva;
- os fatores de influência no organismo do atleta e as reações imediatas (agudas), sumárias, cumulativas;
- as diferentes capacidades e componentes da preparação (técnico, tático, físico e psicológico) e os tipos (geral, especial) de preparo.

Assim, os princípios nada mais são do que o reflexo das leis que regem a maestria esportiva expressos em posições teóricas simplificadas (Platonov, 2013; 2015).

Os princípios especiais do treinamento desportivo são, de forma resumida, uma síntese teórica a respeito daquilo que determina o conteúdo e o desenrolar do processo de preparação, em correspondência com os objetivos e a natureza da atividade esportiva. Portanto, podemos dizer que eles são a base norteadora da atividade do treinador, ou seja, um conjunto de indicações (como se fossem regras) de como agir em diversas situações características da preparação do atleta. Ainda vale destacar que os princípios não são respostas concretas para perguntas concretas, ou seja, uma forma rígida de como agir em cada situação concreta. Ao contrário, eles exigem uma abordagem criativa por parte do treinador e do atleta, os quais buscam respeitar posicionamentos teóricos mais generalizados.

Seguindo esse raciocínio, os princípios da preparação esportiva não dão normas rígidas a respeito de temas como a estruturação do treinamento ou do conteúdo da preparação, entre outros. Eles, como indicam posições generalizadas, buscam, objetivamente, influenciar o estabelecimento da maestria esportiva. Assim, o conhecimento e o entendimento dos princípios fazem da atividade do treinador (e de outros especialistas envolvidos na preparação do atleta) algo mais compreensivo e fundamentado, não permitindo decisões que entram em contradição com o processo natural e racional de estabelecimento da maestria desportiva.

Os princípios mais importantes baseiam-se em posições científicas verificadas na prática esportiva; são eles:

- busca ou aspiração pelo alto rendimento;
- especialização profunda;
- unidade de preparação geral (fundamental, básica) e especial;
- continuidade do processo de treinamento;
- unidade de aumento gradual da carga e tendência ao máximo (progressão);
- ondulação das cargas;
- variabilidade das cargas;
- "ciclicidade" do processo de treinamento;
- unidade e inter-relação da estrutura da atividade competitiva e da estrutura de preparação;
- unidade e inter-relação do processo de treinamento e atividade competitiva com os fatores externos ao treinamento;
- inter-relação do processo de preparação com a profilaxia de traumas.

## 2.5.1 Princípio da busca ou aspiração pelo alto rendimento

O princípio da busca ou aspiração pelo alto rendimento efetiva-se com a utilização dos meios e métodos de treinamento mais eficazes, a contínua intensificação do processo de treinamento e atividade competitiva, a otimização do regime de vida, a adoção de um sistema especial nutricional, o descanso, a recuperação etc. A experiência prática demonstra que a consequência da utilização de tal princípio é o crescimento gradual e contínuo dos resultados esportivos.

A busca ou aspiração pelo alto rendimento, em grande medida, predetermina todas as linhas de preparação esportiva: orientação-alvo, tarefas, conteúdo de meios e métodos, estruturas diversas do processo de treinamento (etapas da preparação plurianual, macrociclos, períodos etc.), sistema de controle complexo e gestão, atividade competitiva e assim por diante.

Esse princípio predetermina o contínuo aperfeiçoamento dos aparelhos de treinamento e das tecnologias de controle do preparo e da preparação, das condições do local de competição, do desenvolvimento da ciência esportiva e medicina do esporte, ou seja, toda a atividade que, de alguma forma, influencia diretamente o resultado da preparação do atleta e a atividade competitiva.

## 2.5.2 Princípio da especialização profunda

Uma das leis naturais do esporte moderno está relacionada com o fato de que não é possível atingir grandes realizações ao mesmo tempo, não só em diferentes modalidades esportivas, mas também em diversas disciplinas e provas da mesma modalidade. Isso acontece porque a atividade competitiva diferenciada entre os esportes solicita uma estrutura de movimento e uma atividade dos sistemas funcionais completamente distinta. Nesse contexto, podemos observar o fenômeno da especialização morfofuncional típica do esporte. Como esse processo de especialização é lento e muito particular para cada modalidade, torna-se muito difícil um atleta atingir a maestria esportiva em diferentes esportes. Esses fatos predeterminam a necessidade da observação do princípio da especialização profunda, que se baseia na necessidade de o conteúdo do processo de preparação garantir o preparo do atleta correspondente às exigências de determinada modalidade ou disciplina esportiva.

Esse princípio passa a valer ainda nas primeiras etapas do processo plurianual de preparação, particularmente a partir da terceira etapa. É nesse momento que o processo de treinamento deve ser especializado para uma única modalidade esportiva[4]. Quanto maior o nível do atleta, maior é a expressão desse princípio na preparação esportiva, apoiando-se na máxima utilização das possibilidades individuais e na capacidade do atleta de realizar determinado modelo de atividade competitiva.

Apesar de esse princípio ser bem fundamentado na prática esportiva, não pode ser interpretado literalmente ou de forma dogmática. Sempre existem algumas exceções, por exemplo, não é tão raro ver jogadores de futebol que, ao longo da carreira, mudam de posição em campo, ou ciclistas que mudam da pista (velódromo) para provas de estrada, atletas de natação ou ciclismo que vão para o triatlo etc. No entanto, é sempre importante notar a forma semelhante de movimento. Na atualidade, não se tem registro de algum atleta de alto rendimento (grandes resultados) atuando em esportes totalmente distintos.

---

[4] Mais detalhes serão apresentados no Capítulo 6.

## 2.5.3 Princípio da unidade de preparação geral (fundamental) e especial

É claro que o mais alto nível de preparo técnico, tático, físico, psicológico e integral exige a utilização de um conjunto de exercícios preparatórios especiais e competitivos condicionados à especificidade de determinada modalidade esportiva. Entretanto, isso não diminui a relevância da preparação geral (fundamental, básica) e os correspondentes meios de treinamento.

Nas etapas iniciais de preparação plurianual, a preparação geral está relacionada com a garantia de promover o desenvolvimento físico multifacetado e harmônico de crianças e adolescentes. Já nos atletas adultos de alta qualificação, a mesma preparação é usada para o desenvolvimento daqueles componentes do preparo que não podem ser treinados na medida necessária pelos meios de preparação especial de dada modalidade esportiva. De certa forma, podemos dizer que o papel da preparação geral na prática dos atletas qualificados não diminui, mas o arsenal desses meios de treinamento amplifica-se. Tal abordagem apoia-se na grande quantidade de material científico que certifica que os mecanismos biológicos e as leis de adaptação do organismo diante do treinamento, na maioria das vezes, são universais. Logo, a possibilidade do fenômeno de "transferência" dos efeitos de diversos exercícios pode ser suficientemente significativa. Por exemplo, sabe-se que o treinamento de força explosiva tende a gerar ganhos de potência mecânica no decorrer de quatro meses, porém, após esse período, as mudanças tendem a estancar ou a ficar mais discretas. Esse problema pode ser resolvido com meios de preparação geral para hipertrofia, que, com o aumento do número de pontes cruzadas disponíveis, amplia o potencial funcional contrátil do músculo e, consequentemente, permite que o treinamento de força explosiva volte a ter efeitos positivos.

Independentemente da etapa de preparação plurianual, os meios de preparação geral e especial são inter-relacionados e, em essência, são integrados no processo de preparação, mas o conteúdo é dado pela especificidade de uma modalidade esportiva concreta. Por isso, os exercícios gerais, direta ou indiretamente, constroem a base necessária para uma efetiva preparação especial posterior.

Infelizmente, alguns especialistas subestimam a importância da preparação geral, acreditando que o processo de treinamento deva ser composto exclusivamente de exercícios de preparação especial. No nosso entendimento, o preparo integral do atleta é multifacetado, porém, para que existam mudanças reais e concretas na capacidade de trabalho desse atleta, são necessárias mudanças funcionais correspondentes. Nesse contexto, vale destacar que a função não pode alterar-se por si só, ou seja, para que existam mudanças funcionais são necessárias transformações morfológicas correspondentes. Por exemplo, o aumento do volume sistólico do coração e do débito cardíaco exigem o aumento do tamanho e da massa do miocárdio – essas mudanças no sistema cardiovascular, somadas às mudanças na densidade mitocondrial no músculo esquelético, permitem o aumento da resistência e de alguns indicadores funcionais, como o consumo máximo de oxigênio e a potência no nível do limiar anaeróbio. Contudo, uma preparação totalmente específica e integral gera um efeito muito amplo na manutenção do nível de condicionamento, mas, ao mesmo tempo, não consegue causar um efeito profundo em cada sistema funcional do organismo. Por isso, tanto a preparação geral quanto a especial são imprescindíveis em todas as etapas da carreira de um atleta, independentemente da modalidade esportiva.

Nesse contexto, é importante não confundir o princípio da especialização profunda (que prevê o aperfeiçoamento em uma única modalidade) com o princípio da unidade de preparação geral e especial (que prevê a utilização de diferentes meios de treinamento para aumentar as possibilidades do organismo).

## 2.5.4 Princípio da continuidade do processo de treinamento

As leis naturais que regem o estabelecimento das diferentes faces do preparo (técnico, tático, físico, psicológico), assim como a ampliação da reserva funcional do organismo relacionada com os componentes do preparo, exigem treinamentos regulares. Até mesmo um pequeno intervalo no processo de treinamento leva ao desenvolvimento de processos de desadaptação nos diferentes componentes do preparo do atleta.

Isso revela a necessidade de destacar a continuidade do processo de treinamento como um dos princípios do treinamento. Tal princípio é caracterizado pelas seguintes proposições:

- A preparação esportiva é construída como processo contínuo (sem pausa), plurianual, constante e duradouro, no qual todos os seus elos estão inter-relacionados e subordinados à tarefa de atingir o alto rendimento.
- A interação de cada sessão de treinamento, microciclo, mesociclo, período etc. está assentada nos resultados anteriores, que são, então, fixados e desenvolvidos.
- O trabalho e o descanso na preparação são regulamentados em um contexto para garantir o desenvolvimento ótimo das qualidades e das capacidades que determinam a maestria esportiva, não dando oportunidade para a desadaptação dos diferentes componentes da preparação.

Como vimos, mesmo pequenas pausas no processo de treinamento podem causar efeito de desadaptação. Nesse contexto, existem componentes mais instáveis ou lábeis, que se alteram rapidamente, e outros mais estáveis, que se alteram lentamente.

Por exemplo, segundo Vovk (2001; 2007), a densidade mitocondrial pode começar a diminuir já nos primeiros 5 dias após a pausa de treinamento e, com 15 dias de pausa, a densidade mitocondrial é diminuída até o nível inicial (antes do início da preparação em dado macrociclo). Paralelamente a isso, o músculo esquelético é capaz de sintetizar mitocôndrias e recuperar-se por completo em 10 a 15 dias de treinamento (Seluianov; Sarsânia; Zarborova, 2012). Por outro lado, as adaptações no sistema cardiovascular exigem mais tempo de treinamento (10 a 12 semanas) e o processo de desadaptação também é mais lento, sendo, dessa forma, um componente mais estável.

Não é diferente quanto à força e à velocidade. Por exemplo, a velocidade tende a estancar entre 11 e 20 sessões de treinamento, porém, ela já começa a piorar, assim como a força especial após 15 dias sem aplicação de cargas dessa orientação, em razão de perdas de coordenação neuromuscular e percepção espaço-temporal. Apesar de a força já apresentar decréscimo após 15 dias de pausa de treinamento, a perda não ocorre pela diminuição de massa muscular, visto que a perda de massa muscular significativa em atletas de alto rendimento ocorre entre 4 e 6 semanas. Com o treinamento voltado unicamente para essa direção (para o ganho de força), a força máxima tende a estancar após 8 semanas de treinamento, a força explosiva, após 16 a 20 semanas, mas, se o treinamento de força for direcionado também para a hipertrofia de forma paralela, a estagnação desses parâmetros não acontece (Bosco, 2007; Vovk, 2007; Verkhoshansky, 2013).

De forma geral, os conhecimentos científicos que fundamentam o princípio da continuidade, indiretamente, também reforçam a ideia da importância do princípio da unidade de preparação geral e especial, visto que, geralmente, os componentes mais estáveis do preparo são aperfeiçoados com meios de preparação geral, já os componentes mais instáveis, mediante preparação especial.

## 2.5.5 Princípio da unidade de aumento gradual da carga e tendência ao máximo (progressão)

O processo adaptativo em razão das cargas de treinamento e do estabelecimento dos diferentes componentes da maestria esportiva acontece quando, em cada nova etapa de aperfeiçoamento, o treinamento apresentar ao organismo do atleta exigências próximas dos limites das possibilidades funcionais desse esportista. Esse processo adaptativo determina o fluxo efetivo de mudanças orgânicas que aumentam a capacidade de trabalho do atleta. No entanto, a cada "degrau" que se sobe no nível de condicionamento, o treinamento também deve aumentar a influência sobre o organismo com o intuito de estimular novamente os processos adaptativos e, consequentemente, um novo nível de preparo cada vez mais elevado. Essa progressão das cargas é o que determina a importância do princípio da unidade de aumento gradual da carga e tendência ao máximo (progressão).

Existem algumas formas de aumentar a carga de treinamento no processo de aperfeiçoamento plurianual. Entre elas, as mais destacadas são as seguintes:

- aumento do volume anual de trabalho de 100 a 300 para até 1.300 a 1.500 horas;
- aumento da quantidade de sessões de treinamento nos microciclos de 2 a 3 para 10 a 15;
- aumento da quantidade de sessões de treinamento diárias de 1 para 2 a 3;
- aumento da quantidade de sessões de treinamento seletivas que causam mobilização profunda nas possibilidades funcionais do organismo;
- crescimento da fração de trabalhos em regime rígido com grande exigência dos sistemas anaeróbios de abastecimento energético no volume total de trabalho;

- utilização de diferentes gêneros de meios técnicos e fatores naturais que contribuem para a mobilização complementar das reservas funcionais do organismo (aparelhos especiais de treinamento, treinamento em condições de hipóxia);
- aumento do volume de atividade competitiva;
- gradual ampliação da aplicação de fatores complementares (fisioterápicos e farmacológicos) com o objetivo de elevar a capacidade de trabalhar e acelerar a recuperação dos atletas.

## 2.5.6 Princípio da ondulação das cargas

A ondulação das cargas em diferentes formações estruturais do processo de treinamento (macro, meso e microciclo), tanto com relação à grandeza quanto à orientação preferencial, sem dúvida, é um princípio importante na preparação esportiva. A utilização desse fundamento é baseada não somente na execução de grandes volumes de treinamento com a profilaxia do fenômeno de "sobretreinamento"[5], mas também na inter-relação do processo de fadiga e recuperação com efeito retardado de treinamento; no desenvolvimento racional das capacidades físicas; nos componentes multifacetados do preparo; e na garantia do balanço entre as cargas de treinamento e os fatores externos ao treinamento, o que permite a efetiva recuperação do fluxo de reações adaptativas.

A dinâmica das cargas de treinamento, regular e escalonada (que aumenta gradualmente), pode ser observada como característica geral das primeiras etapas do processo de treinamento até o estágio de maestria esportiva do indivíduo, principalmente

---

[5] Também conhecido como *overtraining*, o "sobretreinamento" ocorre quando o indivíduo treina demasiadamente e, em vez de melhorar, acaba piorando o rendimento nos treinos.

quando são observados números como a quantidade de horas de treinamento anual, dias de treinamento, sessões etc. No entanto, quando a análise sai do nível geral e vai para um nível mais aprofundado das estruturas do treinamento, ao ser observado cada ciclo (micro, meso, macro), a dinâmica ondulatória torna-se evidente (principalmente a partir da terceira etapa do processo de preparação plurianual).

O princípio das cargas ondulatórias é o instrumento para a ocorrência natural do processo de adaptação no organismo do indivíduo, fato que, em parte, determina a efetividade do processo de treinamento. Geralmente, nos mesociclos tradicionais, as cargas de treinamento apresentam tendência de crescer nas primeiras três semanas (microciclos) e de cair para níveis de 20 a 40% em relação ao microciclo de maior carga. É nesse momento – de recuperação – que se concretizam as adaptações estimuladas pelas semanas anteriores de treinamento e que causam o efeito retardado de treinamento[6].

## 2.5.7 Princípio da variabilidade das cargas

A variabilidade ou variação de cargas é condicionada: (a) pela diversidade de tarefas e de problemas do treinamento desportivo; (b) pela necessidade de controlar os mecanismos biológicos de carga e recuperação que influenciam na capacidade de trabalho do atleta em diferentes formações estruturais do processo de treinamento. O amplo conjunto de meios e métodos de treinamento que garante diversas influências sobre o organismo do atleta, assim como a aplicação de cargas em diferentes grandezas em cada sessão de treinamento, microciclos, entre outras estruturas, são fatores que determinam a variabilidade da carga no processo de treinamento.

---

[6] Os detalhes sobre o processo adaptativo nos sistemas do organismo serão discutidos no Capítulo 3.

Dessa forma, a variabilidade da carga permite o desenvolvimento multifacetado das qualidades do atleta, sendo determinante no resultado esportivo. A variabilidade contribui para a elevação da capacidade de trabalho, junto à execução de exercícios isolados e a programas de sessões e microciclos. Além disso, também contribui para o aumento do volume sumário de trabalho, a intensificação de processos recuperativos e a profilaxia de fenômenos de sobretreinamento e fadiga nos sistemas funcionais.

Esse princípio é bem evidente e relevante quando se trata da preparação racional e bem planejada das diferentes faces e dos componentes do preparo do atleta. Por exemplo, a construção racional do processo de aperfeiçoamento técnico propõe que seja considerada a inter-relação complexa entre as habilidades motoras e as qualidades físicas. O aumento do condicionamento físico exige paralela reformulação e aperfeiçoamento das habilidades motoras, levando-as à conformidade com o nível mais elevado das capacidades físicas.

Como sabemos, a força é a condição básica para o aumento da velocidade de deslocamento do atleta, principalmente na fase de aceleração. Contudo, a preparação de força isolada e em uma única orientação, sem o apoio paralelo de diversos exercícios de velocidade e coordenação, é capaz de levar o atleta a um decréscimo na velocidade absoluta de deslocamento. Por outro lado, quando um programa de treinamento de força racional é realizado paralelamente a exercícios de velocidade e coordenação, os ganhos são superiores em relação ao treinamento de velocidade isolado. Esse princípio também demonstra que as abordagens de periodização mais eficientes são as que resolvem as tarefas do treinamento de forma paralela, e não as que visam resolver as tarefas do treinamento sequencialmente (em blocos).

Outro ponto importante é a preparação nos jogos desportivos. Em razão de esse grupo de modalidades esportivas contar com significativa quantidade de fatores que determinam o resultado e exigir do organismo do indivíduo as mais diversas capacidades físicas, muitas vezes até concorrentes, cada tarefa a ser resolvida exige uma metodologia de treinamento diferente. Por exemplo, na preparação tática de futebolistas, podem ser executados centenas exercícios que reproduzem as mais diversas situações táticas no jogo.

### 2.5.8 Princípio do processo de treinamento cíclico (ciclicidade)

No esporte, a ciclicidade manifesta-se na repetição sistemática de unidades estruturais do processo de treinamento – sessões de treinamento, microciclos, mesociclos, períodos, macrociclos etc.

Esse processo cíclico de preparação é condicionado tanto pelas leis que regem o estabelecimento da maestria esportiva – tempo necessário para o desenvolvimento da forma desportiva, tempo de cada etapa do processo de preparação plurianual etc. – quanto pelo sistema de competições, que é relativamente estável nos ciclos anuais e olímpicos.

A necessidade de construção cíclica do processo de preparação e o destaque de diferentes formações estruturais (microciclos, mesociclos, etapas, períodos, macrociclos, ciclos anuais e olímpicos) existem em razão da relação entre carga, fadiga, recuperação, efeito cumulativo e retardado etc., que, de uma forma ou de outra, são as condições básicas de elevação da capacidade de trabalho do atleta.

As posições metodológicas fundamentais do princípio da ciclicidade na construção do processo de treinamento exigem:

- considerar a necessidade de repetição sistemática dos elementos e, ao mesmo tempo, de alteração do conteúdo do treinamento em conformidade com as leis que regem o processo de preparação;

- ponderar qualquer elemento do processo de preparação na inter-relação com os componentes da estrutura do processo de treinamento;
- executar a escolha dos meios de treinamento, colocando-os no lugar correspondente na estrutura dos ciclos de treinamento, definir o caráter e a grandeza das cargas em conformidade com as etapas e os períodos que se alternam.

## 2.5.9 Princípio da unidade e inter-relação da estrutura da atividade competitiva e da estrutura de preparação

A construção racional do processo de treinamento é direcionada na formação da estrutura da atividade competitiva otimizada, ou seja, aquela que permita a condução efetiva da luta esportiva. Isso só é possível quando ocorre o entendimento dos fatores determinantes para uma atividade competitiva efetiva e da inter-relação entre a estrutura da atividade competitiva e o preparo do atleta. Por isso, é necessário que a relação subordinada entre os componentes da atividade competitiva e do preparo seja identificada com clareza. Nesse contexto, é preciso considerar:

- a atividade competitiva como característica integral do atleta;
- os componentes fundamentais da atividade competitiva – *start*; velocidade nos diferentes trechos a serem percorridos na distância total da competição; *finish* em modalidades cíclicas; elementos técnico-táticos em jogos esportivos, lutas e modalidades de coordenação complexa;
- as qualidades, que quando integradas, são determinantes na efetividade das ações do atleta na execução dos componentes fundamentais da atividade competitiva;
- as possibilidades reais de força-velocidade e resistência especial;

- os parâmetros funcionais fundamentais e as características que determinam o nível de desenvolvimento integral das qualidades do atleta – por exemplo, quanto ao consumo máximo de oxigênio, deve-se atentar à característica integral da potência do sistema aeróbio de produção de energia, isto é, percentual de fibras musculares lentas oxidativas, volume do coração, volume sistólico, rede capilar, atividade das enzimas aeróbias etc.

O princípio da unidade e inter-relação da estrutura da atividade competitiva e da estrutura de preparação permite ordenar o processo de gestão e relacionar estreitamente a atividade competitiva com a estrutura do preparo correspondente, com a metodologia de diagnóstico das possibilidades funcionais dos atletas, com as características dos modelos de determinados níveis, com o sistema de meios e métodos, de modo a direcionar o aperfeiçoamento dos componentes do preparo do atleta.

Importantes proposições desse princípio referem-se à modelagem da atividade competitiva e à modelagem da preparação do atleta, que serão abordadas adiante[7].

## 2.5.10 Princípio da unidade da inter-relação do processo de treinamento e da atividade competitiva com os fatores externos ao treinamento

Não é novidade que, no esporte de alto rendimento, as grandes realizações esportivas não são atingidas apenas em razão do treinamento desportivo, mas também, e em certa medida, pelos fatores externos ao treinamento e à competição. Isso ocorre por várias razões. Em primeiro lugar, porque a cada ano de treinamento

---

[7] Leia detalhadamente o Capítulo 7, principalmente a Seção 7.5.

sobram cada vez menos reservas para o aumento da efetividade do processo de preparação com a utilização dos meios e métodos de treinamento tradicionais. Em segundo lugar, porque, nas últimas décadas, vem-se manifestando, em larga medida, uma tendência de elevação dos resultados às custas de fatores externos, como aparelhos esportivos, roupas especiais, meios farmacológicos proibidos e legais de estimulação da recuperação e efetividade do treinamento, tecnologias de diagnóstico etc.

Com a intensa comercialização e politização do esporte, são observadas a aplicação e a utilização, tanto na esfera da preparação quanto na atividade competitiva, de todo o progresso científico na área do esporte. Nesse contexto, o princípio da unidade da inter-relação do processo de treinamento e da atividade competitiva com os fatores externos ao treinamento propõe a consideração das possibilidades de crescimento dos resultados esportivos por meio de:

- aplicação de meios e métodos de recuperação da capacidade de trabalho;
- utilização de dietas especiais conforme a especificidade da modalidade esportiva e as particularidades da preparação do atleta;
- aplicação ou utilização de hipóxia artificial e de treinamento em altitude média e alta;
- superação da quebra dos ritmos circadianos como consequências de voos longos até os locais de treinamento e competição;
- utilização de aparelhos de treinamento e de roupa esportiva;
- emprego de aparelhagem e de tecnologias de diagnóstico de alta precisão.

## 2.5.11 Princípio da unidade da inter-relação do processo de preparação com a profilaxia de traumas

A grande carga física e psicológica observada no esporte de alto rendimento e as complexas condições climáticas (calor e frio excessivo, altitude etc.) fizeram do esporte uma atividade de alto risco de traumas. Os traumas e as doenças esportivas diminuem muito a efetividade da atividade de treinamento e competitiva e, em muitos casos, acabam com a carreira de atletas muito talentosos, fazendo-os abandonar o esporte; em outros casos, os atletas acabam com problemas sérios de saúde.

Os estudos desse problema, convincentemente, mostram que a maior parte dos fatores de risco e motivos de traumas e doenças no esporte encontram-se na esfera da preparação esportiva e são consequência da construção irracional do processo de treinamento, ou seja, cargas excessivas, aplicação de meios e métodos de preparação perigosos, emprego de aparelhos e ferramentas de treinamento inadequados, utilização de *doping* etc.

Nesse contexto, o processo de treinamento racionalmente construído, além de resolver as tarefas relacionadas com os diferentes componentes da preparação, deve ter um trabalho contínuo na profilaxia de traumas e doenças esportivas. Essa profilaxia é realizada nas seguintes direções:

- garantia organizacional e técnico-material da atividade de treinamento e competitiva;
- construção da preparação plurianual;
- construção da preparação anual;
- escolha correta da metodologia e utilização de meios e métodos de preparação técnico-tática e psicológica;
- consideração das condições climáticas e geográficas dos locais de preparação e competição;

- correspondência dos meios e métodos de preparação, das cargas de treinamento e competitivas com o estado das possibilidades funcionais e particularidades individuais do atleta;
- escolha de sistema nutricional, meios de recuperação e estimulação da capacidade de trabalho e da ativação das reações adaptativas;
- controle regular do fluxo de reações adaptativas imediatas, de médio e longo prazo, como resposta às cargas de treinamento para a correção do processo de treinamento.

Atualmente, muitos especialistas discutem a importância de diversas ferramentas que podem ser utilizadas na profilaxia de traumas. No meio do futebol, por exemplo, preparadores físicos, fisiologistas e fisioterapeutas têm utilizado diferentes formas de "avaliação do movimento", analisando o risco de lesões por meio das divergências encontradas entre os músculos responsáveis pelos movimentos naturais do ser humano, assim como déficit de coordenação e flexibilidade. Com certeza, tais ferramentas são muito úteis e contribuem para a qualidade do processo de treinamento, mas frisamos que essas técnicas vêm a diagnosticar aqueles problemas encontrados em atletas que não passaram por um processo de treinamento bem orientado e racional e, por isso, não obtiveram, ao longo dos anos, um desenvolvimento harmônico e multifacetado do organismo. Na maioria dos casos, esses atletas passaram por preparação forçada e especialização precoce, sendo absolutamente normal, na prática do futebol profissional, haver atletas que são acostumados a fazer saltos reativos, exercícios diversos de força especial com tração, entre outros métodos de preparação de força especial, mas que não conseguem sequer executar um agachamento correto com valores de carga mecânica pífios. Logo, é muito fácil diagnosticar os problemas nesses atletas.

No nosso ponto de vista, atenção maior deve ser dada pelo treinador ao processo de treinamento racional para evitar que esses problemas ocorram, em vez de passar a maior parte do tempo buscando soluções para tentar remediar os obstáculos. Aqui fica muito claro que, tanto nas categorias de base quanto no futebol profissional, a importância da preparação geral multifacetada é completamente subestimada e ignorada.

## Síntese

Para que uma nação consiga desenvolver o esporte, é muito importante que sejam adotadas algumas medidas, como popularização e massificação do esporte; investimentos na ciência, na formação de treinadores e na construção de estruturas esportivas; aplicação correta do treinamento para crianças etc. Todas essas medidas são premissas básicas para o desenvolvimento do esporte. Dessa forma, resolver as mais diversas tarefas do treinamento para atingir seu objetivo – alcançar o nível máximo de preparo para as competições – fica muito mais fácil. As diversas tarefas do treinamento – por exemplo, assimilação da técnica e da tática, desenvolvimento das capacidades físicas e das possibilidades funcionais, garantia do nível necessário de preparo psicológico específico, aquisição de conhecimentos teóricos – só podem ser resolvidas por meio de meios e métodos de treinamento desportivo.

Os meios e métodos de treinamento nada mais são do que os exercícios e as respectivas variáveis de aplicação para que sejam resolvidas as tarefas da preparação. Contudo, compreender como os exercícios, em toda sua diversidade, agem no organismo do atleta só é possível quando o conceito de carga de treinamento é considerado. Nesse contexto, entendemos que diferentes intensidades, volumes, particularidades de movimento e, até mesmo, o tempo de execução de cada intervenção de exercício podem gerar diferentes efeitos de treinamento.

Por fim, cada um dos princípios do treinamento e da preparação esportiva são determinantes como forma de nortear o treinador na hora de resolver situações típicas e atípicas que acontecem no processo de treinamento, ajudando-o a pensar de forma mais racional e a errar menos.

### ■ Atividades de autoavaliação

1. Quanto à preparação esportiva, analise as assertivas a seguir e indique V para as verdadeiras e F para as falsas:
   - ( ) O objetivo principal da preparação esportiva é conquistar a vitória nas competições.
   - ( ) A tarefa da preparação é atingir o maior nível possível de preparo técnico, tático, físico e psicológico.
   - ( ) Preparação esportiva e treinamento desportivo são sinônimos.
   - ( ) Preparação esportiva é um conceito mais abrangente que o conceito de treinamento desportivo.
   - ( ) Os fatores externos ao treinamento e a participação em competições são conceitos associados ao treinamento desportivo.

2. Quanto aos meios de treinamento desportivo, analise as assertivas a seguir e indique V para as verdadeiras e F para as falsas:
   - ( ) O meio de treinamento é caracterizado pela sua influência verbal, demonstrativa e prática.
   - ( ) O exercício físico é o meio de treinamento desportivo.
   - ( ) Os meios de treinamento podem ser divididos em exercícios gerais, semiespeciais, especiais e competitivos.
   - ( ) O meio intervalado é ótimo para o treinamento das capacidades físicas, principalmente para o aumento do limiar anaeróbio.
   - ( ) O meio é como se aplica o exercício.

3. Sobre os métodos de treinamento das capacidades físicas, correlacione as assertivas a seguir conforme a numeração indicada: (1) método de repetição; (2) circuito; (3) intervalado; (4) contínuo; (5) contínuo variável:

( ) Método de execução de exercício ininterrupto com variações de intensidade que, em alguns momentos, superam a intensidade correspondente ao limiar anaeróbio.
( ) Método caracterizado pela execução do exercício em alta intensidade e pausas (ativas ou passivas) de recuperação incompleta.
( ) Método que combina vários exercícios para resolver diferentes tarefas do treinamento.
( ) Método caracterizado pela execução do exercício em alta intensidade com pausas (ativas ou passivas) de recuperação completa que permitam a execução da próxima série ou repetição de exercício na mesma intensidade.
( ) Método caracterizado por duração geralmente superior aos 30 minutos e manutenção da intensidade.

4. Os componentes da carga de treinamento são:
   a) volume e intensidade.
   b) carga interna e carga externa.
   c) orientação, grandeza, especificidade e complexidade coordenativa.
   d) zonas de frequência cardíaca.
   e) percentuais de repetição máxima.

5. Qual é o princípio que preconiza que não devem existir grandes pausas no processo de treinamento para evitar problemas como a desadaptação?
   a) Princípio da continuidade.
   b) Princípio da "ciclicidade".

c) Princípio das cargas progressivas.
d) Princípio da ondulação das cargas.
e) Princípio da unidade de preparação geral e especial.

## ■ Atividades de aprendizagem

*Questões para reflexão*

1. Existem países com potencial econômico e populacional relativamente baixo, mas ao mesmo tempo com destaque esportivo, como é o caso do Quênia, da Etiópia, da Jamaica e de Cuba. Por outro lado, países com melhor potencial econômico e populacional, como Índia e Brasil, nem sempre apresentam grandes êxitos na arena olímpica internacional. Até que ponto os potenciais econômico e populacional realmente influenciam o potencial esportivo de uma nação?

2. Por que a teoria da preparação esportiva necessita de princípios? Quais são as funções deles?

*Atividade aplicada: prática*

1. Imagine que você está no comando de uma equipe adulta de basquetebol, e os atletas dessa equipe treinam entre 16 e 25 horas semanais utilizando quase 100% do tempo com programas de treinamento e exercícios de preparação especial. Ao avaliar a equipe, você percebe claramente um efeito platô (acomodação corporal) no desenvolvimento das capacidades físicas e técnico-táticas, além disso, a equipe apresenta elevado índice de lesões. Com base no princípio da unidade de preparação geral e especial, como você entenderia essa situação e como faria uma intervenção?

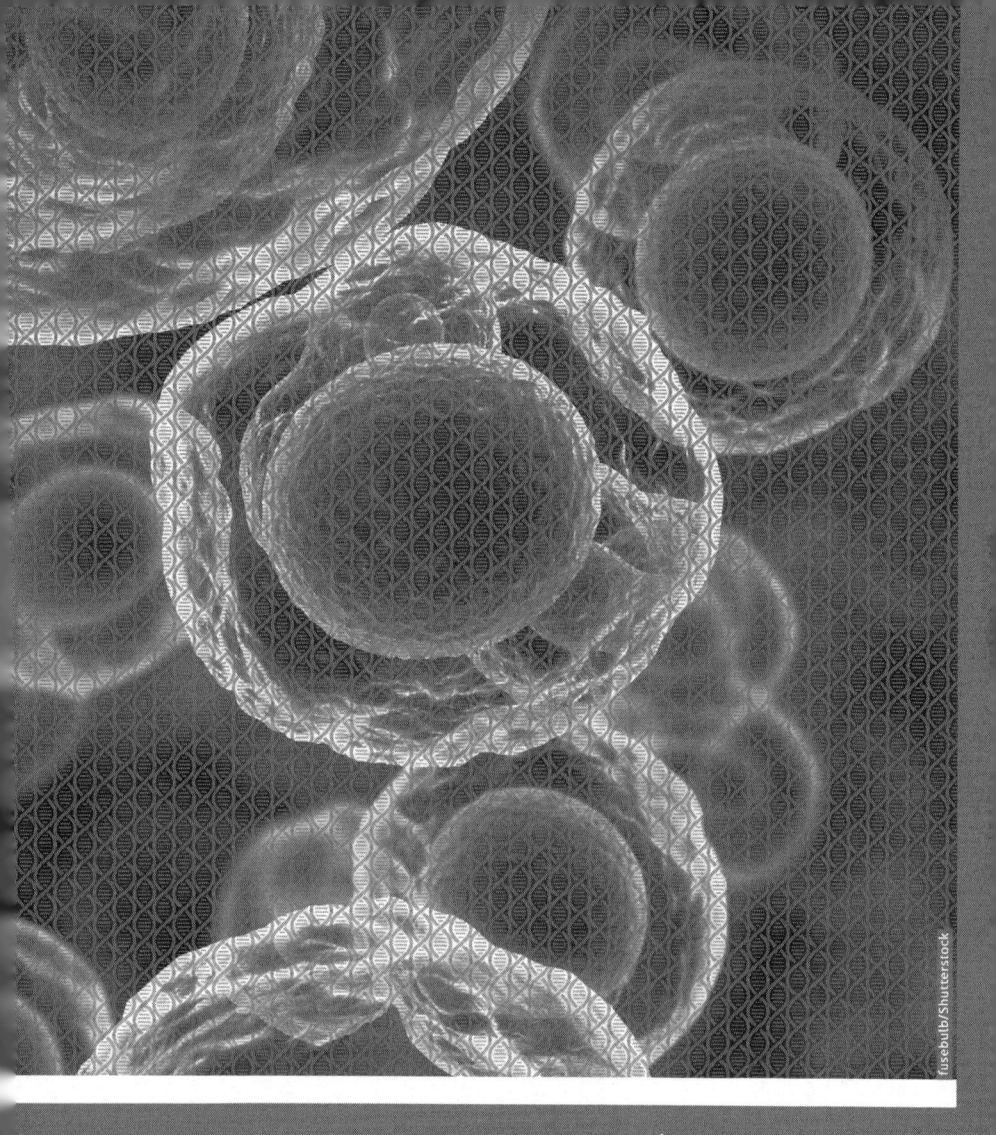

# Capítulo 3

Fundamentos gerais da preparação
e do treinamento desportivo

Os Capítulos 1 e 2 conduziram à reflexão sobre o que treinar em um atleta e do que é composta a preparação esportiva. O presente capítulo busca tratar de questões de caráter biológico que estão estreitamente relacionadas com os capítulos posteriores desta obra. O novo olhar à interpretação da bioenergética e à teoria do limiar anaeróbio, tema tratado neste capítulo, é fundamento para uma abordagem inovadora a respeito do treinamento de resistência que será apresentada no Capítulo 4. Da mesma forma, o conteúdo apresentado aqui sobre questões de neurofisiologia e aprendizagem do movimento em muito influencia o tema apresentado nos capítulos posteriores sobre a capacidade coordenativa e a preparação técnica. Não menos importante, veremos que o entendimento da natureza do estresse e da ativação dos fatores transcricionais na expressão gênica[1] é primordial na hora de elaborar uma metodologia de treinamento de força e resistência. Portanto, é importante frisar que, apesar de este não ser um livro de fisiologia, este capítulo é essencial para a formação do treinador e para o entendimento pleno dos capítulos seguintes.

---

[1] Expressão gênica é o processo de transcrição, tradução e síntese de proteínas.

## 3.1 Aspectos biológicos relevantes no processo adaptativo durante o treinamento físico

O desempenho físico tem uma relação direta com fatores biológicos, portanto, não é à toa que a aplicação de cargas de treinamento causa mudanças de natureza morfológicas e funcionais no organismo do atleta, as quais são refletidas diretamente no aumento das capacidades físicas. Os mecanismos de adaptações ocorrem por meio de complexos mecanismos moleculares de sinalização celular, porém, com todo o conjunto de conhecimentos biológicos e pedagógicos do treinamento, tornou-se possível relacionar os mecanismos adaptativos com a natureza do estresse promovido pelas cargas de treinamento. Assim, antes de pensar que método de treinamento deve ser utilizado, é preciso saber o tipo de mudança que o exercício vai promover nas células e nos tecidos do corpo.

### 3.1.1 Biologia celular e mecanismos moleculares relevantes para o exercício físico

A célula é a unidade estrutural que compõe todos os órgãos, tecidos e, consequentemente, sistemas fisiológico-funcionais do ser humano. No geral, as propriedades do órgão são determinadas pelas particularidades das células, por exemplo, o músculo esquelético, em suas células, tem uma organela especial chamada *miofibrila*, que é responsável pela função contrátil, e isso, de certa forma, diferencia o tecido muscular de outros. De forma paralela, o músculo cardíaco, quando comparado ao músculo esquelético, é muito mais resistente, tendo em vista que apresenta uma densidade mitocondrial mais elevada. Levando isso em consideração, antes de analisarmos o treinamento das capacidades físicas de um atleta, é preciso conhecer aspectos básicos das funções celulares, das organelas e dos bioquímicos na área da bioenergética (Akhmetov, 2009; Myakinchenko; Seluianov, 2009; Alberts, 2010; Powers; Howley, 2014).

No contexto da educação física, os conhecimentos da biologia celular e molecular que podem ser destacados são os conceitos a respeito de algumas organelas e estruturas em específico, por exemplo:

- **Membrana plasmática** – Bicamada lipídica que reveste a célula, separando o meio intracelular do meio extracelular. A membrana celular tem canais especiais e proteínas transportadoras que facilitam o transporte de substâncias de fora para dentro da célula e vice-versa. Nas células musculares, a membrana plasmática é denominada *sarcolema*.
- **Citoplasma** (sarcoplasma, no caso de células musculares) – É a porção aquosa existente entre o núcleo e a membrana celular; é no citoplasma que se encontram as diversas organelas celulares, proteínas/enzimas e substratos energéticos, além, é claro, de íons junto do citosol (líquido citoplasmático).
- **Núcleo** – É o local onde é armazenada toda a informação genética do corpo humano em forma de ácido desoxirribonucleico (DNA), que é compactado (associado a proteínas) em forma de cromatina. O núcleo tem uma membrana, conhecida como *carioteca* ou *envoltório nuclear*, com pequenos poros; esses poros existem para facilitar e controlar os processos de expressão gênica e de trânsito de macromoléculas.
- **Ribossomo** – É a organela responsável pela síntese de proteínas. Geralmente, o ribossomo tem a função de "traduzir" os códigos do ácido ribonucleico mensageiro (RNAm), combinando-os com ácido ribonucleico transportador

(RNAt). Esse código dá a sequência dos aminoácidos para que determinada proteína seja sintetizada.

- **Retículo endoplasmático** (retículo sarcoplasmático, nas células musculares) – A função principal do retículo sarcoplasmático é armazenar, liberar e remover o cálcio no processo de contração e relaxamento muscular. Próximo ao retículo sarcoplasmático é observada a presença e a elevada atividade de enzimas ATPase[2], pois esses processos necessitam de energia para acontecer.

- **Lisossomo** – É a organela conhecida como *aparelho digestivo da célula*, assim, os lisossomos são organelas que liberam enzimas hidrolíticas capazes de destruir outras estruturas celulares, principalmente quando essas estruturas já se encontram danificadas. É importante destacar que os lisossomos têm sua atividade significativamente aumentada quando cresce a concentração de íons de hidrogênio no citoplasma (diminuição do pH).

- **Mitocôndria** – É a organela conhecida como *estação energética da célula*, cuja principal função é utilizar gorduras, carboidratos e proteínas para a produção de energia em forma de ATP/ADP (adenosina trifosfato). Esse processo é feito por meio da oxidação dos substratos já citados, mas, para que isso ocorra, é necessário o consumo de oxigênio. O produto da atividade mitocondrial é a formação de ATP com liberação de água e dióxido de carbono. Nas fibras musculares, geralmente, fala-se em mitocôndrias subsarcolemais e intermiofibrilares. A mitocôndria ainda tem DNA próprio e é capaz de realizar processos como fissão, fusão e biogênese.

---

[2] ATPase é a enzima responsável pela hidrólise de adenosina trifosfato (ATP).

- **Enzimas** – São moléculas (geralmente de natureza proteica) catalisadoras que regulam a velocidade das reações químicas. Apresentam sulcos característicos (sítios ativos) para determinado substrato e têm a atividade regulada pelas condições de pH e de temperatura.
- **Glóbulos ou gotículas de gordura e glicogênio** – Reservatório energético da célula. Os lipídeos intracelulares e o glicogênio são oxidados e utilizados para a manutenção da concentração de ATP intracelular.
- **Miofibrila** – É uma organela especial encontrada no tecido muscular e responsável pela contração da célula. Dentro da miofibrila, podem ser observados vários sarcômeros (unidades contrateis), dispostos ao longo do comprimento da miofibrila, a cada 1.500 a 2.300 nanômetros (nm), podendo encurtar-se em 20 a 50% do comprimento inicial e alongar-se em aproximadamente 120%. Dentro dos sarcômeros, existem várias proteínas, como actina, miosina, troponina, titina, nebulina etc. A miosina ATPase é a enzima responsável por quebrar o ATP para a contração muscular.

O treinamento físico causa o aumento da quantidade de determinadas organelas na célula, por exemplo: com o treinamento de força, cresce o número de miofibrilas dentro da célula (Eliceev; Kulig; Seluianov, 2014), o que, consequentemente, aumenta a área de secção transversa (hipertrofia) dela e amplia a capacidade de tensão muscular em razão do maior número de pontes cruzadas disponíveis (Billeter; Hoppler, 2006); com o treinamento de resistência, cresce significativamente o número de mitocôndrias intermiofibrilares nas fibras musculares (Vovk, 2007; Powers; Howley, 2014; Mooren; Völker, 2012; MacInnis; Gibala, 2017); o treinamento de velocidade pode aumentar a quantidade de retículo sarcoplasmático, melhorando o tempo de relaxamento muscular (Siff; Verkhoshansky 2004; Verkhoshansky, 2013);

com o treinamento de flexibilidade, aumenta a quantidade de sarcômeros ao longo das miofibrilas (Goldspink; Harridge, 2006). Não é à toa que a definição de *capacidades físicas* significa um complexo de propriedades morfológicas e psicológicas do ser humano que responde às exigências de qualquer tipo de atividade muscular e que garante a efetividade de execução dessa atividade (Fiskalov, 2010).

Tendo isso em vista, podemos dizer que *desempenho* é um reflexo das propriedades musculares, ou seja, ganha destaque a lei do uso e desuso de Lamark – a função constrói o órgão (Santos, 2020). Nesse sentido, o uso do órgão estimulando a própria função traz mudanças adaptativas que alteram a morfologia desse órgão. Por outro lado, hoje podemos dizer também que o órgão constrói a função. Em outras palavras, as transformações funcionais são consequência das mudanças morfológicas, mas as mudanças morfológicas só ocorrem em virtude da exigência das funções. A teoria da adaptação, amplamente estudada no século XX, explica bem esse processo de mudanças morfológicas adaptativas.

Antes de discutir a teoria da adaptação e as cargas de treinamento físico, é necessário conceituar os mecanismos de trocas plásticas celulares. Todo organismo vivo apresenta uma característica muito dinâmica, células e proteínas novas surgem enquanto outras são degradadas e morrem. Por exemplo, os eritrócitos têm um tempo de vida de aproximadamente 120 dias, as células endoteliais dos vasos sanguíneos, de 100 a 180 dias, no músculo, aproximadamente 15 a 30 dias, sendo assim, todos os dias são sintetizados novas células e componentes celulares, e a direção na qual predominam essas mudanças (para mais, menos ou de manutenção) depende do balanço das reações anabólicas e catabólicas, que, por sua vez, dependem da natureza dos estímulos provindos do ambiente externo (Seluianov, 2001; Verkhoshanski, 2001; Goldspink; Harridge, 2006).

O estresse ou a ausência dele no ambiente é fator determinante no direcionamento das reações anabólicas ou catabólicas. Por exemplo, a exposição à radiação solar faz com que as células da pele aumentem a produção da proteína melanina para que o organismo se torne mais resistente diante desse fator estressor (radiação solar); caso a pessoa não tome sol, a tendência é que seja diminuída a quantidade de melanina na pele. O mesmo ocorre com o treinamento físico, por exemplo, exercícios de resistência podem aumentar a densidade mitocondrial no músculo já nos primeiros 10 a 15 dias de treinamento, assim como a permanência do ser humano em regiões montanhosas de elevada altitude pode elevar a quantidade de eritrócitos sanguíneos mais ou menos no mesmo período. Porém, com a interrupção do treinamento, a densidade mitocondrial já decresce em apenas 5 dias, já a quantidade de eritrócitos no sangue, após 20 a 30 dias (Merson; Pshnikova, 1988; Vovk, 2007; Wilmore; Costil; Kenney, 2013).

O organismo é dinâmico e está em constante mudança. Quando analisamos esse fato no âmbito celular e molecular, ganha destaque um processo conhecido como *expressão gênica*. Para compreender esse processo, é necessário voltarmos ao núcleo da célula, onde se encontra a informação genética em forma de DNA.

O DNA é uma fita dupla com formato helicoidal, 2 m de comprimento e aproximadamente 3 bilhões de nucleotídeos e 30 mil genes. Os nucleotídeos são formados por quatro bases nitrogenadas – adenina, guanina, citosina e timina. Os genes são pequenas frações do DNA que têm o código (sequência de nucleotídeos) de diferentes produtos funcionais (proteínas e RNA). Essa fita de 2 metros enrola-se em uma proteína chamada *histona*, as histonas, por sua vez, agrupam-se de 8 em 8, formando nucleossomos. Quando a fita de DNA está enrolada nos nucleossomos, temos a chamada *cromatina*. Portanto, a cromatina nada mais é do que uma forma de compactação do DNA. Em algumas regiões da cromatina, os nucleossomos ficam mais agrupados, e essas regiões são chamadas de *heterocromatina* – composta por DNA que não pode ser lido. Em outras regiões, os nucleossomos são mais afastados, e essas regiões são chamadas de *eucromatina* – composta de DNA que pode ser transcrito, ou seja, ativo (Akhmetov, 2009; Alberts et al., 2010; Junqueira; Carneiro, 2018).

Para que ocorra a síntese de proteínas e demais estruturas, é necessária a formação do ácido ribonucleico mensageiro (RNAm), processo chamado de *transcrição*. O RNAm, de forma simplificada, é uma cópia de uma parte do código de determinado gene com uma única diferença: a substituição da base nitrogenada timina por uracila. A base nitrogenada adenina liga-se somente à timina, e vice-versa, assim como ocorre com a citosina e a guanina. Com a troca de timina por uracila, o princípio é o mesmo.

O RNAm sai do núcleo da célula através dos poros da membrana nuclear e, em seguida, liga-se aos ribossomos. No citoplasma, existem aminoácidos que estão fixados a RNAs (ácido ribonucleico) transportadores (RNAt); cada aminoácido tem em seu RNAt uma trinca (anticódon) – três bases nitrogenadas. Assim, os aminoácidos vão ligando-se de acordo com a sequência de bases nitrogenadas codificadas no RNAm. Esse processo é demoninado *tradução*. Com isso, as proteínas formam uma estrutura primária, que é a simples ligação dos aminoácidos, e posteriormente ela vai assumindo outras formas, até chegar em sua estrutura funcional – terciaria e quaternária.

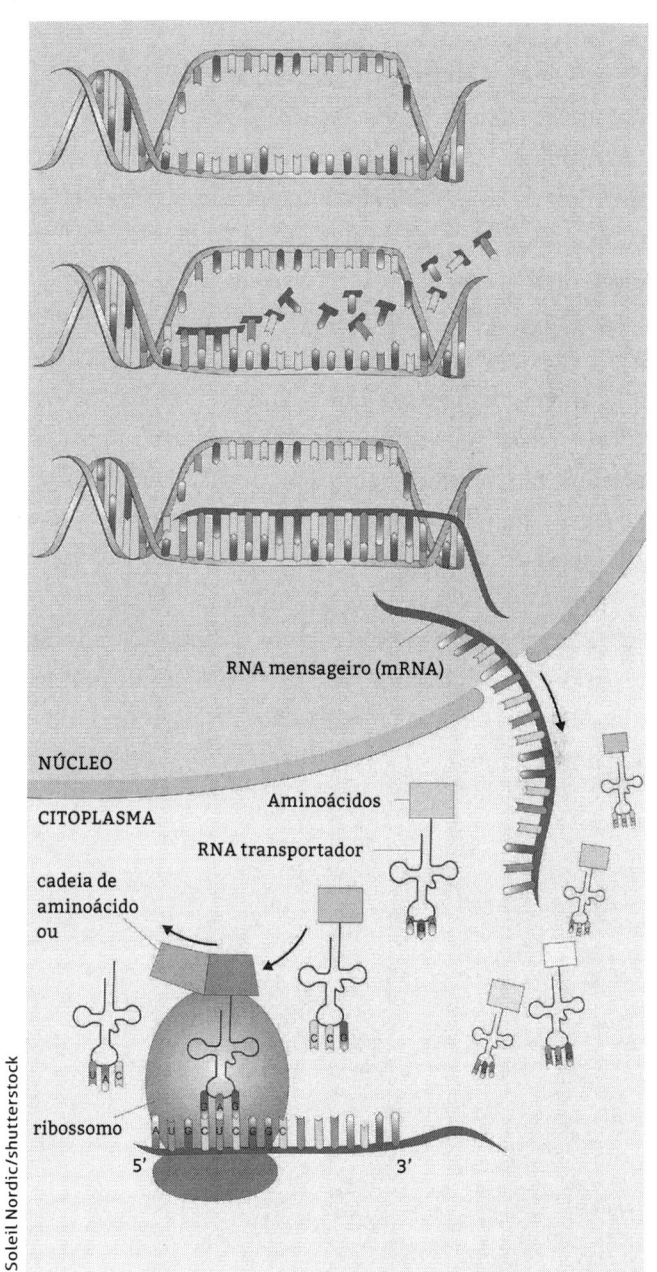

Figura 3.1 Processo de transcrição e tradução do RNA para síntese de proteínas

Todo esse processo, desde o início da transcrição até o término da síntese de proteína, é chamado de **expressão gênica**. Quando se trata de exercício físico, precisamos compreender que a expressão de determinados genes, relacionados com proteínas e organelas que têm impacto sobre o desempenho muscular, pode ser "manipulada" pelo tipo de sinalização. Nesse contexto, diferentes métodos de exercício físico, que estimulam mais ou menos determinadas funções do organismo, podem ativar diferentes fatores transcricionais. Os fatores transcricionais nada mais são do que fatores de natureza proteica que são ativados junto a determinadas condições; quando um fator é ativado, ocorre uma cascata de eventos que ativa vários outros fatores, formando um complexo proteico que serve como "chave" para a expressão de dado gene. O "complexo proteico" liga-se à enzima RNA polimerase, e essa enzima, por sua vez, permite a formação do RNAm por meio da cópia do código daquele gene (Akhmetov, 2009; Alberts et al., 2010).

Na Figura 3.2, a seguir, podemos observar como ocorre o processo de síntese de proteínas. Ao lado esquerdo estão os aminoácidos ligados ao RNAT, ao lado direito, os aminoácidos formando uma proteína.

Figura 3.2 Processo de síntese de proteínas

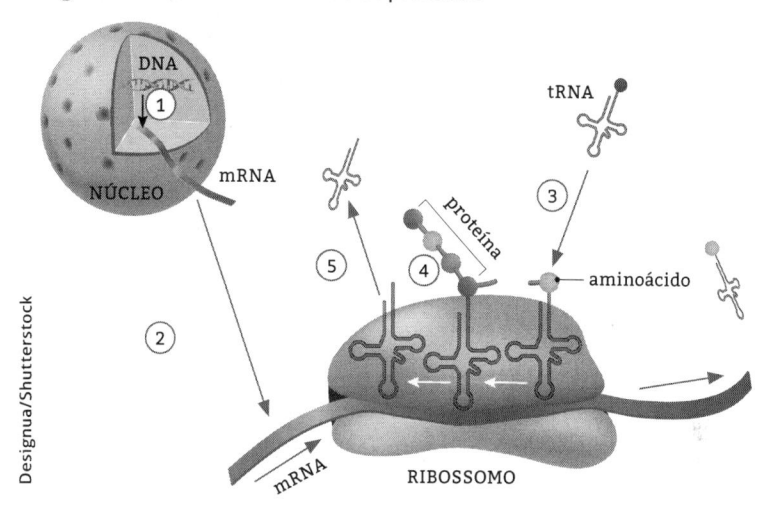

Figura 3.3 Mecanismo dos fatores transcricionais

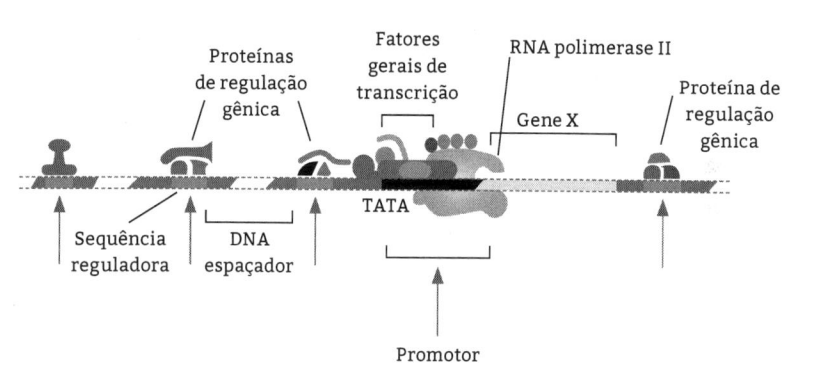

Fonte: Alberts et al., 2010, p. 441.

No contexto do exercício físico, existem muitas vias de sinalização para a síntese de proteínas e organelas que influenciam profundamente a capacidade do músculo esquelético. Com as técnicas aperfeiçoadas de estudo da biologia molecular, hoje já podemos compreender que muitos fatores controlam a expressão gênica. Segundo Akhmetov (2009), os fatores estressantes que modificam a expressão dos genes no músculo esquelético e influenciam a plasticidade desse tecido são: carga mecânica no aparelho neuromuscular, reconstrução hormonal, ativação neuronal e alterações metabólicas.

- **Carga mecânica no aparelho neuromuscular** – O alongamento da fibra muscular, por meio das integrinas (proteínas que unem a matriz extracelular com o citoesqueleto), dá início a uma cascata de sinalização via JNK-AP1 (c-jun quinase N terminal/proteína ativadora-1) e via mTOR-S6K (alvo da rapamicina em mamíferos/proteína ribossômica s6 quinase), que leva à ativação de genes no núcleo – genes da "hipertrofia muscular" e enzimas musculares, genes regulatórios, genes que codificam proteínas necessárias para a transformação das fibras musculares, por exemplo, miosina de cadeia pesada e leve etc.
- **Reconstrução hormonal** – Nos músculos esqueléticos, podem acontecer em praticamente qualquer tipo de carga muscular (Akhmetov, 2009), mais particularmente no treinamento de força que cause estresse (Viru, 2008; Seluianov; Sarsania; Zaborova, 2012). A testosterona, o hormônio do crescimento e o fator de crescimento similar à insulina (IGF1) influenciam o crescimento e o volume do músculo esquelético (por meio de receptores específicos ocorre o início da expressão de uma série de genes), preferencialmente às custas da ativação de células satélites musculares.

- **Ativação neuronal** – A flutuação do cálcio dentro da célula por meio do potencial de ação leva à ativação das vias de sinalização $Ca^{2+}$/CaMK (quinases dependentes de calmodulina) e CN-NFAT (calcineurina e fator nuclear das células T-ativadas). Em particular, a CaMKII (proteína quinase II dependente de calmodulina) influencia a expressão de genes envolvidos na biogênese mitocondrial, bem como a expressão de proteínas mifibrilares específicas. Ao mesmo tempo, a calcineurina ativa NFAT, o que leva à translocação desta última no núcleo e dá início à expressão de genes responsáveis pela contração da fibra muscular (troponina, miosina de cadeia pesada) e hipertrofia do músculo esquelético e cardíaco.
- **Alterações metabólicas** – Surgem em resposta às mudanças de balanço energético do músculo esquelético e miocárdio, pH, temperatura, pressão de oxigênio etc. Diante de tais alterações, têm papel central na sensibilidade do tecido muscular: a AMPK (AMP quinase ativada); a SIRT1 (sirtuína1); os receptores nucleares ativados por proliferador de peroxissomas (PPAR); os coativadores PPAPy (PPARGC1A e PPARGC1B); e o fator indutor de hipóxia (HIF).

Na Figura 3.4, apresentamos um modelo esquemático de algumas das diferentes cascatas de sinalização para expressão gênica de proteínas musculares específicas relacionadas com a adaptação ao treinamento.

**Figura 3.4** Esquema da influência de fatores estressantes na expressão de alguns genes do aparelho neuromuscular responsáveis pelo desenvolvimento de diferentes fenótipos

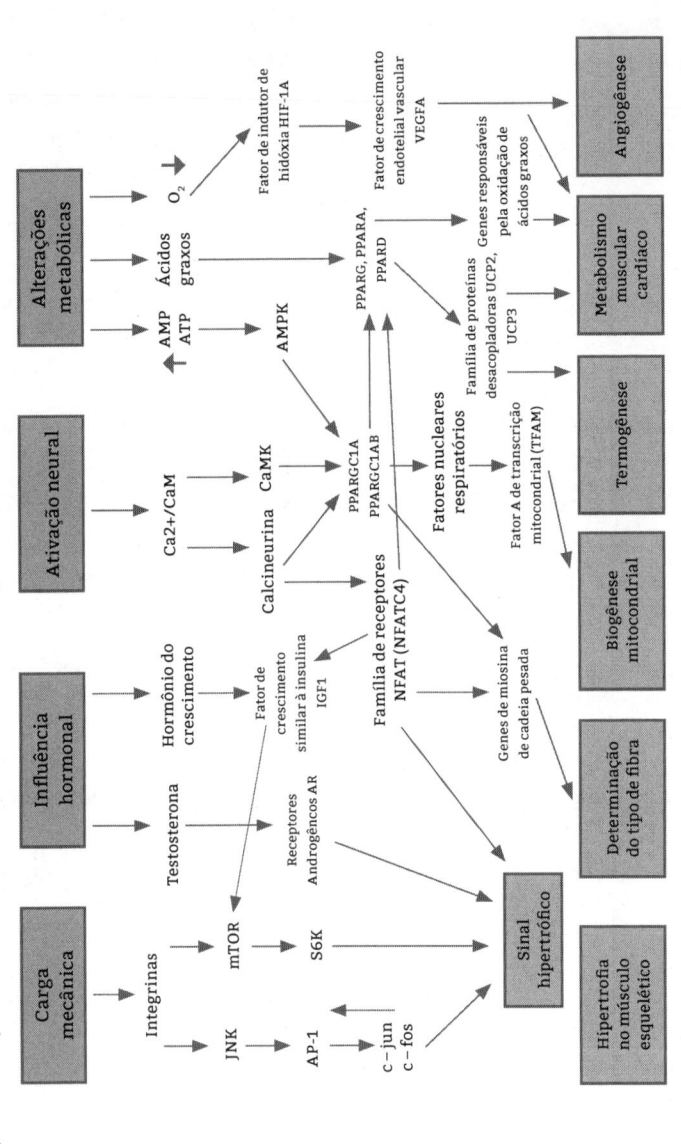

Fonte: Hoppeler; Klossner; Fluck, 2007, p. 249.

Podemos compreender, então, que as mudanças funcionais causadas pelo treinamento são resultado de mudanças morfológicas nos órgãos e nos tecidos. Essas mudanças tratadas como processo adaptativo (mudanças qualitativas estruturais) são condicionadas pela especificidade do programa de treinamento, visto que a natureza do estresse (mecânico, metabólico) e a concentração de determinados hormônios podem influenciar diretamente o processo denominado *expressão gênica*. Vale destacar que, apesar de o treinamento não se constituir apenas pelas capacidades físicas, é nessa direção que o conhecimento dos processos biológicos adaptativos tem maior influência.

Embora o processo de expressão gênica ter sido resumidamente exposto, precisamos entender que a adaptação ao treinamento físico não ocorre de forma simplificada. Por exemplo, apesar de a sobrecarga mecânica promovida pelo treinamento de força promover a expressão de genes relacionados com a hipertrofia, a adaptação ao treinamento acontece junto à repetição sistemática das cargas de treinamento. Por isso, pesquisadores mostraram que o processo adaptativo apresenta-se em forma de fases ou estágios.

## 3.1.2 Particularidades dos mecanismos adaptativos

Segundo Merson e Pshnikova (1988), *adaptação* é um processo que se desenvolve no decorrer da vida, em que o organismo adquire estabilidade com relação a determinado fator do meio externo e, nesse contexto, passa a contar com a possibilidade de viver em condições antes incompatíveis com a vida e a resolver tarefas antes não permitidas.

O conceito ora apresentado é muito amplo, porém, quando aplicado ao contexto do exercício físico, entendemos *adaptação ao treinamento* como o conjunto de mudanças qualitativas estruturais em órgãos, tecidos e células e que, como consequência desse processo, aumentam a capacidade funcional de dado órgão e do organismo. O processo adaptativo reltivo às cargas de treinamento, segundo Merson e Pshnikova (1988), envolve quatro estágios, conforme veremos a seguir.

No primeiro estágio – **adaptação aguda ou urgente** –, no organismo não treinado acontece a reação de estresse, em que podem ser observadas mudanças e danificações nas estruturas celulares desse organismo e uma reação motora "imperfeita". Em geral, esse estágio é caracterizado pela falta de economia e hiperfunção dos sistemas do organismo e pelo fenômeno de reação de estresse excessiva.

No segundo estágio – **transitório** –, ocorre o início a reconstrução morfofuncional (por exemplo, hipertrofia do sistema muscular), a qual está diretamente conectada com a ativação do aparelho genético celular. A consequência disso é a síntese de componentes estruturais (ácidos nucleicos e proteínas) e o crescimento das possibilidades funcionais dos sistemas do organismo.

No terceiro estágio – **estágio de adaptação estável** –, ocorre gradual minimização das reações do organismo ao fator adaptante. Desenvolvem-se determinadas alterações estruturais em diferentes órgãos e sistemas, elevando, assim, a potência funcional desses sistemas e garantindo o funcionamento estável e econômico junto ao trabalho muscular. Nesse estágio, o grau de alterações morfofuncionais progressivas no organismo naturalmente diminui.

No quarto estágio – **de exaustão** –, o sistema responsável pela adaptação do organismo pode sofrer deterioração em razão da quebra das leis que regem a construção do processo de treinamento (relação carga *versus* recuperação). Esse estágio deve ser evitado.

O processo de adaptação pode ocorrer em diferentes sistemas do organismo e é muito específico. Tudo depende das exigências impostas pelas ações motoras que caracterizam determinada atividade ou esporte. Como já vimos, a natureza do estímulo estressor é o que determina a especificidade do processo adaptativo. Nesse contexto, é importante compreender que o primeiro estágio do processo adaptativo é imprescindível, pois determina quais reações acontecerão posteriormente na segunda fase.

O primeiro estágio do processo adaptativo, ou como alguns especialistas preferem dizer, a "adaptação aguda", é um momento no qual o organismo luta para tentar manter a homeostase. Se um atleta está jogando futebol, por exemplo, o corpo ativará vários mecanismos, como o aumento da frequência cardíaca e respiratória para ampliar o transporte de oxigênio; a degradação dos estoques de lipídeos e carboidratos para sua posterior oxidação e regeneração de ATP; a ativação da sudorese para controlar a temperatura corporal, que aumenta em consequência da liberação de energia; a ativação de mecanismos de reparação e reconstrução do tecido muscular, que sofre com o estresse mecânico e a brusca mudança de pH. Todos esses mecanismos dependem muito da atividade do sistema endócrino.

### 3.1.3 O sistema endócrino e seu papel no controle da homeostase e adaptação

O sistema endócrino trabalha em conjunto com o sistema nervoso no controle da homeostase do organismo. Essa ação conjunta é capaz de perceber ou identificar as mudanças que ocorrem no organismo e elaborar uma resposta adequada. O sistema endócrino pode ser definido como um conjunto de glândulas e hormônios que age para manter ou recuperar a homeostase do organismo. As glândulas endócrinas são órgãos que sintetizam e liberam hormônios na corrente sanguínea. Os hormônios, por sua vez, funcionalmente, são mensageiros químicos que exercem efeito nas células de um tecido-alvo e, do ponto de vista estrutural, podem ser de natureza proteica (peptídeos) ou lipídica (esteroides).

Geralmente, os hormônios peptídicos agem por mecanismos de segundo mensageiro, já os hormônios esteroides, graças à sua composição, passam direto pela membrana, exercendo seus efeitos diretamente no DNA (Kraemer, 2008; Viru, 2008; Volkov et al., 2013; Wilmore; Costil; Kenney, 2013).

Existem muitas glândulas endócrinas no corpo humano. Nessas glândulas, vários hormônios podem ser sintetizados e secretados na corrente sanguínea. A maioria das glândulas é controlada por outros hormônios provindos de uma glândula principal, chamada *hipófise*. A glândula hipófise ou pituitária está localizada na base do cérebro e é dividida em duas porções ou lobos – anterior (adeno-hipófise) e posterior (neuro-hipófise). A hipófise anterior tem a liberação hormonal controlada por agentes químicos que têm origem em neurônios localizados no hipotálamo. A hipófise posterior recebe os hormônios de neurônios especiais originados no hipotálamo. Os hormônios avançam pelos axônios até os vasos sanguíneos localizados no hipotálamo posterior, onde são lançados à circulação geral (Powers; Howley, 2014).

A hipófise anterior libera hormônios como o adrenocorticotrófico (ACTH), o foliculoestimulante (FSH), o luteinizante (LH), o estimulador da tireoide (TSH), o hormônio do crescimento (GH), a prolactina, entre outros. Já a hipófise posterior armazena dois hormônios – a ocitocina e o hormônio antidiurético – que são produzidos no hipotálamo, ao qual está acoplada a hipófise posterior.

Como vimos, a hipófise anterior controla várias outras glândulas do corpo, porém, no contexto do exercício físico, existem alguns eixos ou subsistemas do sistema endócrino que têm maior relevância. Segundo Myakinchenko e Seluianov (2009), os três eixos mais importantes são: (1) eixo hipotalâmico hipofisiário gonadal; (2) eixo hipotalâmico hipofisiário adrenal; (3) eixo hipotalâmico hipofisiário tireoidiano.

No eixo hipotalâmico hipofisiário gonadal, o hipotálamo libera o hormônio liberador de gonadotropina (GnRH), que, por sua vez, estimula a hipófise anterior a secretar o hormônio luteinizante (LH) e o hormônio folículo estimulante (FSH). O LH, nos homens, faz com que os testículos liberem testosterona, já nas mulheres, estimula a produção de estrogênio nos ovários. O FSH estimula a produção de espermatozoides no testículo e de óvulos nos ovários. A testosterona é um hormônio androgênico (atribui características masculinas ao organismo) e um potente sinalizador da síntese proteica, contribuindo para o anabolismo muscular e para a recuperação, e a produção diária varia de 4 a 7 miligramas. No organismo feminino, os esteroides androgênicos, como a testosterona, também são produzidos, porém, de 10 a 30 vezes menos. Como as mulheres não têm testículos, os androgênios são produzidos nas suprarrenais, nos ovários e na pele.

Os órgãos-alvo dos androgênios são as vesículas seminais, os testículos, o apêndice, o músculo esquelético, o miocárdio etc. As etapas de ação da testosterona nas células dos órgãos-alvo são as seguintes: (a) a testosterona transforma-se em uma forma mais ativa, a 5-alfa-di-hidrotestosterona; (b) forma-se o complexo hormônio-receptor quando o hormônio se liga ao receptor androgênico; (c) esse complexo infiltra-se no núcleo da célula; (d) acontece a interação com a cromatina; (e) intensifica-se a formação de RNAm; (f) ocorre a biogênese de ribossomos e a síntese de proteínas.

Estudos demonstram que o treinamento de força, tanto máxima, explosiva, quanto de resistência de força, é um potente estímulo para a produção e a liberação de testosterona (Viru, 2008). Não é à toa que esse hormônio, em sua forma sintética, seja utilizado por fisiculturistas e demais atletas que buscam ganhos mais significativos de massa muscular. Vale reiterar que o treinamento estimula a liberação natural desse hormônio, sua utilização exógena exacerbada e, até mesmo, em alguns casos de terapia, pode trazer efeitos colaterais à saúde, além de ser considerado como *doping* no esporte.

O **eixo hipotalâmico hipofisiário adrenal** é ativado pelos diversos estímulos estressantes. Nesse contexto, o estresse é aquilo que perturba a homeostase, por exemplo, fraturas, jejum prolongado, exercício físico intenso e com recuperação incompleta das sessões anteriores etc. Esse estresse estimula a liberação do hormônio liberador de corticotrofina (CRH) pelo hipotálamo, que, por sua vez, estimula a síntese e a secreção do hormônio adrenocorticotrófico (ACTH) na hipófise anterior. O ACTH age no córtex suprarrenal, estimulando a síntese e liberação de hormônios esteroides. Entre os principais hormônios liberados pelo córtex suprarrenal, no contexto do exercício físico, tem destaque a aldosterona, os esteroides sexuais e, principalmente, o cortisol (Myakinchenko; Seluianov, 2009; Wilmore; Costil; Kenney, 2013).

No metabolismo, a função do cortisol, um hormônio do estresse importante, é mobilizar ácidos graxos e inibir a síntese de proteínas. Além disso, o cortisol bloqueia a entrada da glicose na célula e faz o fígado converter proteínas e gorduras em glicose. É preciso compreender que o cortisol é importante na adaptação do organismo, e a ação dele, junto a outros hormônios do estresse, como a adrenalina e noradrenalina, cria o estado de prontidão para o organismo. Em outras palavras, os hormônios do estresse têm relevância em estados de maior ativação do organismo humano, por exemplo, no exercício físico. Porém, a concentração elevada de hormônios do estresse por tempo prolongado pode ter efeito prejudicial no desempenho do atleta em médio prazo (Nikulin; Rodionova, 2011).

O **eixo hipotalâmico hipofisiário tireoidiano** apresenta inter-relações neurais e humorais. É pressuposto que seu funcionamento seja sincronizado com o eixo hipotalâmico hipofisiário adrenal. Os hormônios da tireoide (T3, T4 e tirotropina) mostram-se positivos nos processos recuperativos após a execução de exercício físicos (Mykinchenko; Seluianov, 2009). Apesar de os efeitos e mecanismos dos hormônios da tireoide ainda não serem totalmente elucidados na literatura, sabe-se, por exemplo, que, na membrana interna das mitocôndrias (onde ocorre fosforilação oxidativa), existem receptores específicos para T3 e T4. A ação desses hormônios aumenta o consumo de oxigênio nas mitocôndrias (Junqueira; Carneiro, 2018).

Outro importante mecanismo endócrino é o sistema adrenal, composto pela glândula medula suprarrenal. Essa glândula libera adrenalina e noradrenalina no sangue, e esses hormônios otimizam alguns processos metabólicos via segundo mensageiro, aumentam a atividade do coração e dos pulmões, além da vasoconstrição. Os fatores que estimulam a secreção das catecolaminas[3] é a baixa concentração de glicose sanguínea e pressão arterial, porém, o estímulo principal é o estado emocional (Powers; Howley, 2014).

Outros hormônios que não estão acoplados a um eixo de funcionamento mais complexo têm função importante no exercício físico, como é o caso do hormônio do crescimento (GH), da insulina e do glucagon. O GH é liberado pela hipófise anterior em resposta à liberação do hormônio liberador de GH hipotalâmico (GHRH). Esse hormônio estimula a lipólise no tecido adiposo, bem como a síntese proteica nos músculos e em outros órgãos. Além disso, o GH faz o fígado sintetizar e liberar o fator de crescimento similar à insulina (IGF1), um potente hormônio que promove o anabolismo muscular. A insulina também tem ação anabólica e recuperativa, tendo em vista que a ação dela aumenta o transporte de glicose e aminoácidos para dentro da célula por meio da ativação de proteínas de transporte (GLUT4) na membrana, já o glucagon estimula a liberação de glicose do fígado.

Existem vários outros hormônios importantes para o organismo, tais como a vasopressina, a calcitonina, o paratormônio, a somatostatina etc. Porém, esses hormônios serão negligenciados

---

[3] Catecolaminas são os hormônios adrenalina e noradrenalina.

neste livro por não terem papel de destaque no processo de adaptação diante de um programa de exercícios físicos voltado para o desempenho no esporte.

Em resumo, podemos dizer que os mecanismos biológicos relacionados com o processo de adaptação, tanto aguda quanto crônica, envolvem mecanismos hormonais que influenciam diretamente as vias de sinalização celular. Existem hormônios que ativam processos que facilitam a quebra de substratos energéticos, outros que facilitam a entrada de glicose na célula e outros que ativam os processos de expressão gênica a partir de complexas vias de sinalização. Apesar de os hormônios apresentarem papel extremamente determinante na sinalização celular, diversos mecanismos podem influenciar a expressão gênica, além disso, os próprios tecidos muscular e até adiposo podem ser chamados de *órgãos endócrinos*, *autócrinos* e *parácrinos*, uma vez que são capazes de liberar fatores transcricionais e hormônios que regulam a atividade das próprias células e de outros órgãos. Por fim, importa ressaltar que todos os processos biológicos e os estágios da adaptação crônica formam os fundamentos para a elaboração de uma estrutura muito importante do treinamento desportivo denominada *mesociclo*, que será vista no Capítulo 6.

## 3.2 Fisiologia e bioquímica da atividade muscular e suas implicações no desempenho físico

O tecido muscular é altamente especializado na tarefa de converter energia química em trabalho mecânico. Nesse contexto, a bioenergética da atividade muscular mostra-se como um dos fatores determinantes nas grandes realizações esportivas. No entanto, antes de entender a bioquímica da atividade muscular e a interpretação moderna da bioenergética durante o exercício, é preciso compreender as características e as particularidades estruturais e funcionais do músculo esquelético.

## 3.2.1 Músculo esquelético e fibra muscular

O corpo humano tem mais de 600 músculos. Em um adulto jovem saudável, o tecido muscular compõe aproximadamente 40% da massa corpórea; em idosos, 30%; em crianças, 25%; em atletas de algumas modalidades esportivas, esse valor pode superar os 55% (Volkov et al., 2013). Em geral, são atribuídas as seguintes funções ao músculo esquelético: (a) geração de força para locomoção e respiração; (b) sustentação postural; (c) produção de calor (Powers; Howley, 2014).

No que concerne à geração de força para a locomoção, o músculo pode ser entendido como um conversor de energia química em energia mecânica; elemento elástico capaz de acumular e liberar energia; elemento viscoso, capaz de deformar cargas externas; e transmissor de energia (potência) de outras fontes de energia (Seluianov; Sarsania; Zaborova, 2012; Dias et al., 2016).

O músculo esquelético, como o próprio nome indica, está fixado aos ossos através dos tendões. Os tendões são compostos de tecido conjuntivo e são o produto da junção final de cada fáscia que recobre as fibras musculares, os feixes de fibras e o músculo como um todo. Por meio da contração das fibras musculares, certa tensão é transmitida para o tendão, o que traciona o osso, gerando movimento. Nesse contexto, vale lembrar que a força produzida para gerar o movimento é a soma da força de cada fibra muscular concreta (Seluianov; Sarsania; Zaborova, 2012). Por isso, é preciso compreender as particularidades contráteis das fibras musculares, assim como os mecanismos de recrutamento dessas fibras.

A fibra (célula) muscular é a unidade estrutural do músculo esquelético. Em geral, a célula muscular tem as seguintes características:

- é envolvida por uma membrana plasmática denominada *sarcolema*, que é coberta por uma rede de fibras de colágeno que dão elasticidade e firmeza;
- a fibra é multinucleada;
- o comprimento varia de 10 a 50 cm e pode ter uma largura de 0,1 mm;
- toda fibra recebe uma terminação nervosa e alguns vasos capilares;
- as células musculares não são capazes de se dividir, a correção ocorre por meio das células satélites;
- tem organelas especiais, denominadas *miofibrilas*.

Além do que foi citado, destacamos que as fibras musculares podem ser divididas em grupos de acordo com o perfil metabólico e a velocidade de contração. As fibras de contração rápida são aquelas que, no interior de suas miofibrilas, apresentam um tipo de miosina ATPase de cadeia pesada. Essa enzima tem a característica de quebrar o ATP mais rapidamente, permitindo maior número de ciclos de ponte cruzada por unidade de tempo. As fibras lentas têm uma ATPase que não consegue quebrar o ATP tão rapidamente, por isso, junto a determinadas condições, as fibras rápidas podem contrair-se em 50 milissegundos, ao passo que as fibras lentas têm velocidade máxima de contração de 110 milissegundos (Volkov et al., 2013). Outra forma de diferenciar as fibras musculares é de acordo com o perfil metabólico: glicolíticas ou oxidativas. As fibras glicolíticas são altamente fadigáveis, têm elevada atividade de ATPase e de enzimas do metabolismo da glicólise anaeróbia, são pobres em mitocôndrias, mioglobinas e vasos capilares. As fibras oxidativas, ao contrário, são ricas em mitocôndrias, capilares, mioglobina e, graças a isso, são muito resistentes à fadiga (Powers; Howley, 2014).

Geralmente, as fibras rápidas são glicolíticas e as fibras lentas são oxidativas, no entanto, ao contrário do que se pensava, isso não é regra. É possível, em caso de atletas treinados, haver fibras musculares rápidas e, ao mesmo tempo, oxidativas (Seluianov; Sarsania; Zaborova, 2012). Isso ocorre porque os mecanismos que determinam a velocidade de contração e o perfil metabólico das fibras são distintos. De forma simplificada, as fibras são rápidas porque são inervadas por unidades motoras de alto limiar, que só são ativadas em elevadas frequências de impulso. Como o ser humano já nasce com quantidade e tipo de unidades motoras determinados, a distribuição de fibras rápidas e lentas é dada por herança genética. Apesar de existirem estudos apresentando evidências de mudanças do tipo de ATPase com o treinamento (Deschenes et al., 1995), elas são discretas e reversíveis. Outros estudos demonstram que, em exercícios que exigem frequência máxima de contrações, não é observado decréscimo nas fibras IIa e IIx, e a alta frequência induz a síntese de miosina de contração rápida (Scribbans et al., 2014). Por outro lado, o perfil metabólico das fibras musculares é muito mais suscetível ao treinamento, principalmente quando o balanço energético ATP/ADP e CrP/Cr é alterado, ativando as vias de sinalização envolvendo a AMPK – PGC-1α[4] (Richard, 2008). Diversos estudos demonstram que, em exercícios de alta intensidade, que recrutam fibras rápidas, a síntese de mitocôndrias nesse tipo de fibra pode ser de 4 a 6 vezes superior em relação à síntese de mitocôndrias nas fibras lentas (Verkhoshanski, 2001; Mooren; Völker, 2012). Estudos recentes mostraram que, com o treinamento intervalado de alta intensidade, a expressão de AMPK Thr172 foi maior em fibras tipo II (184% $p<0,001$) em relação às fibras do tipo I (Kristensen et al., 2015; Casuso et al., 2017).

Além de todas as diferenças entre fibras rápidas e lentas e oxidativas e glicolíticas, devemos lembrar também que existe uma forma intermediária de fibra muscular tanto do ponto de

---

[4] PGC-1α é a sigla para co-ativador 1 alfa do receptor ativado por proliferador de peroxissoma gama.

vista da velocidade de contração quanto do ponto de vista do perfil metabólico. A principal tarefa do treinamento é justamente causar mudanças estruturais nas fibras musculares que permitam aumentar o desempenho na direção da força e da resistência.

### 3.2.2 Bioquímica da atividade muscular

O processo de contração muscular começa após a chegada do impulso nervoso provindo do SNC (sistema nervoso central) na fibra muscular, a liberação do neurotransmissor acetilcolina da terminação nervosa causa a despolarização do sarcolema, gerando um potencial de ação que se propaga até os túbulos transversos e retículo sarcoplasmático (RS). O RS libera íons de cálcio no sarcoplasma, quando o íon chega na miofibrila, mais especificamente dentro do sarcômero, a miosina ATPase é ativada, quebrando o ATP e tornando-se energizada, e o cálcio liga-se à proteína troponina, que causa uma mudança conformacional na tropomiosina, liberando o sítio de ligação da miosina na actina, ou seja, liberando o bloqueio. Quando isso acontece, é formada a ponte cruzada e, em seguida, o Pi é liberado, então ocorre o deslizamento dos filamentos de actina sobre os de miosina, encurtando as linhas Z do sarcômero. Posteriormente, uma nova molécula de ATP liga-se à cabeça da miosina para que ocorra o relaxamento do músculo (Breslav; Volkov; Tambovtseva, 2013; Volkov et al., 2013; Powers; Howley, 2014).

Assim, o processo de contração muscular descrito nada mais é do que a conversão de energia química da molécula de ATP em energia mecânica (movimento). No entanto, devemos destacar que as reservas de ATP no músculo esquelético são limitadíssimas, não permitindo repetidas contrações por mais de 2 ou 3 segundos. Para que as contrações musculares continuem, a fibra muscular precisa manter as concentrações de ATP e, para isso, existem mecanismos responsáveis pela ressíntese de ATP. Basicamente, os mecanismos de produção de energia podem ser aeróbios ou anaeróbios. A seguir, veremos a descrição de como acontece esse processo.

O processo começa com a enzima miosina ATPase, em que, na presença de magnésio e água, ocorre a hidrólise do ATP em ADP + Pi, como podemos ver a seguir:

$$\text{ATPase}$$
$$ATP + Mg^{2+} + H_2O \longrightarrow ADP + HPO_4 + H^+$$

Essa reação libera energia e um íon de hidrogênio. Para manter a concentração de ATP de forma suficiente para a continuidade e/ou repetição da contração muscular, a proteína creatina ligada a um grupo fosfato (CrP[5]) doa seu fosfato para o ADP (adenosina difosfato), então, a creatina fosfato torna-se creatina livre e o ADP é ressintetizado em ATP. Essa reação é catalisada pela enzima creatina fosfoquinase (CK). A ação da CK serve também como tampão, visto que neutraliza um íon H+ (Rozenfeld; Ryamova, 2016).

$$\text{CK}$$
$$ADP + CrP + H^+ \longrightarrow ATP + Cr$$

Na bioquímica, o mecanismo de ressíntese de ATP por meio da molécula de creatina fosfato é conhecido como *sistema fosfagênio* ou *sistema ATP-CP alático de produção de energia*. Como a concentração de CrP no músculo é de 4 a 5 vezes maior do que a de ATP, 24 e 5 mmols/kg de tecido úmido, respectivamente, a CrP é capaz de ressintetizar o ATP por mais ou menos 10 segundos. Nesse contexto, vale destacar que a molécula de creatina não serve apenas para doar seu fosfato para o ADP, mas também, e principalmente, como um transportador universal de fosfatos (Volkov et al., 2013).

---

[5]  Cr = creatina; CrP = creatina fosfato.

Por muito tempo, pesquisadores acreditaram que a molécula de creatina fosfato tinha um papel que se reduzia somente à entrega do fosfato para ressíntese do ATP e que, após 10 segundos de exercício, o ATP era ressintetizado via glicólise anaeróbia ou mecanismos aeróbios mitocondriais. Porém, nos anos 1970 e 1980, Saks (1983; 1987) demonstrou que o deslocamento de ATP por diferentes regiões da célula não é um processo tão simples, concluindo que, na célula, existem diferentes compartimentos de ATP. Com isso, foi demonstrado que, na verdade, a creatina é um transportador de fosfatos provindos do ATP de diversas regiões da célula. Por exemplo, as mitocôndrias, quando oxidam os diferentes substratos por processos aeróbios, produzem muito ATP, mas esse ATP mitocondrial não pode ser direta e totalmente transferido para os sarcômeros nas miofibrilas. Por isso, a molécula de creatina livre desloca-se, saindo do compartimento miofibrilar e indo até as mitocôndrias. Nas mitocôndrias existem isoformas da enzima CK que transferem fosfatos do ATP mitocondrial para ressintetizar a creatina livre em CrP. Posteriormente, a CrP volta para miofibrila, ressintetizando o ATP miofibrilar. Nesse contexto, a creatina fosfato é, de fato, um "acumulador" de energia (Saks, 1983; Myakinchenko; Seluianov, 2009).

O segundo sistema de abastecimento energético, conforme a fisiologia clássica, é o mecanismo da glicólise anaeróbia, também conhecido como *sistema lático* ou *glicolítico*. De forma geral e resumida, esse sistema consiste em um complexo de reações químicas que oxidam a molécula de glicose parcialmente até seu produto – o piruvato. O que torna a glicólise "anaeróbia" é justamente a baixa densidade mitocondrial de determinadas fibras musculares, e, nesse caso, o piruvato é reduzido a lactato, aceitando íons $H^+$ carreados pelas moléculas de NAD (nicotinamida adenina dinucleotideo) produzidas no decorrer da glicólise. O saldo final da glicólise anaeróbia é de 2 ATPs, que são utilizados para ressintetizar a creatina fosfato no citoplasma. É importante destacar que a glicólise forma piruvato, que pode ser convertido em lactato, e essa reação não libera íons H$^+$, os íons de hidrogênio que se acumulam em situações de fadiga são provindos da hidrólise do ATP (Rozenfeld; Ryamova, 2016).

O terceiro sistema de abastecimento energético é conhecido como *sistema aeróbio* ou *fosforilação oxidativa*. Aqui, tanto carboidratos quanto gorduras e proteínas podem ser combustível para produção de ATP. Nesse contexto, os substratos são lançados na mitocôndria para que sejam oxidados até $CO_2$ (dióxido de carbono) e $H_2O$ por meio de mecanismos complexos, como o ciclo de Krebs e a cadeia transportadora de elétrons. No caso dos carboidratos, a primeira etapa é a glicólise, no entanto, na presença de mitocôndrias e oxigênio, o produto da glicólise – o piruvato – pode ser lançado junto ao $NADH_2$ (NAD ligada a um íon de hidrogênio e 2 elétrons) na mitocôndria em vez de ser reduzido a lactato. No caso de glicólise aeróbia, são produzidos 38 ATPs.

### 3.2.3 Modelo clássico de interpretação da bioenergética durante o exercício

No modelo clássico de interpretação da atividade muscular, é concebida a ideia de que a potência mecânica externa – força aplicada ao ergômetro – é provinda da molécula de ATP. Nesse contexto, no decorrer do exercício e/ou teste em intensidade máxima, a queda da potência observada é atribuída às particularidades de funcionamento das vias bioenergéticas. Dessa forma, surgiram os termos *potência*, *capacidade* e *efetividade* das vias bioenergéticas.

A potência metabólica é dada pela rapidez da ressíntese de ATP pelo mecanismo de abastecimento de energia, por exemplo, o sistema ATP CP é 4 a 6 vezes mais potente do que o mecanismo aeróbio, assim como o mecanismo glicolítico pode ser 3 a 4,5 vezes mais potente quando comparado também ao metabolismo aeróbio. Estima-se que a potência metabólica do sistema ATP-CP chegue a 4.500-5.500 watts (Knuttgen; Komi, 2006).

A capacidade metabólica da via bioenergética é dada pelo tempo em que o mecanismo bioenergético é capaz de sustentar a própria potência. Por exemplo, a creatina fosfato diminui em mais de 50% após 10 segundos de trabalho, logo, o mecanismo da glicólise anaeróbia começa a ganhar destaque, a potência máxima da glicólise anaeróbia é demonstrada aos 30 segundos de exercício de intensidade elevada, podendo ser mantida até 1 minuto e, posteriormente, entre 1 e 3 minutos, a contribuição da glicólise vai diminuindo, até que o mecanismo aeróbio passa a predominar na ressíntese total de energia.

A efetividade da via bioenergética é dada tanto pela eficiência ou coeficiente de ação útil (CAU), que nada mais é do que o percentual de energia química que pode ser convertida em energia mecânica (Myakinchenko; Seluianov, 2009).

Assim, em testes de potência máxima no cicloergômetro, havia a seguinte explicação: nos primeiros segundos do exercício, o elevado nível de potência mecânica era condicionado pela elevada potência metabólica da creatina fosfato, porém, a capacidade limitada do mecanismo fosfagênio (por conta da reserva pequena de CrP nos músculos) fazia com que creatina livre e fosfatos se acumulassem, estimulando a glicólise. Dessa forma, a glicólise anaeróbia passava a ser o mecanismo de produção energética principal, mas a glicólise tem potência metabólica inferior ao do mecanismo fosfagênio, e a potência mecânica externa após os 10 a 15 primeiros segundos de exercício não podia ser mantida, então, observava-se, aos poucos, o declínio da capacidade de trabalho do atleta. No decorrer de 3 minutos, a glicólise anaeróbia era o mecanismo principal de produção de energia, e a potência mecânica diminuía em virtude do acúmulo de ácido lático. Posteriormente, após os 3 minutos, passava a predominar o mecanismo aeróbio de produção de energia, em que a potência metabólica era baixa, mas a capacidade e a efetividade metabólicas eram elevadas, o que permitia a manutenção da potência mecânica externa. Todos esses processos eram vistos de forma integrada com certo predomínio em um ou outro momento, por exemplo, a glicólise anaeróbia é ativada já no início da contração muscular, quando os íons de cálcio eram liberados no sarcoplasma, porém os fosfatos e o ADP eram potentes moduladores que aumentavam sua atividade enzimática, ou seja, tanto a glicólise anaeróbia quanto a fosforilação oxidativas já estão ativos no início do exercício, porém as diferentes vias bioenergéticas ganham destaque em diferentes momentos e intensidades do exercício (Volkov; Oleinikov, 2011).

Apesar de esse modelo estar presente em muitos livros de fisiologia e bioquímica do exercício até hoje, ainda há problemas associados a essa teoria. O primeiro ponto a ser discutido é que o modelo clássico da bioenergética surgiu há muito tempo e ignora uma série de fatos, descobertas e teorias modernas da fisiologia. Nesse contexto, podemos citar a teoria do "princípio do tamanho", a respeito do recrutamento de unidades motoras. Nos anos 1960, pesquisas utilizando a eletromiografia demonstraram que o crescimento da tensão muscular é consequência do aumento da atividade elétrica dos neurônios. Conforme aumenta a frequência de impulso, mais unidades motoras são recrutadas, portanto, a força cresce principalmente em razão da quantidade de fibras musculares envolvidas no trabalho. Outro exemplo é o conhecimento da função de transporte de fosfatos por parte da creatina e o entendimento de que o ATP é armazenado em forma de compartimentos nas células. Negligenciando essas informações, dificilmente é possível dar uma explicação mais aprofundada a respeito dos processos bioenergéticos (Myakinchenko; Seluianov, 2009).

Figura 3.5 Modelo clássico da bioenergética do organismo

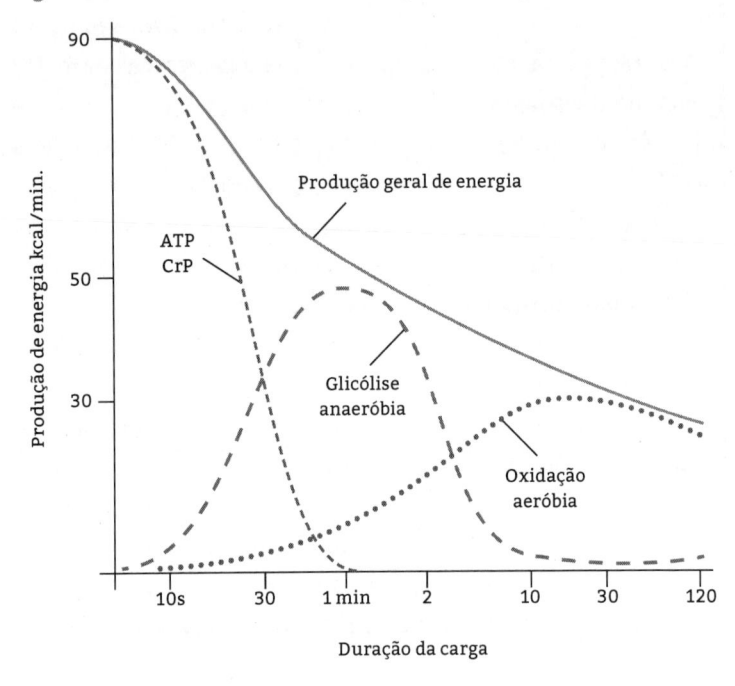

Fonte: Volkov et al., 2013, p. 322.

Além do que já citamos, existe outro problema que foi muito estudado pelo pesquisador russo Victor Nikolaevich Seluianov desde os anos 1980. Trata-se dos erros comuns na tentativa de determinar a potência, a capacidade e a efetividade das vias bioenergéticas, principalmente naquilo que concerne ao entendimento da contribuição da glicólise anaeróbia no exercício físico. A metodologia foi utilizada em laboratórios na prática de testes de potência máxima e de potência crescente (incremental) em diferentes ergômetros, com paralela utilização de expirômetro para a análise da ventilação pulmonar e do consumo de oxigênio, além de amostras de sangue para a análise dos metabólitos no sangue.

O primeiro erro comum, segundo Myakinchenko e Seluianov (2009), é a utilização de qualquer ergômetro que não seja o cicloergômetro. É claro que, para o controle do nível de preparo de corredores, geralmente, utiliza-se a esteira, e em esportes como o remo, o simulador de remo; porém, para pesquisas na área de bioenergética, a utilização do ergômetro correto é crucial. Basicamente, somente o cicloergômetro pode ser considerado um equipamento de medição científica, porque a técnica do atleta ou praticante de exercícios é quase igual em todos os indivíduos. O CAU no cicloergômetro entre 60 e 90 rpm (cadência utilizada nos testes) é, em média, 23%, e, na maioria das pessoas, esse valor varia apenas entre 22 e 24%.

No caso da esteira, acredita-se que esta não seja um equipamento adequado para a pesquisa em bioenergética. As razões para isso envolvem tanto as particularidades do teste em si quanto do indivíduo e serão expostas a seguir:

- **Particularidades do indivíduo** – O gasto energético para uma potência mecânica externa (velocidade de corrida) padronizada é completamente diferente entre os indivíduos, sendo diretamente influenciado por fatores como coordenação neuromuscular (intermuscular), propriedades elásticas do aparelho locomotor, nível de flexibilidade etc.
- **Particularidades do teste** – Mudança da técnica de corrida com o aumento da velocidade. Quando a velocidade de corrida é alterada, são alterados o comprimento da passada e os músculos que contribuem para a execução do movimento, além disso, a inclinação da esteira também muda o padrão técnico da corrida, alterando a contribuição percentual de cada músculo e anulando o sentido do teste.

Analisando os fatores citados, podemos perceber que o CAU na corrida é muito influenciado por diversas condições, por isso, fica muito difícil avaliar a efetividade das vias bioenergéticas utilizando a corrida. É muito fácil concluir, por exemplo, que os mecanismos anaeróbios são menos eficientes (mais energia é perdida em forma de calor) quando o comprimento da passada é maior, fazendo com que existam muito mais forças oriundas da resistência gerada pelos próprios músculos antagônicos. No cicloergômetro, a amplitude do movimento é sempre a mesma, pois, independentemente da força que se aplique contra o pedal, a contribuição dos mecanismos de energia elástica é bem menor e a flexibilidade pouco influencia. Em testes de exercício incremental no cicloergômetro, o CAU é o mesmo praticamente o tempo todo, o que não indica existência de diferença de efetividade das vias bioenergéticas aeróbias e glicolíticas. No caso de testes de potência máxima, o CAU sofre alterações em razão da elevada cadência. Ciclistas alto rendimento, por exemplo, conseguem aumentar o CAU para 37% por recrutarem os músculos posteriores de coxa, já em atletas que saem do assento pedalando em altas rpm, o CAU pode diminuir em 10% (essa energia é utilizada na elevação do tronco). Com relação a isso, avaliar com precisão a efetividade do mecanismo alático torna-se impossível. Nesse contexto, não estamos afirmando que não existe diferença de produção de calor no nível de reações químicas, no entanto, utilizando o CAU observado em corrida de esteira, essa informação carece de embasamento científico.

A potência do mecanismo alático é dada nos primeiros segundos de exercício, porém, como já vimos, a molécula de creatina fosfato tem capacidade de ressintetizar ATP instantaneamente, tanto é assim que os valores de potência máxima são avaliados entre os 3 e 5 segundos (tempo superior àquele que as moléculas de ATP sozinhas poderiam sustentar o trabalho muscular) e só apresentam decréscimo nos próximos segundos. A capacidade do mecanismo ATP-CP é sustentada pelo aumento das reservas de CP nos músculos, porém, a ideia de aumento das reservas de ATP e CrP como adaptação do processo de treinamento não se sustenta (Bishop et al., 2008), logo, atletas e não atletas têm concentração relativa de ATP e CrP praticamente iguais. A reserva de CrP nas fibras musculares pode ser elevada temporariamente em 10 a 30% somente quando o indivíduo toma o suplemento creatina monohidratada (Billeter; Hoppler, 2006). A efetividade do mecanismo ATP-CP não pode ser dada pelo CAU e depende da atividade enzimática da CK, porém, esta última pode ser alterada pelas condições de pH.

A potência do mecanismo de glicólise anaeróbia é proposta com a ajuda de exercícios máximos, nos quais a duração é de 30 a 60 segundos – por exemplo, o teste de Wingate[6]. No entanto, nos anos 1970 era muito difícil avaliar corretamente a contribuição da glicólise anaeróbia na demanda energética do experimentando na execução do trabalho com potência limite. A capacidade da glicólise anaeróbia era avaliada pela grandeza do consumo de oxigênio após a execução do teste físico, ou seja, na recuperação. Tendo em vista que o consumo de oxigênio só volta ao normal após uma hora de recuperação, todo o excesso de oxigênio consumido era relacionado com a dívida de oxigênio alática e lática. Nesse caso, a dívida lática era avaliada em 16 a 20 litros de oxigênio. Mas essa avaliação é incorreta, tendo em vista que ultrapassa a exigência de oxigênio de 2 minutos de exercício máximo em mais de 2 vezes. Com esse valor de consumo de oxigênio, o ser humano poderia correr 800 metros sem respirar. No entanto, é óbvio que isso não é possível! Portanto, pelo consumo excessivo de oxigênio não se determina a dívida de oxigênio, mas sim outra grandeza – a recuperação da homeostase do organismo, que acontece, absolutamente, em outro coeficiente de ação útil. Posteriormente, a avaliação da capacidade glicolítica com base na concentração de lactato no sangue começou a ser considerada após 3 a 5 minutos de recuperação. Nesse caso, ao todo, a dívida de oxigênio foi equivalente a 9 litros, mas não foi considerado que o lactato produzido no trabalho é complementado e somado com o lactato que se forma nas fibras glicolíticas após o trabalho para recuperação dos estoques de CrP e ATP, visto que as fibras glicolíticas são

---

[6]  Teste de Wingate é o teste de potência máxima no cicloergômetro em um intervalo de 30 segundos.

pouco capazes de utilizar o oxigênio. Assim, a capacidade da via glicolítica era aumentada em 2 vezes, ou seja, o pagamento real da dívida de oxigênio não supera os 4 litros. Tal avaliação foi dada ainda por Margaria[7] em estudo sobre a demanda de oxigênio (Myakinchenko; Seluianov, 2009; Seluianov; Sarsania; Zaborova, 2012; Eliceev; Kulik; Seluianov, 2014).

Com o objetivo de tornar mais claro o que foi descrito a respeito do mecanismo glicolítico, utilizaremos o exemplo que segue.

Nos livros clássicos de fisiologia do exercício, costuma constar que o trabalho máximo de 30 segundos é garantido em 80 a 90% pela glicólise anaeróbia. A potência de 30 segundos de trabalho máximo equivale a 60 a 80% da potência anaeróbia máxima (PAM). Agora, verificaremos essa teoria com base no modelo matemático moderno imitacional dos processos adaptativos agudos. Suponhamos que a potência equivalesse a 500 watts, considerando que o CAU no cicloergômetro é de 23%, isso corresponde a 6,8 L/min e, em 30 segundos, a 3,4 L de oxigênio. É conhecido que a parte alática da dívida de oxigênio é de aproximadamente 2,5 L, então 0,9 L da dívida deve distribuir-se entre a glicólise anaeróbia e aeróbia. Se, nos músculos, 50% das fibras forem oxidativas e 50% forem glicolíticas (como ocorre na maioria dos casos), os processos aeróbios devem garantir 0,45 L da exigência de oxigênio e mais 0,45 L de oxigênio na glicólise anaeróbia. Portanto, a parte da glicólise anaeróbia equivale somente a 13%. Logo, esse teste (Wingate) caracteriza a potência do mecanismo alático, assim como a potência aeróbia, tendo em vista que quanto menos o músculo acidifica, mais fácil será para ele manter a força e a potência de sua contração (Myakinchenko; Seluianov, 2009; Dias et al., 2016).

As possibilidades aeróbias são avaliadas pela potência ou grandeza do consumo máximo de oxigênio. Desde os anos 1980,

---

[7] Um dos primeiros estudiosos da áera que tentaram dar valores sobre a contribuição dos mecanismos anaeróbio no exercício e valores percentuais.

esse indicador é submetido a uma crítica muito séria, tendo em vista que, na seleção dos atletas de alta qualificação, esse parâmetro não tem grande relevância informativa. O consumo de oxigênio da potência do limiar anaeróbio é um indicador muito mais informativo, uma vez que permite que o resultado esportivo em esportes cíclicos seja previsto com maior precisão. A correlação entre $VO_{2\,max}$ (consumo máximo de oxigênio) e o resultado em esportes cíclicos é de 0,60, já o consumo de oxigênio no limiar anaeróbio é de 0,90 (Powers; Howley, 2014; Seluianov; Sarsania; Zaborova, 2012). A efetividade do mecanismo aeróbio ou CAU no trabalho no cicloergômetro é igual a 23-24% e não se altera, por isso a definição desse indicador é sem sentido em qualquer caso[8]. A capacidade do mecanismo aeróbio é relacionada com os depósitos de glicogênio e gordura. A reserva dessas substâncias em pessoas não atletas é suficiente para 45 a 60 minutos; nos atletas, 1,5-3 horas. Além disso, o consumo regular de carboidratos no decorrer da execução do exercício pode aumentar muito esse tempo, como podemos ver com frequência no ciclismo e nas corridas de esqui. Portanto, no esporte, a determinação da capacidade da via aeróbia não tem nenhum sentido do ponto de vista do sucesso da apresentação do atleta nas competições que duram menos de 30 minutos.

Outro problema associado com o estudo e a interpretação da bioenergética muscular está no fato de os estudos nesse campo serem conduzidos como "teoria da caixa preta", ou seja, um sistema fechado de complexidade elevada, cuja estrutura interna é desconhecida ou não é levada em consideração durante a análise. Dessa forma, a interpretação dos fenômenos limita-se a medidas das relações de entrada e saída. No caso do estudo da bioenergética, na entrada são coletados dados como consumo de oxigênio

---

[8] A efetividade no cicloergometro é sempre igual independentemente da intensidade, por isso determinar efetividade de vias bioenergéticas pelo CAU não faz sentido.

e produção de dióxido de carbono, frequência cardíaca e respiratória, concentração sanguínea de lactato etc., e na saída são coletados os mesmos dados com as respectivas alterações em diferentes estágios dos testes.

Nesse contexto, algumas leis fisiológicas são ignoradas, fato que leva o pesquisador à interpretação equivocada dos dados. Por exemplo, cada célula funciona individualmente e não depende das outras, desse modo, se a teoria do princípio do tamanho das unidades motoras não é considerada, logo, o músculo é visto como se fosse um tubo de ensaio, ou seja, como se todas as reações ocorressem em um único compartimento; então, surge a explicação de que a diferença de força e potência seja determinada exclusivamente pela rapidez das reações químicas, ignorando o fato de cada célula ter o próprio metabolismo. Nessa teoria também se fortalece a ideia de que a razão para a produção de lactato no músculo, além da potência metabólica, seja a falta de oxigênio nesse tecido, porém essa carência só ocorre em caso de bloqueio isquêmico e diminuição da pressão atmosférica, mas o lactato cresce mesmo com concentração adequada de $O_2$ no músculo.

Segundo Eliceev, Kulik e Seluianov (2014), a única forma, no presente momento, de diminuir drasticamente os erros de interpretação de testes físicos é por meio da utilização de modelos matemáticos que simulem a atividade muscular. A importância desses modelos concentra-se no fato de que é possível prever e/ou simular as reações químicas que ocorrem em cada célula concreta do tecido muscular em diferentes intensidades de trabalho.

### 3.2.4 Nova interpretação da bioenergética por meio de modelos matemáticos imitacionais

A interpretação moderna dada aos mecanismos de abastecimento energético durante a atividade muscular busca integrar os novos conhecimentos da fisiologia para tentar explicar os fenômenos que podem ser observados em testes físicos em condições laboratoriais.

Segundo Myakinchenko e Seluianov (2009), a ativação predominante dos diferentes mecanismos bioenergéticos não depende da intensidade do exercício em si, mas sim das particularidades morfológicas das diferentes fibras musculares. É claro que, conforme a intensidade do exercício cresce, também se observa o acúmulo de lactato (indicador de processos glicolíticos anaeróbios), mas não se tem evidência bem fundamentada de que o exercício só pode ser mantido em tal intensidade em virtude de uma suposta potência metabólica superior da glicólise anaeróbia em relação ao mecanismo aeróbio, até porque, como já apontamos, avaliar com precisão a potência e a capacidade da glicólise anaeróbia é muito difícil.

Diante disso, parece ser muito mais evidente que, pelo fato de parte das fibras rápidas ser glicolítica, sem mitocôndrias intermiofibrilares suficientes, a glicólise aconteça. Em atletas treinados em resistência, observa-se o aumento da densidade mitocondrial nas fibras rápidas, elevando o limiar anaeróbio e diminuindo a contribuição da glicólise anaeróbia em condições padronizadas – diminuição da concentração de lactato em condições padronizadas reproduzidas em testes laboratoriais antes e após o treinamento (MacInnis; Gibala, 2017). Isso mostra que o mecanismo aeróbio pode ressintetizar de forma eficiente o ATP até mesmo em exercícios de alta intensidade que recrutem fibras rápidas. Nesse contexto, reiteramos que a fibra muscular rápida não é obrigatoriamente glicolítica. As fibras podem ser oxidativas ou glicolíticas sobre influência do treinamento.

Na figura a seguir, temos o modelo bioenergético de fibras musculares oxidativas e glicolíticas.

**Figura 3.6** Modelo de fibras musculares glicolítica (superior) e oxidativa (inferior)

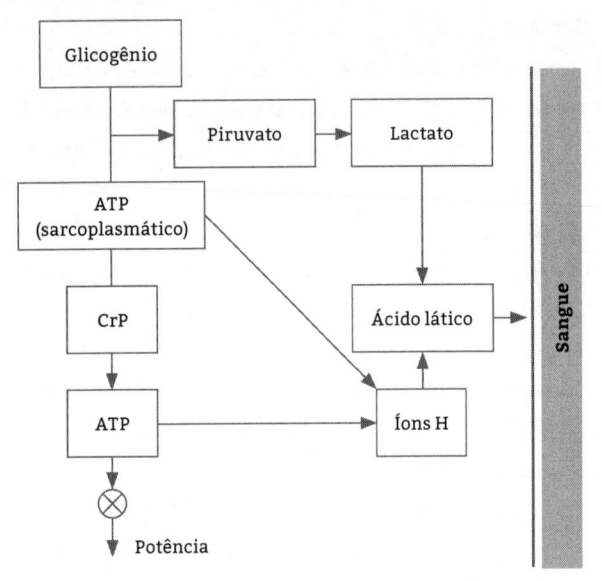

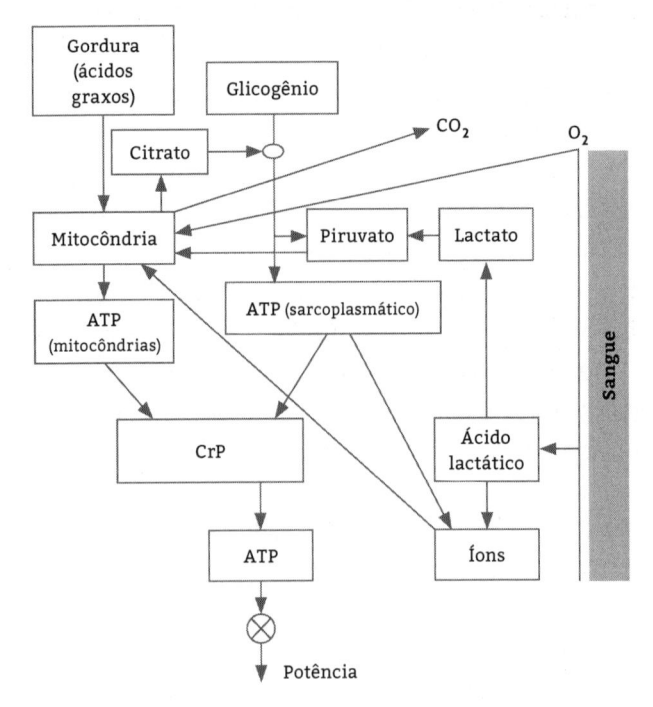

Fonte: Dias et al., 2016, p. 71-72.

Em ambas as fibras, o processo começa com a hidrólise do ATP liberando energia e um íon de hidrogênio, e, na sequência, a molécula de CrP doa seu fosfato para ressíntese do ATP miofibrilar. Na fibra muscular glicolítica (à esquerda), a creatina fosfato é ressintetizada no citoplasma por meio dos ATPs provindos da glicólise anaeróbia, que, por sua vez, forma o lactato, e a CrP, então, volta para a miofibrila para ressintetizar o ATP miofibrilar. Nesse contexto, vale ressaltar que a velocidade de ressíntese da creatina fosfato por meio do ATP sarcoplasmático é menor do que a velocidade de hidrólise do ATP miofibrilar, o que faz com que ocorra o acúmulo de Cr de íons $H^+$ e, consequentemente, fadiga muscular. Já na fibra muscular oxidativa, após a hidrólise do ATP miofibrilar e depleção de creatina fosfato, a creatina livre desloca-se até as mitocôndrias. Na membrana da mitocôndria, há enzimas CK que utilizam o ATP mitocondrial para ressintetizar creatina fosfato sem liberação de $H^+$ no citoplasma. Como a mitocôndria produz muito ATP e ainda é capaz de absorver íons de hidrogênio, na fibra muscular oxidativa, em condições normais (sem bloqueio isquêmico), a ressíntese de ATP é tão rápida quanto sua depleção e sem diminuição de pH, por isso a fibra oxidativa é muito resistente à fadiga.

Com base nos conceitos ora apresentados, a seguir, podemos observar a interpretação que geralmente é dada aos fenômenos fisiológicos e bioenergéticos em testes de potência máxima e incremental.

No **teste de potência máxima no cicloergômetro**, com o intuito de gerar potência máxima, junto a uma motivação elevada por parte do atleta, um grande fluxo de impulsos elétricos sai do cérebro em direção aos músculos a serem recrutados. A alta frequência de impulsos (acima de 40-50 Hz) ativa praticamente todas unidades motoras disponíveis. Cada unidade motora tem uma razão de inervação dada pela quantidade de fibras musculares, ou seja, quanto mais unidades motoras são recrutadas, mais fibras musculares contribuem para gerar tensão muscular. As fibras musculares, por sua vez, trabalham no regime de "tudo ou nada", ou seja, quando são ativadas geram tensão máxima. A grandeza da tensão muscular gerada na fibra depende da quantidade total de pontes cruzadas ativas. Logo no início do trabalho, a força é elevadíssima porque todas as pontes cruzadas existentes em todas fibras recrutadas estão convertendo energia química da molécula de ATP em energia mecânica. No decorrer dos primeiros segundos do teste, a potência não diminui, porque a concentração de ATP miofibrilar é mantida às custas da reserva de creatina fosfato. No caso do teste de Wingate (duração de 30 segundos), após 7 a 12 segundos, a potência começa a decrescer, e isso se deve ao fato de o mecanismo da glicólise anaeróbia nas fibras glicolíticas não conseguir ressintetizar a CrP tão rapidamente quanto se quebra o ATP miofibrilar. Com o acúmulo de creatina livre e fosfato inorgânico, a função tamponante diminui, cresce a quantidade de ADP e a atividade da adenilato quinase (enzima que converte 2 ADPs em 1 ATP + 1 AMP). A soma desses fatores faz com que ocorra liberação de íons de hidrogênio na célula muscular glicolítica e, com a diminuição do pH e do ATP miofibrilar, começam a diminuir as pontes cruzadas em cada sarcômero de cada miofibrila, resultando, assim, na diminuição da tensão gerada por essa fibra. Quanto maior o grau de acidez e de depleção de ATP na miofibrila, menor é a força.

Portanto, nesse contexto, a potência mecânica máxima observada no teste no cicloergômetro não avalia a potência do mecanismo ATP-CP, mas dá uma noção indireta da quantidade total de miofibrilas no músculo. Por outro lado, o índice de fadiga apresentado no caso de teste de potência máxima com duração superior, como no caso do Wingate, e as supostas capacidade e potência glicolíticas não são avaliadas. Uma queda de desempenho pouco significativa certifica sobre a não diminuição do pH e das reservas de ATP e CrP nas fibras em razão da presença de mitocôndrias que são capazes de produzir muito ATP para ressíntese de CrP e consumir íons de hidrogênio em caso de acúmulo. Em outras palavras, um índice de fadiga que caracterize bom desempenho em resistência de velocidade é dado pelas possibilidades aeróbias, e não pela potência ou capacidade anaeróbia glicolítica. Assim, o que na literatura do treinamento desportivo é conhecido como *resistência de velocidade* (termo pedagógico) tem relação com potência aeróbia, ou seja, elevado limiar anaeróbio em virtude da presença de mitocôndrias em fibras que antes do treinamento eram glicolíticas. Portanto, seguindo esse raciocínio, *resistência anaeróbia* simplesmente não existe! Todo atleta que melhora sua resistência tende a ter menor contribuição de mecanismos anaeróbios.

No **teste de potência crescente (incremental)**, no primeiro estágio, diante da resistência externa[9] pequena, recrutam-se, segundo o princípio do tamanho de Henneman, as unidades motoras (UMs) de baixo limiar de excitação. Essas UMs ativam fibras musculares de alta capacidade aeróbia, onde o substrato preferencial utilizado é o ácido graxo. No entanto, nos primeiros 10 a 20 segundos, o abastecimento energético acontece por meio dos estoques de ATP e CrP nas fibras ativas. Já no limite de tempo do primeiro estágio (1 minuto), tem lugar o recrutamento de novas fibras musculares e, graças a isso, é possível manter dada potência. Isso é causado pela queda na concentração de fosfatos de alta energia nas fibras ativas, ou seja, a força (potência) de contração dessas fibras musculares pela influência ativadora do SNC leva ao envolvimento de novas UMs (FM). Com o aumento gradual da resistência externa, são observadas alterações proporcionais em alguns indicadores: cresce a frequência cardíaca (FC), o consumo de oxigênio, a ventilação pulmonar, mas praticamente não se altera a concentração de lactato e íons de hidrogênio.

---

[9] Resistência externa é o peso que se coloca no volante do cicloergometro e que, desse modo, aumenta a resistência no pedal.

Junto ao alcance de determinada resistência externa (aumento da potência do trabalho) acontece o momento em que são recrutadas todas as fibras musculares oxidativas (FMO) e, então, começam a ser recrutadas as fibras musculares intermediárias (FMI). Nas FMI, após a diminuição da concentração de fosfatos de alta energia, uma parte do piruvato é transformada em lactato e íons de hidrogênio ($H^+$), que são lançados no sangue e, posteriormente, infiltram-se nas FMO. A entrada de lactato nas FMO leva à inibição da oxidação lipídica, e o substrato de oxidação passa a ser em maior medida o glicogênio. Portanto, pelo recrutamento de todas as FMO, acontece o primeiro aumento da concentração de lactato no sangue e a intensificação da respiração. A ventilação pulmonar cresce em relação à formação e ao acúmulo nas FMI de íons de hidrogênio, os quais, na saída para o sangue, interagem com o sistema de tampão (bicarbonato), causando a formação de "$CO_2$ não metabólico". O aumento do $CO_2$ estimula a ativação da respiração. Nesse contexto, na execução do teste incremental, tem lugar o fenômeno que pode ser chamado de *limiar aeróbio* (LA). O aparecimento do limiar aeróbio indica o recrutamento de todas FMO. Assim, pela medida da resistência externa (potência em watts), é possível verificar as possibilidades de força das FMO, que podem manifestar-se na ressíntese de ATP e CrP por meio da fosforilação oxidativa.

O aumento seguinte da potência do trabalho ou resistência externa[10] exige o recrutamento de UMs de alto limiar – isso intensifica os processos de glicólise anaeróbia, e mais lactato e íons de hidrogênio ($H^+$) aparecem no sangue. Esse lactato novamente chega às FMO e transforma-se em piruvato com ajuda da enzima lactato desidrogenase tipo cardíaca. No entanto, a potência metabólica do sistema mitocondrial tem um limite. Por isso, no início

---

[10] No teste, a cada minuto, a potência cresce por meio do aumento da resistência do pedal, e a taxa de rotações por minuto é sempre mantida.

do aparecimento do lactato, ocorre o equilíbrio dinâmico entre a formação de lactato e seu consumo nas FMO e nas FMI; depois, esse equilíbrio é quebrado, e os metabólitos não compensados – lactato, íons de hidrogênio, dióxido de carbono – causam uma brusca intensificação das funções fisiológicas. A respiração é um dos processos mais sensíveis a essa brusca intensificação – a porção de sangue arterial com conteúdo elevado de $CO_2$ atinge os quimioceptores, causando a intensificação ainda maior da respiração. Como resultado, o $CO_2$ começa a sair do sangue e sua concentração média começa a diminuir. Nessa potência de trabalho é testemunhado o limiar anaeróbio, em que a velocidade de liberação do lactato das fibras musculares glicolíticas (FMG) ativas iguala-se à velocidade de oxidação desse lactato pelas FMO e FMI. Nesse momento, o substrato energético de oxidação nas FMO torna-se somente carboidratos; uma parte deles é o glicogênio das FMO, e outra parte, o lactato formado nas FMG. A utilização de carboidratos como substrato de oxidação garante a máxima velocidade de produção de ATP nas mitocôndrias das FMO, portanto, o consumo de oxigênio e/ou a potência no nível do limiar anaeróbio revelam as possibilidades aeróbias máximas dos músculos e o momento em que as FMG começam a ser ativadas (Myakinchenko; Seluianov, 2009; Seluianov; Sarsania; Zaborova, 2012; Eliceev; Kulik; Seluianov, 2014).

O aumento seguinte da potência externa faz com que seja necessário o envolvimento de quase todas as UMs de alto limiar que inervam as FMG. O equilíbrio dinâmico é quebrado, a produção de lactato e $H^+$ supera a velocidade de sua remoção. Com isso, é observado o aumento da ventilação pulmonar, da FC e do consumo de oxigênio. Após o limiar anaeróbio, o consumo de oxigênio aumenta principalmente em razão do consumo desse elemento pelos músculos respiratórios e miocárdio. No alcance da grandeza limite de ventilação pulmonar e FC junto à fadiga local dos músculos, o consumo de oxigênio estabiliza-se e depois diminui. Nesse momento, é fixado o $VO_{2max}$.

Nesse contexto, o $VO_{2max}$ é a soma da grandeza de consumo de oxigênio nas FMO, nos músculos respiratórios e no miocárdio (Myakinchenko; Seluianov, 2009).

Com base no que já vimos, parece claro que a utilização do metabolismo aeróbio ou anaeróbio no músculo esquelético em trabalho não depende do fornecimento de oxigênio – algo que, por muito tempo, foi defendido por vários fisiologistas –, mas sim do perfil das fibras musculares recrutadas. O treinamento é capaz de elevar a densidade mitocondrial em fibras tipo II e, consequentemente, aumentar o limiar anaeróbio (Inoue et al., 2016; MacInnis; Gibala, 2017). Os detalhes da metodologia de treinamento serão discutidos no Capítulo 4.

## 3.3 Contribuição dos sistemas cardiovascular e respiratório no desempenho de resistência

Na literatura científica, é comum encontrarmos dados que demonstram que os sistemas cardiovascular e respiratório sofrem mudanças adaptativas com o treinamento. Apesar disso, existem pontos de vista contraditórios sobre a real importância ou contribuição, principalmente do sistema cardiovascular, para o desempenho em resistência. Antes de iniciar uma análise mais aprofundada sobre os diferentes pontos de vista, é importante retomar alguns tópicos básicos na área da fisiologia desses sistemas.

## 3.3.1 Estrutura e mecanismo de funcionamento dos sistemas cardiovascular e respiratório no fornecimento de oxigênio para os músculos

A principal função do sistema cardiovascular, composto de estruturas como o coração e os vasos sanguíneos, é fazer o sangue circular pelo corpo com o intuito de transportar oxigênio e outras substâncias importantes para o metabolismo celular. O sangue transportado pelo sistema cardiovascular é constituído de plasma (íons, proteínas e hormônios) e de células (eritrócitos, plaquetas e leucócitos). No entanto, quando se trata de transporte de oxigênio, o eritrócito ganha destaque, tendo em vista que, dentro dessa célula, existe uma proteína de pigmentação vermelha – a hemoglobina. Essa proteína é essencial para o metabolismo durante o exercício físico, pois ela pode contribuir para o transporte de oxigênio, de dióxido de carbono e de íons de hidrogênio. Cada hemoglobina pode ligar-se com 2 a 8 moléculas de oxigênio, e um grama dessa proteína é capaz de transportar 1,34 ml/$O_2$ (Seluianov; Sarsania; Zaborova, 2012; Breslav; Volkov; Tambovtseva, 2013; Powers; Howley, 2014; Dias et al., 2016)

Os vasos sanguíneos que transportam o sangue e seus eritrócitos formam um circuito fechado, que pode ser dividido em duas partes:

1. circuito pulmonar ou pequena circulação;
2. circuito sistêmico ou grande circulação.

No **circuito pulmonar**, o sangue pobre em oxigênio (sangue venoso) sai do ventrículo direito por meio da artéria pulmonar, que se ramifica até o nível dos capilares. Esses capilares, por sua vez, circundam os alvéolos na zona respiratória dos pulmões.

Dessa forma, a elevada pressão parcial de $O_2$ nos alvéolos faz com que ocorra a troca de gases entre o sangue e o alvéolo, assim, o sangue fica saturado de oxigênio (sangue arterial) e o dióxido de carbono é removido e exalado pelos pulmões. Posteriormente, o sangue arterial é transportado de novo para o coração pela veia pulmonar, no átrio esquerdo. A contração do átrio esquerdo bombeia o sangue rico em $O_2$ para o ventrículo esquerdo, onde começa a grande circulação (Foss; Keteyian, 2000).

No **circuito sistêmico**, o sangue rico em oxigênio sai pela artéria aorta, que se ramifica em outras artérias que distribuem o sangue pelas diferentes regiões do corpo. As artérias ramificam-se em vasos menores denominados *arteríolas*, que se ramificam em vasos ainda menores denominados *capilares*. Os capilares são vasos sanguíneos onde ocorrem as trocas de gases com as células. Assim, a célula recebe o oxigênio e libera o dióxido de carbono no sangue e, posteriormente, os capilares integram-se e formam vênulas, que também se integram, formando veias que se juntam para fornecer o sangue já venoso para o átrio direito por meio da veia cava. Nesse momento, começa novamente o circuito pulmonar (Wilmore; Costil; Kenney, 2013).

Como foi possível observar, quando se trata de transporte de oxigênio, o sistema cardiovascular e o sistema respiratório trabalham sempre em conjunto. De forma resumida e simplificada, o sistema respiratório adiciona oxigênio e remove o dióxido de carbono do sangue, já o sistema cardiovascular distribui o sangue com oxigênio e nutrientes para os tecidos e remove os produtos do metabolismo dos tecidos.

Para abordar as capacidades dos sistemas cardiovascular e respiratório na fisiologia, devemos utilizar alguns termos que refletem certos parâmetros funcionais referentes ao sistema cardiovascular, tais como:

- frequência cardíaca (FC): quantidade batimentos cardíacos por minuto (BPM);
- volume sistólico (VS): quantidade de sangue em mililitros que o coração ejeta durante a sístole;
- débito cardíaco (DC): quantidade total de sangue que o coração ejeta por minuto (geralmente é dado em litros). O DC é o produto da FC pelo VS e é um parâmetro importante para avaliar a capacidade real do sistema cardiovascular.

Por sua vez, quando se trata de sistema respiratório, é mais comum a adoção de termos como:

- volume corrente (VC): quantidade de ar inalada ou exalada em um ciclo respiratório durante uma respiração tranquila;
- capacidade vital (CV): quantidade de gás que pode ser expirado após uma inspiração máxima;
- volume residual (VR): volume de gás que permanece nos pulmões após uma expiração máxima.
- capacidade pulmonar total (CPT): quantidade de gás presente nos pulmões após inspiração máxima (CPT = CV + VR).

Muitos fisiologistas do exercício e treinadores de atletas acreditam que o treinamento do sistema cardiovascular seja essencial para o aumento da capacidade física *resistência*. De fato, atletas treinados em resistência apresentam adaptações no sistema cardiovascular que foram associadas a essa capacidade física. A seguir, apresentamos uma tabela com os parâmetros funcionais de indivíduos saudáveis não atletas e de atletas de alto rendimento treinados em resistência.

Tabela 3.1 Indicadores funcionais associados à resistência de adultos saudáveis e atletas de alto rendimento

| Parâmetro | Adultos saudáveis | Atletas de alto rendimento |
|---|---|---|
| FC em repouso (BPM) | 70 a 75 | 40 a 45 |
| FC máxima (BPM) | 180 a 190 | 200 a 230 |
| Volume do coração (ml) | 750 a 800 | 1.300 a 1.600 |
| Volume de sangue (L) | 4,7 a 5 | 5,8 a 6,2 |
| Volume sistólico em repouso (ml) | 60 a 70 | 120 a 130 |
| Volume sistólico máximo (ml) | 115 a 125 | 200 a 220 |
| DC em repouso (L) | 4,2 a 4,6 | 4 a 4,4 |
| DC máximo (L) | 20 a 24 | 40 a 46 |
| Ventilação pulmonar em repouso (L/min) | 7 a 8 | 6,7 |
| Ventilação pulmonar máxima (L/min) | 120 a 130 | 190 a 220 |
| Frequência respiratória em repouso (quantidade de por minuto) | 12 a 14 | 10 a 11 |
| Frequência respiratória máxima (quantidade de ciclos por minuto) | 40 a 45 | 55 a 60 |
| $VO_{2\,max}$ (ml/kg/min) | 40 a 45 | 75 a 80 |

Fonte: Platonov, 2015, p. 830.

É sabido, na literatura científica, que o treinamento aeróbio cíclico contínuo e de intensidade moderada aumenta as possibilidades do sistema cardiovascular e, consequentemente, do $VO_{2\,max}$. Estudos apontam que os parâmetros cardiovasculares e de consumo de oxigênio crescem no decorrer de 10 a 12 semanas de treinamento (Vovk, 2007). Contudo, com base nas discussões sobre a interpretação da bioenergética neste capítulo, surgem perguntas como:

- Será que o aumento do $VO_{2\,max}$ é tão importante assim no treinamento da resistência?
- O aumento das possibilidades do sistema cardiovascular, principalmente do DC, pode ser um fator determinante na grandeza do $VO_2$ e no desempenho?

Na seção a seguir, faremos uma análise, com base nos dados existentes na literatura, para responder a essas perguntas.

## 3.3.2 Relação entre $VO_{2\,max}$, respiração, capacidade funcional do coração e desempenho

A respiração é garantida principalmente pelo trabalho do músculo diafragma. Quando ocorre a tensão desse músculo, ele converte-se de convexo para achatado. Isso leva ao aumento do volume da caixa torácica, ao alongamento dos pulmões e, consequentemente, ao início da inspiração. Quando o homem inspira, ocorre a entrada de ar nos pulmões; na atmosfera, cerca de 20,93% do ar é composto de oxigênio, o que equivale a uma pressão de 159 mmHg. Esse ar mistura-se com a quantidade residual de ar dentro dos pulmões, então, é observada nos alvéolos uma pressão parcial de $O_2$ de, aproximadamente, 104 mmHg. Com isso, ocorre a penetração do $O_2$ no sangue, que em seguida se liga à hemoglobina dos eritrócitos. Já o $CO_2$ segue o caminho contrário, sendo eliminado do organismo na expiração, que acontece junto ao relaxamento do diafragma.

A ventilação pulmonar de um jogador de futebol, por exemplo, pode atingir, em condições laboratoriais, algo em torno de 150 a 200 L/min, portanto, através dos pulmões podem passar, aproximadamente, 30 a 40 litros de $O_2$/min. O sangue que passa pelos pulmões carrega a hemoglobina, que liga em si o oxigênio, e cada grama de hemoglobina pode ligar-se a 1,34 ml de $O_2$. Por isso, com o crescimento dos parâmetros funcionais cardíacos, como o DC, transporta-se mais oxigênio.

O DC nos futebolistas é composto de:

$$DC = VS * FC$$

Considerando que, em média, o VS do coração de um futebolista seja de 160 mililitros, então, o DC é igual:

$$0{,}160 * 190 = 30{,}4 \text{ L/min.}$$

Seguindo esse raciocínio, o consumo máximo de oxigênio pode equivaler a:

$$VO_{2\,max} = VS * FC * Hb * 1{,}34 =$$
$$0{,}160 * 190 * 150 * 1{,}34 * 0{,}001 = 6{,}1 \text{ L/min.}$$

VS (volume sistólico do coração – nos futebolistas, em média 160 ml), multiplicado pela FC (frequência cardíaca – 190 batimentos por minuto) multiplicado pela quantidade de Hb (hemoglobina = 150 gramas por litro de sangue) multiplicado pela saturação da Hb (= 1,34 ml/g).

Assim, é fácil compreender que, junto ao DC calculado, o consumo máximo de oxigênio de um futebolista, em média, é de 6,1 L/min; se a massa do corpo do atleta for de 75 kg, o consumo máximo relativo de oxigênio poderia equivaler a 81,3 ml/kg/min. Com esse valor de consumo de oxigênio, o futebolista poderia equiparar-se a um maratonista campeão olímpico, no entanto, em pesquisas envolvendo jogadores de futebol com tais parâmetros fisiológicos, o consumo máximo real de oxigênio é de 50 a 65 ml de $O_2$/kg/min. Logo, surge uma pergunta: Por que em experimentos os pesquisadores não conseguem encontrar tais grandezas de $VO_{2\,max}$?

Para responder a essa questão, devemos utilizar o modelo moderno de interpretação da bioenergética e entender que isso é causado, primeiramente, pelo fato de que o procedimento utilizado para determinação do $VO_{2\,max}$ em teste de potência crescente não permite que seja identificado o verdadeiro $VO_{2\,max}$. Nesse contexto, o real consumo máximo de oxigênio é dado pela máxima produção do sistema cardiovascular. Entretanto, essa condição só pode ser criada na ativação da máxima quantidade de músculos possivelmente envolvidos no trabalho. Por exemplo, no teste realizado no cicloergômetro, no momento da recusa da continuação de execução do exercício, é necessário exigir do experimentando executar a máxima aceleração durante 30 a 60 segundos. Na ausência de força muscular dos membros inferiores do atleta, entram no trabalho os músculos do tronco e dos membros superiores, nos quais ainda muitas FMO podem ser recrutadas, o que leva à demonstração de grandezas maiores de consumo de oxigênio. Essa grandeza pode ter uma adição de 0,5 a 1,0 litro de $O_2$/min. Contudo, essa adição na avaliação do $VO_{2\,max}$ não tem relação direta com a capacidade de trabalho dos músculos dos membros inferiores, e, por isso, o $VO_{2\,max}$ não tem relevância informativa no que tange à avaliação da capacidade de trabalho de atletas.

Com o modelo moderno da bioenergética da atividade muscular é fácil compreender o que ocorre no organismo. Conforme se inicia o trabalho em teste de potência incremental, o consumo de oxigênio já cresce após 15 segundos, em seguida, há o aumento da intensidade, mais fibras musculares são recrutadas e o consumo de oxigênio cresce de forma linear com o crescimento da potência. A fonte aeróbia de produção de energia está relacionada com o funcionamento das mitocôndrias nas FMO e nas FMI ativadas nos músculos durante o exercício. Quando o exercício passa a ativar as FMG, o consumo de oxigênio não é aumentado, tendo em vista que essas fibras têm poucas mitocôndrias. Nesse caso, ao superar a potência do limiar anaeróbio, o consumo de oxigênio só cresce de forma proporcional ao consumo de oxigênio aumentado dos músculos respiratórios, cardíaco e outros músculos esqueléticos que não estão diretamente envolvidos na execução do trabalho, mas que, de alguma forma, passam a ser recrutados em momentos de fadiga.

O consumo máximo de oxigênio do miocárdio corresponde a 0,4 L/min. Considerando que a massa do miocárdio seja 0,3 kg, a potência deve ser equivalente a 1,2 litros de $O_2$/kg. O consumo de oxigênio pelos músculos esqueléticos é aproximadamente 2 vezes menor, ou seja, 0,4 a 0,6 L/min./kg. Portanto, no pedalar do cicloergômetro, quando os músculos dos membros inferiores são ativados (aproximadamente 16 kg de músculos), o consumo de oxigênio pode atingir valores entre 6,4 e 9,6 L/min. No entanto, tal grandeza só seria possível no caso de 100% de FMO e de FMI, mas geralmente elas representam, ao todo, entre 20 e 50% do músculo, por isso o consumo de oxigênio varia no limite de 1,3 a 4,3 L/min ou 20-65 ml/kg/min. Esse indicador corresponde ao consumo de oxigênio no nível do limiar anaeróbio e, junto à participação no trabalho dos músculos respiratórios, músculos do tronco e membros superiores, o consumo de oxigênio pode ainda aumentar. Nesse caso, a grandeza do consumo de oxigênio estará em conformidade com o $VO_{2max}$. Assim, as possibilidades aeróbias dos músculos ativos no exercício são caracterizadas pelo consumo de oxigênio ou pela potência no nível do limiar anaeróbio (Lan), já o $VO_{2max}$ é o indicador integral do consumo de oxigênio pelos músculos fundamentais e quaisquer outros músculos que são ativados, mas não têm nenhuma relação com a execução do trabalho mecânico. Nesse sentido, é impossível determinar as contribuições desse indicador. Por esse motivo, o $VO_{2max}$ é um parâmetro pouco informativo e tem uma correlação menor com os resultados na corrida em comparação ao consumo de oxigênio no nível do LAn.

Além de o $VO_{2\,max}$ não se apresentar como um indicador necessariamente objetivo para jogadores de futebol e corredores, podemos concluir que o aumento das possibilidades cardíacas em atletas já treinados pouco influencia o desempenho da resistência. Na maioria dos esportes, os atletas bem treinados em resistência têm limiar anaeróbio correspondente a valores entre 65 e 80% do consumo máximo de oxigênio. Assim, fica claro que a capacidade do coração em bombear sangue rico em oxigênio para os músculos é significativamente maior do que a capacidade dos músculos de consumir e utilizar o oxigênio nas mitocôndrias. Por isso, o treinamento de resistência não deve ser preferencialmente direcionado para o aumento dos parâmetros cardiovasculares, como nas prescrições de exercícios cíclicos de baixa intensidade, mas sim para o aumento do número de mitocôndrias em todo conjunto de fibras musculares. Somente assim é possível aumentar o limiar anaeróbio, convertendo fibras musculares, que antes eram glicolíticas, em oxidativas.

Apesar de parecer claro que, no caso de jogadores de futebol e corredores de longa distância, não existe a necessidade de buscar o aumento do $VO_{2\,max}$ por meio da ampliação das possibilidades funcionais do coração, na prática esportiva, há alguns raros casos em que o coração e o $VO_{2\,max}$ podem ser o elo limitante no desempenho de resistência. Nesse contexto, acredita-se que atletas como lutadores de luta olímpica e esquiadores de elite, quando extremamente bem treinados, com elevada massa muscular e elevada densidade mitocondrial, possam gerar grande estresse no coração por ativarem praticamente todos os grupos musculares nas ações esportivas. Quanto mais músculos ativos, maior é o número de FMO e FMI que consomem oxigênio. Então, surge uma nova pergunta: Como saber se o coração de um atleta pode ser o elo limitante no aperfeiçoamento da resistência?

### 3.3.3 Determinação do grau de influência do fator limitante central ou periférico

Nas modalidades esportivas em que a atividade competitiva exige a participação de quase toda massa muscular (corrida de esquis, natação, remo acadêmico, lutas etc.), pode surgir uma situação em que o fator central (estado do sistema cardiovascular) torna-se limitante. Para a identificação dessa situação, Myakinchenko e Seluianov (2009) apresentaram um estudo dos músculos dos membros inferiores e superiores em lutadores.

No Gráfico 3.1, a seguir, é visível que, em lutadores, junto ao trabalho de membros inferiores (MI) e membros superiores (MS), a FC altera-se nos primeiros estágios igualmente. Posteriormente, a curva da FC no trabalho de MS começa a mover-se aceleradamente para cima; paralelamente, ocorre o aumento na ventilação pulmonar (nesse momento, foi determinado o limiar aeróbio para os M.S.). A FC dos experimentandos alterou-se linearmente com o crescimento da potência do exercício até o nível do limiar aeróbio, depois a FC começou a crescer mais rapidamente. A ventilação pulmonar alterou-se, formando uma curva com o crescimento da potência. Na primeira quebra de linearidade da curva "ventilação pulmonar-potência" é fixado o limiar aeróbio, no segundo desvio é fixado o limiar anaeróbio. Obviamente que o primeiro trecho da curva "ventilação pulmonar – potência" é caracterizado pela intensidade da respiração na oxidação preferencial das reservas internas de gordura; junto à transição da oxidação dos carboidratos, a intensidade da respiração cresce, o que causa aceleração da ventilação pulmonar. A terceira parte da curva está relacionada ao aumento ainda mais acelerado da respiração, o que é causado pela glicólise anaeróbia nas FMG recrutadas, pelo aparecimento no sangue de íons de hidrogênio e pela liberação no sangue de dióxido de carbono (excesso de $CO_2$). O excesso de dióxido de carbono no sangue começa a agir nos centros respiratórios, o que causa aceleração da ventilação pulmonar.

**Gráfico 3.1** Exemplo de alteração na ventilação pulmonar e frequência cardíaca no teste de potência crescente de MS e MI

| Ventilação L/min | Frequência cardíaca BPM |
|---|---|
| 60 | 190 |
| 50 | 170 |
| 40 | 150 |
| 30 | 130 |
| 20 | 110 |
| 10 | 90 |
| 0 | 70 |

Legendas do gráfico: FC no trabalho de M.S.; Ventilação L/min; Limiar anaeróbio; Limiar aeróbio; Ventilação L/min; Carga mecânica; FC no trabalho de MI; Limiar anaeróbio; Limiar aeróbio. Eixo X: 0, 50, 100, 150, 200, 250 Watts.

Fonte: Myakinchenko; Seluianov, 2009, p. 69.

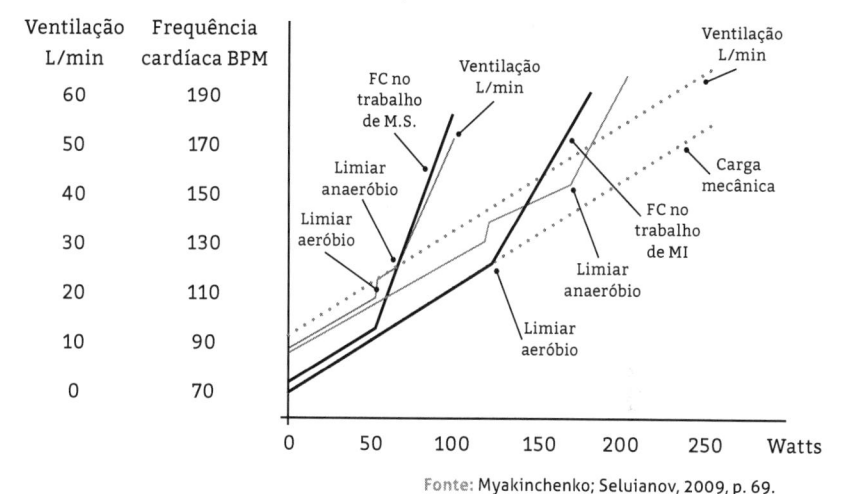

**Tabela 3.2** Característica comparativa do nível de preparo funcional de lutadores na execução dos testes de MI e MS

| Indicadores | MI $X^{(1)}$ | MI $S^{(2)}$ | MS X | MS S |
|---|---|---|---|---|
| Potência LA/W | 120 | 18 | 54 | 12 |
| Potência relativa LA, W/kg | 1,69 | 0,25 | 0,76 | 0,17 |
| FC (BPM) LA | 135 | 14 | 105 | 11 |
| Potência LAn/W | 180 | 26 | 65 | 14 |
| Potência relativa LAn, W/kg | 2,53 | 0,36 | 0,91 | 0,20 |
| FC (BPM) LAn, W/kg | 155 | 16 | 125 | 12 |
| PAM, W[3] | 685 | 31 | 584 | 28 |
| PAM/Massa, W/kg[4] | 9,64 | 0,43 | 8,22 | 0,39 |
| Potência FC 170, W | 230 | 28 | 165 | 23 |

*(continua)*

*(Tabela 3.2 – conclusão)*

| Indicadores | MI X⁽¹⁾ | MI S⁽²⁾ | MS X | MS S |
|---|---|---|---|---|
| Potência relativa FC 170, W/kg | 3,23 | 0,39 | 2,32 | 1,42 |
| Potência $VO_{2\,max}$, W | 260 | 30 | 190 | 24 |
| Potência relativa $VO_{2\,max}$, W/kg | 3,66 | 0,42 | 2,67 | 0,33 |

**Legenda:** ⁽¹⁾ X = média; ⁽²⁾ S = desvio padrão; ⁽³⁾ PAM = potência anaeróbia máxima em Watts; ⁽⁴⁾ Potência anaeróbia máxima relativa, ou seja, Watts por quilo.

Fonte: Myakinchenko; Seluianov, 2009, p. 68.

Durante o experimento, foi mostrado que as possibilidades aeróbias dos músculos do tronco e dos MS equivalem a 50 a 60% das possibilidades aeróbias dos músculos dos MI. Aproximadamente o mesmo da potência, que foi demonstrada pelos experimentados na FC de 170 BPM nos casos de trabalho com MS e MI.

A FC no nível do LA e LAn no caso do trabalho dos MS mostrou-se inferior na comparação com os dados adquiridos no trabalho de MI. Tendo em vista que a FC era equivalente a 105-155 BPM, a conclusão é que as possibilidades do sistema cardiovascular pela entrega de oxigênio aos músculos são superiores à capacidade aeróbia dos músculos que participam no teste.

De acordo com o experimento de Myakinchenko e Seluianov (2009), a potência sumária dos músculos dos MS e MI é aproximadamente igual à potência que é observada (ou poderia ser observada) junto à realização de FC de 190 BPM (consumo máximo de oxigênio).

A capacidade potencial do sistema cardiovascular deve ser determinada pela linha que se relaciona "FC e potência". Por essa linha, é possível determinar a potência e o consumo de oxigênio no momento do alcance da FC de 190 BPM. Se o atleta tivesse a massa de fibras oxidativas grande, a relação entre FC e potência continuaria linear até 190 BPM. Nesse caso, a capacidade de trabalho do sistema cardiovascular atingiria o valor máximo. Esse indicador pode ser chamado de *consumo de oxigênio potencial dos músculos* ou *consumo máximo de oxigênio potencial*. Nesse contexto, todo oxigênio poderia ser entregue do sistema cardiovascular aos músculos sem que ocorresse a estimulação excessiva do coração pelos metabolitos anaeróbio ($H^+$ e excesso de $CO_2$).

A potência alática máxima junto ao trabalho de MS era de 10 a 20% menor do que no trabalho de MI.

Nesse contexto, diante dos resultados das investigações de Myakinchenko e Seluianov (2009), podemos concluir:

- as possibilidades aeróbias dos músculos do tronco e dos MS equivalem a 50 a 60% da capacidade aeróbia dos músculos dos MI;
- a capacidade do sistema cardiovascular de fornecer oxigênio aos músculos é superior às possibilidades aeróbias tanto dos músculos do tronco e MS quanto dos músculos dos MI.

## 3.4 Neurofisiologia, aprendizado e aperfeiçoamento de ações motoras

No esporte, o aprendizado de ações motoras está associado à técnica esportiva. Como já foi brevemente discutido no Capítulo 1 e será discutido no Capítulo 5, a técnica no esporte é constituída por elementos biomecânicos extremamente complexos. Levando em consideração a importância do aperfeiçoamento técnico, é necessário que o treinador tenha conhecimentos básicos de neurofisiologia do movimento para compreender como ocorre o processo de fixação de habilidades motoras e aperfeiçoamento da técnica em interação com o aumento das possibilidades funcionais do organismo.

## 3.4.1 Neurofisiologia do movimento

O sistema nervoso pode estimular, coordenar e controlar diferentes funções do organismo. Esse sistema é composto de diversas estruturas, sendo dividido em central e periférico. O sistema nervoso central (SNC) é composto de encéfalo e medula espinal, já o sistema nervoso periférico (SNP) é formado por 12 pares de nervos cranianos, 31 pares de nervos espinais, terminações nervosas sensitivas, gânglios e rede de nervos (Wilmore; Costil; Kenney, 2013; Powers; Howley, 2014).

Quanto à estrutura e às funções do sistema nervoso responsáveis por controle e coordenação do movimento nas ações motoras, é preciso destacar que o encéfalo (localizado no SNC) pode ser dividido em quatro partes principais: (1) telencéfalo; (2) diencéfalo; (3) cerebelo; (4) tronco encefálico. Dentro dessas partes principais, algumas áreas que são mais relacionadas com a atividade motora: córtex motor; núcleos basais; tálamo; cerebelo; mesencéfalo; bulbo. A compreensão desses conceitos neurofisiológicos relacionados com a motricidade humana é imprescindível para a fundamentação do treinamento da coordenação motora e da técnica (ver Capítulos 4 e 5).

Figura 3.7 Estruturas do sistema nervoso relacionadas com a motricidade

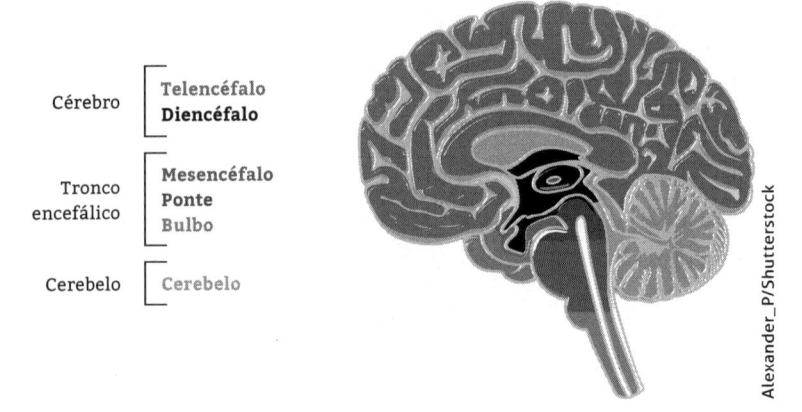

Cérebro
- Telencéfalo
- **Diencéfalo**

Tronco encefálico
- Mesencéfalo
- Ponte
- Bulbo

Cerebelo
- Cerebelo

Alexander_P/Shutterstock

Sobre as áreas motoras, destacam-se as seguintes estruturas e funções: área motora do córtex cerebral (córtex motor); núcleos basais; diencéfalo; cerebelo; tronco encefálico (Wilmore; Costil; Kenney, 2013).

A **área motora do córtex cerebral** (córtex motor) garante o controle consciente dos movimentos musculares. Nessa área encontra-se o corpo dos neurônios piramidais e os axônios que formam a via corticospinal, por meio da qual é garantido o controle voluntário do músculo.

Os núcleos basais encontram-se na substância cinzenta abaixo do córtex cerebral e têm papel importante no planejamento e na execução do movimento. Os núcleos apresentam circuitos neuronais, unidos por complexas cadeias neuronais com o tálamo e o córtex motor. Essa união forma cadeias estimulantes e inibitórias da atividade muscular. A cadeia estimuladora garante o tônus muscular ótimo, facilitando o movimento, principalmente no início. A cadeia inibitória contribui com a atividade das cadeias estimuladoras, bloqueando a atividade de músculos antagonistas.

O **diencéfalo** é responsável pelo processamento de sinais sensoriais e pelo envio destes através do tálamo para o córtex.

O **cerebelo** responde pela coordenação e regulação do movimento, corrigindo de forma contínua os movimentos automáticos e voluntários. O cerebelo contribui na execução consistente da coordenação motora de movimentos simples por meio de sua função diferencial (comparativa). De acordo com essa função, os potenciais de ação da zona motora do córtex cerebral descem na medula espinal, iniciando o movimento voluntário; junto a isso, esses potenciais de ação também são enviados ao cerebelo, concedendo aos neurônios do cerebelo informação sobre o movimento planejado. Os neurônios proprioceptivos enviam ao cerebelo informações sobre o movimento real. No cerebelo, os sinais chegados do córtex motor são comparados com aqueles recebidos do aparelho locomotor, ou seja, a ação motora planejada relaciona-se com a ação motora real. Em caso de identificação de não correspondência, o cerebelo direciona os sinais de correção por meio do tálamo ao córtex motor e à medula espinal com o objetivo de remover erros. No entanto, a função do cerebelo não se limita somente a isso, pois ele pode: participar, junto ao córtex motor e aos núcleos basais, de movimentos rápidos e precisos que se diferenciam pela variedade de características de força-velocidade e de complexidade coordenativa; sincronizar a atividade motora e garantir a transição rápida de um movimento para outro; receber informações de todas partes do sistema nervoso (SN), integrá-las e processá-las, determinando o melhor plano de execução das ações.

Portanto, o cerebelo recebe e integra informações vindas do cérebro, de proprioceptores e de analisadores visuais sobre a posição do corpo e as partes dele, sobre o equilíbrio e outras condições desenvolvidas para a execução de movimentos. O cerebelo pode processar tudo isso e determinar o melhor plano de ação orientado para execução de movimentos (Wilmore; Costil; Kenney, 2013; Powers; Howley, 2014).

O **tronco encefálico** é composto de mesencéfalo, ponte e bulbo. É a parte do encéfalo que liga o cérebro à medula espinal. No mesencéfalo, passam neurônios sensoriais e motores que garantem a troca de informações entre cérebro e medula. No decorrer do tronco encefálico, passa uma série de neurônios especiais, constituindo a formação reticular, que participa da coordenação da contração muscular e, junto ao bulbo, do controle dos sistemas cardiovascular e respiratório. A parte inferior do tronco encefálico, que é a transição do encéfalo para a medula, é composta basicamente de feixes de nervos eferentes e aferentes.

No SNP destacam-se duas divisões: (1) sensorial (sensitiva, aferente), que entrega sinais elétricos (potenciais de ação) das terminações nervosas sensitivas para o SNC; (2) motora (eferente), que entrega os potenciais de ação no sistema nervoso para os órgãos efetores – músculos. O SNP ainda pode ser subdividido em somático e vegetativo (autônomo). O sistema nervoso somático apresenta um conjunto de nervos aferentes e eferentes que inervam os músculos, e o sistema nervoso vegetativo (autônomo) é um complexo de nervos periféricos que controlam o metabolismo e a atividade dos órgãos internos.

Aplicado ao exercício físico, a tarefa do sistema nervoso é a seguinte: a divisão sensorial periférica do sistema nervoso identifica os estímulos e envia potenciais de ação ao SNC, que processa as informações que chegam e inicia outros potenciais de ação, que mobilizam a divisão motora somática e autônoma.

Os neurônios sensoriais garantem, com a ajuda de diferentes receptores (mecânicos, de dor, visuais, químicos), a entrega das informações sobre as características básicas da atividade motora à medula. Essas informações podem parar em diferentes níveis. Os impulsos mais simples são processados na própria medula (chamados de *reflexos*). Os mais complexos são processados na parte superior do SNC. Os impulsos sensoriais que regulam a pose e os deslocamentos simples são processados na parte inferior do tronco encefálico e causam reações motoras subconscientes – mais complexas em relação aos reflexos.

Os impulsos processados no cerebelo são relacionados com o nível subconsciente de controle dos movimentos. No entanto, os movimentos coordenados pelo cerebelo junto aos núcleos basais diferenciam-se de outros movimentos pela alta coordenação e automatização. Já os impulsos processados no tálamo são relacionados com a atividade consciente do ser humano, mas a fração da atividade consciente ainda não é grande e o sistema de controle dos movimentos apresenta em si uma combinação de reações subconscientes com elementos de correção consciente.

Assim, o processamento completamente consciente dos impulsos sensoriais ocorre somente no nível do córtex motor, que se manifesta em reações motoras que garantem a execução de movimentos complexos ou movimentos ainda não dominados pelo indivíduo e relacionados com as sensações que apresentam em si a percepção consciente da influência dos receptores.

Com o surgimento das sensações, nem todas as informações dos receptores são processadas pelo SN. Muitos potenciais de ação não são percebidos conscientemente e processam-se automaticamente nos níveis inferiores do SNC. Em particular, a maior parte das informações sobre as posições habituais do corpo processa-se de modo subconsciente no cerebelo. Assim, com o crescimento da maestria técnica do atleta, a capacidade de coordenar precisamente as características espaço-temporais e as dinâmicas do movimento em correspondência com as exigências das atividades de treinamento e competitiva está diretamente condicionada à capacidade de processamento automático dos potenciais de ação no nível subconsciente. Aqui a cinestesia tem papel determinante – capacidade do cérebro de compreender de forma contínua a posição e o deslocamento do corpo e suas partes por meio da utilização da chamada *sensação muscular*, que se apoia na informação dos proprioceptores (receptores sensoriais proprioceptivos localizados nos músculos, tendões, ligamentos), os quais enviam informação no sistema nervoso central.

Após a chegada e o processamento dos impulsos sensoriais, a entrega das informações aos músculos executa-se através dos neurônios motores (eferentes), que controlam a atividade muscular de diferentes níveis de complexidade. As reações mais simples são executadas em forma de reflexos simples no nível da medula espinal, a regulação dos movimentos complexos acontece no nível das divisões inferiores do cérebro, e a coordenação pelos movimentos complexos acontece a partir do resultado do processamento de informações e reações motoras que fluem na zona motora do córtex cerebral.

A aquisição de novos e complexos programas motores exigem do indivíduo uma atividade cognitiva e atenção aguçadas. À medida que ocorre a formação de novas perícias e hábitos motores, a necessidade de elevada atenção e de controle consciente vai gradualmente diminuindo.

Na Figura 3.8 consta um resumo esquemático do que foi explicado ao longo desta seção.

Figura 3.8 Esquema de funcionamento do sistema nervoso no controle do movimento

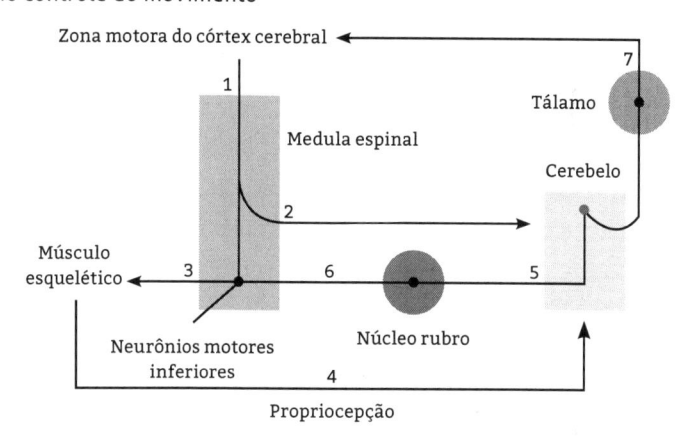

Fonte: Adaptado de Sili; Steven, 2007.

Cada um dos itens da Figura 3.8 representam estes sete processos: (1) a zona motora do córtex cerebral direciona potenciais de ação aos neurônios motores inferiores da medula espinal; (2) os potenciais de ação da zona motora do córtex cerebral informam o cerebelo sobre o movimento intencional; (3) os neurônios motores inferiores da medula espinal direcionam potenciais de ação aos músculos, provocando a contração; (4) os sinais proprioceptivos dos músculos esqueléticos e das articulações que chegam ao cerebelo, entregam informações sobre o estado dos músculos e das estruturas que vão mover-se na hora da contração; (5) o cerebelo compara as informações chegadas da zona motora do córtex com as informações proprioceptivas dos músculos e das articulações; (6) os potenciais de ação que saem do cerebelo em direção à medula espinal modificam a estimulação da zona motora do córtex cerebral nos neurônios motores inferiores; (7) os potenciais de ação do cerebelo são direcionados para a zona motora do córtex cerebral e modificam a atividade motora.

### 3.4.2 Aprendizado e aperfeiçoamento das ações motoras

Ao longo da vida, o ser humano aprende uma série de habilidades, como correr, saltar, nadar, arremessar, entre outras. No entanto, ao observarmos a corrida de um atleta velocista e a compararmos com a corrida de uma pessoa que está atrasada para pegar o ônibus, fica evidente que as ações desta última situação podem ser muito aperfeiçoadas. No contexto do aprendizado não é diferente: quando observamos, por exemplo, adultos que começam a prática de exercícios físicos em uma academia, fica muito clara a diferença entre eles e outras pessoas que tiveram maior experiência motora na hora de aprender determinados exercícios.

A execução de um movimento pode ser dividida em três partes quando analisada do ponto de vista fisiológico. A primeira parte é composta pela execução, a segunda, pelo controle, e a terceira, pela avaliação e, caso seja necessária, também pela correção. Nesse caso, a primeira parte pode ser chamada de *sistema executor* – composto pelo planejamento da ação no córtex motor com disparo de um programa motor que percorre vias neurais, chegando aos músculos que devem ser ativados. A segunda parte começa logo após a ativação dos músculos e dos respectivos movimentos, entrando em cena o sistema de controle, que, por meio de proprioceptores (fuso muscular, órgão tendinoso de Golgi, proprioceptores articulares), identifica os parâmetros cinemáticos (espaciais e temporais) e dinâmicos (forças ativas e reativas, internas e externas) do movimento e, em conjunto com outros órgãos perceptivos, como a visão e o aparelho vestibular, informa, via aferente, a respeito do resultado do movimento ao cerebelo. No cerebelo ocorre a terceira parte ou etapa da execução do movimento, que é a avaliação da ação utilizando a comparação da "cópia" do programa motor disparado pelo córtex motor com o resultado da ação informado pela propriocepção e pelos analisadores visuais. O cerebelo avalia o resultado e faz correções, caso sejam necessárias, formando, assim, o sistema regulador.

Quando não se conhece um movimento, como é o caso do ensino do agachamento na academia para um aluno iniciante que nunca fez esse exercício físico, o programa motor que se cria é uma associação de diversos outros programas que são baseados na experiência motora anterior do aluno. Por isso, alguns alunos aprendem mais rápido e outros demoram um pouco mais. Conforme os programas motores vão-se formando e o aluno vai tentando executar o movimento, as correções vão acontecendo até que chega o momento em que esse aluno consegue executar o movimento corretamente. A partir desse ponto, a repetição sistêmica desse exercício faz com que o movimento se torne automático, ou seja, não é necessário que o aluno dedique sua atenção na execução do movimento. O primeiro momento quando o aluno executa um movimento que já é correto, mas não é totalmente fixado, é denominado *perícia motora*; quando o movimento já corretamente executado com o auxílio da consciência é repetido várias vezes e de forma sistêmica, o controle deixa de ser consciente e fica automatizado e, nesse caso, é denominado *habilidade motora*.

A **perícia motora** pode ser definida como a capacidade do ser humano de resolver a tarefa motora, concentrando a atenção no próprio movimento (Makcimenko, 2009; Vinogradov; Okunkov, 2015).

Os principais traços característicos da perícia motora são: controle obrigatório da consciência, fato que exige determinada concentração da atenção na técnica; excessivo gasto energético muscular; instabilidade técnica; forte influência de fatores externos (barulho, fadiga e outras condições).

O tempo de duração da transição da perícia para o hábito, em geral, é individual e depende muito dos seguintes fatores e de suas diferentes combinações: talento motor e experiência motora do indivíduo; idade (crianças frequentemente assimilam muitos movimentos mais rapidamente do que adultos); complexidade coordenativa da ação motora; competência profissional do treinador/professor; nível de motivação, consciência, atividade e pensamento crítico do atleta – condição essencial para a rápida assimilação do movimento.

A **habilidade motora** surge no ser humano após a repetição sistemática da perícia motora, quando ela se torna habitual e pode ser executada estavelmente e com confiança. Assim, habilidade motora é a capacidade do ser humano de executar as ações motoras automaticamente, ou seja, sem o controle da consciência sobre a técnica (Suslov; Cycha; Shutina, 1995; Savin, 2003). Os indícios típicos da habilidade motora são os seguintes: automatismo; coordenação aperfeiçoada do trabalho de todo aparelho locomotor; ausência de rigidez muscular; leveza e coerência de todos elementos e fases do movimento; elevado resultado em comparação com a perícia motora, ou seja, diferentes fatores externos (condições externas indesejadas) mostram-se menos influentes sobre o executor; estabilidade técnica e consistência da memorização (não há esquecimento).

O processo de ensino e aprendizagem das ações motoras é complexo tanto para o treinador quanto para o atleta. O ensino pode ser de sucesso somente no caso em que o treinador se apoia nas leis fisiológicas, psicológicas, pedagógicas, biomecânicas ou estruturais que são a base da moderna teoria e metodologia do ensino da técnica e sobre as quais veremos mais detalhes a seguir, conforme Makcimenko (2009) e Dias et al. (2016).

### 3.4.3 Leis fisiológicas do aprendizado e aperfeiçoamento das ações motoras

As leis fisiológicas são representadas pela posição teórica que defende que a formação das habilidades motoras apresenta um carater fásico. Segundo essa posição, a habilidade motora é formada pelas leis de desenvolvimento dos reflexos condicionados. Na formação da habilidade motora, no SNC do atleta alternam-se três fases de fluxo de processos nervosos (excitação e inibição). O treinador, sabendo das particularidades da manifestação dessas três fases, pode otimizar a metodologia aplicada com o objetivo de alcançar a efetividade do ensino.

- **Fase de irradiação dos processos nervosos** – Nas primeiras tentativas de executar uma nova ação motora, no córtex motor do atleta são excitados, ao mesmo tempo, centros nervosos que garantem a realização de dado movimento e centros vizinhos que não deveriam participar no trabalho. Nessa situação, os músculos antagonistas criam obstáculos para a execução livre do movimento, que, em razão disso, demanda mais energia física e neuropsíquica do que o necessário. Logo, o indivíduo cansa-se mais rápido, perde atenção, o movimento executado acontece mal coordenado e impreciso.
- **Fase de concentração dos processos nervosos** – Após algumas repetições do movimento, os processos nervosos no córtex motor gradualmente localizam-se naqueles centros que estão diretamente envolvidos com a execução. Acontece a concentração peculiar dos processos nervosos nos centros necessários, os centros vizinhos são "desligados". Isso causa a eliminação da rigidez excessiva dos músculos e a exclusão dos movimentos desnecessários. A ação motora é executada mais livremente e concordante,

o que, em geral, certifica a formação da perícia motora pelo indivíduo.

- **Fase de estabilização do estereotipo dinâmico** – A continuação da repetição sistemática da ação motora gradualmente leva ao surgimento, no córtex motor, de concordância do fluxo de excitação e inibição nos centros necessários. Entre os centros nervosos que participam do movimento estabelecem-se relações temporais consistentes, que são a base da habilidade. O movimento é executado estavelmente pelo indivíduo, no caso de necessidade de variabilidade ou alto nível de funcionamento das capacidades físicas. De fato, em certa medida, são manifestados todos os indícios da habilidade formada.

## 3.4.4 Leis psicológicas do aprendizado e aperfeiçoamento das ações motoras

Na concepção moderna de ensino do movimento, os aspectos psicológicos têm papel fundamental. Em particular, tais categorias psicológicas, como consciência, motivação, vontade etc., têm papel determinante nesse contexto.

A teoria moderna de ensino das ações motoras, em geral, considera que a concepção da aprendizagem por meio da repetição dos movimentos – concepção dos reflexos condicionados – pode ser enriquecida às custas da utilização da posição da teoria da atividade. Nessa posição, tem papel relevante no processo de ensino de novas ações motoras a formação da base orientativa da ação (BOA). O processo de formação da BOA apoia-se na utilização de componentes psicológicos como conhecimento, motivação, definição de metas etc. Em outras palavras, na estrutura da BOA, o fator *consciência* do atleta tem papel essencial. O significado da consciência como força básica orientativa na atividade do ser humano é apresentado por P. Y. Galperin.

Para Galperin (citado por Makcimenko, 2009), em qualquer ação humana destacam-se três partes que estão em uma unidade orgânica e inter-relacionada: orientativa; executora; controle-corretiva.

A parte orientativa executa a função do programa da ação. A programação pressupõe a reformulação de pensamentos no esquema da atividade muscular, atividade que leva à execução de dada ação motora. A sequência de comandos enviados da medula espinal, que determina a execução de ações motoras, é definida como programa motor (Enoka, 2000). Tal programa surge como resultado da aprendizagem direcionada na formação da BOA. Com base no programa, é realizada a parte executora, ou seja, a ação programada propriamente dita.

Junto à formação de um programa motor, quando a pessoa começa a fazer o movimento, imediatamente o programa é submetido ao controle pelo SN e, no caso de necessidade, à correção. O decorrer da ação executada pela consciência compara-se com o programa, sendo avaliada pela qualidade de execução.

Se for detectada qualquer inconformidade entre as partes orientativa e executora da ação, então, a parte executora sofre a correção correspondente. Se a ação for correspondente entre as partes orientativa e executora, mas a tarefa motora não for resolvida satisfatoriamente, então a correção ocorre não na parte executora, mas sim na parte orientativa.

Nesse contexto, a teoria da atividade traz consigo correções essenciais na metodologia tradicional de ensino e aprendizagem das ações motoras – teoria dos reflexos condicionados. Em particular, os esforços do treinador são direcionados, antes de tudo, na formação da BOA no atleta, e não na parte executora, como ocorre na teoria dos reflexos condicionados. No caso da utilização da teoria da atividade (leis psicológicas) no ensino, o processo de ensino-aprendizagem torna-se mais efetivo e há menos erros técnicos.

Em resumo, é muito importante que ocorra a inter-relação estreita das leis fisiológicas e psicológicas, visto que um programa motor pode ser formado incorretamente quando o atleta não tem o entendimento teórico necessário da tarefa a ser realizada. Em outras palavras, apenas a repetição sistemática de um gesto motor, sem a formação de um modelo imaginário da ação motora ideal, pode ocasionar a formação de uma técnica com erros.

## 3.4.5 Leis pedagógicas do aprendizado e aperfeiçoamento das ações motoras

As leis pedagógicas concretizam-se na própria metodologia de ensino-aprendizagem na qual deve ser refletida toda a estrutura do conteúdo do ensino, suas etapas e a sequência geral do processo.

Na formação do programa, na etapa inicial de ensino, é eficiente quando se introduzem algumas tarefas – operações ao atleta:

- Antes de tudo é necessário formar no atleta uma motivação positiva, ou seja, convencê-lo à uma relação mental, consciente e ativa para o domínio futuro da ação. O ensino forçado não faz com que seja atingido o objetivo, desse modo, o programa de ação por parte do atleta não é totalmente assimilado, e isso significa que é possível que ele adquira diversos erros na técnica.
- O treinador precisa dar ao atleta conhecimento sobre a essência da ação motora, que é um elemento obrigatório – o programa da ação propriamente dito. É necessário dedicar atenção, antes de tudo, àquelas fases das quais depende o resultado da execução do movimento. Essa tarefa é resolvida pelos métodos verbais. Cada detalhe da ação motora que pode influenciar o sucesso de execução dela e que, de certa forma, exige concentração e atenção por parte do atleta pode ser chamado de **ponto fundamental de apoio**

(PFA). Os PFAs podem envolver os elementos e as fases do movimento, a posição do corpo, a amplitude de movimento, a velocidade, a aceleração, a direção e a grandeza do esforço desenvolvido, o ritmo do movimento etc. Todo o complexo organicamente inter-relacionado dos PFA e que forma a ação motora integral é chamado de *base orientativa da ação*. Essa base é a essência do próprio programa de ação, ou seja, o modelo imaginário. Frequentemente, na prática de ensino-aprendizagem pela metodologia de "tentativa e erro", o atleta, de maneira independente, tateia os PFAs da ação se o professor não acentuar neles a atenção. Nesse caso, na formação da BOA surgem os chamados *erros de imaginação*. Por isso, em cada parte de um movimento complexo realizado por etapas, é necessário que o treinador faça o atleta entender e sentir o que este último deve fazer, facilitando a formação correta da BOA.

- O treinador deve formar no atleta um modelo integral sobre o movimento estudado em cada PFA, o que, no final das contas, compõe a BOA, ou seja, o programa motor. Se esse programa for composto de uma quantidade suficiente de PFA corretos, pode ser considerado concluído.

Assim, o modelo imaginário completo é a soma de três componentes inter-relacionados:

1. **modelo visual da ação motora**, que surge na base da observação direta e indireta da ação;
2. **modelo mental**, fundamentado no conhecimento concebido pelo método verbal, pela comparação, análise etc.;
3. **modelo motor (sinestésico)**, criado na base da experiência motora do atleta ou naquelas sensações que surgem na execução de exercícios modeladores. O modelo motor continua se formando e se especificando na execução tanto parcial quanto integral do movimento.

Quando, em cada um dos PFA, é formado o conhecimento necessário e um modelo imaginário completo, começam a dar certo as tentativas de executar a ação motora integral (o atleta começa a executar corretamente o movimento), ou seja, de fato se faz a experiência de todos os programas, pois o atleta vivencia e sente a formação do movimento correto.

Nas primeiras tentativas de execução é observada elevada tensão em todo aparelho locomotor, movimento com execução lenta e rígida, ou seja, são manifestados todos os indicadores das leis fisiológicas, em particular, a primeira fase – irradiação de processos nervosos. Isso é absolutamente normal, visto que o atleta precisa manter todos os PFA sobre controle consciente, pois entre esses PFA ainda não existem conexões consistentes. Por isso, a ação motora executada lentamente é permitida, ou seja, justamente para o indivíduo poder controlar a técnica. Quando se executa rapidamente a ação, o controle consciente é dificultado, e isso pode comprometer a fixação da habilidade.

Inicialmente, as tentativas devem ser executadas em condições padronizadas, qualquer alteração pode piorar a qualidade de execução. Além disso, o atleta deve encontrar-se em bom estado psicofísico para melhor concentrar-se e sentir as próprias ações.

Atenção especial também deve ser dada ao princípio da continuidade ou sistematização, visto que grandes pausas no processo de treinamento podem levar à perda de determinadas sensações que podem diminuir a qualidade da execução das ações motoras do atleta.

### 3.4.6 Leis estruturais ou biomecânicas do aprendizado e aperfeiçoamento das ações motoras

A formação de habilidades do sujeito é fundamentada na inter--relação das habilidades já existentes no processo de ensino.

Assim, as leis estruturais ou biomecânicas são consideradas importantes influenciadoras desse processo de ensino – na literatura, também pode ser encontrada a expressão *transferência de habilidades motoras*. A essência da transferência de habilidade baseia-se em algumas condições, que veremos com mais detalhes a seguir.

A formação de novas ações motoras é realizada na base da presença de reflexos condicionados similares. Por isso, em muitos casos, a existência de algumas habilidades do indivíduo pode influenciar o aprendizado de novas. No entanto, essa transferência não ocorre sempre, apenas quando as ações são estruturalmente parecidas (daí o nome *leis estruturais*). Se não houver semelhança estrutural entre as ações, não ocorre nenhuma transferência de habilidade.

A transferência positiva apresenta em si tal inter-relação quando a habilidade antes formada contribui, facilita e acelera o processo de estabelecimento de uma nova habilidade. A posição fundamental para essa transferência é a presença de semelhanças estruturais nas principais fases das ações motoras. Por exemplo, o domínio da técnica de lançamento de pelota ajuda o atleta na aquisição da técnica de lançamento de dardo, pois, nesses movimentos, os elos fundamentais são semelhantes – esforço final.

A transferência negativa é a inter-relação entre as habilidades que, ao contrário do que ocorre na transferência positiva, atrapalham na aquisição de novas habilidades. Isso acontece quando há semelhança na fase preparatória do movimento e ausência de semelhança nos elos fundamentais. Em tal situação, a habilidade mais antiga predomina e, apesar de o atleta tentar um novo movimento, a ação é reproduzida por hábitos antigos. Enquanto o estereotipo antigo não for superado, é possível haver erros na técnica da ação formada. Por exemplo, a técnica do salto em altura dificulta a técnica de superação de barreiras na corrida. Nesse caso, o esforço para superar a barreira será excessivamente direcionado para cima, o que não contribuirá para o estabelecimento de uma técnica racional para o barreirista.

## Síntese

Neste capítulo, destacamos que, com a aplicação das cargas de treinamento, diversas mudanças ocorrem no organismo. O estresse é o responsável pela quebra da homeostase, e a natureza desse estresse tem influência determinante na direção dos processos adaptativos. Hoje, por exemplo, sabe-se que mudanças no balanço energético celular promovem a biogênese mitocondrial e que as microlesões associadas ao treinamento de força podem ativar cascatas de sinalização para expressão de genes relacionados com a hipertrofia muscular. No entanto, para que as adaptações mais estáveis sejam bem pronunciadas, a carga de treinamento deve ser aplicada com certa frequência, sendo respeitados os estágios do processo adaptativo. Somente assim o conteúdo celular, principalmente as organelas das fibras musculares, podem ser aumentados para caracterizar o aumento nas possibilidades funcionais do músculo.

Com o avanço nas áreas do ramo biológico da ciência, a interpretação da bioenergética no exercício mudou, assim como os conceitos de limiar anaeróbio, $VO_{2\,max}$ e os respectivos aspectos determinantes. Dessa forma, o entendimento da importância das fibras lentas e rápidas nas manifestações de resistência e como elas trabalham no exercício criam premissas para o entendimento das tarefas do treinamento das capacidades físicas.

Por fim, mas não menos importante, evidenciamos que as leis que regem o aprendizado e o aperfeiçoamento dos movimentos e das ações esportivas são, sem dúvida, a base para a elaboração de programas de treinamento voltados para a técnica e a coordenação motora no esporte. Por exemplo, somente com a criação de um modelo imaginário da técnica de movimento torna-se possível o aprendizado do movimento com uma correção de erros mais eficiente. Nesse contexto, entender as leis fisiológicas, psicológicas, pedagógicas e estruturais, associando-as aos conhecimentos da neurofisiologia relativos à motricidade, é essencial no que concerne à preparação técnica e coordenativa.

## Atividades de autoavaliação

1. Sobre os conhecimentos de biologia celular relacionados ao desempenho físico, analise as assertivas a seguir e indique V para as verdadeiras e F para as falsas:

    ( ) As mitocôndrias são a estação energética da célula e estão associadas à resistência do musculo esquelético.
    ( ) O retículo sarcoplasmático conecta-se aos filamentos de actina, gerando a tensão muscular; quanto mais retículo sarcoplasmático na célula, maiores são as possibilidades de força.
    ( ) A expressão gênica no músculo depende de diversos fatores, por exemplo, carga mecânica, influência hormonal e neuronal, quebra do balanço energético etc.
    ( ) O processo de adaptação é dividido em quatro fases.
    ( ) As miofibrilas são organelas especiais presentes no tecido muscular.

2. Com relação ao músculo esquelético e à bioenergética, analise as assertivas a seguir e indique V para as verdadeiras e F para as falsas:

    ( ) As fibras musculares são multinucleadas e apresentam diferentes perfis relacionados à velocidade contrátil e metabolismo.

( ) O músculo esquelético é um órgão capaz de converter energia mecânica em energia metabólica.
( ) A glicólise anaeróbia ocorre principalmente nas FMO, o que limita o desempenho de força.
( ) O teste de potência crescente (incremental) avalia as possibilidades aeróbias do músculo.
( ) O teste de potência máxima serve para determinar a força das FMO.

3. Quanto aos termos usados para avaliar a capacidade de trabalho do atleta, analise as assertivas a seguir e indique V para as verdadeiras e F para as falsas:

( ) O consumo máximo de oxigênio é o principal indicador de resistência.
( ) O Lan é caracterizado pelo acúmulo de lactato provindo das FMI.
( ) O aparecimento do LA atesta sobre o recrutamento de todas FMO.
( ) O $VO_{2\,max}$ é a soma da grandeza de consumo de oxigênio nas FMO, nos músculos respiratórios e no miocárdio.
( ) O limiar anaeróbio revela as possibilidades aeróbias máximas do grupo muscular testado.

4. Quanto ao sistema cardiovascular e o desempenho aeróbio, assinale a alternativa correta:

a) O $VO_{2\,max}$ é o melhor indicador de resistência do atleta.
b) O Lan não é um bom indicador de resistência do atleta.
c) Em geral, o coração não limita o desempenho de resistência do atleta.
d) O DC é o melhor indicador de resistência do atleta.
e) O volume sistólico é o principal indicador de resistência do atleta.

5. Quanto ao aprendizado das ações motoras, correlacione as assertivas a seguir conforme a numeração indicada: (1) habilidade motora; (2) perícia motora; (3) programa motor; (4) ponto fundamental de apoio (PFA); (5) Base orientativa da ação (BOA):

( ) Capacidade do ser humano de executar as ações motoras automaticamente, ou seja, sem controle da consciência sobre a técnica.

( ) Capacidade do ser humano de resolver a tarefa motora, concentrando a atenção no próprio movimento.

( ) Sequência de comandos enviados da medula espinal que determina a execução de ações motoras.

( ) De forma resumida, é o modelo imaginário bem fundamentado da técnica esportiva.

( ) Toda composição da ação motora da qual depende o sucesso da execução e que exige do atleta concentração e atenção.

## ■ Atividades de aprendizagem

*Questões para reflexão*

1. Se um atleta de alto rendimento precisa melhorar o desempenho máximo em resistência, quais são as adaptações que devem ocorrer nos músculos e quais são os mecanismos do processo de adaptação?

2. Por que o Lan tem maior correlação com o resultado esportivo em provas de resistência do que o $VO_{2\,max}$?

*Atividade aplicada: prática*

1. Você trabalha como treinador de um grupo de crianças que praticam atletismo e, ao ensinar um exercício educativo de corrida, percebe que algumas crianças apresentam certa rigidez muscular por todo o corpo. Como as leis fisiológicas do processo de aprendizagem podem auxiliá-lo a lidar com o problema?

# Capítulo 4

Treinamento das capacidades físicas do atleta

**N**o Capítulo 3, discorremos sobre os tópicos biológicos importantes que servem como base para o entendimento do treinamento das capacidades do atleta. Neste capítulo, o foco principal será discutir a metodologia do treinamento das capacidades físicas do atleta, integrando os conceitos biológicos apresentados no capítulo anterior com aspectos pedagógicos da teoria do treinamento desportivo. Nesse contexto, torna-se possível promover não só o aprendizado de diversos métodos de treinamento, mas também a essência deles conforme a especificidade do processo de treinamento e do organismo de cada atleta individualmente. Em outras palavras, é essencial compreender que a metodologia de treinamento das capacidades físicas de um atleta não é prescrita, aplicada e planejada como uma receita pronta, ela deve considerar o nível de preparo, os defeitos e as qualidades do atleta. Com base nisso, o treinador, ao imaginar um modelo teórico do que representa o atleta de alto rendimento, pode manipular as variáveis fisiológicas do organismo por meio de metodologias específicas do treinamento das capacidades físicas. Além disso, discutiremos temas interessantes e atuais, como a relevância do treinamento intervalado na resistência e a preparação diante de condições de altitude.

## 4.1 Capacidade coordenativa

Antes de discutirmos a capacidade física denominada *coordenação motora*, é importante frisar que *capacidades físicas ou motoras* são entendidas como um complexo de propriedades morfológicas e psicológicas do ser humano que responde às exigências de qualquer tipo de atividade muscular com garantia de efetividade de execução. Em outras palavras, são as propriedades psicomotoras que asseguram a efetividade e definem as características qualitativas da atividade muscular (Fiskalov, 2010; Verkhoshansky, 2013).

A capacidade física *coordenação* é intencionalmente apresentada antes de outras capacidades como força, velocidade ou resistência. Isso ocorre em razão de muitos treinadores negligenciarem o treinamento dessa capacidade ou simplesmente subestimarem a relevância dela. Muitas vezes, ao observarmos um atleta em um jogo de basquetebol ou em uma corrida com obstáculos, as capacidades *força*, *velocidade* e *resistência* são bem visíveis aos olhos dos leigos, no entanto, somente para um bom especialista é possível uma análise mais profunda, em que se enxergue todo o "fundo" coordenativo e por trás da técnica de corrida de um atleta brilhante. Portanto, para nós, a capacidade física *coordenação* pode ser considerada como a base para o desenvolvimento de outras capacidades.

Por **capacidade de coordenação** entende-se, em primeiro lugar, capacidade de construir eficientemente as ações motoras integradas, em segundo, a capacidade de reformular as formas de ações já produzidas ou mudar de uma para outra em conformidade com as exigências das condições que se alteram (Matveev, 1977).

A definição clássica de Matveev (1977), mesmo sendo de mais de 40 anos atrás, já era muito específica e cautelosa, diferenciando *coordenação* do que chamamos de *técnica* propriamente dita. Em outras palavras, as capacidades coordenativas[1] são a base para a execução de uma boa técnica. A **capacidade de construir eficientemente as ações motoras integradas** quer dizer, justamente, executar movimentos com técnica adequada biomecanicamente, aproveitando ao máximo todo o potencial locomotor e a técnica refinada do indivíduo com alta precisão nos detalhes. Por outro lado, **reformular as formas de ações já produzidas ou mudar de uma para outra em conformidade com as exigências das condições que se alteram** certifica a importância de o indivíduo ter vasta experiência motora. Por exemplo, um grande jogador de basquete que, ao caracterizar o gesto técnico de enterrada, consegue mudar de ação técnica já durante a execução da ação motora antes pretendida (enterrada), executando um passe para um companheiro que está em melhor condição e sem marcação para fazer a cesta, certifica um elevado nível, não somente de maestria técnica, mas principalmente de coordenação. Nesse contexto, o alto nível de aperfeiçoamento da coordenação motora é justamente o que libera a consciência e a atenção do atleta sobre o gesto técnico, fazendo com que esse atleta possa observar as situações do jogo, usando a criatividade para resolver problemas que já não são de ordem técnica, mas de ordem tática.

Com o passar dos anos, o acúmulo de conhecimentos nas áreas de treinamento, neurofisiologia e biomecânica permitiu que o conceito de coordenação motora na condição de capacidade física fosse ainda mais enriquecido. Nesse contexto, atualmente, na estrutura das capacidades coordenativas, destacam-se a percepção e a análise dos próprios movimentos; a presença de "modelos" das características dinâmicas, cinemáticas (tempo e espaço) dos movimentos do próprio corpo e suas diferentes partes em influência recíproca complexa; o entendimento da tarefa motora;

---

[1] No plural aqui porque a coordenação manifesta-se de várias formas, como veremos a seguir.

a formação do plano de execução concreto de movimento; a capacidade de manutenção do equilíbrio e da estabilidade. (Boloban et al., 2016).

Logo, a capacidade coordenativa no esporte manifesta-se de diferentes formas: avaliação e regulação dos parâmetros dinâmicos e cinemáticos (espaço-temporal) dos movimentos; manutenção do equilíbrio e estabilidade; ritmo; orientação temporal; coordenação neuromuscular e capacidade de relaxamento; coordenação de movimentos.

Como visto no Capítulo 1, os **parâmetros cinemáticos analisam as características espaço-temporais**, nesse caso, têm destaque, por exemplo, o tempo de apoio (repulsão) do pé na tábua para o salto em distância; o comprimento da passada de um velocista; a velocidade de nado etc. No que se refere aos **parâmetros dinâmicos**, sobressaem-se, por exemplo, a força aplicada no arremesso preciso no basquetebol; as forças reativas que agem no corpo de um saltador triplista etc. Nessa direção, Oleshko, Ivanov e Priimak (2016) ressaltam que o treinamento com resistências (peso) variadas é significativo para melhorar as sensações do atleta (propriocepção).

Na **manutenção do equilíbrio e estabilidade**, evidencia-se a capacidade do atleta em manter o corpo em estado estável diante da influência de forças contrárias. O equilíbrio dinâmico no esporte está relacionado com o controle do centro geral de massa do corpo e de determinados ângulos, que são a base para todos movimentos.

Nesse contexto, o equilíbrio dinâmico tem a própria manutenção condicionada, principalmente, pela mobilização de todo o aparelho proprioceptivo, ou seja, aparelho vestibular, visão, receptores mecânicos, proprioceptivos articulares e musculares, entre outros. Além disso, o equilíbrio dinâmico é influenciado pela força e pela estabilidade dos músculos que envolvem a articulação do quadril e da coluna – isso tudo ajuda a evitar o balanço compensatório e fica muito claro na ginástica artística e rítmica, em que muitos movimentos exigem a manutenção de determinadas poses, principalmente nas aterrissagens cravadas. Nos jogos esportivos também fica clara a relevância do equilíbrio dinâmico quando um jogador de handebol, por exemplo, quer executar uma finalização arremessando a bola na baliza, no entanto, ele sofre o contato de atletas adversários, tendo dificuldade na execução do movimento. Mesmo nas lutas observa-se a importância e a manifestação do equilíbrio dinâmico, como luta olímpica, judô e até mesmo o *jiu-jitsu*, quando os atletas conseguem transferir melhor a força dos membros inferiores para os membros superiores, executando movimentos extremamente fortes e eficientes. Por fim, até em uma simples corrida, quando a velocidade de deslocamento cresce, o equilíbrio dinâmico é mais exigido (Kozlova; Klimashevsky, 2017).

Como vimos sobre a técnica no Capítulo 1, o **ritmo** é uma manifestação coordenativa que se concentra na acentuação racional de distribuição de esforços do movimento ou da ação no tempo e espaço. Pode ser destacado em modalidades de coordenação complexa que utilizam músicas e coreografia, mas também em esportes cíclicos, durante a manutenção ou a mudança de determinado ritmo de distribuição de esforços (velocidade de deslocamento), e em outras modalidades que exigem uma complexa sequência de ações que devem ser executadas no tempo certo, como no salto com vara.

A **orientação temporal** é a capacidade do atleta de avaliar de forma operacional as situações que se alteram de modo complexo em relação às condições de espaço e de reagir a elas com ações racionais que permitam a efetividade de execução dos exercícios competitivos. Aqui se exigem do indivíduo altíssimos níveis de atenção e visão periférica, propriedades importantes dos jogos desportivos, em que o atleta deve observar não só as próprias ações, mas também as ações de companheiros, de adversários e do complexo que forma o sistema tático das equipes (Chirva, 2015).

A **coordenação neuromuscular e capacidade de relaxamento** é observada em todas as modalidades esportivas na execução das ações técnicas, no entanto, tem peso maior nas modalidades esportivas cíclicas (tanto de velocidade quanto de resistência) e de força-velocidade. A capacidade de o atleta relaxar os músculos antagônicos potencializa os movimentos, diminuindo a irradiação excitatória inconsciente fisiológica para os músculos vizinhos e, como consequência, as forças reativas biomecânicas e a rigidez do movimento são reduzidas, tornando a ação motora mais potente e mais "solta", o que aumenta a economicidade desse movimento (Verkhoshansky, 2013). Além disso, a velocidade não depende somente do relaxamento de músculos antagônicos, pois a cadência do movimento, ou seja, a repetição dele no maior número possível de vezes em determinado intervalo de tempo, depende do tempo de relaxamento do próprio músculo agonista, ou seja, quanto mais rápido o músculo relaxar, mais rapidamente ele pode iniciar uma nova contração, aumentando, assim, a cadência ou a frequência de movimentos, o que é muito importante nas corridas de velocidade.

A **coordenação de movimentos**, como destacado no início desta seção com a definição de Matveev (1977), envolve a capacidade do atleta de manifestação racional e reconstrução de ações motoras em condições concretas na base da reserva de habilidades e perícias motoras. Esse arsenal técnico tem peso fundamental e decisivo em jogos desportivos, lutas e ginástica. Em outras palavras, quanto maior for o "repertório motor", maior será o potencial do atleta.

Diante de tudo que discutimos, fica muito claro o papel da coordenação motora no esporte, principalmente no que tange ao domínio da técnica das ações esportivas, além da importância de a coordenação não ser negligenciada. A seguir, apontaremos algumas recomendações metodológicas sobre a coordenação motora.

Para melhorar a **capacidade de avaliação dos parâmetros dinâmicos e cinemáticos** do movimento do indivíduo, vários exercícios podem ser recomendados. Por exemplo, para corredores velocistas existem exercícios modeladores que visam melhorar a repulsão e aumentar o comprimento das passadas. A corrida saltada – saltos alternados sem pausa, caracterizando uma corrida de saltos – é um ótimo exercício, pois, se o treinador orientar o atleta em concentrar os esforços na amplitude da passada e na potente repulsão, a técnica de corrida pode ser melhorada. Paralelamente a isso, executar a elevação dos joelhos de modo alternado com rápida e potente repulsão dos pés no chão (exercício conhecido como *skipping*) pode ser muito útil no aumento da frequência de passadas, mas o treinador deve orientar o atleta a executar esse exercício com máxima cadência, sem perder altura de elevação de joelhos. Muitas vezes, com o intuito de aumentar a frequência de movimentos, os atletas tendem a elevar naturalmente menos os joelhos, o que acaba gerando a consequência negativa de diminuição da amplitude das passadas. Por isso, se bem orientada pelo treinador, a execução dessa combinação de exercícios pode modelar a corrida do atleta com uma técnica muito eficiente. Quanto aos parâmetros dinâmicos, executar movimentos com diferentes resistências pode ajudar muito nesse sentido, por exemplo, na prática dos arremessadores de peso, é comum que sejam lançados pesos um pouco mais leves e um pouco mais pesados do que o peso oficial, assim como atletas de basquetebol podem executar arremessos de bolas que variam um pouco para mais ou para menos em relação ao peso. Essas alterações nos valores podem exigir mais da propriocepção e dos receptores sinestésicos, estimulando a capacidade do atleta de regular as características dinâmicas da técnica. No entanto, é preciso muito cuidado, tendo em vista que uma mudança significativa no peso do instrumento utilizado pode mudar o tipo de esforço explosivo[2], prejudicando a técnica em vez de melhorá-la. De maneira muito similar, jogadores de futebol podem ter melhoras relevantes nas sensações relativas à técnica quando executam fundamentos técnicos com bolas de tênis, mas quando algo semelhante é realizado com jogadores de handebol e basquetebol, tal trabalho pode ter influência negativa, pois como a mão do atleta começa a fechar mais para segurar a bola de tênis, consequentemente, ele pode acabar mudando um programa motor correto para um inadequado.

No **aperfeiçoamento do equilíbrio**, diversos exercícios podem ser muito úteis, por exemplo, movimentos específicos do esporte sobre bases instáveis. Esses exercícios estimulam a propriocepção e toda a atividade muscular aferente[3], fazendo com que músculos específicos para determinado movimento sejam ativados de forma otimizada para melhorar a pose diante de condições adversas. Por outro lado, utilizar exercícios de força com movimentos específicos do esporte pode ajudar o atleta a fortalecer os músculos que mais contribuem para a manutenção do equilíbrio de forma integrada, de modo que a ativação de diferentes músculos é sincronizada, potencializando o efeito final, mesmo sem o aumento da capacidade de cada músculo de forma isolada. Paralelamente aos exercícios integrados, fortalecer isoladamente os músculos do tronco com exercícios de influência local e regional também pode contribuir para a melhora do equilíbrio dinâmico, contudo, esse tipo de trabalho (isolado) só tem efeito positivo quando é feito de forma paralela aos trabalhos de ação global e integrada (Kozlova; Klimashevsky, 2017).

A utilização de metrônomos para o **aperfeiçoamento do ritmo dos movimentos** é muito eficiente, além disso, no caso de

---

[2] Para mais detalhes, consulte sobre os tipos de explosão muscular na Seção 4.3.

[3] Impulsos elétricos que viajam a partir da periferia em direção ao SNC são chamados de *aferentes*.

exercício cíclicos, percorrer determinados trechos com tempo predeterminado também é uma forma racional de treinamento de ritmo. Nadadores e corredores de elite em treinamentos com tiros em diferentes trechos conseguem executar o tempo que o treinador exige com diferença mínima entre o tempo real e o tempo exigido (Zakharov; Gomes, 2003; Platonov, 2004).

A orientação temporal é essencial nos jogos desportivos, e um treinamento em condições de complexidade aumentada pode ajudar muito nessa direção, como exercício de posse de bola em campo reduzido com apoio de um terceiro time. Por exemplo: em um campo de 40 × 30 metros são formados dois times com 10 jogadores cada; com a opção de dar apenas um toque na bola, cada equipe deve tentar executar uma sequência de 15 passes para pontuar; nas linhas laterais e de fundo existe um terceiro time que não participa do jogo propriamente dito, mas pode ser usado como apoio do time que estiver com a bola. Esse treinamento não apenas estimula a cognição e a atenção do atleta, mas também desenvolve a visão periférica, visto que, como o atleta só pode dar um toque na bola, ele deve observar todas as opções antes de recebê-la (Chirva, 2015).

A **coordenação neuromuscular** é altamente aperfeiçoada em movimentos específicos com grandes esforços, por exemplo, a corrida de velocidade, os saltos reativos e os exercícios de força especial podem ser extremamente úteis nessa direção (Siff; Verkhoshansky, 2004). Entretanto, devemos ressaltar que esse tipo de trabalho, apesar de melhorar a coordenação, deve ser feito preferencialmente em atletas adultos ou que já estejam pelo menos na terceira etapa da preparação plurianual. Atletas que estão nas duas primeiras etapas de preparação plurianual e mesmo aqueles que estão na terceira, porém, com maturação biológica retardada, devem enfatizar não o aprimoramento máximo de determinado movimento, mas buscar o aumento do repertório motor.

Para o **aperfeiçoamento do repertório motor**, ou seja, a aquisição de todo o arsenal técnico, é importante o ensino do maior número possível de ações motoras que servirão como base para a formação de habilidades motoras adquiridas sobre as ações técnicas do esporte escolhido (Filin; Volkov, 1998; Weineck, 2003; Gomes, 2009). Vale salientar que essa é uma orientação de trabalho muito importante e predominante em atletas jovens nas duas primeiras etapas do processo de preparação plurianual, mas isso não quer dizer que atletas mais velhos não devam tentar melhorar o repertório motor. Além disso, alguns especialistas recomendam que crianças devam praticar e/ou vivenciar diversas modalidades esportivas.

Por fim, enfatizamos que não foi indicado aqui nenhum modelo de treinamento em forma de série e números de repetições de movimentos, tendo em vista que essa é uma informação extremamente subjetiva no caso do treinamento da coordenação motora. Além do que vimos sobre a metodologia da coordenação motora, é válido recordar as posições teóricas expostas no Capítulo 3 com relação a controle do movimento e à formação de hábitos motores. Ainda, o trabalho coordenativo não deve levar os atletas a níveis de fadiga significativos, por isso, não são recomendados treinamentos extenuantes e duradouros, nem exercícios que promovam acidose muscular.

## 4.2 Capacidade de flexibilidade

A *flexibilidade* pode ser entendida como um conjunto de propriedades morfofuncionais do aparelho locomotor que determina a amplitude dos movimentos do atleta. A flexibilidade insuficiente é refletida na manifestação das capacidades coordenativas, da rapidez, da força e da resistência. Em condições iguais, pessoas com menor flexibilidade executam as ações motoras mais lentamente, cansam mais rápido e gastam mais energia. Com o treinamento sistemático, a flexibilidade pode aumentar em 30 a 40%, e as mulheres geralmente são mais flexíveis que os homens de 20 a 30% (Makcimenko, 2009).

O termo *flexibilidade* é mais comumente aplicado para a avaliação da mobilidade sumária nas articulações de todo o corpo. Quando se fala de determinada articulação, é mais adequada a utilização do termo *mobilidade* (do tornozelo, joelho, ombro etc.) (Platonov, 2015).

Na preparação de atletas, é fundamental diferenciar o conceito de flexibilidade e o conceito de mobilidade articular, visto que diferentes níveis de mobilidade são encontrados em diversas articulações entre as várias especializações esportivas e atletas. A flexibilidade, como indica a própria definição, é a capacidade de executar movimentos em grandes amplitudes. No entanto, existem discussões a respeito de problemas terminológicos. Se o movimento for entendido simplesmente como a soma da mobilidade articular de diferentes articulações (por exemplo, quando o indivíduo eleva o membro inferior, colocando o calcanhar sobre uma superfície com mais de 1 metro de altura e busca, com as mãos, puxar a ponta do pé, combinando a flexão do tronco com flexão de quadril, a extensão de joelho, a flexão plantar e a flexão dos ombros), a definição de flexibilidade é muito clara e se diferencia das outras capacidades. Ao contrário, quando a flexibilidade é entendida como uma propriedade morfológica específica para cada modalidade esportiva que permite execução da ação técnica de dado desporto em grande amplitude, a definição não passa a ser errônea, mas se torna imprecisa, tendo em vista que a amplitude de movimentos em determinada ação motora complexa e concreta (como a técnica do desporto) não depende somente de um conjunto de propriedades morfofuncionais do aparelho locomotor relacionadas com a mobilidade das articulações, mas também da coordenação neuromuscular, da força de determinados músculos e, em alguns casos, até mesmo da resistência muscular local do sujeito.

Já a mobilidade é dada pela capacidade de o indivíduo flexionar ou estender determinada articulação. Nesse contexto, a mobilidade articular é a base na qual se aperfeiçoa a flexibilidade. Assim, a mobilidade articular sempre dependerá da capacidade do músculo e do tecido conjuntivo que cruzam determinada articulação de aumentar o próprio comprimento.

Com base nisso, podemos entender que a flexibilidade é o efeito final da soma da mobilidade de todas articulações, que garantem a execução de determinada ação técnica esportiva. Assim, a flexibilidade não é o gesto técnico esportivo executado em grande amplitude, mas sim a base para a execução desse gesto quando diferentes capacidades físicas são combinadas. Tal reflexão baseia-se no fato de que as capacidades físicas teoricamente são estudadas de maneira isolada, no entanto, na realidade, todas elas existem de forma integrada, sempre sendo combinadas. Como indica Fiskalov (2010), as capacidades físicas são um complexo de propriedades morfológicas e psicológicas do ser humano que responde às exigências de qualquer tipo de atividade muscular. Quanto ao conceito de mobilidade articular, acreditamos não existir nenhuma necessidade de discussão sobre a questão, visto que é comum que, quando executado o alongamento de determinado músculo que cruza uma articulação, somente esse músculo (ou mais músculos, caso sejam alongados) e seu tecido conjuntivo passam por processos adaptativos.

Voltando à discussão a respeito da flexibilidade, é preciso diferenciá-la ainda em ativa e passiva:

- **Flexibilidade ativa** – É a capacidade de executar um movimento com grande amplitude por meio do trabalho dos músculos que controlam determinada articulação. Em outras palavras, é a capacidade do atleta de executar o movimento com as próprias forças (como na definição clássica de flexibilidade).

- **Flexibilidade passiva** – É a capacidade de atingir a maior amplitude possível de movimento com a ajuda de forças externas. Em outras palavras, é a amplitude que o atleta consegue atingir quando não precisa ativar os músculos antagônicos aos que estão sendo alongados para garantir essa amplitude. Isso pode ser conseguido quando um companheiro ajuda o atleta no alongamento, por exemplo.

Devemos, ainda, ressaltar que os valores alcançados na exigência de flexibilidade passiva sempre são superiores e estão no limite das possibilidades anatômicas das articulações exigidas em dado movimento. Inclusive, comparar os dois tipos de flexibilidade para o mesmo movimento pode servir como parâmetro de controle para entender se, para que haja a melhora da amplitude de certo gesto técnico, é mais útil, naquele momento, treinar a flexibilidade ativa ou passiva. Para isso, basta que seja entendido um conceito relativamente simples: a diferença do valor obtido entre a flexibilidade passiva e a flexibilidade ativa, que é chamada de *reserva de flexibilidade*. Como a flexibilidade passiva é base para o desenvolvimento da flexibilidade ativa, isso quer dizer que, se a reserva de flexibilidade é grande, ou seja, a diferença entre um e outro, então a flexibilidade ativa pode ser priorizada para o melhor aproveitamento do movimento; no entanto, se os valores estão próximos, a flexibilidade passiva passa a ser o fator que limitará o aperfeiçoamento da flexibilidade ativa, tornando-se, assim, a divisão de flexibilidade a ser priorizada.

Existem diferentes propriedades do aparelho locomotor do ser humano que são aperfeiçoadas com o treinamento e têm relevância na execução de determinado movimento em grandes amplitudes. A flexibilidade é condicionada tanto pelas propriedades dos músculos, da pele e da região subcutânea e do tecido conjuntivo quanto pela efetividade da regulação neural da tensão muscular, do volume muscular, da estrutura e do tipo de articulação etc. Se pensarmos somente com relação ao músculo esquelético e ao tecido conjuntivo, fatores como os seguintes podem ter influência fundamental na mobilidade e flexibilidade: localização e orientação das fibras musculares; quantidade de fibras e fibrilas; particularidades do entrelaçamento das moléculas de colágeno em cada fibrila; correlação da quantidade de colágeno e elastina; conteúdo químico do tecido e grau de sua hidratação; grau de relaxamento dos componentes contráteis; temperatura do tecido a ser estirado; quantidade de sarcômeros nas miofibrilas musculares; caráter e duração das cargas, entre outros (Komi, 2006; Powers; Howley, 2014).

Além do que já foi aqui citado, outros fatores importantes, como insuficiências passivas e ativas, rigidez estrutural e atividade reflexa, têm peso determinante na manifestação da capacidade *flexibilidade*, no entanto, negligenciaremos aqui os processos adaptativos decorrentes do treinamento de flexibilidade e recomendamos ao leitor obras de histologia, anatomia, fisiologia e morfologia do esporte para mais detalhes. A partir deste ponto do texto, buscaremos centrar nossa atenção à metodologia do treinamento da capacidade física.

No processo de treinamento para o aperfeiçoamento da flexibilidade, os exercícios de preparação geral envolvem aqueles movimentos baseados em extensões, flexões, inclinações e giros. Esses movimentos são orientados pela elevação da mobilidade de todas articulações e não consideram a especificidade de uma ou outra modalidade esportiva. Os exercícios semiespeciais são classificados conforme as exigências de mobilidades articular naquelas articulações que condicionam a amplitude dos movimentos que são característicos para uma modalidade esportiva concreta. Já os exercícios preparatórios especiais são construídos em conformidade com as exigências das ações motoras fundamentais que apresentam em si a especificidade da atividade competitiva (Suslov; Cycha; Shutina, 1995).

Os exercícios (meios) voltados para o treinamento de flexibilidade podem ser de caráter estático, dinâmico e balístico, diferenciando-se pelas particularidades de influência nos tecidos submetidos a eles. Geralmente, quando se trata de preparação de flexibilidade e meios utilizados, associam-se esses meios para o desenvolvimento da flexibilidade passiva e ativa.

Os meios direcionados para o aperfeiçoamento da chamada *flexibilidade passiva*, na maioria das vezes, são constituídos de movimentos passivos, com a ajuda outra pessoa, como um treinador, e diferentes formas de resistência (pesos, elásticos etc.), com o auxílio da própria força ou do próprio peso do corpo do indivíduo. Para isso, em regra, são utilizados exercícios estáticos que exigem a mobilidade elevada das articulações.

Os meios direcionados ao aperfeiçoamento da flexibilidade ativa podem utilizar pesos (halteres, barras, elásticos etc.) ou diferentes movimentos circulares e elásticos, acelerações, inclinações etc. Geralmente, esses exercícios são dinâmicos e balísticos, utilizam as forças externas e de inércia, melhorando muito a efetividade dos exercícios, mas se não forem aplicados corretamente, podem ser perigosos, aumentando muito o risco de traumas. Por isso, uma série de medidas devem ser tomadas, como o aquecimento adequado e o alongamento estático preliminar dos músculos.

Outro aspecto relevante no treinamento da flexibilidade está na alternância e na combinação dos diferentes meios e métodos para o aperfeiçoamento da flexibilidade. Por exemplo, Platonov (2015), recomenda que sejam executados movimentos de caráter **passivo** – amplitude do movimento garantida pela força do parceiro de treino ou de algum aparelho especial; **passivo-ativo** – no início do movimento, um parceiro de treino ajuda o atleta, após atingir a amplitude máxima, o parceiro deixa de ajudar e o atleta tenta manter a posição por meio dos próprios esforços; **ativo com ajuda do parceiro de treino** – o atleta executa o movimento sozinho, após atingir o ponto máximo, o parceiro ajuda; **totalmente**

**ativo** – quando o atleta executa o movimento exclusivamente por meio da contração dos agonistas. Essa combinação permite que o atleta otimize tanto as zonas passivas quanto ativas de alongamento. No entanto, devemos salientar que a flexibilidade ativa se desenvolve de 1,5 a 2 vezes mais lentamente do que a flexibilidade passiva. Os exercícios de flexibilidade devem ser inicialmente estáticos, em seguida são iniciados movimentos lentos com gradual aumento de velocidade e amplitude, posteriormente, devem ser aplicadas máxima amplitude e velocidade.

Na etapa de preparação geral, os treinamentos de flexibilidade podem ser diários, visto que, nesse momento, o objetivo é o desenvolvimento da flexibilidade do atleta. Já na etapa de preparação especial, as sessões de treinamento voltadas para flexibilidade podem acontecer de 3 a 4 vezes por semana, considerando que, nesse momento, o objetivo é a manutenção da flexibilidade do atleta.

Os exercícios estáticos são mais eficientes quando têm duração de 20 a 30 segundos, visto que esse é o tempo necessário para o total relaxamento do músculo alongado. Geralmente, em cada série são feitas de 5 a 6 até 10 a 12 repetições (Rabita et al., 2010). Outro detalhe importante em relação a exercícios estáticos é que não devem ser aplicadas amplitudes de movimento que causem dor ao atleta; o ideal é que seja atingida uma amplitude que cause apenas certo desconforto suportável.

Pesquisas têm demonstrado que alongamentos estáticos e dinâmicos nos programas das sessões de treinamento com duração de 360 a 540 segundos podem influenciar negativamente no nível de força máxima, diminuindo-a em 5 a 14% (Rabita et al., 2010). No entanto, o treinamento de flexibilidade combinado com o treinamento de força, no fim das contas, gera o aumento da amplitude do movimento que contribui para o aumento da força (Rubini; Costa; Gomes, 2007).

Os exercícios de alongamento com amplitude máxima devem ser evitados no aquecimento e nas pausas de descanso de exercício, pois influenciam negativamente na força e na velocidade, além de aumentar a chance de traumas e diminuir a efetividade técnica. Por isso, é melhor utilizá-los no fim do treinamento.

Outra abordagem muito interessante para o aperfeiçoamento da mobilidade e flexibilidade é o método conhecido como FNP, que significa *facilitação neuromuscular proprioceptiva*. O método funciona da seguinte maneira: (1) determinado exercício de alongamento é escolhido; (2) o alongamento é executado em grande amplitude pelo atleta por alguns segundos; (3) posteriormente, o atleta deve tentar ativar (contrair) os músculos que estão sendo alongados sem sair da posição de alongamento por 6 a 10 segundos; (4) em seguida, o atleta relaxa os músculos, tenta aumentar ao máximo a amplitude de movimento e mantém-se na posição por mais alguns segundos, finalizando o exercício. A essência do método concentra-se no fato de que, no momento da ativação muscular, a ação dos fusos musculares[4] é inibida. Dessa forma, o reflexo de estiramento é removido, permitindo maior amplitude de movimento (Powers; Howley, 2014).

## 4.3 Capacidade física *força muscular*

A força é, sem dúvida, a capacidade física mais estudada entre os especialistas, até porque, como bem se sabe, é a condição básica para qualquer deslocamento de um corpo no espaço. Porém, por mais que isso pareça simples, a *força* é uma das capacidades físicas com maior especificidade. Assim, discutiremos questões do treinamento de força do ponto de vista de diferentes ciências, tentando compreender como a da força se manifesta no esporte.

---

[4] Fuso muscular é um proprioceptor que informa o sistema nervoso sobre o grau de estiramento do músculo. Quando o músculo alonga demasiadamente, ocorre um reflexo que faz o músculo contrair.

### 4.3.1 Natureza da força nos esportes

Na condição de fenômeno físico, a força pode ser entendida, de maneira simplificada, como a interação de um corpo sobre outro, ou seja, é aquilo que tende a causar mudança no movimento de um objeto. A força pode ser dada pela seguinte equação:

$$\text{Força} = \text{massa} \times \text{aceleração}$$

Em outras palavras (e no contexto da educação física), a força pode ser alterada tanto pela grandeza da massa quanto pela aceleração aplicada a determinada massa. Por exemplo, um atleta pode aumentar a força que exerce sobre uma barra, ampliando a massa a ser deslocada (adicionando anilhas), por outro lado, em uma barra que tem um peso predeterminado (que não pode ser alterado), quanto maior a força aplicada, maior será a aceleração, ou seja, a taxa de mudança positiva de velocidade. Não é à toa que o (SI) Sistema Internacional de Unidades (Inmetro, 2020) utiliza o newton (N) como unidade de medida para a força e o quilograma (kg) para a massa (N é a força que acelera 1 kg a 1 metro por segundo na mesma direção da força; como a aceleração da gravidade na terra equivale a 9,8 m.s², logo, 1 kg de massa exerce uma força de 9,8 N).

Quando um atleta tenta superar uma resistência externa, o corpo dele exerce uma força sobre a barra, e a barra exerce uma força sobre o corpo do atleta. Se a força do atleta for superior, o atleta vence a resistência da barra; se for inferior, a barra vence a resistência do atleta; se as forças forem iguais, não ocorre movimento (trabalho físico). Quando o atleta consegue superar a resistência de uma barra, a velocidade com que essa superação de resistência acontece depende da diferença das forças. Assim, essa diferença entre a força aplicada e a força de resistência (do implemento a ser superado) é denominada *força resultante* ou *esforço útil* (Verkhoshanski, 2001).

Aqui é importante compreender os conceitos de força externa e força interna. As *forças externas* são as forças que agem no corpo, mas que provêm de fontes de fora desse corpo; como exemplo podemos citar a resistência de um implemento esportivo ou haltere, a força reativa que age no corpo de um saltador ao fazer a repulsão potente ou mesmo a influência da energia potencial do corpo de lutador de jiu-jistu ou judô que pesa entre 120 e 150 kg. A *força interna* é aquela que age no corpo, mas é proveniente do aparelho locomotor humano, essa força também pode ser chamada de *força motiva* (Campos, 2000). Vale ressaltar, ainda, que existem diferentes mecanismos que contribuem para a manifestação da força motiva, ou seja, diferentes contribuições percentuais de energia em relação à força motiva total, por exemplo, a força da tensão muscular provinda da molécula ATP (adenosina trifosfato), a força elástica não metabólica resultante da recuperação de energia elástica provinda da deformação dos tecidos, etc. (Myakinchenko; Seluianov, 2009; Verkhoshansky; Verkhoshansky, 2011).

O corpo humano pode exercer uma força sobre outro objeto ou sobre o chão em razão da grandeza da própria massa (expressa em peso – kg), em outras palavras, graças à energia potencial do próprio corpo. No esporte, principalmente nas lutas como judô, sumô e *jiu-jitsu*, observa-se com clareza a força que um corpo pode exercer sobre outro em virtude da massa (para amenizar esse efeito, o esporte é dividido em categorias de peso). No entanto, diferentemente de outros tipos de corpos, o corpo do ser humano é um organismo vivo que tem músculos. Os músculos são órgãos capazes de converter energia química em energia mecânica. Logo, os músculos são capazes de produzir força, ou seja, gerar tensões sobre os ossos, o que se converte em movimento. Graças a esse mecanismo, o indivíduo pode aumentar a influência da força que a própria massa pode exercer sobre outro corpo.

No contexto do esporte, se voltarmos ao exemplo das lutas, fica clara a importância da atividade muscular, visto que, algumas vezes, um atleta de massa menor pode exercer maior força sobre o oponente, tendo em vista que, nesse caso, a força resultante será o produto da soma da força causada pela influência da massa do atleta e da força gerada pela atividade muscular. Ao contrário do que ocorre no judô e em outras lutas, em alguns momentos, o atleta não pode usar a influência da própria massa a seu favor, por exemplo, ao fazer um exercício como o supino, a barra só pode ser levantada a partir da tensão que os músculos são capazes de produzir. Em outros casos, a grandeza da massa do atleta pode atrapalhar, por exemplo, nos saltos – nesse caso, considerando o mesmo valor de tensão muscular, quanto maior for a massa do atleta, pior será o resultado.

Com base no que foi discutido, entendemos que a força na condição de capacidade física (força muscular) pode ser definida como a habilidade do ser humano de superar a resistência externa ou se contrapor a ela por meio de esforços musculares (Sakharova, 2005b). Porém, não podemos esquecer que a força motiva (capacidade física) não existe sem a força resistiva. Em determinados esportes, as forças externas que agem sobre o corpo do atleta influenciam diretamente a forma com que a força motiva se manifesta. Por isso, aludimos à *força* e à *força muscular*, ou seja, a força como fenômeno físico natural, e a força muscular também como um fenômeno físico, mas com outras particularidades.

No esporte, principalmente de alto rendimento, a maioria das ações do atleta tem tempo limitado, ou seja, a velocidade de deslocamento e a aceleração são fatores determinantes no resultado. Considerando as Leis de Newton adaptadas ao movimento humano, podemos entender também que a capacidade física *força* é a condição básica necessária para o aumento da aceleração e da velocidade de locomoção (Siff, 2004; Verkhoshansky, 2013).

Na literatura científica do treinamento desportivo, é considerado que a capacidade física *força* apresenta três manifestações; são elas:

1. força máxima;
2. força explosiva;
3. força de resistência.

O tópico *força de resistência*, apesar de ser considerado na literatura como uma manifestação da força muscular, não será tratado na seção sobre a capacidade física *força*, tendo em vista que os processos fisiológicos e bioquímicos que determinam essa manifestação da capacidade *força* estão associados mais com a resistência do que com a própria força muscular. Por isso, o tópico será discutido na seção sobre resistência, ainda neste capítulo.

### 4.3.2 Força máxima

A força máxima, que pode ser entendida como a capacidade do sistema neuromuscular de gerar tensão muscular máxima, só pode ser totalmente manifestada em ações musculares lentas, em que a resistência externa seja elevada, ou em ações musculares máximas, que não gerem movimento articular perceptível (conhecido como *regime ou ação estática*). Isso ocorre em razão da chamada *curva de força-velocidade*, que mostra que os parâmetros – força e velocidade – são inversamente proporcionais. Portanto, quando o indivíduo busca vencer, por exemplo, uma elevada resistência externa, deslocando uma barra pesada e manifestando a tensão muscular máxima que o sistema neuromuscular pode produzir, não consegue atingir elevadas velocidades de movimento. Em outras palavras, quando se compara o mesmo movimento com e sem resistência externa, a força e a velocidade são inversamente proporcionais, ou seja, não é possível aplicar a mesma força nem a mesma velocidade em objetos (implementos esportivos) com diferentes massas. O Gráfico 4.1, a seguir, mostra com maior precisão e clareza a relação existente entre força e velocidade.

Gráfico 4.1 Curva força-velocidade

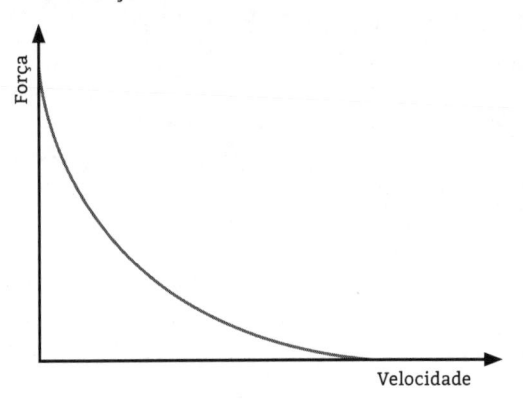

Fonte: Siff, 2004, p. 93.

A força máxima depende de alguns fatores, tanto centrais quanto periféricos (Zatsiorsky; Kraemer, 2008; Bosco, 2007; Komi, 2006; Verkhoshanski, 2001).

Entre os fatores centrais da força máxima, a **coordenação neuromuscular** tem papel de destaque. A coordenação neuromuscular pode ser subdividida em coordenação intramuscular e intermuscular.

A **coordenação intramuscular** envolve a quantidade total de unidades motoras recrutadas, a frequência de impulsos que cada unidade motora dispara e a sincronização entre as unidades motoras no momento da ação muscular. De forma geral, podemos dizer que a melhora da coordenação intramuscular com o treinamento representa a otimização da ativação de determinado músculo ou grupo de músculos, visto que pessoas não treinadas não têm a capacidade de recrutar mais do que 25 a 40% das unidades motoras disponíveis, diferentemente de atletas treinados, que podem recrutar muito mais dessas unidades.

A **coordenação intermuscular** nada mais é do que a ativação adequada entre os músculos. É bem conhecido que, com o treinamento de força, o sistema nervoso é capaz de relaxar os músculos antagonistas de determinado movimento para maximizar o efeito dos agonistas, diminuindo as forças reativas dos músculos antagônicos.

Entre os fatores periféricos da força máxima, devemos destacar, principalmente, a **hipertrofia muscular**. A tensão muscular depende da quantidade total de pontes cruzadas trabalhando, ou seja, cada ponte cruzada produz certo nível de tensão, desse modo, a soma de todas essas pontes cruzadas é o produto da tensão muscular. Como as pontes cruzadas são formadas pela interação dos miofilamentos proteicos existentes nas organelas denominadas *miofibrilas*, logo, o treinamento deve promover o aumento da quantidade total dessa organela e, consequentemente, aumentar a área de secção transversa da fibra muscular, ou seja, a hipertrofia (Seluianov; Sarsania; Zaborova, 2012; Volkov et al., 2013; Powers; Howley, 2014; Billeter; Hoppler, 2006).

Existem outros fatores periféricos relevantes, como o sistema endócrino e a bioenergética. No sistema endócrino, a concentração elevada dos hormônios adrenalina e noradrenalina podem otimizar a atividade muscular, assim como a liberação de hormônios anabólicos após o treinamento podem determinar o processo de reconstrução e de adaptação do tecido muscular, promovendo a hipertrofia (Kraemer; Mazzeti, 2006; Kraemer; Ratamess, 2006; Viru, 2008; Myakinchenko; Seluianov, 2009; Verkhoshanski, 2001). Quanto à bioenergética, a presença dos hormônios do estresse pode otimizar momentaneamente o funcionamento das vias bioenergéticas, no entanto, na literatura encontra-se a informação de que com o treinamento são aprimoradas a potência, a capacidade e a efetividade das vias bioenergéticas. Contudo, conforme discutimos no Capítulo 3, essa informação não encontra sustentação suficiente. Por exemplo, o aumento das enzimas glicolíticas, assim como o aumento da reserva de ATP e CrP (creatina fosfato), ocorre em conformidade com a hipertrofia, ou seja, não se observam aumentos relativos, mas sim absolutos. O que realmente pode ser manipulado com o treinamento é a quantidade de miofibrilas e mitocôndrias, já a reserva de CrP pode crescer com a suplementação de creatina monoidratada (Myakinchenko; Seluianov, 2009).

### 4.3.3 Força explosiva

A força explosiva é a capacidade de gerar altos níveis de força (tensão muscular) em curtos intervalos de tempo (Platonov, 2015). A expressão *força explosiva* sempre se refere à potência máxima que um atleta pode gerar em determinado movimento em dadas condições, já *potência* é o termo utilizado para revelar a quantidade de trabalho no tempo e é dada em watts. Por isso, o atleta treina a força explosiva, e não a potência (unidade de medida para avaliar a força explosiva), lembrando que o termo *explosivo* é apenas pedagógico para que atletas e treinadores entendam a importância do conceito que descreve o crescimento da tensão muscular no tempo (taxa de produção de força).

A força explosiva é, sem dúvida, um fator determinante na maioria dos esportes, levando em consideração que as ações técnicas são executadas em frações de tempo muito curtas. Por exemplo, a repulsão (tempo de apoio) na tábua para o salto em distância é de aproximadamente 0,1 a 0,15 segundo, no entanto, para que a tensão muscular atinja o alcance máximo, é necessário de 0,4 a 0,7 segundo (Zatsiorsky; Kraemer, 2008; Zakharov; Gomes, 2003). Aqui fica claro que, nas ações técnicas do esporte, o fundamental não é a capacidade de gerar tensão máxima, mas a taxa de crescimento da tensão muscular para determinado tempo.

Do ponto de vista físico, o mais importante no esporte é revelado pelo impulso da força. O impulso de uma força, em razão de sua aplicação em dado intervalo de tempo, é igual à variação da quantidade de movimento do corpo ocorrida nesse mesmo intervalo de tempo.

Ao observarmos o Gráfico 4.2, a seguir, é possível constatar, conforme a área abaixo das curvas, que o trabalho pode ser até maior para o Atleta B quando é utilizado todo o tempo, mas se a ação tivesse tempo limitado (como no $T_1$), conforme o impulso produzido, o Atleta A teria um rendimento muito melhor do que o Atleta B.

Gráfico 4.2 Noção de impulso

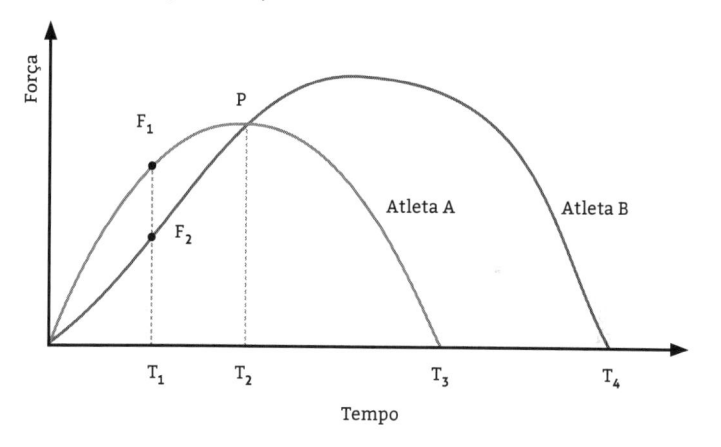

**Legenda:** F = força; T = tempo.

Fonte: Siff; Verkhoshansky, 2004, p. 317.

Levando em conta a noção do impulso, podemos entender a curva de força-tempo no esporte conforme indicada no Gráfico 4.3, a seguir.

Gráfico 4.3 Curva força-tempo

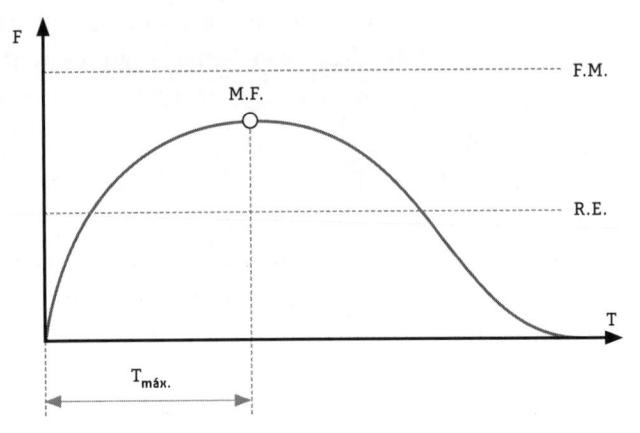

```
F
                                                        F.M.
              M.F.
                                                        R.E.
                                                           T
      T_máx.
```

**Legenda:** F = força; F.M. = força máxima; M.F. = máxima força atingida no tempo; R.E. = força de resistência externa; T = tempo; $T_{máx}$ = tempo disponível para ação muscular.

Fonte: Verkhoshanski, 2001, p. 26.

Logo, quanto mais a força cresce no tempo máximo de execução, melhor será o resultado independentemente da força máxima do indivíduo. Como a segunda Lei de Newton explica, a aceleração de um objeto é sempre proporcional à força a ele aplicada, por isso, o atleta que conseguir atingir o maior pico de força para o tempo de duração do movimento terá maior impulso e, consequentemente, maior velocidade. No entanto, os movimentos esportivos são fenômenos muito complexos, desse modo, se o treinador não tiver o entendimento claro das leis mecânicas e biomecânicas do movimento, assim como os mecanismos fisiológicos que controlam a manifestação da força explosiva, ele poderá errar de maneira determinante.

Para um melhor entendimento, vamos começar com uma reflexão a respeito de um conceito proposto por Verkhoshanski (2001) denominado *esforço útil*. O esforço útil nada mais é do que a diferença entre a força causada pela tensão muscular e a força de resistência externa a ser superada. A grandeza do esforço útil é justamente o que altera a velocidade do movimento, como podemos observar no Gráfico 4.4, a seguir.

**Gráfico 4.4** Curva força-tempo[5]

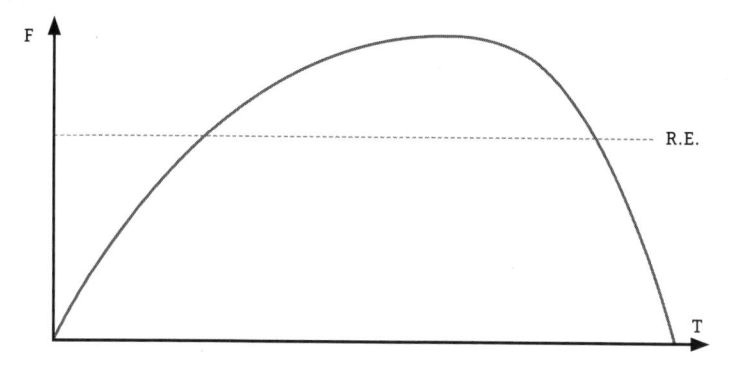

**Legenda:** F = Força; R.E = força de resistência externa; T = tempo.

Fonte: Verkhoshanski, 2001, p. 25.

Tendo como base a noção de esforço útil, parece que a grandeza da resistência externa pode alterar o caráter de manifestação desse esforço útil, ou seja, a dependência de diferentes mecanismos fisiológicos e fenômenos mecânicos e biomecânicos determina o resultado das ações. Desse modo, se levarmos em consideração, por exemplo, movimentos com resistência externa muito pequena, como o arremesso de uma bola de handebol, o movimento é feito praticamente na velocidade máxima possível para aquele movimento, sendo mínima a exigência de força, pois a resistência externa é muito pequena. Nesse caso, elevar a força máxima ou treinar a força explosiva com grandes cargas não conduz, necessariamente, à melhora da velocidade do movimento. Nesse caso, é difícil identificar com clareza a segunda Lei de Newton, sendo muito mais fácil observar o que prevê a curva de força-velocidade de Hill, ou seja, força e velocidade são inversamente proporcionais. Para tanto, o especialista russo V. M. Zatsiorsky (2004) cita a expressão **relação paramétrica**, em que os parâmetros *força* e *velocidade* são inversamente proporcionais.

---

[5] A área acima da linha da força de resistência externa é denominada *esforço útil*.

Por outro lado, se imaginarmos um atleta fazendo um arremesso de peso no atletismo, em que o implemento pesa mais de 7 kg, para que exista esforço útil, o atleta deverá ter grande força – assim, a segunda Lei de Newton é mais claramente visualizada, ou seja, a aceleração do implemento dependerá de um grande valor de força aplicada. Logo, nesse exemplo, força e velocidade são proporcionais – para esse fenômeno, Zatsiorsky (2004) utiliza a expressão **relação não paramétrica**, em que força e velocidade são proporcionais.

A existência das relações paramétrica e não paramétrica não indica, de maneira alguma, que a segunda Lei de Newton e a curva de força-velocidade não estejam relacionadas. Trata-se de uma questão de análise, por exemplo, segundo a curva de força-velocidade, um movimento com menor resistência externa sempre será mais rápido, e um movimento com resistência maior sempre será mais forte, no entanto, para determinado ponto dessa curva, ou seja, para a mesma resistência e o mesmo movimento, quanto maior a força, maior a velocidade – isso sempre ocorre! Contudo, em movimentos com resistência mínima, o valor máximo de força atingido é muito distante da capacidade máxima de força que o aparelho locomotor é capaz de produzir, por isso a força máxima do atleta pouco influencia no resultado.

Verkhoshanski (2001) dá um entendimento ainda mais específico a respeito da dependência entre força e velocidade quando classifica os tipos de explosão muscular no caráter de manifestação do esforço útil. Para esse autor, quando o movimento é explosivo, ou seja, quando se busca atingir potência máxima em contrações musculares de tempo limitado, o regime de trabalho, as forças externas que agem sobre o aparelho locomotor e outros elementos determinam o tipo de explosão muscular, que pode ser balística, isométrica ou reativo-balística.

A **explosão muscular balística** pertence ao trabalho dinâmico e é comum aos movimentos em que o esforço máximo é aplicado a cargas relativamente pequenas. Esse tipo de esforço é habitual no lançamento de dardo no atletismo, no movimento do ataque no voleibol (apenas para o membro superior), nas ações com raquete no tênis, nos golpes característicos das lutas de "trocação" (em que há troca de golpes diversos como chutes e socos).

O termo *balístico* refere-se ao movimento similar ao de uma bala quando é feito um disparo. Nesse caso, a bala pode percorrer uma distância de muitos metros ou até quilômetros, mas a única força de propulsão de uma bala quando é disparada é a explosão inicial ainda dentro da arma. Com isso, a bala percorre a distância com a inércia do movimento e começa a perder velocidade principalmente em razão da resistência do ar. Nas ações técnicas esportivas em que a resistência externa é pequena, acontece algo similar: no início do movimento, a força cresce para superar a inércia do peso da parte do corpo a ser deslocada, quando a inércia é superada, a força necessária para vencê-la é suficiente para acelerar o membro em uma velocidade superior à da própria contração muscular. Assim, em movimentos balísticos, é possível observar o crescimento da força somente no início ou no máximo até o meio da amplitude do movimento, sendo o restante do movimento resultante da inércia, ou seja, condicionado à liberação de energia daquela tensão muscular no início do movimento.

Em exercícios balísticos, em que a resistência é pequena, quanto maior for a força, mais rápido será o movimento. No entanto, pelo fato de a resistência ser pequena, o valor de força necessário para executar o movimento é insignificante em relação à força máxima do atleta, por isso, nesse caso, o crescimento da tensão muscular no início do movimento não tem relação alguma com a força máxima ou com a área de secção transversa do músculo, por exemplo. Contudo, os movimentos no esporte são complexos, porque as leis mecânicas e biomecânicas são complexas. Se analisarmos, por exemplo, duas ações balísticas, como o movimento do braço tanto no ataque do voleibol quanto no arremesso do handebol, saberemos que, em ambos os casos, a velocidade que o membro atingirá não dependerá da força máxima do atleta, já que são ações balísticas. Entretanto, ao analisarmos que a bola de handebol fica na mão do atleta desde o início até o fim da amplitude do movimento, veremos que essa ação é caracterizada por um "empurrão" na bola e, nesse caso, a bola vai atingir a mesma velocidade da mão do atleta.

No caso do vôlei, a ação é de "golpe", logo, a velocidade que a bola atingirá será a soma da velocidade da mão do atleta com a energia recuperada na deformação da bola (no handebol, essa deformação também ocorre, mas é mínima em relação ao voleibol, ou a um chute, no futebol). O grau de deformação da bola vai depender da energia cinética do membro, portanto, no voleibol ou nos chutes no futebol, o peso do membro (hipertrofia) pode teoricamente contribuir no efeito final, mesmo que não ajude em nada na velocidade do movimento. O mesmo exemplo pode ser dado nas lutas de "trocação", em que, na categoria de peso-pesado, os nocautes acontecem mais facilmente com apenas um golpe em razão da energia cinética do punho ser maior.

A **explosão muscular isométrica**, comum em trabalhos tanto estáticos quanto dinâmicos, é própria dos movimentos relacionados à grande resistência externa. Como exemplo podemos citar as ações do levantamento de peso olímpico, o arremesso de implementos pesados no atletismo, algumas ações técnicas nas lutas, algumas ações técnicas na ginástica, entre outros elementos. Aqui se observa a necessidade de força explosiva, ou seja, a máxima produção de potência mecânica em tempo limitado, mas a resistência a ser vencida é elevada. Nesse caso, a força máxima do atleta tem influência fundamental no resultado esportivo e na manifestação da força explosiva.

Quando utiliza o termo *isométrico*, Verkhoshasnki (2001) não quer dizer necessariamente ação estática. Na verdade, trata-se de uma expressão para enfatizar que a força máxima tem grande significado, como é o caso do regime estático[6]. Nesse tipo de explosão muscular, a velocidade com que o implemento se desloca depende, obviamente, da força (como ocorre em todas as locomoções), mas, por se tratar de grandes resistências externas, o movimento esportivo é rápido em relação à resistência externa imposta, e lento em relação ao mesmo movimento sem a resistência externa. Diante disso, o movimento não é balístico, portanto, é possível observar a contribuição da tensão muscular na aceleração do implemento até o fim da amplitude do movimento.

A **explosão muscular reativo-balística** apresenta particularidades em comum com a explosão muscular balística, ou seja, há um pico de força no início do movimento, mas o regime de trabalho muscular é completamente diferente dos demais. Aqui temos a fase bem destacada de pré-estiramento muscular, seguida pelo trabalho de força, pela superação da inércia e pela liberação de energia que acelera o corpo. Esse tipo de explosão muscular é característico de corridas de resistência e de velocidade, saltos na ação de ataque do vôlei e finalização na baliza do handebol, saltos no atletismo e em outros esportes.

A forma mais clara de visualização desse regime de trabalho e tipo de explosão muscular é no salto triplo. Quando o atleta faz a repulsão do salto, a energia cinética do corpo em movimento que sofre a brusca desaceleração, em uma ação de golpe contra o chão, faz com que as estruturas do aparelho locomotor (principalmente os tendões) sofram significativa deformação (daqui o nome *reativo*, referente à terceira Lei de Newton). Com isso, no momento da transição dos regimes excêntrico para concêntrico, a energia recuperada da deformação elástica é somada à energia produzida pelas fibras musculares. Desse modo, como a velocidade do movimento de uma articulação é a soma da velocidade de contração

---

[6] Regime estático é quando o músculo gera tensão, mas não causa movimento articular perceptível.

muscular com a velocidade da recuperação da deformação elástica dos tendões, o movimento é muito potencializado. Além disso, mecanismos reflexos agem na musculatura, por exemplo, o reflexo miotático (Verkhoshanski, 2001; Verkhoshansky, 2013; Siff, 2004; Komi, 2006; Zatsiorsky; Kraemer, 2008).

Além disso, devemos destacar que a força máxima tem um grau de participação na manifestação da força explosiva no tipo de explosão reativo-balística, visto que a massa do corpo – principalmente em deslocamento, aumentando a energia cinética – pode ser considerada como resistência significativa, logo, o tempo de amortecimento dependerá não só das propriedades elásticas do aparelho locomotor, mas também da força máxima do atleta. Vale destacar que a força máxima expressa em ações excêntricas apresenta especificidade em relação à força que se manifesta nas ações concêntricas. Por exemplo, a proteína titina tem a função de sustentação e integridade dos sarcômeros e contribui para a força excêntrica e para o acúmulo de energia elástica do músculo, e essa proteína é mais expressa em atletas (Clark et al., 2002; McBride et al., 2003; Miller et al., 2004; Nicol; Komi, 2006).

Para concluir, devemos considerar que todo regime de trabalho e tipos de explosão muscular têm particularidades, vantagens e defeitos relevantes em alguns casos, podendo ter influências negativas sobre o efeito de treino em outras situações. Por isso, é função do treinador conhecer cada um dos regimes de trabalho muscular e cada tipo de explosão.

### 4.3.4 Metodologia do treinamento de força máxima

Quando se trata de treinamento de força máxima, na maioria dos trabalhos clássicos publicados na área do treinamento desportivo, recomendam-se séries de poucas repetições, com elevado peso e grandes pausas de recuperação, por exemplo, séries de 2 a 5 repetições, com 85 a 95% da força de contração máxima.

O volume ideal de treinamento, nesse caso (número de séries), é individualizado, ou seja, aquele no qual começam a ser observados os primeiros indícios de diminuição da capacidade de trabalho (Suslov; Cycha; Shutina, 1995; Bompa, 2002; Gomes, 2009; Platonov, 2015).

Nesse tipo de treinamento, o objetivo principal é melhorar a coordenação neuromuscular, em outras palavras, a capacidade de mobilização máxima do SNC (sistema nervoso central) em interação com os músculos. As pausas longas e a curta duração de execução do exercício existem justamente para fazer com que o sistema alático seja o principal mecanismo metabólico envolvido no trabalho. Nesse caso, não se observa um aumento acentuado da concentração de lactato, íon $H^+$, amônia, AMP, Pi e outros produtos metabólicos fortemente associados à fadiga. Segundo Volkov et al. (2013), o crescimento da amônia plasmática pode ser um fator que influencia negativamente no SNC. Portanto, não é interessante que treinamentos de força máxima sejam executados com níveis de fadiga metabólica elevados.

Por outro lado, hoje se sabe que as mudanças na força máxima do atleta ocorrem, em certa medida, em razão das adaptações neurais, ou seja, da coordenação neuromuscular. Porém, paralelamente a isso, as adaptações neurais têm certos limites no potencial adaptativo do atleta. Por exemplo, é bem conhecido que, durante 6 a 8 semanas de treinamento de força máxima, a força cresce significativamente, porém, depois disso, ela tende a estabilizar-se, e ganhos adicionais surgem com a hipertrofia muscular (Bosco, 2007; Powers; Howley, 2014).

Apesar de evidências mostrarem que as adaptações neurais têm certo limite no que concerne aos ganhos de força a longo prazo, devemos enfatizar que, mesmo assim, o treinamento de força máxima que visa adaptações neurais não deve ser excluído do processo de treinamento. Vovk (2007) mostrou que, após 15 dias sem treinamentos de força máxima ou explosiva, a força máxima do atleta começa a diminuir em razão da perda da sensibilidade coordenativa com os implementos, assim como em virtude de pequenos decréscimos nas adaptações neurais. Por isso, é importante que treinamentos de força voltados para a melhora tanto da coordenação neuromuscular quanto da hipertrofia sejam executados de forma paralela e conjunta, e não de maneira sequencial.

Com base nisso, fica clara a importância do treinamento de hipertrofia para o aumento nos ganhos de força. Um indivíduo sem a utilização de esteroides anabólicos é capaz de aumentar a massa muscular em 30 a 40% com o treinamento a longo prazo (Makcimenko, 2009), ou seja, durante toda a carreira esportiva o atleta pode trabalhar nessa direção.

Pesquisas científicas têm mostrado que, em nível molecular, não existe apenas um único mecanismo universal para a sinalização da síntese de proteínas que levam à hipertrofia. Por exemplo, hoje sabemos que diferentes hormônios, por meio de diversos mecanismos, podem sinalizar diretamente ou indiretamente para a síntese de proteínas contráteis (por exemplo, testosterona, GH, IGFs, insulina). Além disso, existem mecanismos autócrinos e parácrinos, ou seja, fatores de crescimento produzidos pelos próprios músculos e por diferentes células, como o fator de crescimento mecânico (MGF), o fator de crescimento hepatocitário (HGF), os fatores regulatórios miogênicos (MRFs), entre outros, que podem influenciar o processo de expressão gênica (Hawke, 2005). Geralmente, os mecanismos de expressão gênica são ativados por diferentes formas de estresse. Por exemplo, o estresse de natureza mecânica que causa microtraumas na fibra muscular (no citoesqueleto – integrinas, nas unidades contráteis –, sarcômeros) pode ativar a via de sinalização da mTor-S6, levando à expressão de genes relacionados às proteínas contráteis. A atividade de determinados hormônios, como GH e IGF, também pode influenciar essa mesma cascata de sinalização, no entanto, esses hormônios são secretados em maiores quantidades junto a elevadas concentrações de íons H⁺ no músculo e lactato sanguíneo (Goto et al., 2005; Kraemer; Mazzetti, 2006; Billeter; Hoppler, 2006; Kraemer, 2008; Viru, 2008; Akhmetov, 2009; Seluianov; Sarsania; Zaborova, 2012; Mooren; Völker, 2012).

Para a hipertrofia, é interessante que os exercícios sejam executados com cargas mecânicas moderadamente elevadas (60 a 80% de uma contração máxima), em grandes amplitudes e executados até a falha muscular. O elevado peso, com elevada amplitude de movimento e ênfase na fase excêntrica, pode aumentar a quantidade de microtraumas, principalmente porque o rompimento da ponte cruzada ocorre sem a quebra de ATP e com ação mecânica (Gibala et al., 1995). Por outro lado, no exercício executado até a falha muscular, podem ser observadas alterações metabólicas, como o acúmulo de íons de hidrogênio e lactato, que influenciam tanto na resposta endócrina (Goto et al., 2005; Zatsiorsky; Kraemer, 2008) quanto no aumento dos microtraumas, pois o baixo pH pode levar as proteínas à desnaturação e diminuir o número total de pontes cruzadas disponíveis, sobrecarregando aquelas pontes que ainda estão ativas (Seluianov, 2006; Eliceev; Kulik; Seluianov, 2014).

O número de repetições em séries voltadas para hipertrofia, por vezes, torna-se difícil de ser definido, visto que depende do tempo de execução de cada repetição. Alguns especialistas utilizam a expressão *músculo não conta* ao se referirem ao fato de que o número de repetições não é importante. No entanto, é importante lembrar que recomendações como "8 a 12 repetições" são de caráter pedagógico e querem dizer que, junto a determinado padrão de execução (por exemplo, ciclo de movimento – concêntrico-excêntrico – de 3 a 5 segundos), essa faixa de repetições (8-12) demorará em torno de 30 a 50 segundos para ser executada. Esse é o tempo em que o desenrolar do exercício de alta intensidade faz com que ocorra o acúmulo de íons H⁺ nas fibras musculares (Myakinchenko; Seluianov, 2009; Volkov et al., 2013).

Na literatura científica ocidental, é muito comum encontrar a informação indicando que as fibras musculares lentas praticamente não hipertrofiam ou hipertrofiam muito pouco. Nesse contexto, os especialistas acreditam que isso se deve a alguma particularidade específica da fibra muscular. Contudo, essa informação é contestada entre os especialistas russos. Em uma série de trabalhos, Seluianov (Seluianov, 2007; Myakinchenko; Seluianov, 2009; Eliceev; Kulik; Seluianov, 2014) tem mostrado que a hipertrofia pode acontecer de forma seletiva nas fibras musculares. A explicação para a hipertrofia nas fibras rápidas reside no fato de que os métodos tradicionais tendem a ser realizados com pesos moderados ou grandes, com isso, a maior parte das unidades motoras já é recrutada no início do exercício e, com o aumento da fadiga, perto do fim da série, praticamente todas unidades motoras são recrutadas. Como as fibras musculares inervadas por diferentes unidades motoras tendem a ter perfis metabólico-funcionais diferentes, é comum que elas também apresentem diferentes níveis de estresse. Por exemplo, as fibras glicolíticas rápidas tendem a acumular mais íons de hidrogênio do que as fibras oxidativas. Por isso, na metodologia tradicional de treinamento de força voltado para hipertrofia, as fibras glicolíticas tendem a ter resultados mais significativos.

Para resolver o problema da hipertrofia nas fibras musculares oxidativas, foi desenvolvido um método de treinamento conhecido como *isoton*, que tem três pilares básicos:

1. resistência de 20 a 50% da contração muscular voluntária máxima;
2. regime estato-dinâmico de trabalho;
3. execução em superséries de 3 a 6 séries;

O objetivo de se utilizar resistências pequenas é para que as unidades motoras fásicas (de alto limiar) que recrutam as fibras musculares rápidas (na maioria das vezes, glicolíticas) não sejam ativadas. Assim, o exercício é direcionado para as fibras musculares lentas oxidativas – claro que, em algum momento, principalmente quando a fadiga é elevada, o atleta pode acabar recrutando fibras rápidas, mas a tarefa em essência é fadigar as fibras lentas.

O regime estato-dinâmico refere-se ao exercício feito em amplitude limitada, em que não se permite o relaxamento muscular – por exemplo, agachamento com a fase excêntrica quase completa e fase concêntrica também incompleta para que não ocorra o relaxamento dos músculos na posição em pé –, sendo executado lentamente, como se fosse necessário ao indivíduo vencer a inércia em cada momento articular, por isso o nome *estato*, de *estático*, em que se observa oclusão vascular e ação da inércia. O termo *dinâmico* é utilizado porque o exercício tem movimento. É claro que o músculo não pode trabalhar de maneira estática e dinâmica ao mesmo tempo, mas esse nome (*estato-dinâmico*) é uma forma de expressar que esse regime de trabalho combina propriedades e fenômenos observados nos regimes estático e dinâmico de trabalho. O nome *isoton* deriva de "iso" (igual, contínuo) e de "ton" (tônus ou tensão). Portanto, tensão muscular contínua ao longo do movimento.

Por fim, uma supersérie é a combinação de 3 a 6 séries (dependendo do nível de condicionamento do atleta) de 40 a 50 segundos de execução cada, com 30 segundos de pausa entre elas. Como os exercícios são executados em regime estato-dinâmico, ocorre o bloqueio isquêmico, ou seja, o sangue não chega até as fibras musculares e, consequentemente, não transporta o oxigênio. Na primeira série, mesmo em condições de oclusão, a fibra muscular ainda consegue utilizar os processos aeróbios na mitocôndria em razão das reservas de oxigênio nas mioglobinas. Posteriormente, as outras séries fazem com que, temporariamente, as mitocôndrias não consigam produzir ATP aerobicamente em virtude da carência de oxigênio, e isso faz com que, nas fibras musculares oxidativas, ocorram processos anaeróbios – o que não se verifica no regime puramente dinâmico, quando o músculo relaxa e transporta oxigênio normalmente para as fibras oxidativas – e, assim, o acúmulo de íons $H^+$, gerando estresse nesse tipo de fibra.

Como o estresse acontece, principalmente, em razão da diminuição do pH, há a redução do número total de pontes cruzadas, aumentando o estresse mecânico sobre cada ponte cruzada. Além disso, há desnaturação das proteínas, ativação de lisossomos e estimulação da liberação de hormônios anabólicos. Tudo isso faz com que ocorra a hipertrofia seletiva das fibras musculares oxidativas. Os resultados hipertróficos nas FMOs podem ser observados não só pela biópsia muscular, mas também pelo aumento do limiar aeróbio após a aplicação dessa metodologia por certo período.

Seluianov (Seluianov, 2006; 2007; Seluianov; Sarsania; Zaborova, 2012) recomenda que atletas altamente treinados, como geralmente é o caso dos integrantes das seleções russas de sambo e judô, realizem até 9 superséries de 6 séries de 50 segundos de execução cada, totalizando 54 séries para o mesmo grupo muscular; entre as superséries a pausa deve ser longa, totalizando 10 minutos. Assim, quando o isoton é utilizado uma vez na semana, são necessários mais de 90 minutos. No entanto, devemos ressaltar, ainda, que esse volume de treinamento é uma carga grande, aplicada uma vez na semana em atletas de elite! Caso o treinamento seja aplicado duas vezes na semana, o número total de superseries por sessão de treinamento cai para 4 a 6.

Ainda sobre a hipertrofia, é válido lembrar que o isoton é um método para a hipertrofia seletiva das fibras oxidativas, ao passo que os métodos tradicionais são para as fibras glicolíticas. Pensando que a força máxima é manifestada utilizando todas as unidades motoras e todas pontes cruzadas de cada fibra muscular disponível, é imprescindível combinar o método de treinamento que melhora a coordenação neuromuscular com os métodos de hipertrofia das fibras rápidas e lentas. Se o atleta deixar de fazer o treinamento tradicional, trocando-o pelo isoton, como um "substituto" do treinamento antigo, talvez os resultados não sejam satisfatórios.

### 4.3.5 Metodologia de treinamento da força explosiva

A metodologia de força explosiva é bem disseminada na literatura científica esportiva. No geral, há algumas recomendações metodológicas quanto a esse sistema. A primeira recomendação é que o treinamento de força explosiva sempre deve ser executado na ausência de fadiga, abastecido pelo sistema alático de produção de energia e ter pausas suficientemente completas entre as séries (3 a 10 minutos) (Zakharov; Gomes, 2003; Weineck, 2003; Bosco, 2007; Platonov, 2015). Além disso, a segunda recomendação é que apenas será possível entender a especificidade do treinamento conhecendo-se o regime de trabalho muscular e o correspondente tipo de explosão muscular: (a) balística; (b) isométrica; (c) reativo--balística (Verkhoshanski, 2001; Verkhoshansky, 2013).

Quando essas recomendações metodológicas são seguidas, fica claro que os exercícios de força explosiva são sempre executados de modo que evitem a fadiga metabólica, pois somente dessa forma é possível que o indivíduo execute várias séries sem perder a qualidade de execução do início ao término do treinamento. Se for aplicado um teste de salto vertical após o aquecimento e depois avaliado novamente esse salto uma vez a cada duas ou três séries de exercícios, observaremos que o resultado do salto demora um pouco para decrescer. Por outro lado, se o atleta executar uma única série de agachamento até a falha muscular, com consequente acúmulo de produtos metabólicos do metabolismo anaeróbio, o resultado do salto cairá já no início do treinamento, tornando a força explosiva impossível de ser treinada! Um estudo recente demonstrou que jogadores de futebol que executaram saltos reativos logo após o aquecimento e antes da prática de futebol, obtiveram desempenho em diversas variáveis relacionadas com a potência máxima significativamente melhor do que o grupo de jogadores que treinou os saltos após o treinamento tático (Ramirez-Campillo et al., 2018).

É sempre importante ter em mente que o treinamento de força explosiva, falando de forma simplificada, é a melhora na "qualidade" de contração muscular, ou seja, um conjunto de ajustes, principalmente neurais, que condicionam a melhora na ativação do músculo. Nesse contexto, vale destacar que a tensão que um músculo é capaz de gerar sempre será condicionada pela quantidade total de pontes cruzadas e pelo tipo de miosina ATPase presente nessas pontes cruzadas. O tipo de ATPase é dado geneticamente e quase não pode ser manipulado com o treinamento, já a quantidade de pontes cruzadas pode ser aumentada com o treinamento de força voltado para hipertrofia. Assim, a hipertrofia é uma condição básica para o aumento da potência de atletas altamente treinados, sendo priorizada na preparação geral do atleta. Como os métodos de força explosiva buscam otimizar a utilização da força presente nas fibras musculares, a força explosiva está sempre ligada a métodos de preparação física especial.

Se observarmos os regimes de trabalho muscular para que sejam identificados os tipos de explosão muscular, ficará claro que, em movimentos balísticos, não é necessária a preocupação com o desenvolvimento da força máxima e da hipertrofia muscular, visto que elas pouco interferem na força explosiva em movimentos balísticos. A única exceção é no caso das ações de golpe, como já discutido anteriormente. Para o treinamento da força explosiva em movimentos balísticos, é interessante trabalhar com uma variedade de diferentes resistências um pouco mais leves e um pouco mais pesadas, por exemplo, arremessos de *medicine ball*[7] de 1, 2 ou 3 kg. Aqui, deve-se observar que as resistências mais pesadas não podem ser suficientemente pesadas para fazer com que o movimento deixe de ser balístico. As séries devem conter de 10 a 15 arremessos com potência máxima, e o tempo total para execução da série pode até durar 30 segundos, contudo, o tempo de ação muscular em movimentos balísticos é curtíssimo, assim, a soma do tempo de ação muscular de 15 arremessos balísticos de *medicine ball* não supera 5 a 7 segundos. Portanto, não será observada significativa fadiga metabólica nesse exercício. O volume ideal de séries é individual e determinado por meio de testes específicos. A sugestão é que o indivíduo execute os movimentos até que comece a tornar-se observável a diminuição na qualidade do movimento, ou seja, no resultado do teste. A pausa entre as séries é de 2 a 4 minutos.

Quando o treinamento de força explosiva envolve modalidades em que a força explosiva manifesta-se contra grandes resistências, sabe-se que a maior contribuição para o resultado é o próprio valor de força máxima gerado pelas propriedades contráteis do músculo. Existe, ainda, alguma contribuição dos mecanismos de acúmulo e liberação de energia elástica, e isso pode ser inserido no método. De maneira não muito distinta das recomendações para os movimentos balísticos, é importante que o atleta varie o peso dos implementos de forma que isso não descaracterize o regime de trabalho. Por exemplo, atletas que fazem o arremesso de peso no atletismo devem executar o supino da maneira mais rápida possível, com resistência externa de 40 a 80% da força de contração máxima, saltos com agachamento com barra de 20 a 50% do peso máximo de agachamento e arremesso de pesos com valores um pouco menores e um pouco maiores (de 5 a 10 kg) do que o peso oficial utilizado nas competições

---

[7] *Medicine ball* é um acessório utilizado no treinamento de atletas – bola esférica com diferentes massas (1 a 10 kg) utilizada, geralmente, para aumentar a potência muscular em arremessos.

são formas específicas (exercícios especiais e semiespeciais) de treinamento de força explosiva. Nesses exemplos, as séries têm menos repetições (5 a 8) porque o tipo de força explosiva isométrica tem aplicação de alta tensão muscular do início ao fim da amplitude do movimento, aumentando o tempo de trabalho muscular em comparação ao exercício balístico. Logo, as pausas são de 3 a 5 minutos e o volume também é individualizado, ou seja, determinado por teste específico entre as séries até o momento em que seja observada piora dos parâmetros avaliados.

Por fim, quando se trata de ações que caracterizam o regime de trabalho e do tipo de explosão muscular reativo-balísticas, é importante a utilização de exercícios modeladores, por exemplo, corridas e variações de corrida (saltada, com tração, em subida) e saltos reativos. Os exercícios como a corrida podem ter de 4 a 7 segundos de duração (em que é observada a potência máxima), no caso dos saltos reativos, em torno de 10 a 12 repetições. Quanto ao treinamento reativo-balístico, ele pode ser feito em circuito com pausas grandes entre as séries ou estímulos (5 minutos), e o volume também pode ser controlado por teste específico. No entanto, no caso da utilização do método de choque (saltos profundos), não é recomendado um volume maior do que 30 a 40 saltos, em virtude da agressividade do método sobre o aparelho locomotor (Vovk, 2007).

Antes de encerrarmos esta seção, vale destacar que os testes citados para controle do volume ideal do treinamento devem ser específicos, ou seja, devem ter o mesmo regime de trabalho e o mesmo caráter de manifestação de esforço útil. Como exemplo podemos utilizar os seguintes testes para o controle do treinamento: (a) exercícios balísticos para o membro superior – distância alcançada no arremesso de *medicine ball* de 2 kg a partir do peito e a partir de trás da cabeça; (b) exercícios de força explosiva isométrica para arremessadores de peso – altura do salto com agachamento (caso o treinamento seja para membros inferiores), distância do arremesso de peso sem a utilização da técnica completa, ou seja, somente com esforço do membro superior (em caso de treinamento para membros superiores); (c) regime reativo-balístico – altura do salto reativo, distância do salto horizontal, tempo na corrida de 30 metros.

## 4.4 Velocidade e rapidez no esporte

A velocidade de deslocamento é o fator principal que determina o resultado esportivo em modalidades cíclicas, mas também é muito importante em praticamente todas as outras modalidades. Assim, discutiremos como a velocidade e a rapidez podem ser importantes em diferentes contextos de diversas modalidades esportivas.

### 4.4.1 Rapidez ou velocidade?

Os termos *velocidade* e *rapidez* geram muita discussão na teoria clássica e contemporânea do treinamento desportivo. Para Verkhoshanski (2001), por exemplo, *rapidez* é a capacidade do atleta de executar movimentos com pouca resistência externa (balísticos) em grande velocidade.

Para Matveev (1977), o termo mais adequado para a capacidade física é *rapidez*, pois significa agir rapidamente ou no menor tempo possível. Já a velocidade em si refere-se ao tempo necessário para que um corpo se desloque entre dois pontos no espaço. Em outras palavras, correr rápido é sinônimo de ser veloz, no entanto, uma tomada de decisão ou pensamento rápido não são coisas velozes, pois não envolvem deslocamento de um corpo entre dois pontos. Nesse contexto, acreditamos ser completamente errôneo o termo *velocidade de reação*, visto que a reação é rápida quando o período latente é curto, logo, não se fala em movimento, e a mesma lógica aplica-se às tomadas de decisão nos jogos esportivos etc.

Na literatura, frequentemente, é indicada a expressão *capacidades velozes*, isto é, um conjunto de fatores que condicionam a velocidade das ações esportivas como um todo – nesse caso, fala-se tanto da rapidez das diferentes formas de reação, da velocidade de movimentos isolados com e sem resistência externa significativa, da velocidade de movimentos em alta frequência etc. Nesse contexto, essa capacidade deve ser entendida como o complexo de propriedades funcionais que garantem a execução de ações motoras no menor tempo (Platonov, 2015).

A capacidade física *rapidez* manifesta-se em duas formas ou tipos (Suslov; Cycha; Shutina, 1995; Vovk, 2007; Godik; Skorodumova 2010):

1. **Elementares** – As formas elementares de rapidez envolvem o período latente nas reações simples e complexas, a importância da antecipação na reação e as reações disjuntiva e diferencial.
2. **Fundamentais** – As formas fundamentais de rapidez envolvem a velocidade de movimentos isolados de curta duração, a aceleração, a velocidade absoluta, a rapidez na desaceleração e a rapidez da transição de uma ação para outra.

Nas **formas elementares de rapidez**, o período latente nas reações (simples ou complexas) pode ser entendido como o tempo necessário entre o estímulo e a resposta. Por exemplo, as **reações simples** são aquelas em que o atleta já sabe o que deve fazer e qual será o estímulo, como é o caso do tiro ou sinal de largada na corrida ou na natação. Nesse caso, o tempo latente é dado pela seguinte explicação: quando o tiro é dado, uma onda sonora chega ao ouvido do atleta, depois, é transmitida e interpretada no cérebro, posteriormente o cérebro organiza a resposta adequada e envia potenciais de ação até o músculo. O tempo entre o momento do tiro e o momento em que o músculo recebe os potenciais de ação e inicia a tensão muscular inicial é chamado de *período latente da reação simples*, o qual, frequentemente, é denominado *tempo de reação*. É importante destacar que o tempo de reação simples é muito curto, por exemplo, nos velocistas, é de 0,1 a 0,2 segundos. Além disso, o tempo de reação simples é geneticamente determinado, sofrendo pouca alteração com o treinamento (Sakharova, 2005b).

As **reações complexas** são aquelas em que o atleta não sabe exatamente o que deverá fazer, e o estímulo pode ser um objeto que se move e necessita de fixação da visão. Por exemplo, em um jogo de voleibol, no momento do saque, o jogador que executará a recepção não sabe se a bola realmente chegará até ele e não sabe se o saque será do tipo viagem ou flutuante. Nesse caso, esse atleta deverá fixar a atenção na bola e nos companheiros e, somente após o início da trajetória da bola no saque, ele deverá interpretar para onde a bola vai e qual é a melhor ação a ser executada (passe de toque ou manchete, deslocar-se para frente, para trás ou para os lados, deixar a tarefa da recepção para o companheiro). Aqui, o período latente também existe, mas é mais longo, entre 0,5 e 0,7 segundos (em razão do fator *interpretação*) e sofre maior influência do treinamento. Isso acontece em virtude da maior complexidade da tarefa – por exemplo, fixar a visão em um objeto, analisar a situação, determinar a ação e enviar o comando aos músculos são ações significativamente mais difíceis do que reagir a um tiro de largada em que o atleta já sabe o que deve ser feito.

Ainda com relação às formas elementares de rapidez, há a antecipação, as reações complexas diferenciais e as reações complexas disjuntivas.

A **antecipação** é caracterizada pelas ações em que não há tempo para análise por parte do atleta, por exemplo, na ação do goleiro na cobrança de pênalti. Caso o goleiro tente reagir após o momento que o pé do jogador bate na bola, simplesmente torna-se impossível para o goleiro defender. Por isso, o goleiro deve antecipar-se, ou seja, adivinhar para onde o batedor direcionará a bola e começar a agir antes do chute. Os grandes goleiros conseguem antecipar-se sem necessariamente adivinhar, eles observam alguns pontos nas articulações e posição do corpo do batedor que caracterizam o canto em que este último chutará (Dias et al., 2016); nesse caso, a antecipação ocorre com base na reação complexa.

A **reação complexa diferencial** é aquela que caracteriza a diferenciação, ou seja, a escolha do movimento a ser realizado, por exemplo, no handebol, não é possível que o jogador arremesse a bola na baliza e ao mesmo tempo execute um passe; de igual forma, no boxe, não é possível ao jogador atacar e defender ao mesmo tempo. Desse modo, na reação complexa diferencial, o objetivo é justamente que o sujeito diferencie qual ação deve executar.

Por fim, a **reação complexa disjuntiva** é a mais complicada de todas, pois depende de vários aspectos, desde elevadíssima capacidade coordenativa até altos níveis de concentração, atenção e cognição por parte do sujeito. Essa reação é aquela na qual o atleta muda de ação no decorrer de uma que já está sendo executada. Por exemplo, um jogador de basquete salta para fazer a cesta e, quando já está no meio do movimento, percebe que o jogador adversário tenta interceptá-lo, observando, ao mesmo tempo, que um companheiro está em condições melhores de fazer a cesta, então, o movimento de bandeja ou enterrada transforma-se em um passe imprevisível para o adversário. Um detalhe importante sobre a reação disjuntiva é que ela está mais relacionada com a capacidade do atleta de rapidamente perceber, analisar, avaliar, decidir a mudança da ação no meio da execução de outra, já a ação motora propriamente dita depende mais da coordenação. Por isso, as capacidades do atleta estão sempre integradas.

Quanto às **formas fundamentais** de rapidez, podemos destacar os seguintes aspectos:

- velocidade de movimentos isolados de curta duração;
- aceleração;
- velocidade absoluta (velocidade máxima atingida em cada distância);
- rapidez na desaceleração (aceleração negativa);
- rapidez da transição de uma ação para outra.

A **velocidade de movimentos isolados de curta duração** pode ser destacada nas ações técnicas, como arranque no levantamento de peso olímpico (LPO); arremesso da bola no handebol, basquetebol e polo aquático; saque no tênis; as ações de projeção (quedas) nas lutas; *start* (largada) na natação e na corrida de velocidade etc.

A **aceleração** é uma ação importante para a efetividade da atividade competitiva na corrida rasa e de meio-fundo, no ciclismo de pista, na patinação de velocidade, no futebol, handebol, bobsled, luge, skeleton etc.

A **velocidade absoluta** determina, de modo significativo, o resultado da atividade competitiva em diversos esportes, como corrida, natação, remo, ciclismo, corridas de esqui, patinação de velocidade, luge, bobsled, skeleton etc.

A **rapidez na desaceleração (aceleração negativa)** é muito importante, principalmente, nos jogos desportivos. Destaca-se em diversos momentos, como paradas bruscas, mudanças de direção, entre outras ações que são ditadas pelo desenvolvimento das situações de jogo. Graças a essa manifestação da rapidez, é possível ao atleta garantir a variabilidade das ações técnicas que influenciam diretamente as decisões táticas.

A **rapidez de transição de uma ação para outra** é típica de jogos desportivos e lutas, mas também pode ser observada em outras modalidades, como é o caso da transição do trabalho cíclico para a virada na natação, ou seja, a transição de uma ação para outra não é menos importante do que a aceleração e a velocidade absoluta.

Infelizmente, na prática desportiva, muitas vezes, podemos observar certa negligência dos treinadores no que concerne ao treinamento da rapidez de desaceleração e de transição entre ações. Além disso, vale salientar que a manifestação das formas fundamentais de velocidade e rapidez é determinada por um conjunto de propriedades biomecânicas, neuromusculares, bioenergéticas etc., que têm correlação fraca com as formas elementares. Em alguns casos, até mesmo entre as formas fundamentais, a capacidade manifesta-se de forma diferente, por exemplo, a capacidade do atleta de acelerar e atingir velocidade absoluta não é necessariamente acompanhada da capacidade de desacelerar e não tem relação alguma com a capacidade de velocidade de movimentos isolados e a rapidez na transição entre as ações.

Tudo isso demonstra que a capacidade física *rapidez*, em sua forma fundamental, é muito específica, portanto, entender quais são os mecanismos determinantes em cada uma das manifestações dessa capacidade e como treiná-las é essencial para o treinador.

A rapidez em ações motoras isoladas de curta duração é determinada por: correlação de fibras rápidas e lentas; aperfeiçoamento da coordenação neuromuscular; potência alática máxima e hipertrofia muscular; efetividade dinâmica e cinemática da estrutura da ação motora; nível de motivação; nível de força máxima; flexibilidade; capacidade coordenativa (Enoka, 2000; Plisk, 2008; Wilmore; Costil; Kenney, 2013; Platonov, 2015). No entanto, devemos lembrar que existem movimentos de curta duração diferentes conforme o caráter de manifestação do esforço útil; sabe-se que o levantamento de peso terá a velocidade determinada pelos fatores ora citados, por outro lado, em ações curtas e balísticas, a força máxima deixa de ter papel importante na velocidade da ação motora, dando lugar ao papel fundamental da expediência do SNC (Verkhoshanski, 2001).

A rapidez na aceleração é determinada pelos mesmos mecanismos das ações motoras isoladas de curta duração, porém, em alguns esportes em que a aceleração é um pouco mais longa, como no remo, ou quando a aceleração é curta e repetida várias vezes com tempo incompleto de recuperação dos estoques de CrP, como nos jogos desportivos, os mecanismos aeróbios passam a ter papel fundamental.

A velocidade absoluta (de distância) depende da duração do trabalho. Por exemplo, quando o trabalho dura até 15 ou 20 segundos, têm papel principal os processos que acontecem tanto no SNC quanto no aparelho locomotor. Nesse contexto, são muito importantes: o recrutamento do maior número de unidades motoras – principalmente aquelas que inervam as fibras rápidas tipo IIa e IIx; a potência alática e a hipertrofia do músculo; a técnica racional das ações motoras com ótima coordenação neuromuscular; a concentração e a motivação psicológicas.

Afora o que já foi citado, caso a forma de locomoção seja a corrida, também têm muita importância as propriedades elásticas e reflexas do músculo, além da maior rapidez de relaxamento muscular (Verkhoshanski, 2001; Billeter; Hoppler, 2006; Fiskalov, 2010; Platonov, 2015). Quando a duração do trabalho fica entre 20 e 45 segundos, além dos fatores já citados, ganham destaque: a densidade mitocondrial nas fibras rápidas (Myakinchenko; Seluianov, 2009; Seluianov; Sarsania; Zaborova, 2012), a capacidade do sistema nervoso de inervação muscular efetiva em condições de baixo pH; e a alta concentração de lactato, elementos que caracterizam a estabilidade da técnica esportiva (Matveev, 2010).

A rapidez de desaceleração dos movimentos e a mudança de direção dependem das formas elementares da rapidez (das reações simples e complexas); do nível de força máxima e explosiva; da rapidez de tomada de decisão e reformulação da ação motora; da maestria técnica e do nível de tensão psicológica do atleta; da quantidade de fibras rápidas nos músculos envolvidos no trabalho.

A rapidez de transição entre ações motoras do indivíduo depende: da capacidade de perceber e reformular as informações em condições de déficit de tempo; do grau de aperfeiçoamento das percepções sinestésicas e visuais dos parâmetros das ações motoras e do meio externo; do aperfeiçoamento da antecipação espaço-temporal; de nível técnico e repertório motor; da quantidade de fibras rápidas; do nível de força explosiva.

Quadro 4.1 Diferentes manifestações da rapidez e da velocidade no esporte

| Manifestações elementares | Manifestações complexas |
|---|---|
| Reação simples | Movimentos isolados de curta duração |
| Reações complexas | Transição de ações |
| Disjuntiva diferencial | Aceleração |
| | Velocidade absoluta |
| | Desaceleração |

De forma geral, a rapidez depende dos seguintes fatores:

- operacionalidade da atividade dos mecanismos neuromotores;
- correlação de fibras tipo IIx e IIa;
- coordenação neuromuscular;
- potência alática máxima e hipertrofia muscular;
- capacidade do SNC de inervação efetiva dos músculos em condições de baixo pH;
- efetiva estrutura dinâmica e cinemática da ação motora;
- motivação psicológica;
- nível de força máxima e explosiva, flexibilidade, coordenação;
- maestria técnica e repertório motor;
- rapidez de percepção e reformulação de informações (tomada de decisão);
- grau de aperfeiçoamento da percepção sinestésica e visual dos parâmetros das ações motoras e do meio externo.

## 4.4.2 Treinamento da rapidez

O principal método de treinamento para a melhora do tempo de reação simples do atleta é a reação repetida do estímulo repentino com o objetivo de diminuir o tempo de reação. Podem ser executados exercícios de *start* (largada) em diferentes posições iniciais, com diversas direções de movimento e com várias formas de sinais – visuais, auditivos, táteis. É importante destacar que, na reação simples, o atleta já sabe o que deve fazer, além disso, o sinal de *start* deve ser dado posteriormente (com duração não superior a 2-3 segundos) ao sinal de "atenção", mas também se sabe que as mudanças no tempo latente de reação simples, mesmo com o treinamento adequado, pouco se alteram. Por isso, é importante lembrar que não se pode negligenciar o treinamento de reação simples e, ao mesmo tempo, não se deve esperar grandes mudanças.

A maioria das reações complexas no esporte envolve a escolha (quando se exige escolha efetiva e imediata do atleta entre várias ações possíveis) ou a reação do indivíduo com relação a objetos que se movem. Nos exercícios de preparação especial direcionados ao aperfeiçoamento da rapidez de reação complexa, são modelados fragmentos isolados de dada modalidade ou disciplina esportiva, criando condições que contribuem para a diminuição do tempo de reação do atleta. Para o aperfeiçoamento da reação complexa, gradualmente e sequencialmente, a situação de escolha da ação é dificultada, ou seja, aos poucos aumentam-se as variantes de ações, assim como o número de ações de maior exigência cognitiva, buscando ensinar o atleta a utilizar a "intuição oculta" a respeito das possíveis ações do adversário.

No treinamento da reação complexa com objetos que se movimentam, são aplicadas as seguintes ações: treinamento do rastreamento e manutenção do objeto no campo de visão, bem como da capacidade de prever os possíveis deslocamentos do objeto; e aumento das exigências de rapidez de percepção do objeto e de outros componentes da reação complexa com base na variação dos fatores externos, que estimulam a rapidez de reação. Além disso, a variação dos fatores externos é a condição ideal para treinar as reações diferencial e disjuntiva.

O aperfeiçoamento da antecipação ocorre, muitas vezes, por meio da aquisição de conhecimentos a respeito da atividade a ser exercida pelo atleta, por exemplo, o goleiro pode melhorar em 80% a chance de se antecipar corretamente na cobrança do pênalti (adivinhar o canto) quando estuda os movimentos de determinados pontos do corpo do atleta batedor. Geralmente, as cobranças de pênalti são filmadas e mostradas ao goleiro com pausa no instante da batida, ou seja, o goleiro sugere antes de ver o resultado do chute qual foi o canto escolhido pelo batedor com base na observação da posição das articulações e segmentos corporais (Seluianov; Sarsania; Zaborova, 2012; Dias et al., 2016).

A aceleração depende da capacidade do atleta de mobilizar ao máximo as próprias capacidades de força em determinado movimento. As pesquisas de Verkhoshansky (1989) demonstram que, se o exercício de velocidade for executado com pesos, os intensos impulsos eferentes e aferentes contribuem para o estabelecimento do racional consenso e rapidez de ativação (envolvimento) dos músculos no trabalho; para a coordenação da atividade dos músculos no decorrer da execução do movimento; e para o processamento da ótima coordenação intra e intermuscular. Esse mesmo pesquisador recomenda, a depender da forma de rapidez a ser aperfeiçoada, que o atleta utilize pesos entre 15 a 20% e 50 a 60% do nível máximo de força. O mecanismo desse efeito resume-se na excitação "residual" dos centros nervosos, na manutenção do objetivo motor e de outros processos que intensificam as ações motoras seguintes.

A velocidade absoluta do atleta pode ser aumentada graças ao aumento das passadas e da cadência ou frequência de passadas. O comprimento das passadas pode ser aperfeiçoado por meio da combinação de exercícios modeladores, como a corrida saltada, com exercícios de flexibilidade e de força explosiva. A frequência de passadas é aperfeiçoada com exercícios de 5 a 20 segundos de duração. Trechos muito longos causam fadiga, trechos curtos não melhoram a frequência de movimento porque trabalham ainda a aceleração. Aqui, o mais importante é o atleta relaxar os músculos que não participam do movimento e eliminar o tônus dos músculos antagonistas. O método mais utilizado é o de repetição com longas pausas, nesse caso, a cada tiro, o atleta tenta empreender seu melhor desempenho. No entanto, quando o treinador utiliza somente esse método, começa a surgir a barreira da velocidade, que, segundo Vovk (2007), melhora somente após 11 a 20 sessões. Para resolver esse problema, recomenda-se que o atleta utilize exercícios de velocidade em condições normais, dificultadas e facilitadas. O treinamento em condições dificultadas pode ser a corrida em um leve aclive. Nesse caso, é observado um discreto aumento no tempo de repulsão do pé com o solo, mas que não descaracteriza de forma significativa outras características cinemáticas do movimento. Já o treinamento em condições facilitadas, também conhecido como *treinamento de supra velocidade*, deve ser executado em declive bem discreto, com 2 a 3 graus de inclinação ou com aparelhagem especial (reboque) que permita ao atleta correr um pouco mais rápido do que correria em condições normais. Nesse caso, é muito importante que o tempo de repulsão seja mais curto do que o normal. Muitas vezes, treinadores erram na metodologia, pois uma inclinação maior do que 5 graus causa aumento no tempo de repulsão, apesar de melhorar o tempo de superação da distância (Suslov; Cycha; Shutina, 1995; Zakharov; Gomes, 2003; Bompa, 2002; 2005).

Quanto à metodologia do treinamento de velocidade absoluta de deslocamento e do treinamento de aceleração, o volume ideal de treinamento é individual e determinado pelo momento no qual o atleta começa a apresentar decréscimos na capacidade.

Os estímulos devem ter duração de, no mínimo, 5 segundos – tempo mínimo necessário para que o indivíduo atinja a velocidade máxima de corrida – e não devem durar mais do que 15 a 20 segundos, de modo que processos metabólicos associados com a fadiga não atrapalhem as contrações rápidas. Além disso, as pausas devem ser suficientemente longas (5 a 10 min), a fim de que ocorra a recuperação completa das condições metabólicas entre os estímulos.

A desaceleração e as mudanças de direção dependem muito da força muscular do atleta, porém, a força por si só não resolve o problema, pois a coordenação motora tem papel fundamental aqui. Ademais, outros fatores, como a força nos músculos do tronco, podem ter peso determinante. Por isso, é necessário que o atleta treine a mudança de direção com movimentos extremamente específicos. Como já vimos, tanto a desaceleração quanto a mudança de direção são características das modalidades classificadas como *jogos desportivos*, portanto, exercícios como a prática de jogos em campo de dimensão reduzida podem ajudar muito nessa direção. Paralelamente aos exercícios em campos reduzidos, exercícios de preparação geral para os músculos centrais do corpo são importantes.

## 4.5 Capacidade física *resistência*

*Resistência* na condição de qualidade física pode ser entendida como a capacidade de o indivíduo realizar o trabalho muscular sem perder a efetividade desse trabalho e durante um tempo prolongado (Verkhoshanski, 2001). Nesse sentido, é a capacidade de executar efetivamente o exercício superando a fadiga que se desenvolve (Fiskalov, 2010).

Por sua vez, *fadiga* pode ser definida como a diminuição temporária da capacidade de trabalho que surge em decorrência do processo de execução do exercício e que sinaliza sobre a aproximação de mudanças bioquímicas e funcionais desfavoráveis do organismo, o que leva à diminuição da duração do trabalho ou à significativa diminuição de potência (Volkov et al., 2013)

Com base nas definições de resistência e de fadiga ora evidenciadas, entendemos que a capacidade física *resistência* é a capacidade de o indivíduo executar exercício por determinado tempo, sendo mantida a qualidade de execução e considerando os parâmetros cinemáticos, dinâmicos e rítmicos da técnica das ações motoras.

Na literatura científica esportiva, com frequência, encontram-se termos como: *resistência aeróbia e anaeróbia*; *resistência estática e dinâmica*; *física e psicológica*; *de força e de velocidade*; *geral, especial e competitiva*; *local, regional e global* (Zakharov; Gomes, 2003; Gomes, 2009). Em nosso entendimento, a resistência manifesta-se de diferentes formas dependendo da modalidade esportiva, ou seja, conforme a especialidade do atleta. Entendendo isso, acreditamos que os termos mais adequados sejam *resistência geral* e *resistência especial*, ao passo que as outras formas de resistência estariam integradas no conceito de resistência geral e especial.

## 4.5.1 Resistência geral e resistência especial

Ao longo dos anos, o termo *resistência geral* foi muito discutido na teoria do treinamento desportivo e, com o avanço das diferentes ciências que, de alguma forma, estudam o esporte, o conceito foi-se tornando cada vez mais aprofundado, e seu lugar na preparação do atleta passou a ser mais bem compreendido. Como citado, na literatura, existem documentadas muitas divisões e subdivisões do conceito de resistência. No início, houve um debate intenso sobre a questão em razão de as primeiras definições de resistência geral terem sido criadas por especialistas de modalidades cíclicas e esses conceitos não tinham exatamente a mesma significância em outras modalidades esportivas. Vejamos, a seguir, como as exigências de resistência podem diferenciar a definição de resistência geral.

Em modalidades cíclicas de resistência, a resistência geral era entendida como a capacidade do atleta de executar efetivamente e por tempo prolongado um trabalho de intensidade moderada, no qual participe uma parte significativa do aparelho muscular. Já em modalidades como as de força-velocidade, de coordenação complexa e em lutas e jogos desportivos, a ideia de resistência geral trazida das modalidades cíclicas não se aplica e nem sequer serve como premissa para uma boa resistência específica, visto que, nessas modalidades (cíclicas), o conceito de resistência geral sempre foi mais associado à capacidade de trabalho efetivo e duradouro em condições de alta exigência e complexidade coordenativa, com metabolismo misto e exigências de força-velocidade.

Nesse contexto, **resistência geral** pode ser assim definida:

> Capacidade de execução efetiva e duradoura de trabalho de caráter não específico, que leva à influência positiva no processo de estabelecimento dos componentes específicos da maestria desportiva por causa da adaptação à carga e da presença do fenômeno de transferência do nível de preparo de atividades não específicas para específicas. (Platonov, 2015, p. 818)

Assim, a resistência geral deve levar com ela efeito positivo para a resistência especial, em outras palavras, a resistência geral é um pré-requisito ou uma premissa para a resistência especial.

Segundo Matveev (1977; 1999; 2010), **resistência especial** é a capacidade de execução efetiva de trabalho e superação da fadiga em condições determinadas pelas exigências da atividade esportiva em uma modalidade concreta. Além disso, esse autor considera que a resistência especial ainda pode ser dividida em categorias "de treinamento" e "de competição", visto que, nesse caso, o aspecto emocional tem influência direta, sobretudo no que se refere à volição e à motivação.

De forma generalizada, a resistência geral é determinada pelo consumo máximo de oxigênio – que depende da quantidade total de fibras musculares oxidativas e da capacidade do sistema cardiovascular em transportar o oxigênio até os músculos. Já a resistência especial é relacionada, principalmente, com a elevação do limiar anaeróbio (capacidade oxidativa máxima do músculo esquelético) nos músculos responsáveis pelo trabalho específico exigido na atividade competitiva de determinada modalidade esportiva, ou seja, a resistência muscular local.

Segundo Seluianov, Sarsania e Zaborova (2012), o consumo máximo de oxigênio e o resultado esportivo tem correlação positiva moderada (r = 0,60)[8], já o consumo de oxigênio no nível do limiar anaeróbio tem uma correlação forte (r = 0,90). Em outras palavras, reiterando o que havia sido discutido no Capítulo 3, o $VO_{2\,max}$ não é o melhor indicador de desempenho para atletas, mas é uma premissa para a melhora do limiar anaeróbio, visto que atletas muito bem preparados em resistência atingem cerca 80% do $VO_{2\,max}$ no nível do limiar anaeróbio. Nesse contexto, vale destacar, assim como já havia sido dito nas próprias definições de resistência geral e especial, que o consumo máximo de oxigênio e o consumo de oxigênio no nível do limiar anaeróbio não são os únicos indicadores da resistência especial. Por exemplo, segundo Powers e Howley (2014), os atletas que são campeões em eventos de resistência aeróbia de longa duração nem sempre apresentam os melhores indicadores de consumo máximo de oxigênio e consumo de oxigênio no nível do limiar anaeróbio. Verkhoshansky (2013) argumenta que outros indicadores, por exemplo, as propriedades elásticas do aparelho locomotor, assim como uma coordenação neuromuscular mais aprimorada, podem caracterizar uma técnica mais econômica, dando certa contribuição no resultado esportivo.

---

[8] r = coeficiente de correlação de Pearson.

Diante do que foi tratado até aqui, podemos dizer que a resistência geral dependerá principalmente do $VO_{2\,max}$ do indivíduo. Em algumas modalidades, além do consumo máximo de oxigênio, fatores como força muscular, coordenação motora e flexibilidade têm importante papel nessa manifestação da resistência.

Com o intuito de facilitar o entendimento e promover uma reflexão, vamos ignorar alguns parâmetros que podem ser resolvidos com o treinamento de outras capacidades e dar atenção especial ao $VO_{2\,max}$ e ao limiar anaeróbio.

No Capítulo 3, vimos que o $VO_{2\,max}$ só pode ser realmente aferido quando praticamente toda massa muscular do indivíduo é envolvida no trabalho e junto ao débito cardíaco máximo. Dessa forma, o limiar anaeróbio tem uma correlação mais alta com o desempenho em resistência, porque mostra exatamente o potencial aeróbio dos músculos testados (resistência muscular local). Por exemplo, no teste de potência crescente (incremental) no cicloergômetro, após o momento em que todas a fibras musculares oxidativas e intermediárias foram recrutadas, o consumo de oxigênio não cresce mais no músculo esquelético, mesmo quando a potência continua a crescer (quando as fibras glicolíticas são recrutadas). Nesse caso, o ventilômetro ainda registra um aumento no consumo de oxigênio, mas isso ocorre em razão da elevação do trabalho dos músculos respiratórios e cardíaco, que são altamente aeróbios. Paralelamente, se, ao fim do teste, quando o consumo de oxigênio já se estabilizou, o atleta começar a ativar os músculos do tronco e dos membros superiores, novas fibras oxidativas são recrutadas e o consumo de oxigênio volta a crescer. Logo, o consumo máximo de oxigênio é um indicador básico que mostra que o indivíduo tem potencial para desenvolver a resistência, mas não se trata da resistência especial propriamente dita.

Desse modo, o limiar anaeróbio mostra sempre a capacidade oxidativa máxima de determinado grupo de músculos que estão sendo testados, ou seja, a resistência muscular local, que dependerá da densidade mitocondrial dos músculos exigidos no trabalho. Por isso, mesmo atletas de diferentes modalidades cíclicas (natação, corrida, ciclismo, remo) que apresentam altos níveis de $VO_{2\,max}$ não conseguem transferir desempenho para outra modalidade cíclica que não seja a própria especialidade, pois a resistência especial tem mais relação com a resistência muscular local. Em outras palavras, atletas de ciclismo, natação e corrida até apresentam indicadores cardiovasculares parecidos, no entanto, nadadores têm maior densidade mitocondrial nos músculos dos membros superiores, o que contribui para o trabalho na natação, ocorrendo situação análoga com atletas de ciclismo e de corrida.

## 4.5.2 O treinamento da resistência

O treinamento de resistência é dividido em treinamento de resistência geral e de resistência especial, sendo a resistência geral a base para a posterior melhora significativa da resistência especial do atleta.

O treinamento de **resistência geral**, na maioria das vezes, utiliza trabalhos cíclicos de longa duração e baixa intensidade. Essa metodologia pode ser utilizada, mas não é a única forma de melhorar a resistência geral do indivíduo, principalmente quando se considera a modalidade esportiva.

O principal direcionamento do treinamento de resistência geral reside na melhora dos parâmetros cardiovasculares. No que tange ao débito cardíaco, ele pode ser aperfeiçoado por meio do aumento do volume sistólico do coração. É bem conhecido na literatura científica que o volume sistólico máximo é observado no trabalho de membros inferiores, ou que envolva grande parte da massa muscular, com frequência cardíaca entre 130 e 150 BPM. Quando a FC aumenta acima desses valores, o tempo de diástole também diminui, não permitindo a máxima distensibilidade do ventrículo cardíaco. Assim, quando a frequência chega a valores acima de 190 BPM, o tempo de diástole fica tão reduzido que a tensão no miocárdio é praticamente contínua, causando a oclusão vascular do miocárdio – fenômeno denominado por Merson e Pshnikova (1988) como *defeito da diástole*. Com isso, ocorre acúmulo de íons de hidrogênio nas fibras cardíacas, levando o miocárdio à hipertrofia. Portanto, para o aumento do volume sistólico, não devem ser utilizados treinamentos com altos valores (acima de 190 BPM) de FC. Paralelamente, com o treinamento cíclico de intensidade moderada, também é observado o aumento de capilares nos músculos, assim como a quantidade de eritrócitos no sangue – ressaltamos que o aumento nos eritrócitos é discreto, e esse parâmetro é significativamente aumentado no treinamento em altitude elevada (Kotz, 1986; Merson; Pshnikova, 1988; Vovk, 2007).

Em lutas e jogos desportivos, o treinamento pode ser feito em circuito. Nesse caso, podem ser elaboradas estações com exercícios que tenham alto grau de complexidade coordenativa e variação de grupos musculares. Aqui, a intensidade não deve ser muito alta, visto que o recrutamento das fibras glicolíticas por períodos maiores do que 30 segundos causam acúmulo de lactato e íons de hidrogênio e, com isso, a frequência cardíaca cresce acima do valor necessário para treinar a resistência geral. Nas lutas, podem ser realizados circuitos nos quais existam estações com exercícios como golpes no saco de pancadas, rolamentos e exercícios ginásticos, utilizando praticamente todos os grupamentos musculares do corpo do atleta.

O treinamento de resistência geral de 30 a 60 minutos de duração mostra-se efetivo na melhora dos parâmetros cardiovasculares. Após 12 semanas de treinamento, o $VO_{2\,max}$ pode crescer de 4 a 8%, já os capilares no músculo aumentam em até 8 semanas (Vovk, 2007).

Além dos métodos de exercícios cíclicos de intensidade moderada, é importante ressaltar que, para o aperfeiçoamento da resistência geral, o treinamento de força voltado para a hipertrofia muscular, das fibras tipo I e II, é fundamental, pois o treinamento voltado para a hipertrofia aumenta a quantidade total de miofibrilas no músculo (Seluianov; Sarsania; Zaborova, 2012). No músculo, as mitocôndrias intermiofibrilares formam-se em uma camada entre as miofibrilas (Alberts et al., 2010; Mooren; Völker, 2012), por isso o aumento das miofibrilas cria espaço para o aumento da massa mitocondrial. Não é à toa que atletas com maior massa muscular também apresentam valor de $VO_{2\,max}$ absoluto elevado.

A **resistência especial** é melhorada com exercícios que utilizem os músculos que contribuem para os movimentos similares ou iguais ao da atividade competitiva. Também é importante que seja observado o regime de trabalho dos músculos na atividade competitiva e utilizada intensidade superior ao limiar anaeróbio (Myakinchenko; Seluianov, 2009; Verkhoshansky, 2013; Gibala et al., 2012; Volkov et al., 2013; Scribbans et al., 2014; Inoue et al., 2016).

A intensidade superior ao limiar anaeróbio é justificada pelo recrutamento das unidades motoras de alto limiar, que têm mais FMG (Buchheit; Laursen, 2013). Isso faz com que novas mitocôndrias sejam sintetizadas nas fibras glicolíticas, tornando-as mais oxidativas (Kristensen et al., 2015), o que aumenta o limiar anaeróbio do atleta e diminui o tempo necessário para a recuperação (MacInnis; Gibala, 2017).

Apesar de as informações sobre as particularidades do treinamento de resistência especial parecerem relativamente simples, os métodos de treinamento de resistência especial são complexos e nem sempre apresentam bons resultados. Por exemplo, na literatura russa, é consenso que o treinamento glicolítico com intervenções de 30 a 60 segundos aumenta a resistência especial, mas essa melhora só pode ser observada por 3 a 4 semanas e, posteriormente, no caso da manutenção das cargas glicolíticas, a potência no nível do limiar anaeróbio pode até piorar (Vovk, 2007; Gomes, 2009; Volkov et al., 2013). Apesar do consenso entre os russos, um estudo recente envolvendo treinamento intervalado de *sprint* em altíssima intensidade com intervenções de 30 segundos demonstrou que a expressão de RNAm de PGC-1α aumentou em 284% ($p < 0,001$) no músculo esquelético (Edgett et al., 2016). Assim, o que pode explicar essa contradição?

Para responder a essa pergunta, podemos levantar algumas hipóteses e refletir sobre os meios de treinamento, ou seja, o exercício escolhido. Muitas pesquisas ocidentais envolvendo o método de treinamento conhecido como SIT[9] utilizam exercícios em bicicleta e natação, ao passo que os trabalhos dos pesquisadores russos envolvem corridas de altíssima intensidade em atletas de atletismo qualificadíssimos. Nas corridas, a influência mecânica (impacto) da carga é muito superior, o que, somado ao acúmulo de íons $H^+$ e com o decréscimo das reservas de ATP miofibrilar, diminui o número total de pontes cruzadas nas miofibrilas, sobrecarregando-as e causando microtraumas que ativam as cascatas de sinalização envolvendo JNK-AP1 e mTOR-S6K. Por outro lado, na natação e no cicloergômetro, esse impacto mecânico é bem menor, não ativando tanto os mecanismos mais relacionados com a hipertrofia. É importante frisar que, quando o balanço energético é quebrado, a via de sinalização AMPK é ativada, esta última, por sua vez, além de trabalhar na direção da biogênese mitocondrial, também ativa processos de mitofagia via interação com ULK1[10] e inibição da mTORC1 para destruir as mitocôndrias danificadas. As mitocôndrias são danificadas, principalmente, pelo estresse oxidativo no vazamento de elétrons individuais na cadeia respiratória. Junto a isso, ocorre a fissão da mitocôndria e,

---

[9] SIT é a sigla do inglês para *sprint interval training*. Trata-se de uma variável de treinamento intervalado de alta intensidade que combina estímulos com 30 segundos ou menos de duração em altíssima intensidade com pausas de 2 a 4 minutos.

[10] Enzima codificada pelo gene ULK1.

posteriormente, a mitofagia pela interação dela com o lisossomo (Drake; Wilson; Yan, 2016; Laker et al., 2017). Além disso, os lisossomos aumentam a própria atividade em condições de baixo pH (Junqueira; Carneiro, 2018).

Com base no que foi exposto, parece que, hipoteticamente, os exercícios de corrida – tiros em altíssima intensidade – melhoram a resistência do indivíduo por meio do aumento da força nas fibras glicolíticas, efeito parecido com o do treinamento de força sem melhoras significativas no potencial oxidativo do músculo. Já o exercício na bicicleta ou a natação sem o estresse mecânico não ativam tanto as vias de sinalização da mTOR quando comparados com os *sprints* de corrida. A ativação da mTOR inibe a atividade lisossomal, tanto a autofagia quanto a mitofagia, já a AMPK inibe a mTOR, facilita a mitofagia e estimula a biogênese mitocondrial, aumentando a qualidade mitocondrial (Drake; Wilson; Yan, 2016; Laker et al., 2017).

Nos dias atuais, sabe-se que, para estimular a biogênese mitocondrial nas fibras rápidas, é necessário causar nelas o déficit energético na relação ATP/AMP e CrP/Cr (Cr – creatina; CrP – creatina fosfato) (Richard, 2008; Akhmetov, 2009; Mooren; Völker, 2012). Paralelamente, também se sabe que o acúmulo de íons $H^+$ promove a diminuição da densidade mitocondrial (Weineck, 2003; Vovk, 2007; Myakinchenko; Seluianov, 2009; Eliceev; Kulik; Seluianov, 2014). Logo, surge um paradoxo: Como é possível criar déficit energético nas fibras glicolíticas sem que haja a respectiva diminuição significativa do pH e o aumento excessivo de microtraumas?

O pesquisador russo Viktor Nikolaevich Seluianov desenvolveu um método muito eficiente para promover o aumento da densidade mitocondrial nas fibras musculares glicolíticas. Segundo Seluianov (2006) e Seluianov; Sarsania e Zaborova (2012), a posição atual de múltiplos experimentos permite que sejam feitas as seguintes considerações:

- as mitocôndrias têm tendência à formação nos lugares da célula onde se exige o fornecimento intenso de energia – ATP;
- a síntese excede a desintegração no caso do funcionamento intenso das mitocôndrias (fosforização oxidativa);
- a destruição das mitocôndrias ocorre em condições de funcionamento intenso da célula com utilização do metabolismo anaeróbio e baixo pH;
- a síntese ocorre somente nas células que estão envolvidas no trabalho.

Com base nessas informações, Seluianov elaborou uma metodologia específica que aumenta o limiar anaeróbio do atleta rapidamente, visto que o músculo pode ampliar significativamente a própria densidade mitocondrial entre 10 e 20 dias se treinado corretamente.

O método utiliza as seguintes posições:

- exercícios específicos que ativem os músculos mais importantes na atividade competitiva;
- exercícios em alta intensidade que recrutem as fibras rápidas;
- duração suficiente para depletar os estoques de CrP parcialmente, por exemplo, corrida de velocidade máxima por 30 metros;
- pausa incompleta de aproximadamente 1 minuto.

A essência desse método é que, quando o exercício é feito por 5 a 7 segundos, depleta-se parcialmente a creatina fosfato – em torno de 40 a 50% –, com pouco ou insignificante acúmulo de íons $H^+$ na fibra muscular. Paralelamente, a pausa de 1 minuto faz com que a creatina fosfato se recupere, mas não completamente, visto que a recuperação completa dos estoques de CrP acontece entre 3 e 8 minutos. Contudo, no primeiro minuto, ocorre 70% da recuperação pela intensa atividade mitocondrial (Glaister,

2005; Breslav; Volkov; Tambovtseva, 2013). Após 4 a 5 estímulos de 5 a 6 segundos em intensidade máxima por 1 minuto de pausa, as reservas de creatina fosfato decrescem a níveis críticos, fazendo com que o pH comece a diminuir. Nesse ponto, o exercício é interrompido e é acompanhado de uma macropausa de 10 minutos. Durante 4 a 5 minutos, entre estímulos e micropausas, as células musculares ficam com déficit de CrP e sem o acúmulo significativo de íons $H^+$. Como dito, não causar acidez é importante para não destruir as mitocôndrias (mitofagia), por outro lado, o aumento de creatina livre pode ajudar a ativar a via de sinalização da biogênese mitocondrial (AMPK – PGC-1α –NRF1 – TFAM), auxiliando no crescimento do limiar anaeróbio.

Além do método exposto, em que o atleta executa exercício em intensidade máxima, provocando déficit energético, mas não a diminuição no pH, Seluianov (2007) recomenda, ainda, a aplicação de outros métodos. Um desses métodos é a utilização de exercícios com intensidade no nível do limiar anaeróbio ou um pouco acima, como tiros de corrida em que o tempo de execução fique entre 3 e 8 minutos, sendo mantida certa intensidade sustentável. Nesse caso, algumas fibras musculares intermediárias e glicolíticas são envolvidas no trabalho, certa quantidade de lactato é produzida e certa quantidade é removida. No entanto, apesar de apresentar grande déficit energético e aumento de parâmetros como frequência cardíaca, ventilação pulmonar e EPOC[11], nesse método não é observada acidose muscular característica de tiros de 20 a 30 segundos de execução. Em etapas de treinamento próximas a competições, esses métodos, com as devidas variações, devem ser combinados, permitindo, assim, grandes aumentos na potência do nível do limiar anaeróbio e, consequentemente, na resistência muscular local e específica.

---

[11] EPOC = consumo excessivo de oxigênio após o exercício.

A combinação do método executado em altíssima intensidade com tiros curtos e tiros de intensidade sustentável por 3 a 8 minutos sustenta-se no fato de pesquisas ocidentais mostrarem que, em tiros de alta intensidade (relativos à potência de 175% do $VO_{2\,max}$), o fator de transcrição mitocondrial (TFAM) é mais expresso quando comparado com intensidades menos elevadas (90 a 100% do $VO_{2\,max}$), porém, em treinamentos intervalados (HIIT – High Intensity Interval Training, ou treinamento intervalado de alta intensidade) envolvendo a intensidade de 90 a 100% do $VO_{2\,max}$, é observada maior expressão dos fatores de crescimento endotelial vascular (VEGF), os quais promovem angiogênese (Casuso et al., 2017). Portanto, um método completa o outro.

### 4.5.3 Recomendações práticas do treinamento de resistência

De forma geral, podemos dizer que o treinamento de resistência envolve métodos para o aumento dos parâmetros cardiovasculares, que podem ser feitos tanto por meio de exercícios cíclicos (meios), contínuos e variáveis (método) em esportes cíclicos quanto via método de circuito que envolva exercícios de força/velocidade diversos em esportes como lutas, jogos desportivos, coordenação complexa etc. Também podem ser aplicados exercícios glicolíticos com o objetivo de aperfeiçoar a resistência especial do indivíduo – aqui se trata de método de repetição e intervalado. No método de repetição, podem ser realizados tiros de corrida de 100 a 400 metros ou mais; nos intervalados, pode ser utilizada uma relação de tempo de esforço e descanso de 1:2, 1:3, 1:4, a depender do tempo de esforço. Ressaltamos que esse tipo de trabalho apresenta bons resultados nas primeiras 3 a 4 semanas apenas, posteriormente, vale a pena que seja aplicada a metodologia de Seluianov, descrita anteriormente, para elevar o limiar anaeróbio.

Salientamos que a resistência para de melhorar quando o atleta satura o músculo de mitocôndrias, portanto, nesse momento, o aumento da resistência só pode ser observado junto à hipertrofia muscular. Isso ocorre porque as mitocôndrias intermiofibrilares estão paralelas e em fila entre as miofibrilas, ou seja, cada miofibrila tem uma camada de mitocôndrias. Quando novas miofibrilas surgem, além do aumento da força muscular, o que permite também o aumento da velocidade, cria-se espaço para o surgimento de novas camadas mitocondriais. Contudo, o treinamento voltado para hipertrofia, tanto em FMG quanto em FMO, causa diminuição do pH, destruindo as mitocôndrias existentes nas células e piorando a potência no nível do limiar anaeróbio. No entanto, isso não quer dizer que o treinamento de hipertrofia não faz sentido, mas certifica que a forma desportiva (conceito que será abordado no Capítulo 6) tem caráter fásico, portanto, é necessário que o atleta saia da forma desportiva para criar outra – em outras palavras, se o atleta quiser apresentar um novo nível de rendimento (superior ao nível do ciclo anterior), é necessário que ele piore temporariamente o desempenho para depois melhorar.

Com base no que foi dito tanto na Seção 4.5 quanto no Capítulo 3, fica claro o porquê de não termos tratado sobre resistência de força na Seção 4.3, conforme explicaremos a seguir. A força depende da quantidade de pontes cruzadas disponíveis e de coordenação neuromuscular específica. Quando o atleta já tem força, o treinamento racional de resistência (método de Seluianov) aumenta consideravelmente a resistência especial. Nesse contexto, supostamente, a resistência especial poderia ser chamada de *resistência de velocidade* ou *resistência de força*, e, de certa forma, essa manifestação da resistência depende exclusivamente do aumento do limiar anaeróbio dos músculos exigidos no trabalho, ou seja, depende da densidade mitocondrial em todas as fibras musculares daquele músculo.

## 4.5.4 Altitude elevada como estratégia de preparação

Há algumas décadas, o treinamento em altitude elevada tem sido adotado de forma muito efetiva na preparação de atletas de alto rendimento, principalmente em modalidades esportivas que exigem resistência. As condições climáticas nas montanhas (elevada altitude) diferenciam-se em razão das alterações drásticas de umidade, temperatura, pressão atmosférica e pressão parcial de oxigênio, radiação solar e alta ionização do ar. A permanência dos atletas em tais condições leva a uma série de mudanças adaptativas no organismo, as quais se manifestam principalmente na capacidade de transporte e de utilização de oxigênio (Merson; Pshnikova, 1988).

Ao nível do mar, a pressão atmosférica é igual a 760 milímetros de mercúrio (mmHg). A 1.000 metros de altitude, a pressão cai 12%, a 2.000 metros, 22%, a 3.000 metros, 31%, e a 5.000 metros, 50%. Apesar da mudança de pressão atmosférica, o conteúdo do ar não muda, pois, independentemente da altitude, o ar atmosférico continua sendo constituído de 79,04% de nitrogênio, 20,93% de oxigênio e 0,03% de dióxido de carbono. Assim, com o aumento da altitude, somente a pressão parcial muda. Por exemplo, se ao nível do mar a pressão atmosférica equivale a 760 mmHg, a pressão parcial de oxigênio é igual a 159 mmHg, já na altitude de 2.000 metros, a pressão atmosférica é de 596 mmHg, logo, a pressão parcial de oxigênio é de 125 mmHg (Breslav; Volkov; Tambovtseva, 2013).

Com o aumento da altitude, a densidade atmosférica diminui e cai a concentração de vapor de água, o que leva ao aumento da radiação solar – a radiação solar aumenta 10% a cada 1.000 metros de altitude, mas a maior alteração é observada na radiação ultravioleta, que aumenta em intensidade 3 a 4% a cada 100 metros de altitude (Heath, Willians, 1983). Além disso, com o aumento da altitude, o estado elétrico atmosférico também é alterado.

Se, no nível do mar, predomina a ionização negativa, conforme cresce a altitude, predominam os íons positivos, que podem mostrar-se uma influência negativa para a adaptação do organismo do indivíduo com as condições climáticas observadas em regiões montanhosas (Platonov, 2013).

A cada 300 metros de elevação da altitude, ocorre a diminuição da temperatura do ar em 2 °C. Por isso, a uma altura de 1.500 a 3.000 metros, a temperatura do ar pode cair 10 a 20 °C. Com a queda da temperatura do ar, também diminui a quantidade de vapor de água, ou seja, a umidade do ar. Assim, a 2.000 metros de altitude, a quantidade de vapor de água é 2 vezes menor do que ao nível do mar (Sutton; Houston; Coates, 1987).

Todos esses fatores citados podem influenciar negativamente na capacidade de trabalho do atleta, porém, entre eles merece destaque a pressão parcial de oxigênio diminuída, que causa certo déficit na absorção de oxigênio pelo organismo na condição de altitude elevada. Quando estamos ao nível do mar, a pressão parcial de oxigênio elevada (159 mmHg) permite que seja atingido um gradiente de concentração de moléculas de $O_2$, que cria um ambiente favorável para a utilização de oxigênio no corpo. Por exemplo, a pressão parcial de oxigênio no sangue arterial em condições normais é de 94 mmHg, já a pressão nos tecidos é de 20 mmHg – esse gradiente de concentração permite uma diferença de 74 mmHg, o que facilita a troca gasosa. Na altitude de 2.400 metros, a pressão parcial de oxigênio no sangue arterial cai para 60 mmHg, mas a pressão nos tecidos continua a mesma, desse modo, a diferença de pressão cai para 40 mmHg, dificultando a entrada do oxigênio em tecidos, células e mitocôndrias (Wilmore; Costil; Kenney, 2013; Breslav; Volkov; Tombovtseva, 2013).

Outros efeitos podem ser observados na altitude elevada. Por exemplo, nos jogos de futebol, a bola atinge velocidades superiores em razão da menor resistência imposta pelo ar. Além disso, o déficit de oxigênio no organismo pode causar prejuízos cognitivos momentâneos, fazendo com que jogos de futebol em elevadas altitudes sejam uma grande desvantagem para equipes visitantes – como acontece em jogos da Copa Libertadores da América. Também podem ocorrer alguns fenômenos curiosos, por exemplo: a diminuição da pressão parcial de oxigênio leva a prejuízos no transporte de oxigênio, impactando o desempenho em esportes de resistência, mas, por outro lado, em esportes em que existem forças aerodinâmicas significativas, como é o caso do ciclismo e da patinação de velocidade, mesmo em provas de resistência, o desempenho pode melhorar em altitudes elevadas, visto que a diminuição da resistência externa compensa a diminuição das possibilidades funcionais do organismo do indivíduo.

Tendo em vista as reações fisiológicas experimentadas por atletas de alto rendimento em diferentes altitudes, foi possível determinar a seguinte classificação:

- **Altitude elevada moderada ou montanhas baixas** – 800 a 1.000 metros acima do nível do mar. Nessa altitude, tanto em condições de repouso quanto em exercícios de baixa intensidade, não se manifestam mudanças fisiológicas significativas relacionadas com a insuficiência de oxigênio. Somente em exercícios de alta intensidade é que o indivíduo pode experimentar algum efeito negativo. A 1.000 metros de altitude, o consumo máximo de oxigênio cai para 98 a 96% daquele registrado no nível do mar (Robergs; Roberts, 2002).
- **Altitude elevada média ou montanhas médias** – 1.000 a 2.500 metros acima do nível do mar. Nessas condições, os efeitos da altitude manifestam-se em exercícios de elevada e de baixa intensidade, e apenas em condições de repouso o atleta não experimenta os efeitos negativos sobre as funções fisiológicas. Sabe-se que, a cada 100 metros, o $VO_2$ cai em 0,7-1,0 % e, a partir dos

1.500 metros de altitude, a cada 1.000 metros, o $VO_2$ cai em média 9,2% (Robergs; Roberts, 2002).

- **Altitude elevada imoderada ou montanhas altas** – Altitudes a partir de 2.500 metros acima do nível do mar. Nesse caso, até mesmo em repouso o organismo experimenta e sente intensamente os efeitos da insuficiência de oxigênio no ar. Na altitude de 3.500 metros, a potência aeróbia cai 20%. No pico do Monte Everest, o $VO_{2\,max}$ equivale de 7 a 10% em relação ao observado no nível do mar (Platonov, 2004; Robergs; Roberts, 2002).

Com os fenômenos observados em razão da altitude, o organismo sofre a quebra da homeostase e logo começam a surgir diversas reações adaptativas. Assim, no **primeiro estágio** do processo adaptativo, ocorrem os processos agudos, ou seja, aumento de frequência cardíaca, ventilação pulmonar e débito cardíaco, dilatação dos vasos sanguíneos do cérebro e coração, constrição dos vasos sanguíneos de outros órgãos. Além disso, ocorre a policitemia já nas primeiras horas após a chegada do indivíduo em regiões de elevada altitude, principalmente em virtude da diminuição do plasma como consequência da perda de líquidos causada pelo ar seco. A insuficiência de oxigênio estimula a liberação nos rins de eritropoietina (hormônio que estimula a medula óssea a produzir eritrócitos) já nas primeiras horas e que se mantém aumentado por 48 horas. No dia seguinte, já pode ser observada a reticulocitose (aumento dos reticulócitos circulantes) que certificam a intensificação da atividade da medula óssea. Com o aumento dos eritrócitos nos dias seguintes, a reticulocitose desaparece e o sangue mais viscoso diminui o débito cardíaco. Por fim, também há intensificação da atividade do eixo hipotálamo-hipófise-adrenal, que mobiliza as funções respiratória e cardíaca, mas, como se sabe, os hormônios do estresse podem quebrar o balanço nitrogenado negativamente, causando perda de massa muscular (Saltin, 1996).

O **segundo estágio** do processo adaptativo (etapa de transição) está relacionado com o início de alterações estruturais e funcionais. Nesse contexto, cresce a quantidade de eritrócitos, o volume de plasma, a concentração de hemoglobina e, consequentemente, a capacidade sanguínea de armazenamento e transporte de oxigênio. Também se observa o aumento da superfície respiratória dos pulmões e da potência da regulação adrenérgica do coração, e crescem a ventilação máxima pulmonar, o volume sistólico e débito cardíaco, bem como o consumo máximo de oxigênio (Saltin, 1996).

O **terceiro estágio** (adaptação estável) do processo adaptativo é relacionado com a consolidação e a estabilidade das mudanças já citadas na segunda etapa, além disso, após a permanência de 4 a 5 semanas na altitude, ocorrem mudanças no tecido muscular, como a diminuição da área transversa das fibras rápidas e lentas e o aumento da quantidade de capilares por milímetro quadrado (1 mm²). A adaptação estável do organismo quando submetido à hipóxia está relacionada com algumas alterações essenciais no sistema nervoso central e periférico. No nível superior do SNC, ocorre o aumento da estabilidade do cérebro diante de estímulos estressantes; o aumento da estabilidade dos reflexos condicionados; a aceleração da transição da memória de curta para a de longa duração. Com relação à adaptação vegetativa, a adaptação estável manifesta-se com o aumento da regulação adrenérgica do trabalho do coração, que se expressa com a hipertrofia dos neurônios simpáticos e o aumento de fibras simpáticas no miocárdio (Merson; Pshnikova, 1988).

## 4.5.5 Particularidades do treinamento na altitude

Treinar em condições de altitude é uma boa premissa, porém, absolutamente, não é garantia de sucesso no aumento da resistência. Existem várias recomendações metodológicas referentes ao treinamento em condições montanhosas para que sejam evitados possíveis erros. Por exemplo, sabe-se que o estresse excessivo causado por elevadas cargas de treinamento em ambientes de elevada altitude, como 2.500 a 3.000 metros, pode gerar resultados negativos. Nesse contexto, a "carga excessiva" não indica necessariamente o excesso de exercícios, mas a simples reprodução nas duas primeiras semanas do que o atleta vinha fazendo ao nível do mar (Shephard, 1992).

Na altitude, como já vimos, ocorre a diminuição da pressão parcial de oxigênio nos tecidos e, com isso, os mecanismos anaeróbios de produção de energia são mais solicitados. Tal fato é bem evidenciado em cargas padronizadas, em razão da elevação de lactato sanguíneo na altitude em comparação com o nível do mar. Como citado no Capítulo 3, os mecanismos anaeróbios glicolíticos de produção de energia são menos eficientes na ressíntese de creatina fosfato e, consequentemente, de ATP miofibrilar. Por isso, junto à ativação de mecanismos glicolíticos na fibra muscular, sempre é observada a queda no pH muscular, ou seja, o acúmulo de íons de hidrogênio. Em casos de diminuição significativa do pH, os íons de hidrogênio são capazes de danificar a estrutura das membranas das mitocôndrias, fazendo com que a capacidade aeróbia muscular diminua (Weineck, 2003). Em virtude disso, mesmo com o crescimento de quantidade de eritrócitos e hemoglobinas, após 7 a 10 dias de permanência na altitude, a resistência do indivíduo pode piorar em caso de treinamento irracional, pois de nada adianta aumentar a capacidade de transporte de oxigênio do sangue e, paralelamente, diminuir a capacidade de utilização desse oxigênio pelo músculo como consequência de exercícios glicolíticos.

Na atualidade, há duas formas bem fundamentadas de treinamento em hipóxia: a natural e a artificial. O treinamento em hipóxia natural é a simples permanência do atleta em elevada altitude, já a hipóxia artificial é criada por meio da utilização de câmaras barométricas capazes de reproduzir as condições atmosféricas das regiões de elevada altitude.

O treinamento de hipóxia artificial passou a ser estudado em pesquisas nos anos 1990 por cientistas americanos e escandinavos. No entanto, vale destacar que, muito antes disso, ainda nos anos 1970, na Alemanha Oriental, já existia uma base esportiva construída próxima de Berlim que conseguia reproduzir a pressão atmosférica de até 4.000 metros de altitude. Nessa base, realizaram-se muitas pesquisas que não foram disseminadas para o restante do mundo por serem de caráter fechado. Por lá passaram mais de 3 mil atletas de alto rendimento, o que trouxe uma grande experiência prática e científica até hoje não reproduzida no Ocidente. Com base nessa experiência, Suslov (1999) aponta alguns pontos importantes que devem ser considerados no treinamento em hipóxia artificial:

- deve durar entre 12 e 28 dias;
- a pressão parcial de oxigênio deve corresponder àquela encontrada na altitude de 2.500 a 3.000 metros;
- a permanência diária na condição de hipóxia é de, no mínimo, 14 horas;
- a quantidade ótima de sessões de treinamento diárias é de 1 a 2 com duração total de 2 a 4 horas.

Vale ainda ressaltar que, na preparação com a hipóxia artificial, os treinamentos são feitos fora da câmara barométrica, ou seja, em condições normais. É preciso que seja dada ênfase na permanência longa dentro da câmara. Pesquisas realizadas pelo Instituto Australiano de Esporte demonstraram que, caso o atleta diminua a permanência dentro da câmara para 10 horas por dia, os efeitos são menos significativos e podem demorar mais de 40 dias para aparecerem. Nesse contexto, outro ponto a ser destacado é que esse tipo de trabalho pode gerar problemas mais sérios na psique do atleta, principalmente pelo fato de o atleta ficar praticamente "preso" por um mês, visto que o tempo fora da câmara é destinado somente ao treinamento.

Apesar de o treinamento em hipóxia artificial apresentar resultados positivos em determinadas condições (apresentadas anteriormente), o treinamento em hipóxia natural causada pela permanência do atleta em regiões montanhosas desencadeia reações mais expressivas e efetivas do fluxo de adaptação em relação ao treinamento em hipóxia artificial (Merson; Pshnikova, 1988).

A seguir, apresentaremos posições teóricas a respeito da preparação em altitude proposta por Platonov (2013; 2015) e Suslov (1999).

A preparação em altitude deve acontecer em forma de mesociclo com duração de 2 a 6 semanas. Na maioria dos casos, esse mesociclo dura 3 ou 4 semanas e é composto de 1 microciclo de introdução voltado para a aclimatização e mais 2 ou 3 microciclos de choque, seguidos de 1 microciclo recuperativo de curta duração. Vamos, a partir deste ponto, verificar uma proposta de mesociclo composto de 4 microciclos e 3 semanas de duração.

A duração do primeiro microciclo em elevada altitude varia conforme o nível de preparo, por exemplo, atletas experientes de alto rendimento que já estão acostumados com a preparação em regiões montanhosas. O primeiro microciclo pode durar apenas 3 a 4 dias, já no caso de atletas jovens e sem experiência, 7 a 10 dias. O volume total de trabalho deve ser reduzido para 60 a 70% em relação ao volume de trabalho feito no nível do mar. No treinamento, predominam cargas aeróbias, e os exercícios de alta intensidade têm redução de 40% no volume. Nos exercícios de alta intensidade, as pausas devem ser aumentadas entre 1,3 e 1,6 vezes.

O segundo microciclo tem duração de 6 a 7 dias, e o volume total de trabalho já atinge a grandeza de 80 a 90% do máximo observado ao nível do mar. As cargas de treinamento predominantes são tanto aeróbias quanto mistas. É importante que seja introduzido o treinamento de força para evitar a perda acentuada de massa muscular do atleta.

O terceiro microciclo tem 7 a 8 dias de duração, e o volume total de trabalho atinge 90 a 100% do máximo. Aqui, os atletas já estão adaptados funcionalmente com relação aos fatores estressantes da altitude. É importante que seja aumentado o volume de preparação especial.

O quarto microciclo é recuperativo, com duração de 2 a 3 dias, e o volume de trabalho cai para 50%. No caso de um mesociclo de 4 semanas, o esquema é o mesmo, porém, em vez de 2, são aplicados 3 microciclos de choque com volume crescente.

Após retornar de regiões de altitude elevada, o atleta ainda não está pronto para manifestar sua capacidade de trabalho ao máximo, pois, assim como ocorre na ida para regiões de elevada altitude, na volta é necessário que o atleta dedique um pequeno período para aclimatização. Geralmente, nos primeiros dias, a capacidade de trabalho varia, ora elevada, ora diminuída, e o efeito retardado de treinamento manifesta-se após 12 a 14 dias, elevando-se ao máximo entre 24 e 26 dias após a volta do atleta a altitudes menores. Após 30 dias, o efeito da altitude começa a desaparecer como resultado da desadaptação, mas esse efeito pode ser prolongado para mais de 40 dias em caso de utilização racional de hipóxia artificial.

Além das posições teórico-metodológicas já citadas, mais alguns pontos podem ser analisados. Por exemplo, apesar de o treinamento em hipóxia natural ser mais efetivo, a permanência por longos períodos na altitude elevada pode levar a mudanças na técnica do atleta, por isso, a permanência nessa condição deve durar apenas o suficiente para que ocorram as mudanças funcionais no organismo do atleta. Ademais, a hipóxia artificial pode complementar e em muito contribuir com a eficácia da preparação em condições montanhosas, principalmente em dois aspectos. Em primeiro lugar, quando o atleta utiliza a hipóxia artificial por 7 a 10 dias, mesmo que por poucas horas, a aclimatização no primeiro microciclo na altitude ocorre mais rapidamente.

Em segundo, quando o atleta experimenta a hipóxia artificial após a volta das montanhas, o efeito do treinamento da altitude elevada pode ser prolongado para 40 a 50 dias.

Levando em conta que a capacidade de trabalho do atleta não é elevada já nos primeiros dias após a volta das montanhas, é muito importante planejar ida e volta de uma forma em que coincidam as datas das competições com o período entre o início do efeito retardado e o momento em que se inicia a perda do efeito do treinamento em altitude elevada.

## Síntese

Neste capítulo, destacamos que as capacidades físicas são definidas como um conjunto de propriedades morfológicas e psicomotoras que responde a qualquer exigência muscular. Para que um atleta manifeste uma elevada capacidade de trabalho em uma competição esportiva, é imprescindível que ele dedique tempo ao treinamento das capacidades físicas. As capacidades físicas reconhecidas na literatura do treinamento desportivo são coordenação, flexibilidade, força, velocidade e resistência.

A coordenação é uma capacidade que apresenta muitas manifestações, por exemplo, equilíbrio, orientação temporal, ritmo e capacidade de relaxamento. Já a flexibilidade é definida como um conjunto de propriedades morfofuncionais que determina a amplitude dos movimentos, podendo ser ativa ou passiva, dinâmica ou estática. Juntas, essas capacidades são a base para execução de qualquer gesto técnico esportivo. Por outro lado, a força muscular é a condição básica para a existência de qualquer movimento e pode ser muito determinante em modalidades como levantamento de peso, mas também exerce papel fundamental na manifestação de potência, principalmente nas acelerações nos diversos deslocamentos esportivos. A rapidez é uma das capacidades mais complexas, envolvendo momentos de combinação de força, coordenação e flexibilidade, além de momentos de expediência motora nas reações do atleta. A rapidez, principalmente com relação à velocidade de deslocamento, é fator decisivo no resultado da maioria dos esportes. Por fim, a resistência no esporte revela-se na capacidade dos atletas de manter a qualidade das ações mesmo em situações em que a fadiga se desenvolve.

O treinamento das capacidades físicas envolve conhecimentos muito complexos, e a própria capacidade coordenativa exige do treinador certo conhecimento sobre neurofisiologia, tanto na formação de programas motores e hábitos motores quanto na regulação contínua da técnica das ações esportivas. Por outro lado, as outras capacidades exigem uma compreensão muito aprofundada dos mecanismos biológicos musculares apresentados no Capítulo 3. Sem dúvida, é importantíssimo esse conhecimento para que o treinador consiga, com base em meios e métodos de treinamento, manipular as variáveis bioquímicas e fisiológicas que provocam os processos adaptativos no organismo do atleta, causando o efeito adaptativo e, consequentemente, o aumento da capacidade de trabalho.

### ■ Atividades de autoavaliação

1. É a capacidade de avaliar de forma operacional as situações que se alteram de forma complexa com relação às condições de espaço e reagir a elas com ações racionais que permitam a efetividade de execução dos exercícios competitivos. Esse conceito está relacionado a qual das manifestações de coordenação?

    a) Orientação temporal.
    b) Avaliação e regulação dos parâmetros dinâmicos e cinemáticos.

c) Manutenção do equilíbrio e estabilidade.
d) Ritmo.
e) Capacidade de relaxamento muscular.

2. Quanto à flexibilidade, analise as assertivas a seguir e indique V para as verdadeiras e F para as falsas:
   ( ) Mobilidade articular e flexibilidade são termos sinônimos.
   ( ) A flexibilidade ativa é a capacidade de atingir a maior amplitude possível de movimento com a ajuda de forças externas.
   ( ) A diferença do valor obtido entre a flexibilidade passiva e a flexibilidade ativa é chamada de *reserva de flexibilidade*.
   ( ) O alongamento prolongado (360 a 540 segundos) deve ser feito no início das sessões de treinamento de força.
   ( ) O conceito de flexibilidade está associado ao grau de flexão e extensão que uma articulação isolada pode atingir.

3. Com relação à capacidade *força*, analise as assertivas a seguir e indique V para as verdadeiras e F para as falsas:
   ( ) A força pode ser determinada tanto por fatores centrais quanto periféricos.
   ( ) O tipo de explosão balística é característica em esportes como o arremesso de peso no atletismo.
   ( ) O treinamento de força voltado para a hipertrofia pode ser direcionado tanto para fibras musculares lentas quanto rápidas.
   ( ) A relação paramétrica mostra que força e velocidade são inversamente proporcionais.
   ( ) A hipertrofia é potencializada quando, no mesmo exercício, são somados diversos fatores que causam cascatas de sinalização, como estresse mecânico, metabólico e resposta endócrina.

4. No que concerne à rapidez, analise as assertivas a seguir e indique V para as verdadeiras e F para as falsas:
   ( ) A capacidade física *rapidez* pode ser dividida em formas elementares e complementares.
   ( ) As formas elementares de rapidez envolvem reações simples, complexas, disjuntivas e diferenciais.
   ( ) O treinamento de velocidade de deslocamento exige tempo curto de execução e pausas completas de recuperação.
   ( ) A correlação dos tipos de fibras musculares tem peso fundamental na velocidade de deslocamento.
   ( ) A rapidez na desaceleração não representa necessariamente garantia de grandes valores velocidade absoluta ou aceleração.

5. Quanto ao treinamento de resistência, analise as assertivas a seguir e indique V para as verdadeiras e F para as falsas:
   ( ) As variáveis do método de treinamento intervalado elevam o potencial aeróbio das fibras musculares rápidas e, consequentemente, a resistência especial.
   ( ) O treinamento em elevada altitude aumenta a resistência do atleta, mas há uma série de particularidades metodológicas que devem ser respeitadas.
   ( ) O conceito atual de resistência geral envolve a prática de exercícios descontextualizados da especificidade do esporte.
   ( ) O acúmulo de íons $H^+$ é a condição básica para o aumento da densidade mitocondrial.
   ( ) No treinamento de resistência especial, é importante que sejam combinados diversos métodos que ativem diferentes funções do organismo.

## Atividades de aprendizagem

*Questões para reflexão*

1. As capacidades físicas manifestam-se nos esforços musculares e, por isso, o desempenho físico do indivíduo depende das propriedades morfológicas do músculo. Os métodos de treinamento causam expressões de determinados genes que sintetizam proteínas, as quais alteram as propriedades morfológicas e funcionais musculares. É racional o treinamento multifacetado das capacidades físicas em atletas adultos de modalidades que apresentam exigências preferenciais de uma ou de outra capacidade física? Argumente sobre seu ponto de vista.

2. Na prática esportiva, as capacidades físicas não existem de forma isolada, pois elas são sempre integradas, manifestam-se ao mesmo tempo e influenciam umas às outras. Com base nisso, como o treinador pode determinar a proporção do treinamento entre as capacidades físicas?

*Atividade aplicada: prática*

1. Você está treinando um nadador profissional especialista em provas de 400 metros nado livre. Em uma bateria de testes, foi observado que esse atleta apresenta um limiar anaeróbio relativamente baixo. Faltam 6 semanas para a competição principal. Elabore um programa de treinamento para esse período e descreva os métodos utilizados.

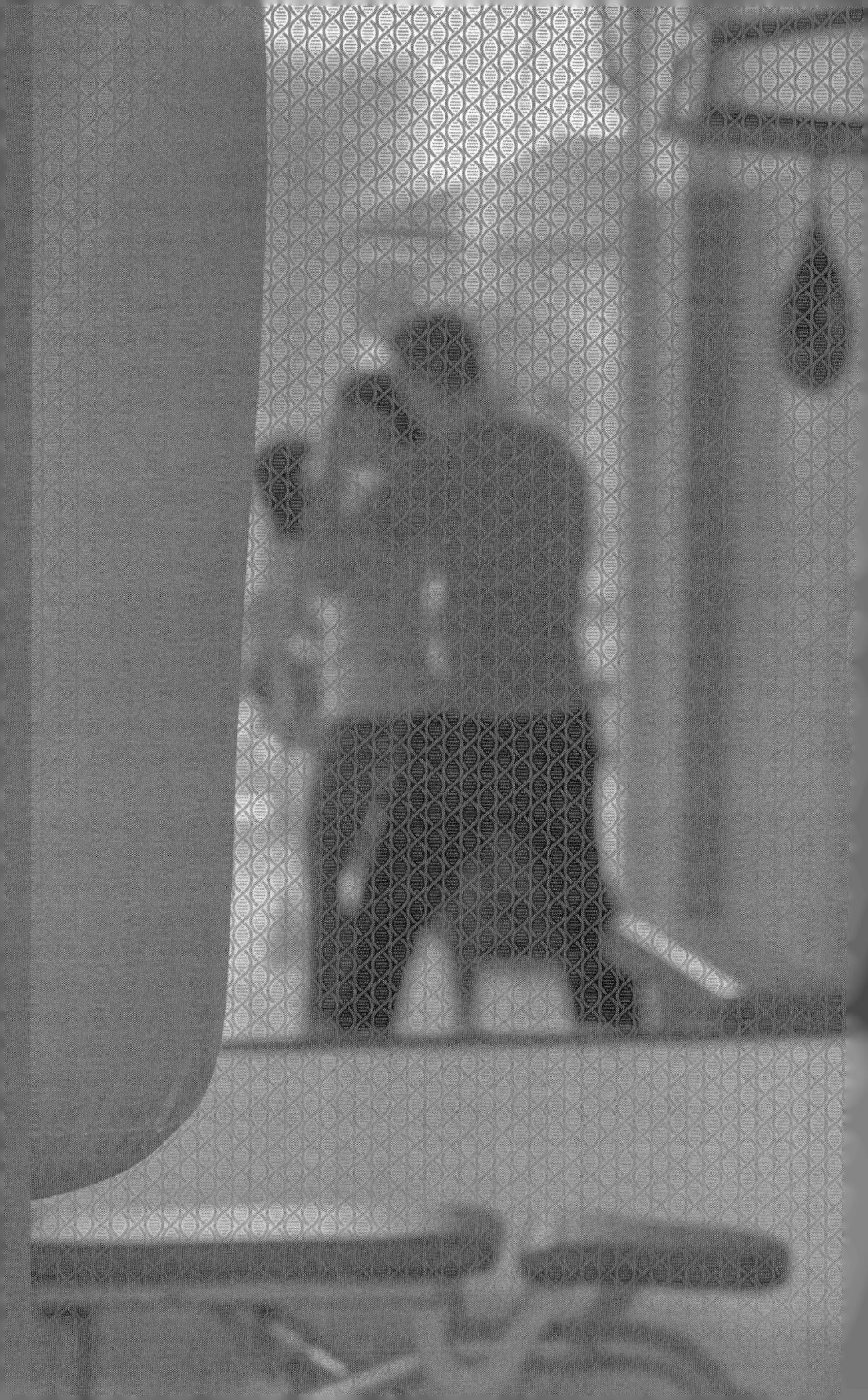

# Capítulo 5

## Preparações técnica, tática e psicológica

Como vimos nos Capítulos 1 e 2, o preparo do atleta é constituído de quatro componentes: preparo físico, técnico, tático e psicológico. No Capítulo 4, analisamos com detalhes o componente físico do preparo e, neste capítulo, destacaremos as preparações técnica, tática e psicológica. Nesse contexto, abordaremos os conceitos, os principais problemas e as metodologias das preparações técnica e tática, além das questões pertinentes ao preparo psicológico que o treinador pode e/ou deve intervir. Vale ressaltar que o conteúdo sobre neurofisiologia, tratado no Capítulo 3, e sobre treinamento da coordenação motora, no Capítulo 4, são indispensáveis para o melhor entendimento a respeito da preparação técnica. Quanto às Seções 5.3 e 5.4, relacionadas à preparação tática, frisamos que a tática existe em praticamente todas as modalidades esportivas, porém, seu peso na determinação do resultado é maior nos jogos desportivos e nas lutas e, em razão disso, a maioria dos exemplos utilizados será concentrada nesses esportes.

## 5.1 Preparo técnico do atleta

A técnica do exercício físico pode ser entendida como uma forma de resolução de tarefas motoras que se realiza com base em relações ótimas de todas as suas características e condições concretas. Também pode ser definida como o conjunto de movimentos e ações que garantem a mais efetiva resolução das tarefas motoras, condicionados pela especificidade, pela disciplina e pelas provas de dada modalidade esportiva (Platonov, 2013).

O preparo técnico é o grau de aquisição, por parte do atleta, de determinado sistema de movimentos que corresponde às exigências e às particularidades de dada modalidade esportiva e é direcionado na realização de grandes resultados (Fiskalov, 2010). Nesse contexto, a maestria técnica é formada com base na eliminação de qualquer gênero de ações de grau secundário, esforços orientados incorretamente e no tempo errado (Ratov et al., 2007).

De forma simplificada, a **técnica do esporte** é o meio pelo qual o atleta resolve as tarefas motoras, por exemplo, no futebol, com o intuito chegar à meta adversária e fazer o gol, os jogadores utilizam um vasto arsenal técnico. Esse arsenal pode ser compreendido como um conjunto de fundamentos e ações, como o seguintes: os chutes a gol e suas variáveis (com o dorso, a parte interna ou externa do pé, também conhecidos como *chutes de peito de pé*, *chapa* e *trivela*); os passes curtos, médios e longos (rasteiros, aéreos); o domínio (com pé, coxa ou peito); o drible; o cabeceio (defensivo ou ofensivo); o desarme (roubada de bola simples, carrinho); a cobrança de lateral, o escanteio e o tiro de meta; o ato de marcar; a ação de proteger a bola etc. Nesse contexto, tudo o que foi citado diz respeito à técnica do esporte.

Já no que se refere a **preparo técnico ou técnica do atleta**, não se trata dos movimentos que o atleta executa em dada modalidade esportiva, mas do grau de maestria com que ele executa esses movimentos. Ainda seguindo o exemplo do futebol, qualquer atleta pode executar um chute a gol utilizando a parte interna ou externa do pé (técnica do esporte), mas pouquíssimos jogadores têm grau de maestria suficiente para direcionar a bola de forma precisa e com a dosagem de força correta para ser um exímio batedor de faltas (preparo técnico ou técnica do atleta).

Apesar de a diferença entre técnica esportiva e preparo técnico parecer simples, para ficar claro se o atleta realmente tem um nível elevado de preparo técnico, é preciso que sejam diferenciados os conceitos de fundamento técnico e de ação técnica. O *fundamento técnico* é uma forma de movimento naturalmente utilizada no esporte para resolver tarefas motoras, no entanto, esse movimento está fora do contexto da atividade competitiva. A *ação técnica* nada mais é do que a execução dos próprios fundamentos técnicos inseridos no contexto da atividade competitiva.

É muito fácil compreender a diferença entre fundamento técnico e ação técnica quando olhamos para a prática do treinamento esportivo. Por exemplo, qualquer criança com alguma experiência motora consegue executar o movimento do passe no futsal, no handebol ou no basquetebol, porém a situação é completamente distinta quando uma pessoa tenta executar um passe em um jogo com marcação acirrada, tempo limitado para a tomada de decisões e a análise situacional do contexto tático, exigências físicas e psíquicas extremas etc. No primeiro caso, trata-se do fundamento técnico, ou seja, a premissa básica para se conseguir executar uma ação, já no segundo caso (com a existência da competição e de todos os fatores inerentes a ela que exigem a utilização do fundamento para resolver tarefas táticas), aí, sim, trata-se de ação técnica. Com isso, a diferença entre os dois conceitos fica mais clara! Desse modo, a ação técnica é o verdadeiro indicador do preparo técnico, visto que ela existe somente em um contexto integrado em que há grandes exigências de outros componentes do preparo do atleta (físicos, táticos e psicológicos). Por outro lado, um grande arsenal de fundamentos técnicos por si só certifica apenas sobre o alto nível de capacidade coordenativa do indivíduo.

Ainda sobre o preparo técnico, é importante destacar que, em alguns esportes, como jogos esportivos e lutas, os grandes atletas têm a capacidade de executar as ações técnicas básicas e complementares. **Ações técnicas básicas** são aquelas utilizadas para resolver as tarefas comuns da atividade competitiva, e **ações técnicas complementares** são aquelas que servem para resolver situações não padronizadas e incomuns. Em outras palavras, as ações técnicas complementares são resultado da criatividade, inteligência e percepção de atletas que contam com vasto repertório motor para resolver situações problemáticas. Em esportes como futebol, rugby, handebol, basquetebol e hóquei, frequentemente, o sistema defensivo de uma equipe tem a função de ocupar espaços no campo de jogo de forma que sejam impedidas as ações de finalização e de infiltração por meio de passes e lançamentos. Geralmente, quando tal situação ocorre, o sistema defensivo recupera a posse de bola, mas existem alguns casos considerados como exceções, ou seja, alguns atletas, quando não há a possibilidade de executar o passe, conseguem, por meio de movimentos que absolutamente não são ordinários, criar espaço e superioridade numérica, driblando ou enganando o adversário marcador e, às vezes, até todo o sistema defensivo. Todos os amantes de futebol podem lembrar de momentos de jogo protagonizados por atletas como Ronaldinho, Ronaldo, Robinho, Neymar, Kaká, Denílson etc., além de atletas estrangeiros como o argentino Messi, o português Ronaldo, o holandês Robben, entre outros. Esses tipos de exemplos também são muito comuns nas lutas, quando alguns atletas conseguem, em determinado contexto, criar ações técnicas que misturam ou combinam diferentes fundamentos, formando uma nova ação técnica, ou seja, uma ação técnica complementar.

Há muitos fatores que influenciam diretamente na qualidade de execução da técnica do atleta. Questões como o clima, a altitude, o estado funcional, as decisões do árbitro, o comportamento dos torcedores, o comportamento do técnico e de companheiros etc. Por isso, o preparo técnico não deve ser analisado de forma isolada, mas como um componente de uma unidade integral, tendo em vista que as decisões técnicas sempre estão estreitamente inter-relacionadas com as possibilidades físicas, psicológicas e, principalmente, táticas do atleta, além de estarem ligadas a uma série de condições do meio externo quando a ação está sendo executada.

Para a avaliação da maestria técnica dos atletas, considera-se uma série de indicadores que caracterizam qualitativamente e quantitativamente o estado da técnica das ações competitivas. Esses indicadores são de efetividade, de consistência, de volume/diversidade e de informação tática da técnica esportiva (Matveev, 2010).

A **eficácia** geral da técnica é dada por indicadores integrais, ou seja, pelo resultado da ação técnica propriamente dita, já a **efetividade** da técnica é dada por indicadores parciais e/ou diferenciais, ou seja, testes que reproduzem ações que apresentam similaridade, mas se diferenciam de alguma forma da ação competitiva em condições facilitadas. Geralmente, esses indicadores são utilizados para comparação, por exemplo, entre os resultados: da execução do salto em altura e do salto vertical simples; da corrida de 110 metros com barreira e da corrida sem barreira; da condução de bola de um jogador de futebol ou de handebol e da corrida sem a bola. A diferença dos resultados diz sobre a efetividade da técnica, ou seja, o quanto o atleta é capaz de utilizar o próprio potencial locomotor.

A **consistência da técnica** é dada por três indicadores: estabilidade, variabilidade e economia.

1. **Estabilidade** – A estabilidade técnica diz sobre o quanto o atleta é capaz de manter a qualidade de execução das ações competitivas em condições diversas que podem influenciar na técnica. Alguns exemplos: o percentual de erros e acertos na técnica de LPO (levantamento de peso olímpico) com peso de 95 a 100% do máximo; o percentual de passes certos e errados nos jogos desportivos em condição

de treino, competição e competição em condições extremas, como é o caso de jogos em regiões de altitude elevada, em ambientes extremamente quentes ou frios, com pressão de torcedores etc.

2. **Variabilidade** – A variabilidade é relevante, principalmente, nas modalidades como jogos esportivos e lutas, visto que a variabilidade técnica cria a imprevisibilidade (fator decisivo na tática de uma equipe ou de um lutador) e é importante para resolver problemas situacionais. Nas modalidades de coordenação complexa, a variabilidade também tem papel decisivo, visto que o atleta tem maior nível de exigência de complexidade técnica e originalidade a cada dia.

3. **Economia** – O fator *economia* consiste no mínimo gasto energético na repetição dos movimentos. É importante em todos esportes que exigem algum nível de resistência. Geralmente, nas modalidades cíclicas de resistência, a economia tem peso ainda maior. Atletas com melhor coordenação neuromuscular e capazes de armazenar energia elástica nos tecidos do aparelho locomotor têm grande vantagem.

O **volume e a diversidade da técnica** são determinados pelo repertório motor do atleta (conjunto de habilidades), ou seja, quanto maior a experiência motora do atleta nas primeiras etapas do processo de treinamento, melhor. O conceito de hábito ou habilidade motora está relacionado com a execução de movimentos de maneira automática. Em outras palavras, o atleta já conta com um programa motor pronto, que só precisa ser "disparado", ou seja, as vias neurais para a execução de dado movimento já são conhecidas, o que faz o atleta ter a consciência livre para prestar atenção no meio externo em vez de se concentrar no movimento. O volume e a diversidade da técnica podem ser considerados como indicadores que servem de base para a variabilidade técnica. Apesar de serem conceitos muito parecidos, os indicadores *volume* e *diversidade* dão noção da existência de programas motores e habilidades diversas, já o conceito de variabilidade técnica envolve questões também cognitivas e capacidades do indivíduo, como a criatividade para poder analisar a situação e tomar uma decisão para escolher qual programa usar.

A mínima **informação tática** é um indicador que também tem peso maior em jogos desportivos e lutas. O atleta que consegue não mostrar as próprias intenções antes e durante a execução de uma ação competitiva dificulta a ação do adversário. A posição do corpo de um lutador antes de iniciar um golpe pode claramente mostrar quais são as intenções dele, facilitando a defesa e o contra-ataque do oponente, principalmente no caso de esse oponente ter estudado o lutador adversário. Nos jogos desportivos, fica bem evidente a importância da mínima informação tática quando analisamos os melhores momentos do atleta Ronaldinho. Por muitas vezes, esse jogador desestruturou sistemas defensivos inteiros quando direcionava o corpo e o olhar para um lado e tocava a bola para o outro lado, ou quando batia falta por baixo da barreira de jogadores. Em outras palavras, além da incrível criatividade e variabilidade técnica com tomadas de decisão em curtíssimos intervalos de tempo, esse atleta era ainda mais imprevisível porque mascarava as intenções táticas. Nesse mesmo contexto, alguns atletas de handebol conseguem enganar o goleiro no momento da finalização, quando saltam e fazem todo o movimento prévio de arremesso potente, mas acabam soltando a bola lentamente e por cobertura.

## 5.2 Preparação técnica

Com base no que foi discutido na seção anterior e no primeiro capítulo deste livro, na seção sobre a técnica e a tática da atividade competitiva, podemos dizer que o processo de preparação técnica consiste em resolver as seguintes tarefas:

- aumento do repertório motor (habilidades);
- alcance da estabilidade;
- transformação de fundamentos em ações;
- aperfeiçoamento da estrutura das ações (características: dinâmicas, cinemáticas e rítmicas) com a individualidade do atleta;
- aumento da consistência e eficiência da técnica em condições competitivas extremas.

Obviamente que, entre os fatores citados, dependendo do nível de qualificação do atleta e, principalmente, da especificidade da modalidade esportiva, alguns podem ter mais relevância do que outros. A seguir, veremos exemplos de tarefas típicas em grupos de modalidades esportivas concretas.

Em modalidades cíclicas de resistência, atenção especial é dada aos fatores relacionados ao gasto energético do movimento e que podem influenciar negativamente no preparo do atleta. Quando se trata de corrida, por exemplo, como consequência do aperfeiçoamento da técnica e do crescimento da qualificação do atleta, é observada a diminuição da oscilação vertical do corpo, minimizando o trabalho sumário contra a força gravitacional. Já no caso da natação, é importante que o arrasto seja diminuído ao máximo. Com esse intuito, o nadador deve bater as pernas, gerando empuxo para elevar o corpo e deixando-o praticamente na posição horizontal na superfície; a cabeça do nadador não deve nem levantar e nem abaixar, mas se manter na posição fisiológica como uma continuação do tronco; o tronco deve girar no eixo longitudinal para a direita e a esquerda, pois esse movimento de "rolo" intensifica o ato de remar e ajuda a executar a fase submersa da braçada na melhor trajetória, diminuindo o arrasto e facilitando a saída do braço da água no momento da respiração. Caso as pernas afundem ou a cabeça saia da posição, o arrasto cresce consideravelmente, e a trajetória e o percurso da braçada são comprometidos, o que leva à perda de potência e de velocidade e ao aumento considerável do gasto energético (Makarenko, 1996; Vorontsov; Rumyantsev, 2004; Chesnokov; Nikitushkin, 2010; Popov; Samsonova, 2011).

No caso de modalidades de velocidade ou mesmo em modalidades cíclicas de resistência, quando o intuito da preparação é o aumento da velocidade, têm destaque: o tempo de relaxamento muscular; o tempo de apoio (repulsão); o comprimento das passadas; e a frequência das passadas. É bem conhecido que o tempo de relaxamento muscular influencia a frequência de passadas, além disso, o menor tempo de repulsão diminui a ação de frenagem, fator determinante no valor de velocidade absoluta. Por exemplo, na corrida de 100 metros, o comprimento das passadas em atletas de elite varia entre 230 e 251 centímetros, o tempo de repulsão varia entre 60 e 90 milissegundos, e a frequência de passadas pode atingir 5,5 passos por segundo. Em provas de meio-fundo e fundo, o comprimento das passadas e o tempo de apoio podem variar de 180 a 237 e 160 a 175 centímetros e 118 e 122 a 132 milissegundos, respectivamente (Ratov et al., 2007; Chesnokov; Nikitushkin, 2010; Verkhoshanski, 2013).

Em modalidades que incluem arremessos e lançamentos, têm peso fundamental parâmetros como o ângulo de liberação do implemento esportivo (projéteis), a altura de liberação e a velocidade inicial do voo. O ângulo de liberação do implemento varia um pouco entre os atletas: no arremesso de peso, geralmente em torno de 41° a 45°; no lançamento de dardo, em torno de 32° a 35°. Quanto à velocidade de liberação, diante de altura e ângulo ótimos de liberação, para que o dardo seja lançado acima de 104,8 metros, a velocidade inicial do voo deve ser de aproximadamente 31,5 m/s, já o arremesso de peso acima de 22 metros só é atingido com velocidade de 14 m/s (Bartlett, 2004; Bartonietz, 2004).

Nas lutas, a contínua interação entre os corpos dos atletas faz com que existam e ganhem destaque técnicas de ataque, defesa e contra-ataque. Assim, a maestria do atleta é dada pela capacidade de ele forçar o adversário a chegar em determinada posição que dificulte muito a defesa, aumentando, assim, a efetividade das ações de ataque. Por isso, na preparação técnica de lutadores, atenção especial é dada aos seguintes objetivos:

- conseguir mascarar as intenções nas ações e executar manobras falsas, fintando o adversário;
- combinar várias ações técnicas que levam inevitavelmente a uma circunstância ou situação específica;
- criar repertório técnico para aplicar as técnicas de forma ambidestra (utilização de variabilidade e imprevisibilidade);
- avaliar corretamente a situação para iniciar determinada técnica.

Com isso, o atleta consegue levar o adversário para uma posição que dificulte muito a defesa. Nesse contexto, na hora de executar a ação de ataque, tem destaque a capacidade do atleta de combinar o início e a direção da ação da própria força com a direção do deslocamento da massa do corpo do adversário e com a separação do adversário do apoio para a execução da ação técnica, ou seja, aplicar a máxima força no momento do desequilíbrio do adversário (Ratov et al., 2007; Popov; Samsonova, 2011). De forma resumida, os lutadores de alto nível mascaram as próprias intenções, acentuando esforços complexos em diferentes direções e de forma sequencial e esperando tal mudança no corpo do adversário para que possam executar os golpes principais ou preparar-se para o contra-ataque.

## 5.2.1 Meios e métodos da preparação técnica

Os meios de treinamento utilizados para resolver as tarefas de aperfeiçoamento da maestria técnica são os exercícios competitivos, as formas de treinamento de exercícios competitivos, além dos exercícios gerais, semiespeciais e especiais.

A execução de exercícios gerais e especiais aperfeiçoa-se graças a um grande fluxo de informações que chega ao sistema nervoso central (SNC) do atleta. Essas informações podem ser divididas em dois tipos: (1) informações fundamentais; (2) informações complementares (Platonov, 2015).

As **informações fundamentais** são compostas de todo o fluxo sensorial/aferente que chega dos proprioceptores periféricos do corpo. Por exemplo, com relação ao aparelho locomotor, são enviadas diversas informações ao SNC, as quais são provindas dos proprioceptores musculares (fuso muscular), tendíneos (órgão tendinoso de golgi) e articulares (corpúsculos de Pacini e outras terminações nervosas), que refletem as alterações no comprimento e na tensão musculares, na posição do corpo, na velocidade de deslocamento etc. Já as informações a respeito da estrutura dos movimentos e da interação do organismo do atleta com o meio externo provêm dos órgãos visuais e auditivos, do aparelho vestibular, dos receptores da pele etc. (Powers; Howley, 2014).

As **informações complementares** são endereçadas para a consciência do atleta por meio de demonstração e explicação por parte do treinador. Essa informação ajuda o atleta a compor o modelo imaginário sobre o movimento a ser executado; os erros que surgem; a divergência da execução factual do movimento e daquela considerada ideal; a eficiência da ação motora em geral; entre outras funções (Weineck, 2003; Makcimenko, 2009).

Somente por meio desse grande fluxo de informações que chegam ao SNC é possível a aquisição de novas habilidades e o aperfeiçoamento da técnica das ações motoras. A técnica só se consolida no atleta no caso de movimentos que alcançam o objetivo planejado, mas isso só acontece uma vez que o atleta entenda plenamente o que deve fazer e receba orientação a respeito das próprias ações por parte do treinador. Quando o atleta não conhece os pontos fundamentais de apoio nem as bases orientativas da ação, por não ter um modelo imaginário a respeito da técnica, ele repete várias vezes um movimento sem um *feedback* completo, e, com isso, a consciência não é capaz de avaliar os pequenos detalhes errados no movimento, tornando-se uma técnica e/ou habilidade com erros muito difíceis de ser corrigidos (Dias et al., 2016).

Para que os meios de treinamento possam resolver as tarefas da preparação utilizando as posições teóricas a respeito do fluxo de informações adequado, é preciso que seja aplicado pelo treinador um conjunto de métodos adequados. No processo de aprendizagem e aperfeiçoamento técnico, são aplicados os métodos verbais, demonstrativos e práticos. A utilização preferencial de um ou de outro método ou a combinação entre eles depende da qualificação, do nível de preparo, da etapa de aprendizado dos movimentos do atleta etc. Por exemplo, para crianças e adolescentes ainda no início da preparação plurianual, o método verbal e demonstrativo combinados são essenciais para o aprendizado, mas, para essa faixa etária, o método demonstrativo baseia-se na demonstração do movimento por parte do treinador. Em atletas que já estão em etapas mais avançadas do processo plurianual, o método demonstrativo pode ser composto pela visualização por parte do atleta dos próprios movimentos filmados, e, nesse caso, o método verbal está contido na explicação por parte do treinador dos pontos fortes e fracos da técnica por meio de uma análise biomecânica.

É importante destacar que, nas primeiras etapas do processo de preparação plurianual, o treinamento da técnica e da coordenação andam juntos. Nesse contexto, essa etapa deve ser direcionada na aquisição máxima de habilidades e técnicas de diferentes esportes por parte do atleta, visto que, nesse caso, o grande repertório motor pode ajudar na aquisição de novas habilidades graças ao efeito de transferência positiva (Geletsky, 2008; Makcimenko, 2009). Já nas etapas de especialização e no estágio de maestria esportiva, os meios de treinamento (exercícios) devem ser os mais específicos possíveis, visto que, nesse momento, o atleta já tem grande e estável repertório motor. Além disso, nessas últimas etapas citadas, o objetivo principal da preparação técnica é ajustar ou aperfeiçoar ao máximo as características dinâmicas, cinemáticas e rítmicas em conformidade com a elevação do nível de preparo das capacidades físicas do atleta (Golomozov; Chirva, 2008; Oleshko; Ivanov; Priimak, 2016).

### 5.2.2 Etapas de preparação técnica

Como apontamos no Capítulo 3, o processo de formação de habilidades motoras (base para o aperfeiçoamento da técnica) considera leis fisiológicas, psicológicas, pedagógicas e estruturais. No entanto, se integrarmos todos esses conhecimentos, podemos dizer que o processo de treinamento voltado para o aperfeiçoamento técnico e para a aquisição de novas habilidades apresenta três etapas básicas. São elas:

1. **Primeira etapa** – Etapa de início da aprendizagem. Aqui, cria-se um modelo imaginário geral sobre a ação motora e estabelece-se o objetivo de dominá-la, estudam-se os principais mecanismos do movimento, forma-se a estrutura rítmica e corrigem-se os erros mais grosseiros. Em outras palavras, é a etapa na qual surge a presença do modelo imaginário motor e a tentativa de execução da técnica.
2. **Segunda etapa** – Etapa de aprendizagem mais aprofundada. O entendimento da técnica é mais detalhado, a estrutura coordenativa dela é aperfeiçoada em cada elemento do movimento e nas características dinâmicas e cinemáticas dele. Também são aperfeiçoadas as noções de ritmo, que são adaptadas às particularidades individuais do atleta.
3. **Terceira etapa** – Etapa de consolidação e aperfeiçoamento seguinte (futuro) da técnica. A habilidade forma-se e estabiliza-se, além disso, a variabilidade e a eficiência

das ações aplicadas à modalidade esportiva em questão são aperfeiçoadas e podem manifestar-se em diferentes condições, inclusive quando as capacidades físicas são exigidas em nível máximo.

Uma importante posição metodológica que contribui para a formação de uma técnica estável e variável e que permite agir efetivamente nas situações extremas competitivas é a utilização de métodos de aumento da complexidade das condições de execução da técnica. Nesse contexto, são aplicadas as seguintes indicações:

- aumento da dificuldade e ampliamento das variantes das posições iniciais, intermediárias e finais das ações preparatórias;
- diminuição ou ampliação dos limites de espaço para a execução de fundamentos e ações técnicas;
- limitação do tempo de execução das ações;
- aumento da complexidade das orientações espacial e temporal;
- execução das ações em condições nas quais o atleta não esteja acostumado;
- variação da resistência oposta pelo adversário;
- reação inadequada dos parceiros etc.

Por fim, vale ressaltar que, assim como a coordenação, a força especial e a velocidade, a técnica não deve ser treinada quando o indivíduo estiver em estado funcional debilitado como consequência da fadiga. Além disso, é preciso que o movimento seja repetido muitas vezes, porém sem perda significativa na qualidade de execução. Também é importante o contínuo *feedback* do treinador e a autoavaliação do atleta, assim como a motivação. Essas posições teóricas existem em praticamente todos os livros de treinamento desportivo. No entanto, há uma recomendação importante: quando a técnica já foi aprendida e bem fixada, ela pode ser trabalhada em estado de fadiga do atleta com o intuito de aumentar a estabilidade dela, porém esse trabalho deve ser feito com cautela para não trazer prejuízos aos movimentos do indivíduo (Vovk, 2007; Dias et al., 2016; Oleshko; Ivanov; Priimak, 2016).

## 5.3 Preparo tático

A tática esportiva pode ser entendida como uma forma de união e realização de fundamentos e ações técnicas que asseguram uma atividade competitiva efetiva, levando o atleta ou a equipe ao alcance do objetivo designado em uma competição concreta (Platonov, 2015).

O nível de preparo tático depende da aquisição dos meios (fundamentos e ações táticas), tipos (de ataque, defesa e contra-ataque) e formas (individual, grupal e de equipe) de tática esportiva.

Na estrutura do preparo tático, destacam-se conceitos como os seguintes:

- **Conhecimento tático** – Apresenta em si o conjunto de representações sobre os meios, os tipos e as formas da tática esportiva e das particularidades de aplicação desse conhecimento na atividade de treinamento e competitiva.
- **Perícia tática** – Forma de manifestação da consciência refletida na ação do atleta com base nos conhecimentos táticos. Podem ser destacadas as perícias de decifrar os planos do adversário, prever o decorrer do desenvolvimento do confronto competitivo, mudar a própria tática etc.
- **Habilidade tática** – Compreende ações táticas memorizadas, combinações de ações táticas individuais e coletivas.

- **Pensamento tático** – Pensamento do atleta no processo de atividade esportiva em condições de déficit de tempo e tensão psicológica, diretamente orientado na resolução de tarefas táticas concretas.

Seguindo o raciocínio exposto no Capítulo 1, podemos dizer que o conceito de conhecimento tático está relacionado com as operações mentais da tática, ao passo que a perícia, a habilidade e o pensamento táticos estão mais ligados a operações estruturais (modelo tático – ações práticas que garantem a execução da concepção). A variante ótima de plano tático é aquela que está em conformidade com as possibilidades físicas, técnicas e psicológicas do atleta. Por isso, a preparação tática é composta pelos seguintes elementos:

- domínio de meios, formas e tipos modernos de tática esportiva em dada modalidade;
- correspondência da tática pelo nível de desenvolvimento de um tipo concreto de esporte com a estrutura ótima de atividade competitiva;
- correspondência do plano tático com as particularidades de competições concretas – adversário, condições do local da competição, caráter da arbitragem, comportamento dos torcedores etc.;
- garantia de inter-relação da tática com nível de aperfeiçoamento de outras faces do preparo – técnica, tática e psicológica.

Dessa forma, o plano, ou concepção tática, é a base para criação do modelo tático.

Na criação do plano tático, é preciso que treinador e atletas considerem as possibilidades técnico-táticas e funcionais dos parceiros (nos jogos esportivos), a experiência das ações táticas dos atletas mais fortes, os dados sobre os principais adversários (preparo físico, técnico, tático e psicológico), além de planejar a variabilidade da tática para diferentes momentos de acordo com o caráter das ações técnico-táticas dos adversários e dos companheiros. A escolha de uma concepção tática racional da atividade competitiva é determinada por diversos fatores que, basicamente, dependem da especificidade da modalidade esportiva e das possibilidades individuais de cada atleta.

Nas modalidades esportivas cíclicas, aplicam-se diferentes variantes de superação das distâncias competitivas, por exemplo: velocidade constante; alta velocidade na primeira parte do percurso com gradual diminuição; alta velocidade no início e no fim do percurso e moderada no meio; aumento contínuo de velocidade no decorrer de toda a distância; variação contínua da velocidade no processo de superação da distância; velocidade contínua no início e no meio da distância e crescimento brusco no fim.

Nesse sentido, Kholodova e Kozlova (2016) analisaram 486 atletas finalistas de campeonatos mundiais e europeus na modalidade de patinação de velocidade em pista curta (*short track*) e observaram que, entre os atletas participantes da prova de 500 metros, havia uma tendência de elevada velocidade na primeira metade do percurso, com diminuição gradual da velocidade na segunda metade. Nesse caso, em torno de 57% dos atletas fizeram o pior tempo na primeira volta, o melhor tempo na segunda volta e tiveram uma discreta perda de velocidade nas voltas de números 3 e 4. De forma paralela, nesse mesmo estudo, foi observado que, na prova de 1.000 metros, a tendência é que o atleta comece devagar e obtenha um aumento gradual da velocidade ao longo de todo o percurso, atingindo a máxima velocidade no trecho final (65% dos casos).

Os Gráficos 5.1 e 5.2, a seguir, descrevem a distribuição de esforços ao longo do trajeto em diferentes provas.

**Gráfico 5.1** Variante tática da corrida de patinação na distância de 500 metros

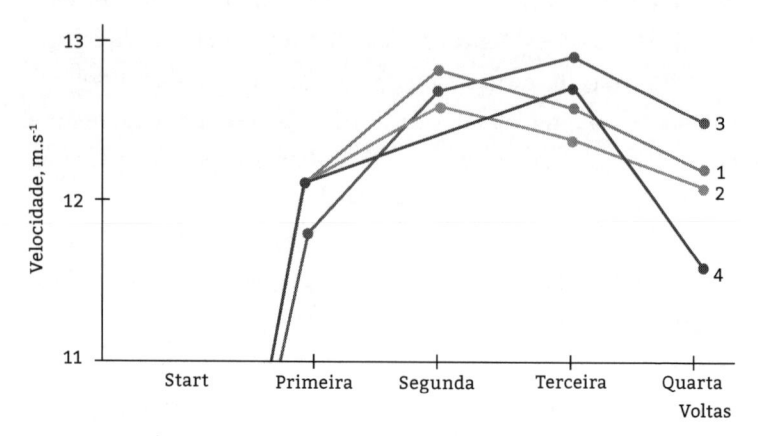

*Velocidade, m.s⁻¹* — eixo vertical (11 a 13)
Eixo horizontal: Start, Primeira, Segunda, Terceira, Quarta Voltas

Fonte: Kholodova; Kozlova, 2016, p. 14.

**Gráfico 5.2** Variante tática de corrida na distância de 1.000 metros

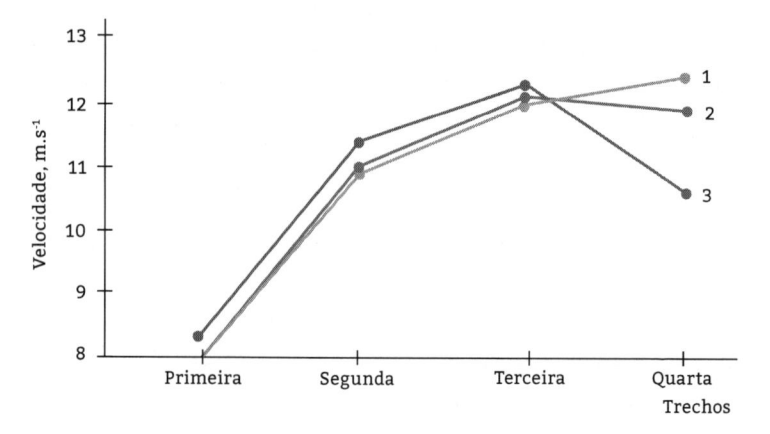

*Velocidade, m.s⁻¹* — eixo vertical (8 a 13)
Eixo horizontal: Primeira, Segunda, Terceira, Quarta Trechos

Fonte: Kholodova; Kozlova, 2016, p. 14.

Nas modalidades esportivas de força-velocidade, a tática tem importância para influenciar psicologicamente os adversários e a chance de atingir bons resultados. Por exemplo, no salto em distância, os atletas têm uma quantidade limitada de tentativas, e alguns deles optam por executar o primeiro salto de modo mais seguro (evitam o esforço máximo) para fazer a primeira marca e, somente posteriormente, arriscar mais. Outros atletas arriscam em todos os saltos com o intuito de aumentar o número de tentativas de fazer o melhor salto para o alcance da vitória.

Um bom primeiro salto pode causar pressão psicológica no adversário, como foi o caso da atleta brasileira Maurren Maggi, campeã olímpica nos Jogos Olímpicos de Verão de 2008, em Pequim. Na ocasião, a atleta russa Tatyana Lebedeva tinha grandes marcas no ano anterior e era favorita para a vitória nesse duelo, mas o bom salto da atleta brasileira já na primeira tentativa forçou Lebedeva a arriscar nas outras tentativas, levando a russa a erros. Situações análogas acontecem no levantamento de peso olímpico: os atletas determinam o peso a ser levantado no início da competição, mudando a ordem de apresentações e pressionando aqueles que ainda não conseguiram marcas; além disso, aqueles atletas que serão os primeiros a se apresentar sentem-se forçados a arriscar valores acima de suas reais possibilidades, aumentando, assim, a chance de erros.

Apesar de a tática estar presente em todos os esportes, ela apresenta uma característica mais determinante nos jogos esportivos, já que, nessas modalidades, os atletas estão em contato direto e em contraposição constantemente. Nesse caso, Savin (2003) e Chirva (2015) consideram que, nos jogos desportivos, os fatores que garantem o sucesso das ações táticas de jogadores estão relacionados com os seguintes elementos:

- alto nível de desenvolvimento de diferentes qualidades psicomotoras, particularmente das capacidades de antecipar, reagir e tomar decisões rapidamente;
- domínio das ações táticas de ataque e defesa em diferentes situações de jogo;
- precisão na execução de ações com a bola em condições de contraposição (marcação) do adversário.

Com base nisso, no contexto dos jogos desportivos, *tática esportiva* pode ser definida como a organização das ações individuais e coletivas, direcionadas ao alcance da vitória sobre o adversário ou ao alcance da vantagem sobre ele em determinada situação de jogo. O elemento principal na tática é a determinação de meios, formas e métodos de condução das ações de ataque e de defesa que podem garantir o alcance do objetivo determinado para o jogo (Sakharova, 2005).

## 5.4 Preparação tática

Por *preparação tática* podemos entender o estudo e, principalmente, o aperfeiçoamento das ações (perícias e habilidades) utilizadas para a resolução de tarefas que surgem no decorrer da competição. Logo, o objetivo da preparação tática é ensinar o atleta a agir com sucesso nas condições imprevisíveis do jogo (ou seja, na constante alteração das situações). Tendo isso em mente, podemos afirmar que a maestria tática se resume na capacidade de o indivíduo encontrar no jogo a forma mais efetiva de resolução das tarefas que surgem nas situações diversas (Sakharova, 2005b).

Segundo Savin (2003), as tarefas fundamentais da tática nos jogos desportivos são as seguintes:

- dominar elementos básicos da tática de ataque e defesa individual, grupal e de equipe;
- ensinar o atleta a executar eficientemente as ações técnicas em conformidade com a situação de jogo, ou seja, o treinamento da tática dos "episódios do jogo" (lances);
- desenvolver no jogador o pensamento tático operacional, a capacidade de orientar-se, a criatividade, a perspicácia, a capacidade de prever as possíveis mudanças nas situações de jogo;

- ensinar ao atleta sobre a interação com os parceiros de acordo com determinadas combinações táticas na defesa, no ataque e nas transições;
- formar no atleta a capacidade de trocar rapidamente e racionalmente de uma combinação tática para outra, conforme as alterações das situações de jogo e a marcação do adversário.
- aperfeiçoar a maestria tática do atleta, considerando a posição do jogador.

Para resolver as tarefas de treinamento e atingir os objetivos da preparação tática, levando o atleta à maestria, a preparação tática considera dois aspectos importantes: (1) o processo de aquisição e aperfeiçoamento das habilidades e conhecimentos táticos; (2) o processo de desenvolvimento das qualidades que determinam o conjunto de capacidades táticas especiais. Considerando esses dois aspectos, a preparação tática, quando feita de forma racional, divide-se em preparação teórica e prática (Chirva, 2015).

A **preparação tática teórica** propõe a assimilação, pelos jogadores, de diferentes conhecimentos especiais sobre a tática do jogo. Nesse contexto, são importantes os métodos verbais e demonstrativos, além, é claro, da didática pedagógica do treinador, tendo em vista que, antes da existência de um modelo de jogo bem definido, é preciso formar na cabeça de cada jogador a concepção tática geral que dará identidade à equipe.

A preparação teórica tem dois momentos importantes: o primeiro acontece no início do macrociclo[1] para a formação da concepção tática na cabeça do jogador – aqui, o peso da preparação teórica é mais determinante do que a preparação prática; o segundo ocorre quando os atletas já têm a concepção e estão formando o modelo de jogo – nesse caso, a preparação teórica entra

---

[1] Macrociclo é o grande ciclo de treinamento. A discussão sobre essa questão será detalhada no Capítulo 7.

em cena com a correção e as recomendações feitas junto à análise dos jogos, com a utilização de recursos de vídeo e de estatística.

A **preparação tática prática** tem o objetivo de fazer os jogadores assimilarem as habilidades de executar ações táticas de ataque, defesa e transição. Aqui, é fundamental a execução dos exercícios propriamente ditos no contexto de jogo, quando o atleta já tem a noção dos princípios táticos (expostos na concepção tática). Nesse caso, os exercícios envolvem a resolução de tarefas táticas individuais, em grupo (por setor ou linhas) e em equipe. Os métodos de treinamento mais tradicionalmente utilizados são os diversos jogos com regras e dimensões modeladas de acordo com a tarefa a ser resolvida, jogos com mais ou com menos participantes, com ou sem adversário, em superioridade numérica no ataque ou na defesa etc.

Outro ponto essencial na preparação tática nos jogos desportivos é que, em razão de calendários competitivos saturados e de um sistema de disputa que não permite ao treinador priorizar determinado momento do campeonato (campeonatos em pontos corridos), a preparação tática não considera somente a criação de um modelo de jogo que dê identidade à equipe, mas também a tática utilizada em cada jogo concreto com adversários totalmente diferentes.

A tática de preparação para o jogo seguinte, segundo Chirva (2015), propõe que sejam considerados pelo treinador os seguintes pontos:

- o estudo dos jogos da equipe adversária – particularidades do jogo de atletas isolados e da equipe como um todo, preparo físico e técnico dos jogadores, disciplina e comportamento em diferentes variantes de desenvolvimento no decorrer do jogo etc.;
- a composição do plano no jogo com base na análise das possibilidades concretas do momento da equipe e do adversário, que envolvem a orientação fundamental de condução

do jogo, as variantes de ações em situações típicas de ataque e defesa, as tarefas de jogadores individualmente e de grupos de jogadores.

Segundo Sakharova (2005), o meio utilizado para o ensino e o aperfeiçoamento da tática é a execução repetida de exercícios em situações concretas de jogo. O ensino das ações táticas começa a partir dos elementos simples, que, gradualmente, tornam-se mais complicados e integram-se em um conjunto de combinações táticas. Como resultado da execução de exercícios muitas vezes repetidos em equipe, estabelecem-se fortes relações, tanto em cada um dos jogadores quanto entre as linhas da equipe, o que permite que atletas adquiram diferentes conhecimentos para a execução das tarefas de ataque e de defesa. No processo de treinamento das sessões e das competições, as relações táticas aperfeiçoam-se, sendo criado um conjunto de jogadas estabelecidas com um estilo individual de jogo do atleta.

O sistema de preparação tática envolve formas individuais, de grupos e em equipe. Além disso, nesse sistema estão envolvidos conhecimentos teóricos especiais, executados por jogadores individualmente, pelas linhas ou setores e pela equipe como um todo. Essas sessões podem ocorrer em forma de análise do jogo e dos objetivos do jogo ou na próxima sessão de treinamento.

Na preparação tática, destacam-se as quatro etapas a seguir, as quais estão inter-relacionadas metodologicamente:

1. Criação de premissas para o ensino com sucesso da tática de jogo, ou seja, desenvolvimento no atleta de pensamento tático, rapidez da reação, orientação no campo, perspicácia, iniciativas criativas e capacidades de prognóstico plausível junto à resolução de diferentes tarefas motoras.
2. Ensino ao praticante de ações individuais e modos de interação com os parceiros no ataque e na defesa e ensino das ações em equipe.

3. Formação no jogador de conhecimento para utilizar efetivamente os fundamentos técnicos individuais e as habilidades táticas, a depender das próprias possibilidades e das particularidades de jogo do adversário em diferentes condições externas.
4. Desenvolvimento no atleta da capacidade de trocar, de forma rápida e flexível, alguns sistemas e variantes de ações em equipes, tanto no ataque quanto na defesa.

É necessário ressaltar que, se as duas primeiras tarefas se relacionam mais com o período de início da aquisição da tática, as outras são resolvidas no decorrer de todo o processo de treinamento (Sakharova, 2005b).

Os meios de preparação tática são os seguintes:

- exercícios preparatórios direcionados à melhora da rapidez de reação, orientação temporal, rapidez de transição de diferentes movimentos ou ações em outras ações;
- pequenos jogos especiais;
- exercícios de tática individual, linha e equipe;
- jogos de campo inteiro com tarefas específicas e de campos de dimensões diversas;
- jogos amistosos e competições.

O ensino das **ações táticas individuais** é executado no processo de aquisição de um conjunto de fundamentos técnicos necessários para a condução do jogo. Ao lado disso, dedica-se atenção não tanto à técnica de execução, mas à precisão, à rapidez e à pontualidade da execução do fundamento técnico.

No processo de ensino e aperfeiçoamento das ações táticas individuais, o treinador deve:

- influenciar de forma objetiva e direcionada nas qualidades psíquicas que determinam as capacidades táticas dos jogadores;

- trabalhar a rapidez e a precisão do pensamento tático e operacional; o volume de memória operacional; a capacidade de antecipação das mudanças situacionais (rápida e correta avaliação das situações dos jogos por meio de sinal do campo de visão periférico); o volume de percepção e propriedades da atenção; e a rapidez de reação;
- formar no atleta conhecimentos para escolher rapidamente e corretamente as mais eficientes ações de jogo, considerando a posição do atleta em relação aos parceiros e adversários; resolver de forma independente as tarefas táticas por meio do deslocamento pelo campo; variar flexivelmente os fundamentos técnicos conforme as condições de jogo (localização de determinado adversário, dificuldade com a orientação visual etc.);
- ensinar ao atleta o conhecimento de agir contra um ou mais adversários e, nesse contexto, introduzir a contraposição do adversário, gradualmente criando condições aproximadas às situações competitivas.

A contraposição ativa introduzida depois da remoção dos erros fundamentais nas ações dos jogos contribui para a formação (no jogador) de habilidades táticas complexas e para a confiança do atleta nas próprias forças. As ações táticas individuais gradualmente se aperfeiçoam em exercícios de jogos. Junto a isso, de forma ampla, são utilizados deslocamentos sem bola, manutenção em diferentes combinações etc.

O ensino e o aperfeiçoamento das **ações táticas em grupo (em linha ou setor)** iniciam-se gradualmente, à medida que ocorre a aquisição, por parte do atleta, dos fundamentos técnicos básicos e das ações táticas individuais. Recomenda-se que seja observada, pelo treinador, a seguinte sequência no ensino das ações táticas em grupo: sem adversário; com contraposição passiva do adversário (marcação fazendo "sombra"); com contraposição ativa; exercícios em forma de jogos executados em condições aproximadas às condições de competições.

No início, as ações táticas em linha devem ser realizadas em condições facilitadas, com gradual aumento da dificuldade, o que pode ser feito com a alteração de tempo geral de treinamento, do tamanho do campo de jogo e do volume de exercícios executados. Contudo, conforme os atletas adquirem habilidades táticas com diferentes combinações, passa a ser eficiente a diminuição do tempo para a execução das ações (diminuindo o espaço do campo e o número de toques na bola), o que dificulta ao atleta não só a orientação espacial, mas a avaliação das situações de jogo. O aperfeiçoamento seguinte das ações táticas em linha acontece nas condições aproximadas com as condições de competição. Quando se tem a reprodução das condições de jogo, o treinador deve, quando necessário, interromper o treinamento ao visualizar erros de posicionamento dos jogadores em diferentes setores do campo em diversas variantes táticas, nas ações tanto de ataque quanto de defesa.

O ensino e o aperfeiçoamento dos atletas nas **ações táticas em equipe** são realizados de acordo com os métodos de condução do jogo (de ataque ou defesa). O meio fundamental de preparação tática, nesse caso, é o jogo com os dois lados (em equipes e utilizando o campo inteiro), no qual se ensinam e se aprendem as funções individuais dos jogadores e a ordem das interações de cada um no sistema tático tomado em linha, fazendo com que os atletas se acostumem com o princípio da transição do ataque para defesa e vice-versa em diferentes posições do campo de jogo.

No jogo de treinamento, atenção particular é dada à conscientização do atleta das próprias ações em cada combinação tática. Com esse objetivo, são dadas aos jogadores tarefas concretas em cada treinamento e jogo, com o treinador analisando tudo previamente na prancheta de jogo. No decorrer do treinamento de jogo, é necessário que o treinador aponte a execução correta de ações e combinações, assim como os erros. O jogo só deve ser interrompido para a repetição de determinada combinação ou para a orientação aos jogadores por parte do treinador.

Em sessões teóricas de treinamento, junto à análise do jogo, o jogador deve saber caracterizar as próprias ações e frisar os pontos fortes e fracos de sua atuação individual e em linha. Salientamos que toda a sequência pedagógica do ensino e aperfeiçoamento da tática deve estar totalmente embasada na concepção tática da equipe, com o intuito de formar um modelo de jogo estável. De nada adianta colocar uma equipe de futebol em um campo de dimensões reduzidas, permitindo um único toque de cada jogador na bola, se não for apontada determinada tarefa tática. É muito comum na prática de futebolistas, por exemplo, que treinadores elaborem práticas em campo reduzido, fazendo com que a equipe tenha por objetivo a execução de 20 passes seguidos. Nesse caso, os atletas se aproximam e começam a trocar passes muito rápidos a uma distância de aproximadamente 1 metro, fazendo com que o treinamento não tenha sentido algum (nem mesmo para treinar os fundamentos *passe* ou *posse de bola*).

Para resolver esse problema e fazer com que o treinamento em campo reduzido realmente tenha significado, o treinador precisa estabelecer as tarefas que são adaptadas a condições dificultadas (campo reduzido, toque único na bola, inferioridade ou superioridade numérica, três times em campo etc.). O mais importante aqui é a tarefa, porém, ela deve apoiar-se nos princípios da tática da modalidade esportiva. Geralmente, os princípios são criados com base na análise do modelo da atividade competitiva[2]. Por exemplo, segundo Chirva (2015), 90% dos gols no futebol ocorrem quando a finalização é feita dentro da área do adversário, a maioria das jogadas que terminam em gol tem duração menor do que 10 segundos de posse de bola após o desarme, que quase sempre é feito no campo adversário, e, após o primeiro gol existe uma grande tendência de sair o segundo nos próximos 10 minutos (em razão do aumento da motivação da equipe que marcou o gol e do desequilíbrio emocional da equipe que sofreu o gol).

---

[2] Modelo que será abordado no Capítulo 7.

Assim, com base apenas nessas últimas informações, já é possível elaborar alguns princípios e ideias a respeito do modelo de jogo: (a) é preciso que os jogadores infiltrem, ou seja, verticalizem o jogo para chegar na área do adversário; (b) é importante, em transições ofensivas (contra-ataques), que os jogadores executem passes rápidos, de preferência de primeira, para não dar tempo de deixar o sistema defensivo do adversário se recompor; (c) é fundamental que o setor ofensivo também marque, visto que a maioria dos gols advém de jogadas em que a posse de bola foi recuperada no campo de ataque; (d) no caso de a equipe marcar um gol, nos próximos 10 minutos, a marcação sobre o adversário pode ser sob pressão.

É claro que tanto a concepção tática quanto o modelo de jogo no futebol são muito mais complexos do que essas ações enumeradas que vimos, pois elas serviram apenas como exemplo para provocar uma reflexão sobre como o treinamento tático pode ser útil e trazer resultados de verdade.

Nas modalidades esportivas conhecidas como *lutas* e nos jogos desportivos individuais, a preparação tática considera a concepção e o modelo tático; as particularidades do adversário; as possibilidades reais do atleta etc. A diferença primordial entre esses grupos de modalidades em relação à metodologia de treinamento aplicada na preparação tática reside no fato de que a luta não é um esporte coletivo. Nesse caso, tem papel fundamental a parceria entre atletas qualificados para o treinamento. Segundo Platonov (2015), pesquisas mostraram que a tática nas lutas se desenvolve de modo mais eficiente quando o atleta treina frequentemente com diferentes lutadores de nível de qualificação elevado. Nesse caso, tem significado importante a grande quantidade de adversários qualificados que se diferenciam por modelos de condução da luta; o nível de preparo físico – por exemplo, atletas que se diferenciam pelo elevado nível de força e velocidade ou pela resistência especial; os dados antropométricos – altura, massa etc.; entre outros elementos.

Outro detalhe relevante no que se refere à preparação tática é o volume ótimo de treinamento tanto na sessão de treinamento quanto no macrociclo. Alguns autores, como Savin (2003), afirmam que, na preparação de jogadores de hóquei no gelo, o volume anual de preparação tática chega a 50% do volume total, no entanto, existem formas mais precisas de estabelecer a prioridade do treinamento utilizando a abordagem de modelo-alvo[3]. Quanto às sessões de treinamento, o volume ideal depende muito do nível de condicionamento dos atletas, do cansaço provindo do dia ou da sessão anterior de treinamento, das atividades que serão realizadas no dia seguinte etc.

## 5.5 Preparo e preparação psicológica

A psicologia do esporte é uma área amplamente estudada e que, com certeza, pode contribuir muito no desempenho do atleta. Segundo Vovk (2007), problemas psicológicos nas competições são o principal desafio dos atletas quando as dificuldades no esporte são relatadas por eles. Porém, apesar desse grande significado prático, vale lembrar que a psicologia é uma profissão. Logo, os limites de conhecimento e, até mesmo, éticos do treinador são claramente visíveis. Por isso, nesta seção, o conteúdo de psicologia do esporte não será tão abrangente, pois buscaremos trabalhar e discutir somente tópicos que estão na alçada do treinador.

### 5.5.1 Preparo psicológico

O esporte moderno é caracterizado por exigências incomuns sobre o ser humano. Os atletas de alto rendimento, no estágio de maestria esportiva, chegam a treinar em torno 300 a 320 dias e

---

[3] Abordagem de modelo-alvo é uma abordagem teórica que serve como tecnologia para treinadores otimizarem a criação e a correção da estruturação do treinamento. Detalhes serão apresentados no Capítulo 7.

a realizar 600 a 650 sessões de treinamento, totalizando algo em torno de 1.400 horas anuais de prática (Platonov, 2015). Em alguns casos isolados, o volume de treinamento anual pode atingir 1.600 a 1.800 horas (Verkhoshansky, 1990; Siff; Verkhoshansky, 2004). Além do estresse físico extremo causado pelo grande volume de treinamento, os atletas têm de lidar com a alta tensão psicológica causada pelas competições, pois, em algumas modalidades esportivas, o número de dias competitivos pode variar de 50 a 100, isso sem contar todo o preparo frequente para as competições, como as concentrações, as viagens, as diferenças climáticas e de fuso horário (Zakharov; Gomes, 2003; Weineck, 2003).

Fora os fatores que são inerentes à prática esportiva, como os citados no parágrafo anterior, ainda existem fatores externos à atividade esportiva propriamente dita, a exemplo da pressão psicológica causada pela cobrança de grandes resultados por parte de imprensa, torcedores, patrocinadores e sociedade em geral. Em nosso país, muitas vezes já foram vistas, por parte de torcedores de futebol, manifestações fanáticas e completamente irracionais, por exemplo: agressão e ameaça contra jogadores em ambientes não esportivos; lançamentos de objetos em jogadores no aeroporto; vandalismo, como pichação de muros das dependências esportivas da equipe; destruição de automóvel dos atletas, entre outras ações absurdas e inadmissíveis. O fanatismo por parte de uma parcela de torcedores pode ser tão grande a ponto de eles considerarem o segundo lugar em uma competição de alto nível como um "vexame".

Como é possível constatar, os fatores ora citados, sem dúvida, podem refletir no estado psicológico dos atletas. Essas alterações psicológicas, somadas ao cansaço provocado pelas cargas de treinamento, podem gerar no atleta ansiedade, angústia, medo, falta de confiança, diminuição da motivação, entre outros fatores negativos. Tudo isso pode prejudicar as capacidades coordenativas, impedindo ou atrasando as reações recuperativas e piorando a concentração e atenção do atleta (Sopov, 2010; Gorbunov, 2014).

Tudo isso indica que o sucesso no esporte, em grande medida, depende das particularidades individuais psicológicas do atleta, ou seja, do nível de preparo psicológico dele.

Pesquisas sobre a personalidade de atletas mostram que, em comparação a atletas de qualificação inferior, atletas de alta qualificação apresentam características típicas, como:

- extroversão;
- sensação de superioridade e autoconfiança;
- autossuficiência e convencimento;
- persistência e obstinação;
- confiança e perseverança;
- estabilidade emocional;
- estabilidade emocional diante da fadiga;
- determinação e propósitos;
- agressividade competitiva etc.

Além disso, atletas de alto rendimento geralmente têm um nível intelectual suficientemente elevado, o que permite a eles assimilar o próprio lugar no esporte; entender a significância social das próprias realizações esportivas; adaptar com criatividade a resolução das tarefas de treinamento etc. Eles também se diferenciam por ter confiança nas próprias ações; noção exata das próprias possibilidades e capacidade de mobilizá-las ao limite na luta com adversários do mesmo nível e de níveis superiores; estabilidade emocional; e capacidade de autocontrole. O preparo psicológico é absolutamente relacionado com manifestações intelectuais do atleta, como capacidade de concentrar atenção na resolução efetiva das tarefas no processo de treinamento e competições; efetiva percepção de conhecimentos; pensamentos sequenciais lógicos e não padronizados em situações complexas; capacidade de reformulação operacional de informações adquiridas como resultado da observação e percepção e realização delas em conformidade com as ações (Platonov, 2015).

Apesar de a psicologia apontar quais são as qualidades gerais dos atletas de alto rendimento, destacamos que cada modalidade esportiva apresenta um conjunto específico de exigências psíquicas que forma as qualidades da personalidade necessárias para o sucesso de execução da atividade competitiva.

Atletas de esportes cíclicos de resistência destacam-se pelas capacidades volitivas, como a persistência e a obstinação; já em esportes com grau elevado de risco – por exemplo, saltos com esqui, BMX (ou *bicicross*) e algumas disciplinas de automobilismo –, os atletas destacam-se pela coragem, determinação e capacidade de serem decisivos, e os ginastas sobressaem-se pelo autodomínio, autocontrole e "sangue frio" (Matveev, 1999). Em atletas especialistas em boxe, lançamentos, atletismo, levantamento de peso e esportes cíclicos de velocidade, são inerentes qualidades como tendência à liderança; independência; alto nível motivacional para o alcance do objetivo designado; inclinação ao risco; capacidade de concentrar, no momento certo, todas as forças para o alcance da vitória. Paralelamente, esses mesmos atletas, de forma frequente, buscam fugir de papeis subordinados, são teimosos e mais inclinados a conflitos (Platonov, 2015). Para alguns esportes, é importante, com relação ao preparo psicológico, a tolerância à dor. Por exemplo, atletas de esportes cíclicos de resistência e de algumas lutas diferenciam-se pela alta capacidade de suportar a dor em comparação com atletas especialistas em outros esportes (O'Connor, 1992).

Para que o atleta obtenha sucesso em esportes como lutas e jogos desportivos, em que a atividade competitiva exige processos perceptivo-intelectuais e volitivo-emocionais que acontecem o tempo todo e em condições que se alteram com o déficit de tempo para a percepção e análise de situações e com contraposição do adversário, é importante a busca contínua de aperfeiçoamento da maestria; a busca por resoluções inesperadas das tarefas que surgem; a persistência; a determinação; a estabilidade de atenção;

a coragem; a perspicácia; a troca rápida do foco da atenção; a rapidez; e a precisão de reações motoras complexas.

Há propriedades psicológicas da personalidade determinantes nos jogos desportivos, conforme podemos observar a seguir.

- **Esfera motivacional volitiva** – motivação competitiva, autorregulação, autocontrole da volição, determinação e capacidade de decisão.
- **Esfera emocional** – estabilidade emocional, estabilidade diante de fatores de interferência externa, estado de alerta.
- **Esfera comunicativa** – *status* pessoal elevado nas inter-relações informais esportivas.

A atenção é outro componente que merece destaque no preparo do atleta. Existem diferentes tipos de atenção. O primeiro tipo tem relação com parâmetros internos, ou seja, as sensações e os pensamentos. O segundo tipo é característico da concentração dos parâmetros externos. Nos esportes, os atletas combinam a atenção de diferentes formas – por exemplo, nos esportes cíclicos de resistência, eles avaliam constantemente o próprio estado físico interno, o nível de fadiga etc. e correlacionam isso com a velocidade de execução do exercício. Por outro lado, nos jogos desportivos, os atletas precisam prestar atenção em vários fatores externos, como a bola, a localização dos companheiros e do adversário, a própria localização, as mudanças das combinações táticas, o treinador etc.

Também é fundamental que os atletas mantenham a atenção, não se distraindo com fatores externos não importantes para as ações, como os repórteres na beira da pista, do campo ou do ringue; o barulho e as manifestações de torcedores; a luminosidade das câmeras; e os diálogos paralelos da equipe e do adversário que nada tem a ver com as ações do atleta individualmente. A perda da atenção na ação propriamente dita conduz o atleta, em muitos casos, a erros.

## 5.5.2 Preparação psicológica

Segundo Sopov (2010), para que o indivíduo alcance o resultado máximo em qualquer esporte, são necessárias três condições de conteúdo psicológico:

1. propriedades biopsicológicas da personalidade;
2. preparo para a máxima mobilização dos esforços volitivos;
3. capacidade de autorregulação psicológica.

Figura 5.1 Esquema das capacidades psicológicas necessárias para o máximo desempenho na atividade esportiva

| Resultado esportivo máximo | | |
|---|---|---|
| Propriedades biológicas individuais | Capacidade de mobilização máxima | Capacidade de autorregulação psíquica |
| 1. Propriedades do sistema nervoso<br>2. Tipo de temperamento<br>3. Particularidades das reações<br>4. Controle psicomotor<br>5. Biorritmos | 1. Motivação<br>2. Dominância<br>3. Agressividade<br>4. Disciplina interna, dever<br>5. Autocontrole volitivo | 1. Estado de alerta<br>2. Equilíbrio emocional<br>3. Estresse e tolerância<br>4. Frustação<br>5. Autocontrole volitivo |

Fonte: Elaborado com base em Sopov, 2010.

Os melhores resultados esportivos são expressos junto a um nível de excitação (ativação) psicológica ótimo. Tanto um nível muito elevado quanto um nível baixo de excitação podem levar o atleta à distorção da estrutura ideal de ação motora. Gorbunov (2014) explica que, quando o atleta eleva muito (acima do ideal) o nível de ativação, alguns problemas podem surgir, como excesso de tensão muscular, que pode prejudicar a precisão das ações, e, por outro lado, um estado de total calmaria também não ajuda no melhor desempenho, pois não mobiliza as funções fisiológicas em níveis satisfatórios.

É bem comum, na prática esportiva, ouvir treinadores falando coisas como: "O atleta deve estar calmo", mas isso, na verdade, é um grande erro! O aumento da tensão emocional (em nível ótimo e não excessivo) aumenta o desempenho para qualquer atividade humana, assim, a concentração é aumentada e a coordenação neuromuscular é aperfeiçoada, além de ocorrer a otimização das funções do organismo. Por isso, nenhum atleta deve chegar às competições "calmo" – é sempre importante que haja algum nível de excitação/ativação. Nesse caso, alguns atletas realizam certos rituais para atingir esse nível ótimo de ativação – por exemplo, alguns ouvem música, outros, como o nadador Cesar Cielo, autoagridem-se, e outros apenas ficam em silêncio e concentram-se, mentalizando as próprias ações (Siqueira, 2014). Quando o nível de ativação supera o nível ótimo e observa-se o aumento da rigidez muscular, podem ocorrer pequenos erros técnicos por parte do atleta. Um exemplo clássico desse tipo de situação é quando um goleiro "fura" uma bola relativamente simples de segurar e afirma que o erro foi por excesso de confiança. Por isso, na prática esportiva, é muito importante a capacidade de autorregulação do estado psicológico do atleta para que seja possível a ele atingir o nível ótimo de excitação. Desse modo, é essencial entender os mecanismos de realização máxima do resultado esportivo que permitem que o atleta seja capaz de mobilizar todas as funções fisiológicas por meio dos esforços volitivos, além de autorregular o próprio estado psicológico, permitindo que seja mantida a mobilização de todos os parâmetros psicofisiológicas. (Gorbunov, 2014; Sopov, 2010)

### 5.5.3 Controle do estado pré-competitivo

Nos atletas de alto rendimento, a tensão psicológica (nível de excitação) depende de alguns fatores que podem influenciar a psique, como tipo de competição; significado pessoal e social da competição; nível de preparo e de motivação etc. Quando essas influências agem no atleta, podem nele manifestar-se quatro estados psicológicos competitivos: (1) estado de excitação insuficiente; (2) estado de excitação ótima; (3) estado de excitação excessiva; (4) estado de inibição consequente da excitação excessiva.

O estado de **excitação insuficiente** manifesta-se com a concentração insuficiente, e o atleta não consegue focar-se nas próximas ações. Externamente, o atleta fica indiferente e calmo, mas não consegue mobilizar todas as possibilidades funcionais e, consequentemente, não empreende todo o seu potencial competitivo.

Geralmente, o estado de excitação insuficiente é observado em atletas jovens que não têm por objetivo o alcance dos resultados máximos, ou em atletas de alto rendimento quando não se sentem totalmente preparados para a competição ou quando o objetivo é muito difícil de ser alcançado. Algumas vezes, esse estado também pode revelar-se quando o atleta diminui as próprias pretensões, como ocorre no caso de enfrentar adversários muito mais fracos.

No estado de **excitação ótima**, o atleta sente-se preparado e tem vontade de competir, é capaz de avaliar objetivamente as próprias ações, as ações dos companheiros da equipe e do adversário, executa os movimentos e as ações satisfatoriamente, tem confiança no próprio preparo e acredita que atingirá o resultado planejado. Esse estado é o mais adequado para o resultado esportivo positivo.

No estado de **excitação excessiva**, o atleta apresenta tensão psicológica demasiada, atividade elevada, irritação, frequentemente perde o autodomínio e não tem paciência com as pessoas que o rodeiam. Nesse caso, o atleta que é calmo no treinamento pode tornar-se teimoso, irritado, bravo e muito difícil de lidar com os companheiros e outras pessoas envolvidas, portanto, podem surgir reações neuróticas.

Nessas condições, o treinador e os companheiros devem ter paciência com o atleta. Contudo, é muito importante não dar ao atleta a possibilidade de tentar justificar o próprio estado e os atos pelas condições em que ele se encontrava (estado emocional descontrolado), visto que isso pode servir de desculpa no futuro para maus resultados. É muito importante lutar contra esse estado, uma vez que, nessas condições, o atleta não consegue manifestar o nível de preparo dele nas competições, ou seja, o atleta não atinge aquilo que ele de fato é capaz.

No estado de **inibição consequente da excitação excessiva** tem lugar a formação de características do estado de excitação insuficiente. No entanto, diferentemente do estado de excitação insuficiente, no estado de inibição, o atleta não se sobressai diante das pessoas que o rodeiam – fica passivo, com medo de lesões, não tem vontade de competir, apresenta apatia, letargia psicológica e física e, às vezes, tem reações neuróticas e medo de não conseguir mostrar o resultado esportivo planejado.

Os estados de excitação insuficiente e de inibição consequente da excitação excessiva podem manifestar-se de forma muito parecida, mas exigem abordagens diferentes. No primeiro caso, é necessário para o atleta meios excitatórios para o controle do estado, por exemplo, exercícios de força e velocidade no aquecimento, massagem preparatória, banho frio, conversas que perturbam e agem no nível de autoavaliação do atleta. No segundo caso, é recomendado aquecimento leve, banho quente e massagem relaxante, influências psicorreguladoras etc.

Além disso, há muitas outras formas de agir frente a todos esses estados psicológicos do atleta, por isso, é muito importante o trabalho de treinadores e psicólogos no controle do estado psicológico pré-competitivo.

Também é fundamental entender que a tensão emocional excessiva pode causar inúmeros problemas associados a resultados ruins e influenciar a atenção do atleta. Segundo Gorbunov (2014), é importante que o treinador e/ou psicólogo esportivo explique que a atenção do atleta na hora da competição não deve ter por objetivo o resultado esportivo, mas as ações que condicionam o resultado. Por exemplo, em um jogo de tênis, caso o atleta esteja perdendo o *set* por 2 ou 3 *games*, não raro, surge o seguinte pensamento na mente do atleta: "Preciso vencer esse *game*"; ou, em um jogo de basquete, na hora de um lance livre, surge o seguinte pensamento: "Não posso errar essa cesta". No entanto, o atleta não deve pensar no ponto, no gol, no tempo ou na distância, na nota ou em outra forma de avaliação dos resultados, mas nas ações específicas necessárias para que o resultado seja atingido. Porém, a ansiedade pode atrapalhar esse processo.

Por fim, devemos enfatizar que o treinador pode agir positivamente ou negativamente na psique do atleta, tomar atitudes para mudar o estado pré-competitivo e, também, ajudar o atleta na atividade de treinamento, buscando sempre estabelecer objetivos realmente alcançáveis e evitando a monotonia do treinamento. Apesar de esses tipos de ação auxiliarem muito a preparação do atleta, é sempre indispensável a presença de um psicólogo profissional na equipe técnica.

## ııı *Síntese*

Neste capítulo, ressaltamos que a técnica é o meio pelo qual o atleta resolve as tarefas motoras nas ações esportivas. Nesse contexto, existem vários indicadores que certificam sobre uma boa técnica, além de importantes etapas de ensino que devem ser respeitadas. Por outro lado, a tática nada mais é do que a forma como as ações técnicas são conduzidas ao longo de uma competição.

Assim, a tática envolve conceitos e modelos que devem ser trabalhados. Os conceitos teóricos são aplicados, preferencialmente, por meio de métodos verbais e demonstrativos, ao passo que o modelo de jogo é treinado utilizando os métodos de influência prática em condições facilitadas e dificultadas.

Verificamos que o preparo psicológico é caracterizado pela capacidade do atleta de manter um estado psicológico adequado para as situações problemáticas do esporte, como fadiga, pressão de pessoas indiretamente envolvidas com a modalidade esportiva, significado social do esporte etc. O bom estado psicológico é aquele que permite ao atleta ter níveis de excitação ou ativação ótimos, que permitam as manifestações das qualidades da personalidade dele, como confiança, determinação, motivação, obstinação etc. As intervenções do treinador no que concerne à preparação psicológica são limitadas, mas efetivas em situações em que são detectados problemas como ansiedade, apatia, falta de motivação, entre outros.

## Atividades de autoavaliação

1. Para a avaliação da maestria técnica dos atletas, considera-se uma série de indicadores que caracterizam qualitativa e quantitativamente o estado da técnica das ações competitivas. Quanto ao indicador *efetividade*, é correto afirmar que este é verificado:
   a) pelo elevado repertório motor do atleta.
   b) pela integração de estabilidade, economia e variabilidade.
   c) por indicadores parciais e/ou diferenciais que apresentam similaridade, mas se diferenciam de alguma forma da ação competitiva em condições facilitadas.
   d) pela análise das características cinemáticas da técnica.
   e) Nenhuma das alternativas anteriores está correta.

2. Com relação à preparação técnica, analise as assertivas a seguir e indique V para as verdadeiras e F para as falsas:

( ) O aumento da estabilidade é uma tarefa de treinamento da técnica.

( ) O aprendizado da técnica passa por três etapas.

( ) A limitação ou a ampliação dos limites de espaço da execução dos fundamentos e ações técnicas são recomendações úteis para o aperfeiçoamento da técnica.

( ) Somente os meios de preparação especial podem resolver as tarefas da preparação técnica.

( ) O método de ensino dividido das ações motoras não é recomendável no treinamento da técnica.

3. O que é conhecimento tático?

   a) O conjunto de representações sobre meios, tipos e formas da tática esportiva e particularidades de aplicação dela nas atividades de treinamento e competitiva.
   b) As ações táticas memorizadas, combinações de ações táticas individuais e coletivas.
   c) O pensamento do atleta em condições de déficit de tempo e tensão psicológica, orientado na resolução de tarefas táticas concretas.
   d) A correspondência do plano tático com as particularidades de competições concretas.
   e) O conjunto de operações estruturais.

4. As características típicas da personalidade de atletas campeões são:

   a) extroversão, autoconfiança e obstinação.
   b) estabilidade emocional, determinação e angústia.
   c) motivação, ansiedade e medo.
   d) introversão, ansiedade e medo;
   e) Todas as alternativas estão corretas.

5. Quando um atleta chega em uma competição em estado de excitação muito elevada (acima do ideal), quais medidas o treinador pode recomendar para o atleta?
   a) Foco em rituais que aumentam o estado de prontidão.
   b) Aquecimento leve, banho quente e massagem relaxante – influências psicorreguladoras.
   c) Exercícios de força e velocidade no aquecimento, massagem preparatória, banho frio, conversas que perturbam e agem no nível de autoavaliação do atleta.
   d) Manter-se calmo.
   e) Nenhuma das afirmativas anteriores está correta.

### ■ Atividades de aprendizagem

*Questões para reflexão*

1. Por que é importante que, no treinamento de equipes nos jogos desportivos, a tática seja dividida em individual, de grupo e de equipe?

2. Por que quando um atleta adulto apresenta erros automatizados da técnica é tão difícil corrigi-lo? Nesse cenário, qual é o caminho da correção?

*Atividade aplicada: prática*

1. Você treina um jogador de tênis de campo. Com o passar do tempo, você percebe que o atleta tem certa predisposição genética para alta precisão nas ações técnicas (golpe de raquete) e boa resistência. No entanto, também em razão das particularidades genéticas, apesar de um treinamento bem organizado, os níveis de força e de velocidade desse atleta estão abaixo do esperado. Como você organizaria o treinamento tático? O que teria em mente como concepção para a formação de determinado modelo de jogo?

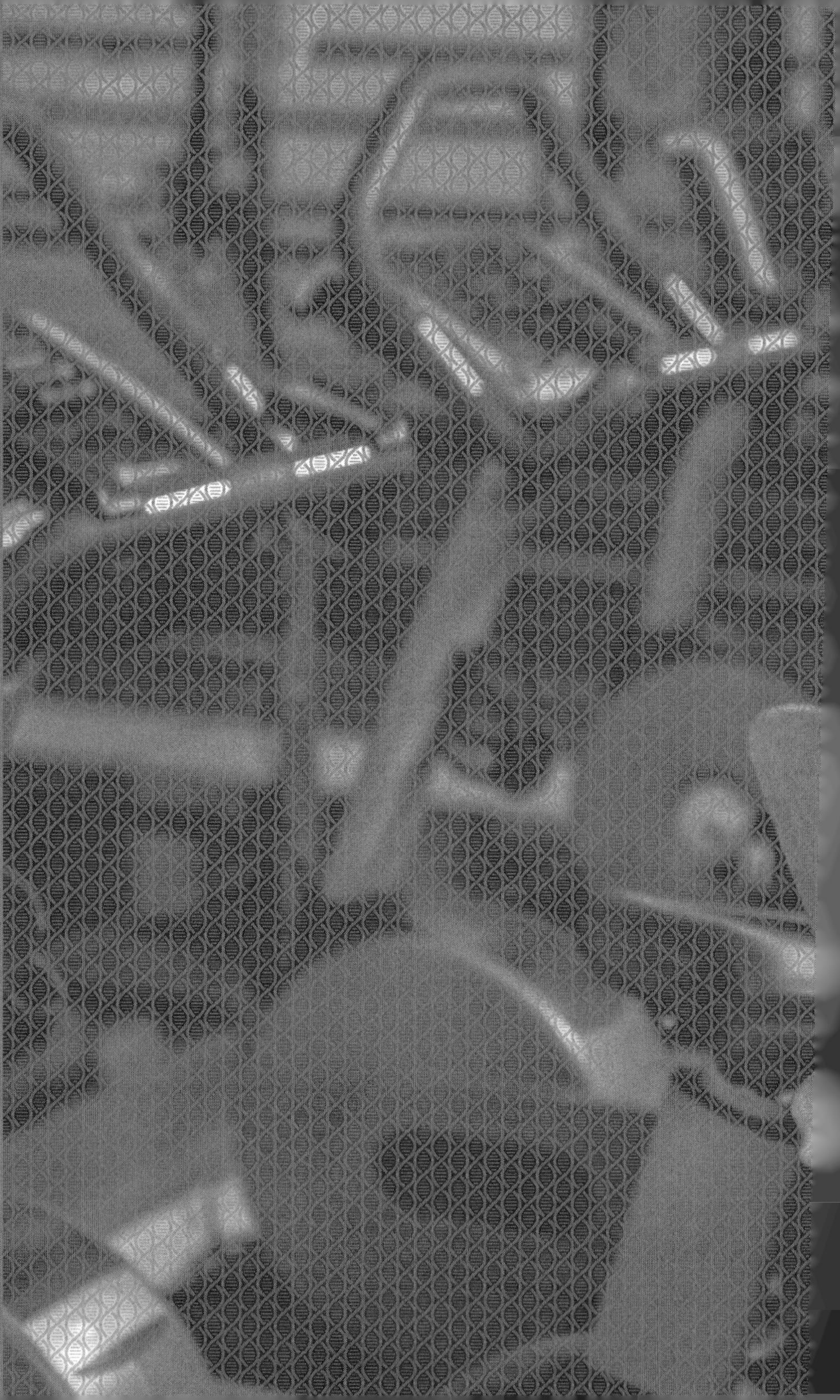

# Capítulo 6

## Estruturação do processo de treinamento

**N**este capítulo, analisaremos diversos aspectos e problemas relacionados à estruturação do treinamento desportivo. O objetivo principal é sistematizar o conhecimento a respeito do tema para situar o leitor no contexto do assunto mais discutido na literatura do treinamento desportivo. Dessa forma, abordaremos todos os aspectos históricos que caracterizaram o surgimento, a fundamentação e a evolução da periodização; os ciclos anuais e plurianuais; a periodização como teoria científica etc. Importa destacar que o conhecimento da periodização do treinamento só é válido perante o domínio de todos os conteúdos tratados nos capítulos anteriores, servindo como a integração de tudo para que sejam atingidos os objetivos relatados no Capítulo 2.

# 6.1 Teoria da periodização do treinamento desportivo

O termo *estruturação*, quando se refere ao processo de treinamento, é sinônimo de "construção" desse processo. Em outras palavras, a estruturação trata da distribuição das cargas de treinamento de diferentes orientações e grandezas ao longo do tempo em distintas etapas e períodos. O estabelecimento do conteúdo de treinamento em cada uma dessas estruturas de forma otimizada é conhecido como *periodização*. Em outras palavras, *periodizar* é dividir o processo de preparação em estruturas (ciclos, períodos e etapas), com o conteúdo de treinamento previamente definido. Porém, essa definição é pobre e não revela o conceito mais amplo, que é baseado no conhecimento adquirido pela ciência para que o processo de treinamento seja realmente construído de forma mais racional possível. Para dar uma definição mais específica que venha a refletir o conceito de periodização, não na forma simplificada, mas de modo amplo e na condição de teoria científica, faremos uma análise retrospectiva a respeito do tema, destacando momentos históricos e outros pontos importantes.

## 6.1.1 Premissas históricas da periodização do treinamento desportivo

A história não só da periodização, mas também do esporte, começa na Grécia Antiga, quando os atletas da época participavam com sucesso dos Jogos Olímpicos da Antiguidade graças a um bom sistema de preparação que já levava em consideração muitas questões pertinentes à teoria moderna do esporte. Os gregos já pensavam em questões como seleção de talentos e preparação plurianual; estruturação do treinamento em ciclos; carga e descanso; técnica e tática no esporte, entre outras. No processo de preparação grego, já existiam estruturas de treinamento com algumas semelhanças com as que conhecemos hoje em dia. Por exemplo, já se observavam ciclos de 10 meses de preparação para os Jogos Olímpicos (similar ao que chamamos hoje de *macrociclo* ou *macroestrutura*), ciclos de 30 dias de preparação direta para as competições (similar ao mesociclo pré-competitivo) e uma estrutura menor, chamada de *tetra* (similar ao microciclo), que tinha 4 dias de duração, combinando carga e descanso (Stolbov; Finogenova; Melnikova, 2001).

Com a chegada da Idade Média, os Jogos Olímpicos foram proibidos, e o desenvolvimento do esporte parou completamente, tendo sido retomado apenas no fim do século XIX, com a fundação do Comitê Olímpico Internacional (COI) pela iniciativa do Barão P. de Coubertain. No início do século XX, a ciência estava em pleno desenvolvimento, logo, alguns treinadores e atletas começaram a reconhecer que o processo de treinamento deveria apoiar-se nos conhecimentos do ramo médico-biológico das ciências naturais. Contudo, apesar de a ciência estar a todo vapor naquele momento, as ciências que estudam o esporte ou o conteúdo científico a respeito da preparação do atleta estavam apenas "engatinhando". Diante disso, muitos treinadores elaboravam o processo de treinamento dos atletas com base na imitação ou na análise do treinamento de atletas campeões famosos (Platonov, 2013).

Com o surgimento do Instituto de Cultura Física de Moscou, em 1918, e de institutos análogos ao redor do mundo, entre os anos de 1920-1940 começaram a se formar os primeiros fundamentos da educação física, porém, entre os anos de 1930-1950, a grande maioria das abordagens de periodização considerava as condições climáticas nos esportes de temporada (esportes que só podiam ser praticados no verão ou no inverno) como questão fundamental do tema. Além disso, na URSS (União Soviética), em razão de questões ideológicas sociopolíticas, existia um programa de preparação da população do país que se chamava GTO (*gotov k trudu i oboronu*), que significava algo semelhante a "pronto para o trabalho e para a defesa do país". Esse programa consistia em uma preparação generalizada que visava ao preparo do indivíduo para uma grande quantidade de tarefas, mas não para uma modalidade esportiva específica. Assim, nessa época, os autores soviéticos elaboravam a periodização com base tanto nas temporadas quanto no sistema GTO, o que não permitia a devida especialização do indivíduo em dada modalidade esportiva (Platonov, 2013).

Tanto nos tempos da Grécia Antiga como na primeira metade do século XX, muitos treinadores e especialistas preocupavam-se com a temática da periodização – aqui fica claro que a periodização, quando entendida como estrutura organizada e bem planejada do processo de treinamento, não é novidade alguma. Pesquisadores soviéticos como Krestovnikov (1939; 1951), Shuvalov (1940), Ozolin (1949), entre outros, teciam diversas recomendações a respeito da forma de construção da periodização do treinamento. No Ocidente, também existiam recomendações diversas de como estruturar o processo de treinamento, principalmente no que se refere ao ciclo anual. Por exemplo, na Alemanha Ocidental, nos anos de 1950, era dada a recomendação de divisão da preparação anual dos atletas em 5 etapas: (1) outubro a dezembro – descanso ativo após as competições do ciclo anual anterior e preparação geral; (2) janeiro a fevereiro – desenvolvimento da resistência utilizando *fartlek* (método contínuo variável); (3) março a abril – desenvolvimento da velocidade e da resistência especial; (4) maio a junho – trabalho especial de alta intensidade com objetivo de atingir o mais alto nível de preparo; (5) julho a setembro – manutenção do nível adquirido e participação nas competições. Nos Estados Unidos, Wilt (1967), com base na análise de corredores entre os anos de 1930-1950, propunha a preparação de 11 meses logo depois de 2 a 4 semanas de descanso ativo, porém, a preparação para a primeira competição poderia ter duração de 8 a 10 semanas, podendo chegar até a 6 meses para atletas de alto rendimento.

Apesar de tantos especialistas se preocuparem com a periodização do treinamento desportivo, tanto na época da Grécia Antiga quanto no período contemporâneo dos Jogos Olímpicos na primeira metade do século XX, todas as recomendações ainda eram carentes de fundamentação teórica mais consistente. Isso ficou claro em razão da quantidade de atletas que tinham melhores desempenhos nas competições de maior prestígio e da quantidade de recordes mundiais quebrados e recomendações de volume anual de treinamento[1].

Em 1952, com a entrada da URSS nos Jogos Olímpicos, após a realização dos jogos de Helsinki, o governo soviético, percebendo a ressonância que a vitória no quadro geral de medalhas causava, resolveu tratar da questão da problemática da preparação racional para os Jogos Olímpicos como uma de suas prioridades. Então, começou a ser dada atenção a uma série de questões relacionadas com a preparação, como esporte infantil e construção de escolas de reserva olímpica; construção de objetos (estruturas) esportivos; investimento na ciência, entre outros fatores. Nesse contexto, a questão da periodização no ciclo anual foi profundamente estudada por Lev Pavilovich Matveev, que foi o primeiro a dar atenção ao fato de que, mesmo perante todas aquelas recomendações teóricas de periodização ao redor do mundo, apenas 15 a 25% dos atletas conseguiam atingir o máximo desempenho nas principais competições. Dessa forma, Matveev mostrou a necessidade de se estudar melhor as questões relacionadas com a estruturação do processo de treinamento e analisou a dinâmica dos resultados e a distribuição das cargas treinamento dos atletas em mais de 900 casos. Com isso, ele reuniu diversos fatores importantíssimos sobre a periodização racional do processo de treinamento. Após a criação da concepção original de Matveev

---

[1] Antes da fundamentação da teoria da periodização, a quantidade de recordes quebrados e de atletas competindo no melhor nível da temporada nas competições de mais alto prestígio era muito baixa.

sobre a periodização do treinamento desportivo, atletas da URSS e de outros países socialistas alcançaram melhor desempenho nas competições de maior prestígio internacional em incríveis 55 a 70% dos casos (Vovk, 2007; Rubin, 2009; Platonov, 2013; 2015).

## 6.1.2 Representatividade da teoria da periodização do treinamento desportivo de Matveev

Entre as diversas contribuições de Matveev para a criação da concepção da periodização do treinamento desportivo, podemos destacar vários fatores que causaram certa revolução no conceito que se tinha a respeito da estruturação do processo de treinamento.

Um dos pontos fundamentais da teoria de Matveev foi o fato de esse trabalho ter acabado com a contradição que existia entre a teoria da supercompensação e a observação do efeito heterocrônico. Na época da criação da teoria da periodização do treinamento desportivo, as concepções a respeito do processo de treinamento eram completamente diferentes. Por exemplo, Yakovlev, nos anos 1950, recomendava a aplicação de uma nova carga de treinamento na fase de supercompensação, ou seja, quando ocorre o consequente aumento das possibilidades funcionais após as grandes cargas anteriores. Na mesma época, vários especialistas ocidentais indicavam que cada carga de treinamento seguinte não deveria ser aplicada antes da recuperação completa da carga anterior pelo organismo. Tais concepções não consideravam a possibilidade de o atleta treinar no fundo da recuperação incompleta, logo, essas posições eram orientadas na aplicação de grandes cargas de treinamento uma única vez a cada 4 ou 7 dias. Matveev fundamentou uma concepção, que acabou com a contradição entre os postulados teóricos e as exigências da prática esportiva, com base na alternância e na combinação racional das cargas de diferentes orientações nos microciclos. Essa ideia surgiu porque a opressão sobre as possibilidades funcionais do atleta como resultado de determinada orientação de carga ainda não significava que esse atleta não estava em condições de manifestar grande capacidade de trabalho em outra orientação de carga (efeito heterocrônico). Tal abordagem permitiu aos atletas treinar diariamente mais de uma vez e aumentar o volume de treinamento anual de 300 a 400 para 1.300 a 1.400 horas anuais, sem nenhum indício de qualquer efeito de sobretreinamento (Vovk, 2007).

Outra relevante contribuição da concepção de Matveev é a diferenciação dos conceitos de forma desportiva e de alto nível de preparo. O conceito de forma desportiva já existia na teoria do treinamento desportivo, porém, para alguns autores, como Krestovnikov (1951), a forma desportiva era uma grande etapa na carreira do atleta, caracterizada pela época em que o esportista tinha possibilidade de atingir grandes realizações por meio de um elevado nível de preparo. Matveev especificou melhor o conceito, demonstrando, por meio do estudo da dinâmica dos resultados, que a forma desportiva é, na verdade, um estado de preparo do atleta que se desenvolve a cada grande ciclo de treinamento (junto a determinadas condições) e tem duração de, aproximadamente, dois a dois meses e meio.

Além de diferenciar o conceito de estado de forma desportiva do nível de alta *performance*, Matveev mostrou como tornar a forma desportiva manipulável em relação aos componentes operacionais (lábeis) e fundamentais (estáveis). Nesse contexto, foi demonstrado que há componentes do preparo que são relativamente mais estáveis, necessitando de maior tempo para o desenvolvimento, e mais tolerantes ao processo de desadaptação, assim como componentes operacionais que são instáveis e podem mudar rapidamente com o treinamento ou com a ausência dele. Isso ajudou treinadores e pesquisadores a entender como determinar o tempo necessário para o período preparatório, as etapas gerais e especiais e o estabelecimento da forma desportiva, o que, de certa forma, ajudou a fundamentar o princípio da preparação esportiva, como, por exemplo, a unidade de preparação geral--especial e o princípio da continuidade.

Matveev apresentou modelos de 1, 2 e 3 macrociclos no ciclo anual. Em sua obra, ele deixou claro que a periodização do treinamento desportivo tem como objetivo o estabelecimento da forma desportiva de macrociclo para macrociclo, construída conforme determinadas condições (preparação racional a longo prazo). A depender da modalidade esportiva, das características da dinâmica de resultados, das tarefas do treinamento e do nível de preparo do atleta, o ciclo anual pode ser composto por 1, 2 ou 3 macrociclos. Por exemplo, em esportes cíclicos de resistência, mostrou-se mais eficiente a variante de 1 macrociclo dentro do ciclo anual, por outro lado, em modalidades de força-velocidade, a variante de dois ciclos era mais eficiente. Isso se deve ao fato de que, quando o objetivo da periodização é o estabelecimento da forma desportiva, a duração do período preparatório deve ser suficiente para que o atleta possa apresentar-se em um novo nível de desempenho em relação ao macrociclo anterior.

Além de tudo que já foi descrito, um dos fatores que afirmaram a concepção de Matveev como uma grande revolução na teoria do esporte foram os resultados atingidos pelos países socialistas (onde a teoria da periodização foi disseminada) na arena olímpica entre os anos de 1972 e 1992. Um dos maiores exemplos de ótimos resultados é o da equipe da República Democrática da Alemanha (RDA – Alemanha Oriental). Esse país, quando comparado aos Estados Unidos, contava, à época, com uma população e um PIB (produto interno bruto) em torno de 20 e 60 vezes inferiores, respectivamente; porém, superou os Estados Unidos em mais de uma edição dos Jogos Olímpicos de verão e de inverno. Vale destacar que a equipe da RDA não era necessariamente mais forte que a equipe estadunidense em todas as competições, mas estava quase sempre na melhor fase no período de realização dos Jogos

Olímpicos, ao contrário das seleções estadunidenses e de outros países ocidentais, as quais só conseguiam que seus atletas atingissem os melhores resultados em 15 a 25% dos casos (Platonov, 2010).

A Tabela 6.1, a seguir, apresenta os números do quadro geral de medalhas dos Jogos Olímpicos de Montreal e Seul, em que as equipes do leste europeu e do Ocidente competiram em condições iguais.

Tabela 6.1 Resultado das equipes que ocuparam os primeiros dez lugares nos Jogos Olímpicos em 1976 e 1988

| Montreal – 1976 | | | | Seul – 1988 | | | |
|---|---|---|---|---|---|---|---|
| País | Medalhas | | | País | Medalhas | | |
| | Ouro | Prata | Bronze | | Ouro | Prata | Bronze |
| URSS | 49 | 41 | 35 | URSS | 55 | 31 | 46 |
| RDA | 40 | 25 | 25 | RDA | 37 | 35 | 30 |
| EUA | 34 | 35 | 25 | EUA | 36 | 31 | 27 |
| RFA[2] | 10 | 12 | 17 | Coreia | 12 | 10 | 11 |
| Japão | 9 | 6 | 10 | Hungria | 11 | 6 | 6 |
| Polônia | 7 | 6 | 13 | RFA | 11 | 14 | 15 |
| Bulgária | 6 | 9 | 7 | Bulgária | 10 | 12 | 13 |
| Cuba | 6 | 4 | 3 | Romênia | 7 | 11 | 6 |
| Hungria | 4 | 5 | 13 | França | 6 | 4 | 6 |
| Romênia | 4 | 9 | 14 | China | 5 | 11 | 12 |

Fonte: Platonov, 2013, p. 19.

Apesar de os atletas dos países socialistas, à época, apresentarem um percentual elevado de melhores resultados no período das competições de maior prestígio internacional, a concepção de Matveev (1964; 1977) não estava condicionada à construção de uma estrutura de treinamento para que o atleta simplesmente atingisse um pico de desempenho ou para garantir excelentes

---

[2] República Federal da Alemanha (Alemanha Ocidental).

resultados em esportes de temporada, como escrevem autores ocidentais, pois, ao contrário, a periodização do treinamento desportivo é condicionada ao desenvolvimento da forma desportiva.

*Forma desportiva* pode ser definida como o estado de ótimo de preparo físico, técnico, tático e psicológico, de forma integrada e harmônica, do atleta para a realização do resultado desportivo, que é adquirido conforme determinadas condições em cada grande ciclo de treinamento (ciclo anual, semestral). Já *desenvolvimento* é definido como um processo de alterações que acontecem naturalmente no estado dos componentes sistêmicos de realidade social e natural (biológico, morfológico), caracterizando indícios como a inter-relação de mudanças quantitativas e qualitativas e sua não aleatoriedade, além de irreversibilidade em tendência geral a longo prazo (Matveev, 1977; 1991; 2010). Em outras palavras, a forma desportiva deve ser desenvolvida de ciclo para ciclo, ou seja, entre os macrociclos é importante que o atleta ou a equipe atinja resultados superiores. Quando se tem um pico de desempenho em dado macrociclo e, no entanto, esse resultado é inferior ou igual ao do macrociclo anterior, isso é chamado de *quase forma desportiva*. Assim, a forma desportiva até apresenta uma característica de pico de desempenho, mas nem todo pico é uma forma desportiva (somente aqueles picos caracterizados por grandes realizações, ou seja, por resultados superiores ao do macrociclo anterior). Isso ocorre justamente pelo fato de o conceito de forma desportiva estar intimamente relacionado com o termo *desenvolvimento*, o que aponta que o objetivo principal da periodização é o aperfeiçoamento contínuo do atleta, e não um "rendimento físico" momentâneo.

Nesse contexto, a periodização do treinamento desportivo, quando analisada de forma científica, pode ser definida como: "divisão do processo de preparação do atleta em elementos estruturais que se diferenciam entre si qualitativamente e quantitativamente em conformidade com as leis existentes e objetivas que regem o estabelecimento da **maestria desportiva**" (Platonov, 2013, p. 12, grifo nosso). Essas leis realizam-se em forma de princípios, conforme vimos no Capítulo 2 deste livro.

Podemos entender *maestria esportiva* como a utilização completa e efetiva do potencial locomotor do atleta, que se realiza por meio de um sistema concreto de movimentos e tem seu critério de eficiência baseado no conteúdo da atividade esportiva, o qual é determinado pelas regras da competição da modalidade (Verkhoshansky, 2013).

A dinâmica dos recordes mundiais nos últimos 50 a 60 anos também revela com clareza a importância do surgimento da teoria da periodização do treinamento desportivo. No presente momento, especialistas de todo mundo tomaram consciência da necessidade de construir a preparação esportiva direcionada para a obtenção da forma desportiva nas competições de maior relevância (campeonatos mundiais e Jogos Olímpicos), em particular, nos chamados *esportes de alto rendimento*. Como exemplo, podemos citar a seleção americana de natação. Essa equipe, ao longo do ciclo olímpico, tem todo o enfoque da preparação nos Jogos Olímpicos, e isso tem garantido a supremacia americana no quadro geral não oficial de medalhas. Só em Londres, em 2012, das 104 medalhas conquistadas pelos americanos, 31 foram na natação, sendo 16 delas de ouro. No Rio de Janeiro, em 2016, das 121 medalhas conquistadas, 33 foram na natação, sendo 16 de ouro. Sem os fantásticos resultados na natação, os Estados Unidos não poderiam vencer nenhuma edição dos Jogos Olímpicos nas últimas décadas. Paralelamente, apesar das diversas abordagens teóricas de diferentes autores americanos com relação à periodização do treinamento desportivo, a Associação Americana de Treinadores de Natação utiliza, até hoje, a mesma abordagem e o mesmo aparato terminológico-conceitual do professor Matveev. Além disso, adota recomendações relacionadas ao processo de preparação plurianual iguais às recomendações soviéticas sobre as questões de especialização precoce e de maturação biológica.

Da mesma forma, em outros esportes mais "comerciais", como os jogos esportivos coletivos (em que a atividade competitiva abrange 8 a 10 meses do ano e não permite ao treinador construir uma preparação planejada e racional direcionada ao estabelecimento do estado chamado de *forma desportiva*), a procura por soluções racionais a respeito da construção do processo de treinamento e a busca da relação ótima entre treinamento e competição vêm sendo algumas das questões mais discutidas na literatura nos últimos anos (Suslov; Cycha; Shutina, 1995; Sakharova, 2005b; Gomes, 2009; Matveev, 2010; Platonov, 2013). Nesse contexto, nos jogos desportivos, a teoria da periodização não é um "modelo inadequado" para o calendário de competições típico dessas modalidades. A teoria serve como base para o estabelecimento de fatores que influenciam a estruturação do treinamento, ainda que o objetivo não seja atingir a forma desportiva, mas um alto nível de preparo ao longo do ano. Dessa forma, fica claro como o treinador pode manipular as cargas de treinamento para alcançar os objetivos da preparação.

Apesar do enorme conjunto de evidências que mostram a validade da teoria da periodização do treinamento desportivo, alguns autores, principalmente ocidentais, têm propagado, desde os anos 1990, uma total distorção da concepção de Matveev. Discutiremos essa questão na seção a seguir.

### 6.1.3 Equívocos na interpretação da teoria da periodização por parte dos cientistas ocidentais

Existem muitos problemas relativos à disseminação e à interpretação da teoria da periodização do treinamento desportivo entre os pesquisadores e os treinadores do Ocidente. Em sua concepção, Matveev fundamentou, por meio da análise da dinâmica dos resultados dos atletas, variantes de 1, 2 e 3 macrociclos a fim de que o estado de preparo ótimo para as competições fosse atingido. No entanto, esse autor não baseou sua concepção na descrição de 1 ou 2 macrociclos na periodização anual, como é defendido por especialistas, principalmente ocidentais, que não analisaram a fundo a concepção do cientista russo (Stone; O'Bryant; Garhammer, 1981; Bompa, 2002; Plisk; Stone, 2003; Issurin, 2010; Haff; Haff, 2012).

O trabalho de Matveev concentra-se na generalização e no entendimento das leis objetivas existentes de desenvolvimento da forma desportiva para as grandes realizações, na criação de princípios e no aparato conceitual que permitem que o processo de desenvolvimento da forma desportiva seja possível de ser gerido (coordenado e controlado). Matveev sempre enfatizou que o desenvolvimento fásico da forma desportiva apoia-se no extenso e abrangente material de caráter biológico, assim como nas leis universais que regem o processo de treinamento e que determinam a macroestrutura do treinamento, a exemplo do processo cíclico de coordenação, da gestão e do controle da forma desportiva. Isso não reduz o processo de treinamento a determinada posição, mas exige um conjunto sistematizado e inter-relacionado de posições que são expressas em princípios que refletem a lógica do desenrolar do processo de treinamento, cujo objetivo é o alcance do estado de forma desportiva do atleta no momento das principais competições.

Matveev nunca afirmou que o desenvolvimento natural da forma desportiva só é possível se for rigorosamente seguida dada forma de periodização anual (1, 2 ou 3 macrociclos). Ele simplesmente enfatizou que a duração dos ciclos e dos períodos de preparação deve permitir a ampliação e a elevação das possibilidades do atleta para um novo e mais elevado nível de preparo a fim de que sejam atingidos grandes resultados. A minimização desse período limitaria essa possibilidade. Dependendo das condições concretas da prática esportiva, são possíveis diferentes variantes de duração de macrociclos, além da correlação entre os períodos. A ideia de Matveev está inteiramente em conformidade com a prática de preparação da esmagadora maioria dos atletas modernos, a qual tem por objetivo não uma vitória em uma competição aleatória de "segundo escalão", mas uma preparação efetiva planejada para o desenvolvimento da forma desportiva nas competições mais importantes (Jogos Olímpicos e campeonatos mundiais). Com isso, podemos afirmar que carece de base teórica a posição de alguns cientistas ocidentais em argumentar que Matveev propõe um sistema de periodização de um único macrociclo ao longo do ciclo anual que não está em conformidade com as exigências atuais do esporte e que não permite que os atletas se apresentem bem nas competições.

Em um estudo contestando a eficácia da periodização do treinamento desportivo e a metodologia do treinamento de força na periodização, Loturco e Nakamura (2016) analisaram a dinâmica dos resultados no atletismo em 1995. Os autores demonstram que somente em 18 a 25% dos casos os atletas atingiram os melhores desempenhos nas principais competições. Entretanto, os pesquisadores não observaram que esse era o mesmo valor percentual apontado por Matveev antes da teoria da periodização do treinamento ainda nos anos 1960. Aqui, surge um importante questionamento: Como saber se esse valor decorre do fato de a teoria de Matveev não funcionar ou do fato de alguns ou muitos treinadores não conhecerem ao certo a teoria da periodização, aplicando-a incorretamente ou simplesmente seguindo outra abordagem?

Essa pergunta pode ser facilmente respondida com base no estudo de Kozlova e Rabin (2016) sobre a dinâmica dos resultados dos atletas no atletismo nos Jogos Olímpicos do Rio de Janeiro em 2016. Esse trabalho demonstrou que os atletas que tentaram atingir grandes resultados na liga diamante de atletismo e nos Jogos Olímpicos tiveram pouco êxito, tendo em vista que apenas

17% dos atletas (homens) campeões na liga diamante conseguiram alguma premiação nos Jogos Olímpicos, e somente 6,25% destes últimos foram campeões. Por outro lado, também foi demonstrado no estudo, por meio da dinâmica dos resultados e da quantidade de competições, que os atletas que optaram por uma estratégia de preparação seguindo os princípios da periodização atingiram a melhor marca do ano em 53% dos casos. Inclusive, essa opção de diminuir um pouco a atividade competitiva, priorizando a preparação, como proposto por Matveev, causou algumas surpresas, como é o caso do atleta brasileiro Thiago Braz (atividade competitiva ideal – participação em número ótimo de competições), que superou o favorito Renaud Lavillenie (atividade competitiva excessiva).

Nos jogos desportivos, alguns autores disseminam a ideia de que a concepção de Matveev trata com prioridade o aspecto físico e negligencia o conceito de modelo de jogo na preparação do atleta, trabalhando os componentes físicos e táticos de forma separada (Pivetti, 2012). Novamente, frisamos que o objetivo da periodização do treinamento é fazer com que a forma desportiva seja desenvolvida. A forma desportiva, por sua vez, como já discutido, é o estado ótimo de preparos físico, técnico, tático e psicológico (de maneira integrada e harmoniosa), o qual permite ao atleta atingir elevados resultados. Isso nada tem a ver com uma suposta prioridade física ou com um treinamento do componente físico de forma isolada do contexto da tática. Sabemos que o componente técnico e tático do preparo do futebolista e da respectiva equipe tem maior peso na determinação do resultado. Por isso, a construção do processo de treinamento e o estabelecimento de quais exercícios (meios) e métodos serão utilizados na periodização sempre ponderam a análise minuciosa do modelo da atividade competitiva, o nível de preparo e as características de atletas e equipes.

Entendemos que são muito bem aplicadas aqui as palavras de Ozolin (1984), que afirma que a discussão a respeito da veracidade da teoria da periodização do treinamento desportivo, detalhada e corretamente, está exposta nos trabalhos de Matveev (1964; 1977); as discussões só surgem porque alguns entendem essa teoria de maneira distorcida. Além disso, Ozolin (1984) aponta que não se pode abordar a periodização de forma dogmática.

Matveev sempre afirmou que a teoria da periodização é dinâmica e é uma área do conhecimento que se desenvolve continuamente. Por isso, essa teoria amplia-se à medida que surgem novos fatos, ideias, hipóteses que agregam, atualizam e especificam o conceito inicial. Sobre o tema, Platonov (2013) enfatiza que a teoria da periodização, em seu conteúdo teórico, apresenta uma **parte central**, constituída de conceitos relativamente estáveis, e uma **parte periférica**, composta de novas ideias. Conforme o conteúdo periférico vai-se afirmando, por meio da experiência prática e científica, ele passa a constituir a parte central, em um movimento que culmina, por exemplo, na teoria da adaptação e na teoria e prática da preparação esportiva. Isso é mais do que bem demonstrado ao longo dos anos de evolução da teoria da periodização.

Com base no exposto, fica claro que, na qualidade de teoria científica que expõe toda argumentação racional, o conjunto de evidências, o estabelecimento de leis gerais que regem o processo de treinamento e a criação de princípios, a periodização tornou-se um tema presente na literatura e nas discussões científicas a partir dos anos 1960. A iniciativa da criação desse conceito na condição de teoria científica começou com o já citado emérito professor russo Lev Pavlovich Matveev, que expôs sua concepção em uma monografia intitulada *O problema da periodização do treinamento desportivo*, publicada em 1964. Posteriormente, tal concepção foi generalizada e disseminada em uma série de outros trabalhos desse autor e de outros que seguiram essa linha (Suslov; Cycha; Shutina, 1995; Suslov; Filin, 1998; Savin, 2003; Vovk, 2007; Sakharova, 2005b; Platonov, 2013; 2015; Matveev, 1964; 1977; 1991; 2010).

Nas seções seguintes, verificaremos a concepção de Matveev, com todo o aparato terminológico e conceitual.

## 6.2 Microestrutura do processo de treinamento

A microestrutura é formada pelas sessões de treinamento isoladas e pelos pequenos ciclos compostos de algumas sessões de treinamento (microciclos).

### 6.2.1 Sessões de treinamento

*Sessão de treinamento* é a unidade estrutural básica que compõe o processo de preparação. Nesse nível estrutural, é importante destacar que as sessões são compostas de três partes: (1) preparatória; (2) principal; e (3) final.

A **parte preparatória**, também conhecida como *aquecimento*, tem a função de preparar o corpo para as tarefas da parte principal da sessão de treinamento. Nesse contexto, o aquecimento tem como objetivo resolver quatro tarefas fundamentais:

1. **Tarefa funcional** – O objetivo principal é estabelecer uma inter-relação consistente e racional entre as funções de diversos sistemas no organismo do atleta, ou seja, aqui se observa o aumento da frequência cardíaca e respiratória, o aumento da temperatura corporal, o aumento e a redistribuição do fluxo sanguíneos nos músculos, o aumento da permuta metabólica nos tecidos etc.

2. **Tarefa motora** – Aqui, a atenção volta-se à otimização do trabalho muscular do atleta, ou seja, à excitação do SNC e à ativação dos mecanismos de coordenação neuromuscular por meio da intensificação do fluxo de informações aferentes a partir do músculo esquelético com a utilização de movimentos mais específicos.
3. **Tarefa emocional** – A atenção, nesse momento, é direcionada ao estado psicológico do atleta. É preciso formar no indivíduo o estado de ativação ótimo, a capacidade de mobilização máxima, a autoconfiança etc.
4. **Tarefa técnico-tática** – São utilizados meios de modelar os principais elementos da atividade competitiva, sincronizando as funções motoras e funcionais, os aspectos psicológicos e cognitivos.

Com o intuito de resolver essas tarefas, estruturalmente, o aquecimento é composto de parte geral e parte especial. A parte geral do aquecimento é mais utilizada para resolver a primeira tarefa (funcional). Geralmente, essa parte é composta de exercícios cíclicos e/ou exercícios gerais de baixa intensidade, e a duração pode variar de 10 a 30 minutos. Um dos principais indicadores a respeito da duração da primeira parte é o aparecimento da sudorese. Quando o clima é frio, muitas vezes, 10 minutos não são suficientes para elevar a temperatura corporal em níveis ótimos, por isso, são necessários mais alguns minutos. Caso o treinador adote exercícios de alongamento no aquecimento, eles devem ser utilizados no fim da primeira parte do aquecimento, tendo em vista que o alongamento com o músculo "frio" aumenta seriamente o risco de traumas. Além disso, quando o corpo atinge a temperatura de 39 °C, a flexibilidade aumenta significativamente. Vale ressaltar que os exercícios de alongamento no aquecimento devem ser breves. O treinamento da flexibilidade, como vimos no Capítulo 4, pode comprometer o desempenho de força e de potência caso os exercícios de alongamento sejam prolongados.

A parte especial do aquecimento resolve as tarefas motoras, emocionais e técnico-táticas. Nesse contexto, são utilizados exercícios de alta intensidade, modeladores – envolvendo ações que compõem a estrutura da atividade competitiva – e com elevado grau de motivação, aumentando os mecanismos de excitação do sistema nervoso, regulando a atividade do sistema endócrino pela tensão psicofísica e, consequentemente, integrando harmonicamente as funções vegetativas, neuromusculares e bioenergéticas. Dessa forma, o atleta fica em estado de prontidão para desempenhar o melhor rendimento esportivo possível.

Em seguida, na **parte principal** da sessão de treinamento – após a parte preparatória –, são resolvidas as principais tarefas planejadas, como o treinamento da técnica e da tática ou das capacidades físicas. Nesse contexto, destacamos que as sessões de treinamento, a depender da organização das tarefas na parte principal, podem ser classificadas como seletivas ou complexas. A sessões seletivas são aquelas que resolvem tarefas com uma única orientação de carga[3], por exemplo, treinamento de força explosiva com orientação alática. Já as sessões complexas são caracterizadas pela resolução de tarefas com diferentes orientações de carga, por exemplo, nesta sequência: velocidade, resistência de velocidade e resistência aeróbia, ou seja, orientação alática, lática e aeróbia, respectivamente. Em geral, as sessões seletivas são mais eficientes para resolver as tarefas do treinamento por terem um efeito mais profundo sobre os sistemas funcionais do atleta, por outro lado, as sessões complexas são mais utilizadas em períodos próximos a competições, pois ajudam na manutenção do nível de preparo graças a um efeito mais amplo, porém, menos profundo, sobre as possibilidades funcionais do organismo do atleta.

---

[3]  Mais detalhes sobre conceito, parâmetros e componentes da carga podem ser consultados no Capítulo 2.

Um ponto importante sobre a grandeza das cargas nas sessões de treinamento seletivas e complexas concentra-se no fato de que as cargas complexas exigem certo controle do volume de treinamento em relação às cargas seletivas.

Para simplificar, vamos dar o seguinte exemplo: imagine um atleta de elite corredor de 400 metros. Geralmente, homens atletas percorrem essa distância entre 43 e 45 segundos, e mulheres atletas, entre 47 e 50 segundos. Essa prova exige tanto a velocidade máxima do atleta quanto a manutenção dessa velocidade. Logo, como vimos no Capítulo 3, o atleta precisa aperfeiçoar os componentes neurais, contráteis e mitocondriais. Em outras palavras, é preciso que o atleta melhore a velocidade e a resistência. A seguir, temos o exemplo de um modelo hipotético de três sessões de treinamento com cargas seletivas, do ponto de vista da orientação, e carga de choque, do ponto de vista da grandeza.

- **Sessão 1** – 20 tiros de 70 metros em velocidade máxima, com 5 a 7 minutos de pausa entre os tiros. Objetivo: aumento da aceleração e velocidade absoluta por meio do aperfeiçoamento da coordenação neuromuscular e do mecanismo bioenergético alático.
- **Sessão 2** – 12 tiros de 400 metros na máxima velocidade possível com pausa de 5 minutos entre os tiros. Objetivo: melhora da força e da resistência especial por meio da hipertrofia e de ajustes bioenergéticos no sistema glicolítico.
- **Sessão 3** – 6 tiros de 8 minutos no nível ou um pouco acima do limiar anaeróbio. Objetivo: aumento da densidade mitocondrial e consequente aumento do limiar anaeróbio, angiogênese, e do débito cardíaco.

Se, em vez de utilizar as sessões de carga seletiva, como nos três modelos citados, o treinador tomar a decisão de utilizar a carga complexa resolvendo três tarefas na mesma sessão de treinamento (orientação alática, lática e aeróbia), a distribuição do volume para cada orientação de carga não deve ser a mesma das cargas seletivas. Em uma sessão complexa, o volume de treinamento que caracteriza uma carga grande (de choque) teria em torno de 40 a 45% de cada uma das orientações, já em uma carga significativa (ordinária), em torno de 30 a 35%. Assim, uma sessão de treinamento complexa com carga significativa seria construída da seguinte forma:

- **Sessão única** – 6 tiros de 70 metros em máxima intensidade com pausa de 5 a 7 minutos; 4 tiros de 400 metros em máxima velocidade possível com pausa de 5 minutos; 2 tiros de 6 minutos no nível do limiar anaeróbio.

Esse ajuste de volume relativo às orientações das cargas ocorre em razão do efeito sumário dos exercícios sobre cada um dos sistemas fisiológico-funcionais do organismo. Em virtude disso, as sessões seletivas geram efeitos mais aprofundados, porém, menos amplos, sobre os sistemas do organismo. Por isso, as sessões seletivas são amplamente utilizadas no período preparatório, já as sessões de carga complexa, como dito anteriormente, têm efeito mais amplo, menos aprofundado e são mais utilizadas próximo ao ou no período das competições. Além disso, as sessões complexas são muito difundidas, até mesmo no período preparatório, em modalidades esportivas em que a determinação do resultado é multifatorial, como nos jogos desportivos e nas lutas.

A **parte final** das sessões de treinamento é caracterizada por um direcionamento do treinamento para ajudar o organismo do atleta a voltar ao estado de homeostasia. Nesse caso, exercícios de baixa intensidade, de relaxamento e de alongamento são recomendados.

Além das partes da sessão de treinamento e da respectiva subdivisão em seletiva e complexa, podemos destacar que, quando se fala em "dia de treinamento", em que são realizadas duas ou mais sessões de treinamento, essas sessões são classificadas, ou diferenciadas, em sessões *fundamentais* e *complementares*. Essa divisão existe pelo fato de, muitas vezes, o efeito da sessão principal causar a necessidade de recuperação em um período de 48 a 72 horas. Em razão disso, as sessões complementares são planejadas nesse "fundo recuperativo", com o intuito de acelerar a recuperação ou potencializar o efeito das sessões fundamentais.

### 6.2.2 Microciclos

Quanto se trata de microciclos, geralmente se alude a um período entre 3 a 14 dias, no entanto, é mais comum o microciclo durar 7 dias, em razão das demandas sociais da vida do ser humano que levam em conta o calendário. Nesse caso, o microciclo considera a relação entre as sessões de treinamento no decorrer da semana, ou seja, cada sessão é planejada de acordo com as tarefas do dia anterior e do dia seguinte. Desse modo, nessa estrutura podem ser observadas duas fases: (1) fase cumulativa; (2) fase recuperativa. Isso ocorre porque, de certa forma, as cargas do microciclo tendem a formar uma espécie de "onda", então, no início e no meio do microciclo, a carga de treinamento tende a crescer, ao passo que, ao final, tende a diminuir. Existem diversos tipos de microciclo na teoria da periodização, porém, antes de discutir a fundo as particularidades de cada um deles, é preciso entender algumas premissas básicas para a construção racional do microcilo.

Para elaborar racionalmente um microciclo, as cargas de treinamento entre as sessões devem estar inter-relacionadas, ou seja, a cada sessão de treinamento é preciso que seja considerado o que foi feito na sessão anterior e o que será feito nas próximas. Assim, têm destaque os fundamentos gerais da **combinação e alternância das cargas de diferentes orientações e grandezas** no microciclo.

Do ponto de vista da alternância e da combinação das cargas, a construção do microciclo está relacionada com a dinâmica dos processos de fadiga e de recuperação. Dessa forma, é imprescindível o conhecimento sobre o efeito heterocrônico do treinamento. Esse efeito acontece pelo fato de que, para diferentes orientações de carga, diferentes sistemas do organismo são mais ou menos exigidos. Por exemplo, em treinamentos de força máxima, explosiva ou velocidade (orientação alática), o sistema nervoso é muito exigido em virtude do alto grau de excitação e dos mecanismos de coordenação neuromuscular. Por outro lado, em cargas glicolíticas, a exigência do sistema nervoso existe, mas o maior estresse acontece nas fibras musculares com intensa atividade do metabolismo lático. Já os exercícios aeróbios cíclicos contínuos exigem muito das funções cardiovascular e respiratória, bem como do metabolismo aeróbio das fibras musculares lentas e dos sistemas endócrino e imune.

Diante das diferentes exigências funcionais nas variadas orientações de carga, observa-se que, em determinada orientação de carga, certos sistemas funcionais sofrem maior depressão de suas possibilidades do que outros. Em outras palavras, caso um atleta execute uma carga de choque de orientação aeróbia, é normal que ele consiga manifestar alta capacidade de trabalho para cargas aeróbias somente após 2 a 3 ou mais dias, no entanto, após 6 horas, esse atleta pode estar totalmente apto a manifestar elevada capacidade de trabalho em outra orientação de carga que exija mais de outros sistemas funcionais. Esse processo é exemplificado na Figura 6.1, a seguir.

**Figura 6.1** Dinâmica da fadiga e recuperação nas sessões de treinamento e distribuição racional de cargas de treinamento no microciclo (Platonov, 2013).

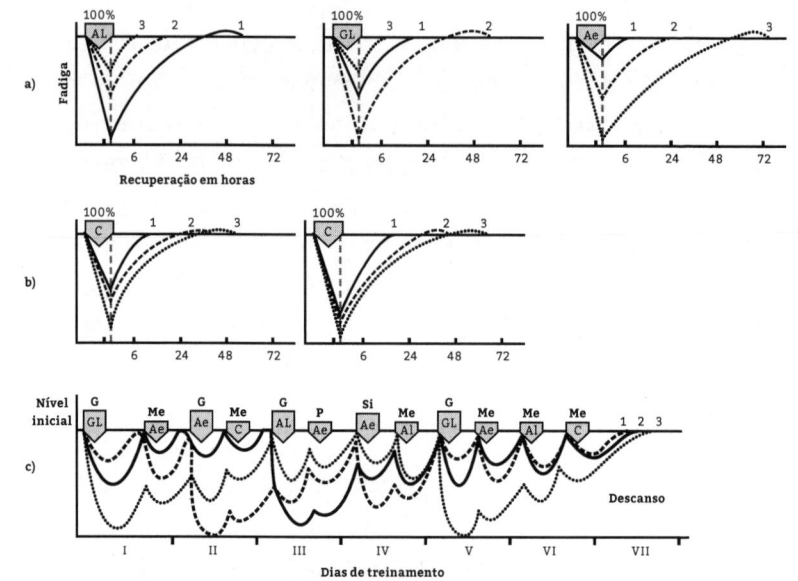

**Orientação das cargas**: AL – carga alática; GL – carga glicolítica; Ae – carga aeróbia; C – carga complexa. **Grandeza das cargas**: G – grande; Si – significativa; Me – média; P – pequena. **Dinâmica "fadiga-recuperação"** dos sistemas funcionais que garantem a qualidade dos exercícios de natureza alática (1), glicolítica (2) e aeróbia (3). A imagem **a)** apresenta a dinâmica em caso de cargas seletivas (AL, GL, Ae). Na imagem **b)** a mesma dinâmica da imagem "a", porém com cargas complexas - à esquerda combinação de tarefas AL, GL e Ae com volume de 30-35% em relação à carga seletiva sobre cada orientação, à direita a combinação de tarefas AL, GL e Ae com volume de 40-45% em relação a carga seletiva. A imagem **c)** apresenta a dinâmica de um microciclo de choque de 7 dias.

Fonte: Platonov, 2015.

Aplicando a ideia da combinação e alternância das cargas nos microciclos, a depender das tarefas a serem resolvidas e do período e etapa de preparação, os microciclos podem ser classificados da seguinte forma:

- microciclo ordinário (introdutório);
- microciclo de choque;
- microciclo modelador;

- microciclo competitivo;
- microciclo recuperativo.

O **microciclo ordinário** é direcionado no condicionamento do organismo do atleta para suportar as altas cargas de treinamento ao longo do período de preparação. Geralmente, esse microciclo atinge a grandeza de 40 a 75% da carga sumária observada em microciclos de choque. Assim, é amplamente utilizado no primeiro mesociclo do período preparatório e no início de mesociclos, quando as condições geográficas em que o atleta se encontra mudam drasticamente – aclimatação em condições climáticas e de fuso horário distintas para competições internacionais ou em caso de preparação em regiões de altitude elevada.

O **microciclo de choque** é o principal tipo de microciclo do período preparatório e é mais amplamente utilizado nos mesociclos básicos, especiais e de controle. Apesar de ser o principal tipo de microciclo no período preparatório, em alguns casos, também pode ser utilizado no período competitivo. Esse microciclo pode ter direcionamento geral ou especial, dependendo da etapa de preparação; além disso, a grandeza das cargas é máxima ou quase máxima em várias sessões, com o intuito trazer mudanças profundas na homeostase do organismo e, consequentemente, de estimular os processos adaptativos. Nesse tipo de microciclo, resolvem-se tarefas das preparações física, psicológica, técnico-tática e integral.

Apesar de existir a recomendação da utilização de 3 cargas grandes no microciclo de choque, em alguns casos, dependendo da modalidade esportiva e do nível de preparo do atleta, alguns microciclos desse tipo podem ter uma distribuição de cargas concentrada, ou seja, a aplicação de um número maior de cargas de choque de uma única orientação no fundo recuperativo[4]

---

[4] *Fundo recuperativo* é nome que se dá ao intervalo de tempo entre a aplicação de uma carga de treinamento e a recuperação do organismo.

das cargas anteriores. Nesse contexto, os microciclos de carga concentrada servem para promover mudanças mais aprofundadas no organismo de atletas que já quase não contam com recursos adaptativos em consequência de vasta experiência e anos de prática. Contudo, a resolução das tarefas do treinamento de forma sequencial, em vez de paralela, pode não ser racional na maioria dos esportes. Por isso, os microciclos de choque de carga concentrada devem ser aplicados com cuidado e por pouco tempo.

O **microciclo modelador** é utilizado antes das competições. O conteúdo desse tipo de microciclo é estreitamente específico, com predomínio de meios de preparação especial e competitiva. Além disso, nesse tipo de microciclo, busca-se treinar nas mesmas condições climáticas, geográficas e no mesmo horário da competição. Em outras palavras, como o próprio nome diz, esse microciclo modela as competições ainda no treinamento.

Em regra, os microciclos modeladores podem ter de 30 a 50% (em alguns casos, até 70%) do volume de treinamento dos microciclos de choque, a depender da estratégia de preparação, do calendário competitivo e da significância das competições. Isso ocorre porque, quando os microciclos modeladores são utilizados em mesociclos pré-competitivos, eles são aplicados em sequência de 2 a 4. Logo, nesse tipo de microciclo, busca-se resolver tarefas das preparações psicológica, técnico-tática, funcional etc., por isso o volume atinge 70% em boa parte deles. Entretanto, o mesociclo pré-competitivo só é utilizado antes das competições principais, pois aquelas de menor relevância são precedidas por mesociclos preparatórios de controle; nesse caso, somente o último microciclo é modelador, e, assim, o volume de treinamento é menor para promover recuperação.

O **microciclo competitivo** está presente no período competitivo (entre as competições). Em geral, esse tipo de microciclo pode durar de 1 a 8 dias, e o volume das cargas não ultrapassa 20 a 40% em relação aos microciclos de choque. A tendência nesse tipo de microciclo é utilizar cargas recuperativas e estabilizadoras para a manutenção do nível de preparo do indivíduo com predomínio de exercícios especiais e competitivos.

Apesar de o microciclo competitivo ter, em essência, o objetivo de manutenção do nível de preparo do atleta, há algumas exceções. Em conformidade com a especificidade e as particularidades de algumas modalidades esportivas, as tarefas e o volume de treinamento podem mudar um pouco. Por exemplo, nos jogos esportivos, o período competitivo tem duração de 7 a 11 meses, e os jogos acontecem 1 ou 2 vezes por semana (5 a 8 jogos mensais). Assim, os microciclos duram 3 e 4 dias em caso de 2 jogos semanais, e 6 a 8 dias no caso de 1 jogo semanal. Dessa forma, conforme o intervalo de tempo entre os jogos, o volume pode ser reduzido para propiciar descanso, discretamente aumentado para promover manutenção e significativamente aumentado (em raras ocasiões) para viabilizar aperfeiçoamento, visto que o período competitivo pode ter de 1 a 7 meses de duração.

O **microciclo recuperativo** tem por objetivo promover a recuperação das cargas de treinamento de microciclos anteriores, otimizar o fluxo dos processos adaptativos e manifestar o efeito retardado do treinamento. Dessa forma, o volume de treinamento é reduzido e atinge 20 a 40% do máximo. Além da redução do volume, é observado o aumento de medidas recuperativas e profiláticas (fatores externos ao treinamento), como sessões de massagem e sauna, banhos quentes, crioterapia, eletroforese, oxigenoterapia e muitas outras técnicas medicinais e fisioterápicas. O microciclo recuperativo é utilizado no fim dos mesociclos depois de uma sequência de 2 a 4 microciclos de choque, após as competições e no período transitório do ciclo anual.

Além de todos os fatores debatidos até aqui – efeito heterocrônico e interrelação das cargas, tipo de microciclo em correspondência com as tarefas, etapas e períodos da preparação –, existem ainda pequenas discussões que envolvem alguns problemas na elaboração dos microciclos em diferentes modalidades esportivas. Um dos mais discutidos na teoria e observados na prática é a relação do volume ideal de microciclos de choque e a influência deles nas diferentes modalidades esportivas.

No que concerne ao volume de treinamento, entre os anos 1980 e 2000, era característica a recomendação de que os microciclos de choque podiam atingir até 15-18 sessões de treinamento, totalizando de 28 a 36 horas semanais trabalho. Obviamente, os microciclos de choque têm volume elevado justamente para causar mudanças psicofisiológicas profundas na homeostase a fim de ativar os processos adaptativos do indivíduo. Inclusive, essa tendência de cargas de treinamento elevadas é muito mais comum em modalidades esportivas cíclicas de resistência ao longo do período preparatório de treinamento. Em outras modalidades, como nos jogos desportivos e nas lutas, o volume de treinamento não deve ser tão elevado e, nos microciclos, não predominam sessões de treinamento com cargas seletivas. Isso se deve ao fato de essas modalidades apresentarem muitos fatores determinantes no resultado esportivo. Por exemplo, se um jogador de basquete ou futebol utilizar uma carga seletiva de orientação aeróbia ou mesmo anaeróbia e com grandeza de choque, é muito provável que as tarefas do treinamento técnico-tático dos dias seguintes fiquem significativamente prejudicadas no que se refere à qualidade do trabalho.

O Gráfico 6.1, a seguir, demonstra a distribuição de cargas no microciclo semanal de preparação especial de hoqueístas.

**Gráfico 6.1** Esquema de distribuição de cargas no microciclo semanal de preparação especial de hoqueístas

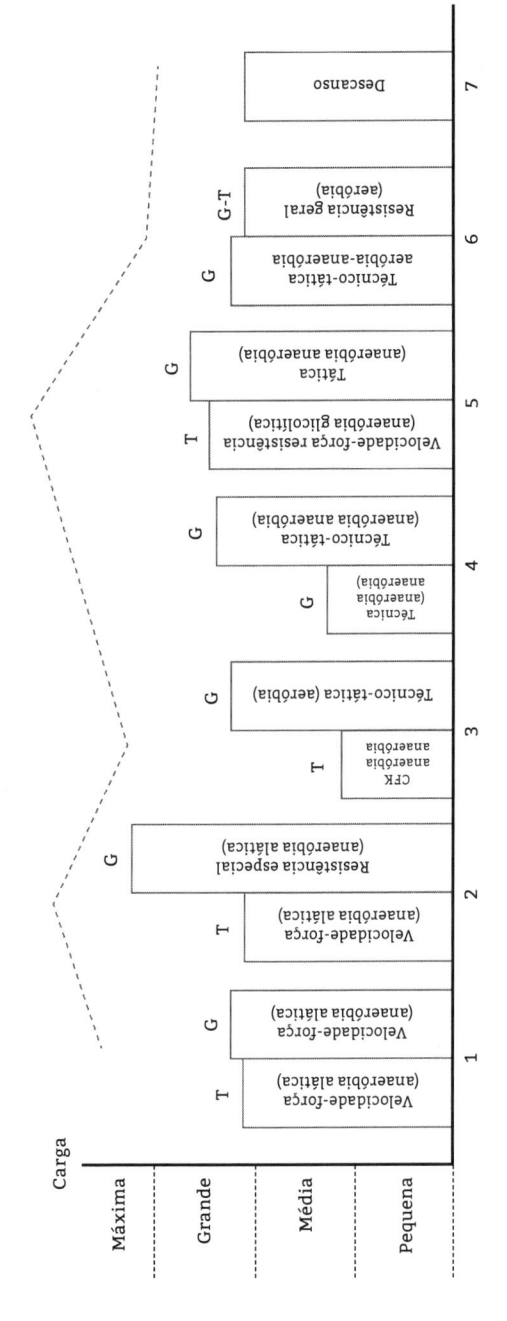

| Carga | | | | | | | |
|---|---|---|---|---|---|---|---|
| Máxima | | | | | | | |
| Grande | T | G | G | T | T | G | |
| | Velocidade-força (anaeróbia alática) | Velocidade-força (anaeróbia alática) | CFK anaeróbia anaeróbia | Técnico-tática (anaeróbia anaeróbia) | Velocidade-força resistência (anaeróbia glicolítica) | Técnico-tática aeróbia-anaeróbia | |
| Média | | | T | G | G | G | G-T |
| | | | | Técnica (anaeróbia anaeróbia) | Técnico-tática (aeróbia) | Tática (anaeróbia anaeróbia) | Resistência geral (aeróbia) |
| Pequena | | G | | | | | Descanso |
| | | Resistência especial (anaeróbia alática) | | | | | |
| | 1 | 2 | 3 | 4 | 5 | 6 | 7 |

**Legenda:** T = treinamento na terra, G = treinamento no gelo.

Fonte: Savin, 2003, p. 254.

Tendo em mente o que foi discutido nesta seção, vale destacar que o volume das cargas de treinamento nos microciclos de choque é maior em modalidades em que a quantidade de fatores determinantes no resultado não seja tão grande. Contudo, mesmo assim, é preciso que seja dada atenção para algumas exceções. Por exemplo, nas modalidades cíclicas de velocidade, o número de sessões de treinamento com cargas de grandeza máxima é pequeno, porque os atletas dessas modalidades pouco utilizam diferentes orientações de carga. Isso se deve ao fato de que trabalhos aeróbios cíclicos de intensidade moderada podem ser contraproducentes para atletas velocistas.

Atualmente, as recomendações para microciclos de choque, em modalidades como jogos desportivos, lutas, esportes de coordenação complexa e de força-velocidade, são de 9 a 12 sessões de treinamento. Essa abordagem se justifica em razão de que, dependendo da modalidade esportiva, o volume exacerbado de treinamento pode causar perda de qualidade do treinamento quando outras tarefas devem ser resolvidas. Por outro lado, nas modalidades cíclicas de resistência (meio-fundo e fundo) ou até mesmo em provas classificadas como *rasas* de velocidade, mas que também exigem resistência, como a corrida de 400 metros, a alternância das sessões seletivas de diferentes orientações e grandezas é uma das soluções mais racionais para evitar a perda da qualidade do treinamento e o possível efeito negativo do sobretreinamento, criando a possibilidade de se ter um grande volume de treinamento com número maior de sessões.

## 6.3 Mesoestrutura do processo de treinamento

*Mesoestrutura* significa estrutura de ciclos médios (mesociclos) que envolve alguns microciclos. Em geral, essa estrutura pode apresentar entre 2 e 6 microciclos, no entanto, na maioria dos casos, tem duração de aproximadamente um mês, ou seja, 4 microciclos com duração de 1 semana cada. Assim como ocorre nos microciclos, nos mesociclos é observada uma dinâmica de cargas que forma uma onda, geralmente de 2 a 3 microciclos de treinamento de carga crescente – fase cumulativa, com o intuito de promover as mudanças orgânicas necessárias para a adaptação – e 1 microciclo de recuperação – fase recuperativa, com o intuito de concretizar as mudanças estruturais adaptativas causadas pela primeira fase do mesociclo[5].

O mesociclo é, sem dúvida, umas das mais importantes estruturas do processo de treinamento. É justamente nos mesociclos que o fenômeno conhecido como *efeito retardado* de treinamento se manifesta. O nome ou significado desse efeito é justificado pelo fato de que a carga de uma sessão de treinamento não apresenta melhoras imediatas no desempenho do atleta, mas a combinação de algumas cargas ao longo de 2 a 3 semanas causa mudanças físicas, morfológicas e funcionais, que são refletidas nesse desempenho. Esse efeito é observado em virtude dos mecanismos de adaptação, que têm relação estreita com os princípios da continuidade e da progressividade. Dessa forma, as cargas de treinamento ao longo das sessões e dos microciclos promovem estresse e quebra da homeostasia, conforme a natureza do estresse (orientação da carga), e diferentes mecanismos de cascatas de sinalização podem ser ativados, ocorrendo, consequentemente, a síntese de proteínas.

Considerando o que já discutimos, dois pontos fundamentais devem ser entendidos. Primeiro, a síntese dos componentes estruturais não é uma mudança operacional como a capacidade de trabalho do atleta. Quando o atleta treina em determinada direção, alguns dias são necessários para que as mudanças se concretizem. Por exemplo, com o treinamento de resistência

---

[5] Na fase cumulativa, ocorre o crescimento das cargas; a fase recuperativa é caracterizada pela diminuição da carga.

especial, a densidade mitocondrial cresce significativamente, mas esse efeito só começa a se manifestar entre 7 e 10 dias após a aplicação das cargas, e, no que tange à hipertrofia muscular, entre 7 e 15 dias. Por isso, os efeitos de treinamento não se revelam logo em seguida (1 a 2 dias depois) da aplicação das cargas de treinamento. Em segundo lugar, ao contrário de indivíduos comuns (não atletas), atletas de alto rendimento já apresentam vasta experiência e são extremamente adaptados aos mais diversos meios e métodos de treinamento. Assim, para que a carga de treinamento promova um nível de estresse suficiente para causar adaptações nesses indivíduos, a aplicação de uma ou outra carga não é suficiente, ou seja, é necessária a aplicação de várias cargas de treinamento antes da recuperação completa do organismo, promovendo o acúmulo de RNAm e, posteriormente, a síntese dos diferentes componentes celulares necessários para o aumento do potencial físico do atleta. Em outras palavras, o atleta precisa de vários estímulos em certo intervalo de tempo para promover efeitos profundos em seu organismo.

Apesar da necessidade da fase cumulativa do mesociclo, também tem destaque a fase recuperativa, tendo em vista que a aplicação de cargas antes da recuperação completa do organismo exige muito dos sistemas relacionados com o processo adaptativo (endócrino e imune). Em virtude disso, após 2 a 3 semanas de trabalho intenso e volumoso, é preciso que seja dado tempo para a recuperação desses sistemas, respeitando-se as fases do processo adaptativo e fornecendo o tempo necessário para que as mudanças morfofuncionais se concretizem. Nesse sentido, cresce a capacidade de trabalho do atleta, ou seja, o efeito retardado de treinamento aparece.

De acordo com as tarefas a serem resolvidas, os mesociclos são classificados em:

- mesociclo de introdução;
- mesociclo básico de treinamento;

- mesociclo preparatório especial;
- mesociclo pré-competitivo;
- mesociclo preparatório de controle;
- mesociclo competitivo;
- mesociclo preparatório recuperativo;
- mesociclo recuperativo de manutenção.

O **mesociclo de introdução**, geralmente, é o primeiro mesociclo do macrociclo. Na maioria dos casos, é composto por 2 a 3 microciclos ordinários de preparação geral para condicionar o atleta gradualmente para cargas de treinamento elevadas e específicas nos próximos mesociclos. Em regra, os três primeiros microciclos são de carga crescente: o primeiro atinge em torno de 30 a 40%; o segundo, de 50 a 60%; e o terceiro, de 60-70% do volume observado nos microciclos e mesociclos seguintes. No primeiro microciclo, geralmente, não se aplicam mais de 5 a 6 sessões de treinamento, já no segundo e no terceiro microciclos esse volume pode crescer para 10 a 12 sessões, porém, cargas de grandeza de choque (grandes) são evitadas. Além disso, nesse tipo de mesociclo, as cargas de treinamento são predominantemente gerais e semiespeciais, mas não se excluem os exercícios especiais, eles apenas são aplicados em determinada medida.

Apesar de o mesociclo de introdução, na maioria das vezes, durar 3 semanas, em alguns casos, essa duração pode ser aumentada para 4 a 6 semanas, como para atletas que se recuperaram de lesões e para atletas mulheres que reiniciam o treinamento após gestação.

O **mesociclo básico de treinamento** é o principal mesociclo do período preparatório. Nesse mesociclo, resolvem-se as principais tarefas do treinamento, como a preparação física e funcional; a preparação técnica e tática; a preparação psicológica e volitiva etc. Nesse contexto, os mais diversos meios e métodos de treinamento são utilizados, e a grandeza das cargas atinge níveis máximos com elevado volume, alta intensidade e utilização de cargas de choque.

Obviamente, o mesociclo básico é mais utilizado no período preparatório e, nessa condição, a duração depende muito da orientação preferencial (não exclusiva) das cargas. Por exemplo, os mesociclos voltados para o treinamento de velocidade e de resistência especial têm em média 3 a 4 microciclos, quando voltados para força, 4 a 5, e quando orientados para o aumento da resistência aeróbia, podem chegar a 5 a 6.

O **mesociclo preparatório especial** é parecido com o mesociclo básico no que concerne à elevada carga de treinamento. Entretanto, se no mesociclo básico são criadas as premissas para o desenvolvimento da forma desportiva, principalmente em razão das mudanças funcionais, no mesociclo preparatório especial o principal objetivo é o estabelecimento da forma desportiva. Assim, esse mesociclo é mais utilizado na etapa especial do período preparatório, e o conteúdo do treinamento é mais voltado para a utilização preferencial (não exclusiva) dos meios de preparação (exercícios) especial que se aproximam dos principais componentes da atividade competitiva.

O **mesociclo pré-competitivo** é caracterizado pela necessidade da máxima aproximação do regime das competições para criar condições ótimas para a realização total das possibilidades do atleta. Esse mesociclo é utilizado somente antes das competições principais e é composto, geralmente, por 3 a, no máximo, 4 microciclos modeladores. Esse tempo é suficiente para promover a recuperação total do organismo após as cargas de treinamento especiais do mesociclo anterior e manifestar o efeito retardado de treinamento. Paralelamente, resolvem-se as tarefas das preparações integral e psicológica para a realização da atividade competitiva planejada.

O **mesociclo preparatório de controle** é uma forma transitória entre os mesociclos básicos e competitivos. O trabalho de treinamento é combinado com a participação em competições que têm significado de controle de treinamento e são subordinadas à preparação para as competições principais.

O **mesociclo competitivo** é o tipo fundamental de mesociclo no período das competições fundamentais. A depender da quantidade e da ordem de distribuição das competições, o mesociclo competitivo pode mudar, envolvendo microciclos modeladores e de treinamento. Esse mesociclo é muito utilizado nos jogos desportivos, em que o calendário de competições é muito denso e extenso; já em esportes de calendário com quantidade menor de competições (esportes cíclicos, de força-velocidade, de coordenação complexa, lutas etc.), ele é mais utilizado quando, no intervalo de tempo de 3 a 5 semanas, são realizadas algumas competições. Nesse tipo de mesociclo, a carga de treinamento total não supera 25 a 40% da carga dos mesociclos básicos e especiais do período preparatório, a quantidade de sessões de treinamento por microciclo não supera 5 a 6, e as cargas têm grandeza predominantemente médias e significativas. Cargas grandes (choque) só são aplicadas de forma isolada em alguns casos, quando o intervalo entre as competições é maior do que 7 dias. O conteúdo do treinamento é predominantemente especial, com poucas cargas gerais, com vistas a garantir a manutenção do estado de forma desportiva. Além disso, nesse mesociclo utilizam-se frequentemente medidas de recuperação.

Nos jogos desportivos, o mesociclo competitivo tem certas particularidades que o diferenciam dos mesociclos competitivos das demais modalidades. Em virtude de esses esportes terem um calendário competitivo que dura de 8 a 10 meses, com jogos semanais e muitas vezes mais de um jogo por semana, os mesociclos acabam apresentando estruturas padronizadas, resolvendo tarefas que são, em regra, associadas a outros tipos de mesociclos. Por exemplo, para a manutenção das possibilidades físicas e funcionais do atleta, são necessárias cargas elevadas de trabalho, mas é muito difícil a aplicação de cargas grandes quando são feitos dois jogos na semana. Por outro lado, as tarefas da preparação técnico-tática devem estar em conformidade com os jogos seguintes e, ao mesmo tempo, é necessário que o processo de treinamento busque a recuperação do atleta para os jogos. Por isso, nas semanas em que só há um jogo, é importante o treinamento das capacidades, ao passo que, em semanas de dois jogos, o foco deve ser a recuperação do atleta.

O **mesociclo preparatório recuperativo**, segundo seus indicadores, é similar aos mesociclos básicos e preparatórios especiais, mas envolve uma quantidade aumentada de microciclos recuperativos. Isso se deve, principalmente, ao fato de, por alguma razão, o processo de recuperação não ter sido concluído no mesociclo anterior. Essa situação pode ocorrer quando o efeito sumário das cargas do mesociclo anterior tenha sido exagerado ou após a participação do indivíduo em competições, ainda que estas não sejam as principais. Logo, esse mesociclo já começa com um microciclo recuperativo, com exercícios de cargas pequena e média e com a aplicação de medidas de profilaxia de traumas e estimulação da recuperação. Depois do primeiro microciclo de 4 a 7 dias, a carga deve ser aumentada.

Por fim, o **mesociclo recuperativo de manutenção** é caracterizado por um regime de treinamento ainda mais leve, com um efeito de transição fracionado da forma desportiva. Esse mesociclo é mais utilizado no período transitório do macrociclo. É composto de 2 a 3 semanas de descanso ativo, as cargas são pequenas e estabilizadoras e aplicadas apenas de 3 a 4 vezes semanais. O intuito principal do mesociclo recuperativo de manutenção é promover a recuperação completa do organismo para o início do macrociclo seguinte e garantir a manutenção do nível dos componentes do preparo, evitando o processo de desadaptação.

Gráfico 6.2 modelo hipotético de mesociclo preparatório especial nos jogos desportivos

| Data/dias | 1 | 2 | 3 | 4 | 5 | 6 | 7 | 8 | 9 | 10 | 11 | 12 | 13 | 14 | 15 | 16 | 17 | 18 | 19 | 20 | 21 | 22 | 23 | 24 | 25 | 26 | 27 | 28 |
|---|---|---|---|---|---|---|---|---|---|---|---|---|---|---|---|---|---|---|---|---|---|---|---|---|---|---|---|---|
| Microciclo | Choque | | | | | | | Choque | | | | | | | Choque | | | | | | | Recuperativo | | | | | | |
| G. | | | | | | | | | | | | | | | | | | | | | | | | | | | | |
| S. | | | | | | | | | | | | | | | | 1 | | | | | | | | | | | | |
| M. | 4 | | | | | | | 4 | 12 | | | | | | 7 | 4 | 13 | 9 | 5 | | | | | | 4 | | | |
| | 7 | 9 | | | | | | 7 | 5 | 11 | | | 11 | | 5 | 12 | 3 | 10 | 13 | 11 | 9 | 13 | 10 | | 13 | 11 | | 9 |
| P. | 5 | 12 | 11 | 5 | 2 | | 9 | 5 | 13 | 5 | 2 | | 12 | 9 | 12 | 5 | 8 | 6 | 6 | 10 | 8 | 5 | 8 | | 5 | 8 | 5 | |
| | 8 | 3 | 10 | | 8 | 11 | 8 | 8 | 3 | 12 | 3 | 13 | 3 | 10 | 8 | 8 | 8 | 8 | 11 | 2 | 2 | 12 | | 10 | | 3 | 3 | |
| | 11 | 8 | 8 | 13 | 8 | 6 | 10 | 11 | 8 | 8 | 8 | 8 | 6 | | | | | | | | 8 | | | | | | | 10 |

**Tarefas da preparação física**

**Força**
1. Força máxima (alática)
2. Hipertrofia FMG (glicolítica)
3. Hipertrofilia FMO (glicolítica)
4. Força especial (alática)

**Resistência**
5. Densidade mitocondrial FMG (alática)
6. Parâmetros cardiovasculares (aeróbica)

**Rapidez**
7. Aceleração, desaceleração e mudança de direção (alática)

**Flexibilidade**
8. passiva/ativa

**Coordenação**
9. Educativos/modeladores
10. Equilíbrio dinâmico

**Tarefas da preparação técnico-tática**
11. Preparação teórica
12. Técnico-tático situacional (alática)
13. Técnico-tático em equipe (glicolítica-aeróbica)

**Grandeza da carga**
G – grande
S – significativa
M – média
B – baixa

Fonte: Elaborado com base em Cassidori (2014).

Como dito anteriormente, os tipos de mesociclos dependem, basicamente, das tarefas de treinamento a serem resolvidas em determinado período e/ou etapa do macrociclo, considerando a especificidade modalidade esportiva. Apesar disso, há outros fatores que merecem atenção especial quando o assunto é a mesoestrutura. Nesse contexto, têm destaque as particularidades da construção do mesociclo para o treinamento de mulheres.

No caso dos **mesociclos para atletas mulheres**, antes de serem estabelecidos o conteúdo do treinamento em cada microciclo e a combinação dos microciclos, existe a necessidade de se entender o ritmo biológico do organismo feminino. No ciclo ovariano menstrual, tem-se as seguintes fases: menstrual – 3 a 5 dias; pós-menstrual – 7 a 9 dias; ovulatória – 4 dias; pós-ovulatória – 7 a 9 dias; pré-menstrual – 3 a 5 dias.

Em geral, a fase pré-menstrual é a menos oportuna para a aplicação de grandes cargas de treinamento, visto que, nesse momento, as atletas apresentam diminuição da capacidade de trabalho e irritação. Algumas atletas também têm certo déficit no período menstrual e ovulatório. Por isso, diante de um ciclo menstrual de 28 dias, durante aproximadamente 10 a 12 dias, as atletas encontram-se em um estado de capacidade de trabalho reduzido. Assim, nos mesociclos de treinamento, é interessante que, nas fases menstrual e ovulatória, a carga seja média; na fase pré-menstrual, baixa; e nas fases pós-menstrual e pós-ovulatória, elevada.

Apesar das particularidades do ciclo menstrual, as atletas não podem deixar de competir ou mudar o calendário em virtude dos ritmos individuais. A prática demonstrou que, quando as cargas são aplicadas corretamente ao longo do período preparatório e com diminuição da carga no período imediato às competições, mesmo nos dias menos favoráveis do ciclo menstrual, as atletas demonstram elevada capacidade nas competições. Inclusive, para mais de 50% delas, não há alterações negativas na competição nesse período.

## 6.4 Macroestrutura do processo de treinamento

O macrociclo é a estrutura grande do processo de treinamento. A premissa fundamental da existência dessa estrutura "macro" é o fato de o desenrolar das fases do estado da forma desportiva ser cíclico e necessitar de certo intervalo de tempo de preparação para que o atleta consiga apresentar grandes resultados.

O macrociclo de treinamento é composto por três períodos: (1) preparatório; (2) competitivo; (3) transitório. Na periodização do treinamento desportivo, o termo *período* é utilizado para dar noção aos intervalos de tempo de treinamento necessários para que mudanças significativas ocorram no desempenho do atleta. Já as etapas não falam sobre o desempenho, mas dão noção sobre o conteúdo do treinamento em determinados intervalos de tempo de treinamento. Assim, os três períodos do macrociclo estão diretamente relacionados com as fases da forma desportiva – estabelecimento, manutenção e perda temporária.

### 6.4.1 Período preparatório

*Período preparatório* é o intervalo de tempo, ou fração do macrociclo, dedicado prioritariamente à preparação do atleta ou da equipe com o intuito de buscar o estabelecimento ou o desenvolvimento do estado de forma desportiva. Como a forma desportiva é o estado ótimo de preparo que permite ao atleta atingir grandes resultados, a duração do período preparatório deve ser suficiente para que ele consiga atingir esse objetivo, o que geralmente exige pelo menos 3 a 5 meses de preparação rígida.

Como a preparação do atleta é ampla e envolve componentes técnicos, táticos, físicos e psicológicos, resolver todas as tarefas do treinamento para que se atinja a forma desportiva é um grande desafio para o treinador. Com vistas a resolver essas diversas tarefas do treinamento em conformidade com o calendário competitivo, o período preparatório é dividido em duas etapas: (1) etapa preparatória geral; (2) etapa preparatória especial.

Na etapa **geral** de preparação, o principal objetivo é criar as premissas para estabelecer a forma desportiva. Nesse contexto, essas premissas são apresentadas como a condição essencial para o aumento do nível geral das possibilidades funcionais do organismo, para o desenvolvimento multifacetado das capacidades físicas e para a aquisição ou fixação de habilidades motoras. Portanto, nessa etapa, a depender da especialização esportiva, busca-se a hipertrofia muscular de fibras rápidas e lentas, o aumento das possibilidades do sistema cardiovascular, o aumento de habilidades motoras, o estabelecimento teórico da tática, o treinamento da tática em formas ainda fragmentadas etc. Além disso, a preparação psicológica pretende resolver problemas típicos de cada modalidade, como o aumento de coragem, confiança, motivação, disciplina, autocontrole etc.

Na etapa de preparação **especial**, o treinamento configura-se para garantir o estabelecimento direto da forma desportiva. Se na primeira etapa criam-se e aprimoram-se as premissas fundamentais, na segunda elas devem estar desenvolvidas e unidas em componentes harmônicos de preparo ótimo para as realizações objetivas. A forma desportiva constrói-se diretamente no processo e no resultado dos exercícios que modelam e, depois, reproduzem por completo todos os detalhes das ações competitivas. Por isso, na segunda etapa do período preparatório, cresce o peso dedicado à preparação especial e eleva-se, antes de tudo, a intensidade absoluta dos exercícios preparatórios especiais e competitivos, que se expressam no aumento de velocidade, frequência de movimentos, potência e outras características de força-velocidade do movimento. Logo, nessa etapa, busca-se o aperfeiçoamento da coordenação neuromuscular e das propriedades contráteis e elásticas do aparelho locomotor, bem como o aumento da densidade mitocondrial e do limiar anaeróbio etc.

A técnica e a tática são trabalhadas em um contexto integrado, sendo a segunda reproduzida de modo muito mais aproximado do contexto competitivo. A preparação psicológica é expressa no aumento da volição nas próprias situações extremas de treinamento, e o controle do estado psicológico pré-competitivo é trabalhado, principalmente, na participação de competições preparatórias e de controle.

Vale destacar que, tanto na etapa de preparação geral quanto na especial, apesar de existir predomínio das tarefas de treinamento em determinado nível de especificidade, não se excluem as tarefas de preparação especial da etapa geral, nem as tarefas gerais na etapa de preparação especial. O que realmente ocorre é a mudança da relação das tarefas, ou seja, uma predomina sobre a outra. Isso se deve ao fato de que as mudanças funcionais criadas na primeira etapa não podem ser totalmente mantidas e sustentadas somente por meio da preparação especial.

Outro ponto importante que merece destaque e que, muitas vezes, é mal interpretado por pesquisadores ocidentais reside na contração do volume de treinamento na etapa especial. A confusão se deve ao fato de que o volume cai somente quando o parâmetro utilizado é a distância percorrida ou a tonelagem de cargas de treinamento. Conforme cresce, por exemplo, o número de sessões de treinamento com cargas de orientação alática, é óbvio que a distância total percorrida será menor do que as distâncias superadas em treinamentos de orientação aeróbia. No entanto, quando se olha para o volume pelo parâmetro *tempo* (horas de treinamento), não se observa tamanha contração substancial do volume! Nesse sentido, é importante frisar que, na teoria da periodização do treinamento, na etapa especial do período preparatório do macrociclo, o volume absoluto de treinamento pode contrair (distância percorrida sem análise da orientação preferencial de carga trabalhada), mas o volume relativo (horas de treinamento, sessões por microciclo e etc.), em alguns casos, pode até aumentar!

## 6.4.2 Período competitivo

Podemos entender *período competitivo* como o momento do macrociclo em que são realizadas as competições fundamentais que criam condições para a efetuação e a verificação da forma desportiva (adquirida no período preparatório) por meio dos resultados esportivos elevados do atleta.

Quando esse período apresenta algumas competições fundamentais, surge a tarefa de manutenção da forma desportiva. Assim, a preparação do atleta no período competitivo é caracterizada pelas seguintes recomendações:

- A preparação física adquire um caráter de preparação funcional máxima direta para a tensão competitiva. Ela é direcionada à realização da capacidade de trabalho especial máxima, bem como à manutenção desse nível e do nível de preparo geral atingido.
- A preparação técnica e tática leva em conta a forma escolhida de atividade competitiva até o mais alto grau possível de perfeição. Isso, por um lado, propõe a fixação das habilidades antes adquiridas pelo indivíduo, por outro, propõe o aumento de variabilidade das habilidades e a aplicabilidade em diferentes condições de luta desportiva por meio da coordenação de movimento precisamente polida, do aperfeiçoamento em diferentes ações técnico-táticas e do desenvolvimento do pensamento tático.
- Na preparação psicológica especial do atleta, adquirem significado particular a mobilização na máxima manifestação das forças mentais; a regulação do estado emocional e das manifestações volitivas no processo competitivo; a educação da relação correta com a possibilidade de resultado esportivo negativo; e a manutenção do tônus emocional positivo.

Todas as faces da preparação do atleta no período competitivo aproximam-se estreitamente. A frequência de participação nas competições depende de uma série de condições concretas. Em primeiro lugar, do nível de qualificação do atleta e das particularidades da modalidade esportiva. Ao mesmo tempo, o calendário individual de competições, em qualquer caso, deve ter uma "saturação" suficiente para estimular efetivamente o desenvolvimento da capacidade de trabalho específica e a maestria esportiva desse atleta.

### 6.4.3 Período transitório

Por *período transitório* entendemos, no sentido mais amplo, o descanso ativo. Nesse período devem ser criadas condições para a manutenção de determinado nível de preparo e, mais ainda, deve ser garantida a continuidade entre o macrociclo que se encerra e o que se inicia. Aqui, o mais importante é a diversidade de exercícios, a variabilidade das condições e a clara e expressiva emoção positiva.

Nesse período, o volume de treinamento cai para 20 a 40% do volume observado no período preparatório, as sessões de treinamento semanais são em quantidade de apenas 3 a 4, e a duração total desse período não supera 3 a 4 semanas (com 1 mesociclo recuperativo de manutenção) para evitar o processo de desadaptação. Fica claro que, apesar de esse período ser caracterizado pela fase de perda temporária da forma desportiva, não se pode confundir a mudança do estado de preparo (perda da forma desportiva) com o destreinamento e desadaptação.

### 6.4.4 Forma desportiva

De forma resumida, podemos dizer que o macrociclo de treinamento é composto de três períodos – preparatório, competitivo e transitório –, os quais estão em conformidade com as fases da forma desportiva – estabelecimento, manutenção e perda temporária. Cada um desses períodos tem mesociclos com particularidades correspondentes aos objetivos a serem alcançados e às tarefas a serem resolvidas naquele período ou etapa. Os microciclos são ciclos pequenos que compõem os mesociclos e estão subordinados ao objetivo da etapa ou período de treinamento. O objetivo do período preparatório é o desenvolvimento da forma desportiva – estado ótimo e harmônico de preparos físico, técnico, tático e psicológico que garantem o alcance de elevados resultados e só são adquiridos junto a determinadas condições em cada macrociclo.

A periodização do treinamento sempre visa, em primeiro plano, ao desenvolvimento da forma desportiva de macrociclo para macrociclo, ou seja, ao aperfeiçoamento contínuo do atleta. A periodização é considerada racional quando a forma desportiva é atingida justamente em conformidade com o período de realização das principais competições daquele macrociclo. Assim, podemos dizer que o objetivo da periodização é o desenvolvimento da forma desportiva, já a tarefa dela é manipular a distribuição das cargas de modo que a forma desportiva seja atingida em conformidade com o período de realização das principais competições.

Salientamos que a forma desportiva é muito criteriosa. Em primeiro lugar, vale destacar que a ela é desenvolvida entre os macrociclos, ou seja, a cada macrociclo em condições ideais (ausência de interrupções do processo de treinamento), o atleta deve atingir um novo nível de preparo. Portanto, quando os melhores resultados de dado macrociclo são iguais ou inferiores ao de macrociclos anteriores, fala-se em "quase forma desportiva". Nesse caso, vale lembrar que a forma desportiva pode até caracterizar um pico de preparo, mas nem todo pico de desempenho pode ser concebido como forma desportiva.

Em segundo lugar, a forma desportiva apresenta uma característica muito particular e, quando o atleta está nesse estado de preparo, os resultados nas competições variam pouco – 1 a 2% para mais ou para menos em relação ao melhor desempenho (em jogos desportivos e em lutas, variam em até 4%). Além disso, a forma desportiva é um estado que não pode ser mantido por mais de 2,5 meses.

Em terceiro lugar, a forma desportiva só pode ser desenvolvida com 3 a 5 meses de preparação rígida (em alguns casos, 7 a 8), e a duração, como já indicado, não supera 2,5 meses. Contudo, quando os resultados tendem a diminuir (momento de perda temporária), é possível que o atleta volte ao estado de forma desportiva anterior com 4 a 6 semanas de preparação especial intensa.

## 6.5 Preparação plurianual

Todo o conteúdo tratado nas Seções 6.1 a 6.4, basicamente, procurou demonstrar o desenvolvimento da teoria clássica da periodização do treinamento desportivo proposta originalmente por Matveev (1964; 1977). Nesse contexto, as explicações voltaram-se à estruturação do ciclo anual de treinamento, e essa é, sem dúvida, a parte mais importante dessa teoria. Porém, a periodização do treinamento desportivo está subordinada não somente à construção racional dos ciclos anuais de treinamento, mas também ao nível megaestrutural, ou seja, à preparação plurianual.

O entendimento da periodização plurianual não muda em nada o que sabemos sobre a periodização dos ciclos anuais. Assim, os princípios da periodização são universais para todas as etapas do processo de preparação da carreira do atleta. O único fato relevante na periodização quando se trata de preparação plurianual é que, a depender da faixa etária e da etapa de preparação, os objetivos da periodização são diferentes. Nesse caso, antes de abordarmos objetivos concretos de cada etapa, voltaremos nossa atenção para entender o significado e o conceito da preparação plurianual.

O processo de preparação plurianual, no atual momento de desenvolvimento do esporte, pode ser dividido em dois longos estágios: (1) estágio de estabelecimento da maestria esportiva; e (2) estágio de realização e manutenção da maestria esportiva. Para cada um desses estágios existem critérios objetivos de efetividade de preparação formas organizacionais e metodológicas da construção do processo de treinamento (Rubin, 2009).

O primeiro estágio envolve desde o momento em que o atleta inicia a prática esportiva, ainda criança, até o momento em que esse atleta atinge o alto rendimento. Os critérios que determinam a efetividade nesse estágio estão concentrados na observação das leis que regem o estabelecimento da maestria esportiva no processo de treinamento a longo prazo. Obviamente, aqui se considera o limite inferior da zona de idade ótima para que o atleta atinja o máximo desempenho em cada esporte.

As leis objetivas que regem a formação da adaptação do organismo a longo prazo sobre as cargas de treinamento e competitivas em uma ou outra modalidade esportiva, bem como o estabelecimento de diferentes faces e componentes do preparo e sua integração, condicionam as variações de idade de iniciação esportiva e de duração do processo de treinamento até o nível dos resultados superiores. As mulheres, frequentemente, passam por um caminho mais curto em relação aos homens quando se trata de níveis de rendimento análogos. Há também diferença significativa no volume de trabalho de treinamento necessário para a realização de elevados resultados esportivos em diferentes modalidades. A Tabela 6.2, a seguir, elucida esse raciocínio.

Tabela 6.2 Idade de iniciação esportiva e duração do primeiro estágio de preparação plurianual

| Modalidade esportiva | Idade de iniciação esportiva | Duração da preparação em anos | | | |
|---|---|---|---|---|---|
| | | Primeiras realizações | | Resultados de classe internacional | |
| | | Mulheres | Homens | Mulheres | Homens |
| Corridas de velocidade | 12 a 14 | 5 a 6 | 6 a 7 | 6 a 7 | 8 a 9 |
| Corridas de longa distância | 13 a 15 | 6 a 7 | 7 a 8 | 8 a 9 | 8 a 9 |
| Natação de fundo e meio-fundo | 8 a 10 | 6 a 7 | 7 a 8 | 7 a 8 | 9 a 10 |
| Corrida de esquis | 13 a 15 | 6 a 7 | 7 a 8 | 8 a 9 | 10 a 11 |
| Lançamentos no atletismo | 13 a 15 | 5 a 6 | 6 a 7 | 7 a 8 | 8 a 9 |
| Levantamento de peso | 13 a 15 | 5 a 6 | 6 a 7 | 7 a 8 | 8 a 9 |
| Boxe | 12 a 14 | – | 6 a 7 | – | 8 a 9 |
| Diferentes lutas | 12 a 14 | – | 6 a 7 | – | 8 a 9 |
| Ginástica artística | 6 a 9 | 6 a 7 | 7 a 8 | 7 a 8 | 10 a 11 |
| Basquetebol | 12 a 14 | 7 a 8 | 8 a 9 | 9 a 10 | 10 a 11 |
| Handebol | 12 a 14 | 7 a 8 | 8 a 9 | 9 a 10 | 10 a 11 |

Fonte: Platonov, 2004, p. 442.

O limite etário ótimo para o alto rendimento na maioria dos esportes é satisfatoriamente estável. Porém, em alguns casos, há fatores, principalmente de ordem genética (pertencentes a grupos étnicos), que podem influenciar a zona de idade ótima para o alto rendimento. Por exemplo, atletas do nordeste da África mostram predisposição não somente para as corridas de longa distância, mas também para o início das grandes realizações em faixa etárias abaixo da média – 20 a 22 anos.

A orientação de limites etários ótimos para o alcance do alto rendimento no esporte é correta para a maioria dos atletas. No entanto, para um pequeno grupo de atletas com particularidades individuais brilhantes, ela pode não ser completamente aplicável. O talento motor indiscutível, a labilidade dos sistemas funcionais fundamentais e o tempo individual de maturação e desenvolvimento permitem que esses atletas, sem que haja a quebra das leis fundamentais da preparação plurianual, rapidamente cheguem ao "cume" da maestria esportiva e atinjam resultados elevadíssimos entre 2 a 4 anos antes da idade ótima. Como exemplo, podemos utilizar os nadadores Michael Phelps e Yan Torpen, que atingiram grandes resultados aos 16 anos sem uma preparação forçada ou especialização precoce, assim como o ciclista russo Vicheslav Yakimov, que foi campeão mundial aos 19 anos.

Mesmo nos casos desses atletas ora citados, a teoria mostra que nenhum fator externo deve comprometer a preparação plurianual construída racionalmente. Antes de tudo, aqui deve ser completamente excluída a possibilidade ou a busca de especialização precoce com volume, meios, métodos e forma de organização características para atletas adultos com o intuito de atingir grandes resultados nas competições infantis.

O **primeiro estágio** da preparação plurianual é composto por quatro etapas:

1. etapa de preparação inicial;
2. etapa preliminar de preparação básica;
3. etapa de especialização básica;
4. etapa de preparação para o alto rendimento.

Esse primeiro estágio termina com a entrada do atleta no nível internacional em razão dos resultados apresentados. Tal momento é chamado de *primeiras realizações*.

A duração desse estágio em diferentes esportes varia de 6 a 10 anos para mulheres e 7 a 12 anos para homens. A diminuição da duração desse estágio, geralmente, não passa de 1 a 2 anos, o que é justificado por algumas particularidades de desenvolvimento do atleta, talento, alta reatividade dos sistemas funcionais, elevada capacidade de reconstrução adaptativa e, é claro, metodologia de treinamento. O aumento da duração em 2 a 3 anos é justificado pelo fato de alguns atletas iniciarem a prática esportiva muito cedo (4 a 6 anos de idade) ou pela maturação biológica retardada em relação aos outros.

O **segundo estágio** da preparação plurianual abrange o período de entrada do atleta no cenário internacional até o fim de sua carreira. Os atletas que chegam a esse estágio diferenciam-se pelo elevado nível de maestria esportiva, já estão ranqueados internacionalmente, participam de seleções, estão envolvidos com federações e outras organizações esportivas e são alvo da imprensa, de patrocinadores etc. Por isso, é natural, nessa etapa, a intensiva atividade competitiva, sendo importante a capacidade do atleta de combinar a participação em grande quantidade de competições com uma preparação racional, que garanta o crescimento seguinte dos resultados esportivos e a manutenção da maestria a longo prazo.

A duração do segundo estágio da preparação plurianual pode variar muito – de 2 a 3 até 15 a 20 anos e, em alguns casos, até mais, tudo dependendo de uma grande quantidade de fatores de natureza psicológica, esportivo-pedagógica, médica e social.

Nos últimos anos, tem-se tornado óbvio que, junto à construção de uma preparação racional, nesse segundo estágio é possível atingir grandes resultados e vitórias que estão fora dos padrões estabelecidos como "faixa etária ótima" caracterizada para a modalidade esportiva.

A duração diminuída desse estágio é observada em esportes em que o resultado é garantido por quantidade limitada de fatores e carga contínua no treinamento e nas competições em um ou outro sistema funcional, monotonia do treinamento e grandes cargas mecânicas no aparelho locomotor que estão relacionadas com traumas esportivos. Nesses esportes, é difícil manter o nível de adaptação que garante os resultados maximizados por mais de 1 a 3 anos; nesse caso, quando o atleta consegue competir em alto nível por 5 a 8 anos, considera-se que essa carreira foi de sucesso sob esse ponto de vista.

Ao mesmo tempo, em esportes que se diferenciam por fatores diversos determinantes do resultado da atividade competitiva, como intensas emoções, vários meios e métodos de preparação etc., então, é viável manter o nível de adaptação que garante grandes realizações por vários anos.

Nessa relação, é possível identificar dezenas e talvez centenas de jogadores de handebol, futebol, basquetebol, polo aquático, hóquei, entre outras modalidades esportivas, que se mantiveram em alto nível por 10 a 15 anos e, em alguns casos, 20 anos ou mais. Já é comum, nos campeonatos e nas copas do mundo, encontrarmos jogadores de futebol entre 35 e 40 anos de idade que integram as seleções. Isso se deve, obviamente, à variada gama de fatores relevantes para garantir o resultado na atividade competitiva. Por exemplo, jogadores jovens de 17 a 23 anos conseguem o resultado, em grande parte, graças às possibilidades funcionais deles, por outro lado, atletas mais velhos demonstram vasta experiência, maturidade técnico-tática, capacidade de organizar o jogo etc.

Sobre a longevidade dos atletas no mais alto nível de resultados esportivos, seria incorreto reduzir tudo apenas à metodologia de preparação, especificidade da modalidade esportiva, possibilidades biológicas e psicológicas individuais do atleta. Relevante significado têm os fatores sociais, o nível de cuidados médicos com os atletas, a relação de treinadores e outras pessoas com o atleta de maior idade etc.

No segundo estágio da preparação plurianual, destacam-se três etapas:

1. etapa das máximas realizações individuais;
2. etapa de manutenção das realizações;
3. etapa de diminuição gradual dos resultados.

### 6.5.1 Objetivos e conteúdo das etapas de preparação plurianual

Nesta seção, buscaremos resumir informações que constam em várias obras a respeito da preparação esportiva, bem como em pesquisas científicas na área de diversos autores (Suslov; Cycha; Shutina, 1995; Filin; Volkov, 1998; Weineck, 2003; Zakharov; Gomes, 2003; Gomes, 2009; Fiskalov, 2010; Matveev, 2010; Platonov, 2013; 2015).

Na **etapa de preparação inicial**, as principais tarefas são: o fortalecimento da saúde da criança; a preparação física multifacetada; a remoção de insuficiências ao nível do desenvolvimento físico; o ensino da técnica no(s) esporte(s) escolhido(s) e de exercícios auxiliares.

A preparação de jovens atletas é caracterizada pela aplicação de um amplo conjunto de meios e métodos baseado no material de diferentes modalidades esportivas. Apesar da grande variedade de métodos, o mais utilizado é o método de jogo, visto que ele sempre traz consigo uma atmosfera emocional mais positiva, aumentando o interesse das crianças. Nessa etapa, devem ser evitados métodos de treinamento monótonos e que levem à tensão nos sistemas funcionais ou psicológica. A fadiga profunda no organismo da criança, além de fazer mal, pode acabar com o interesse dela pelo esporte no futuro.

O treinamento da técnica deve ser muito variado, quanto maior o repertório motor da criança, melhor. No entanto, vale ressaltar que a especialização precoce não é desejada. Nesse contexto, é importante entender que a especialização precoce não é fazer com que a criança aprenda a técnica no esporte em si, mas buscar, por meio do treinamento, o aperfeiçoamento máximo das características cinemáticas, dinâmicas e rítmicas da técnica pelo indivíduo. Quando a especialização precoce ocorre, forma--se uma estrutura muito estável, mas que pode ser prejudicial a longo prazo, tendo em vista que, ao longo do desenvolvimento do atleta, esses parâmetros coordenativos mudam em razão do crescimento do corpo e das mudanças funcionais do organismo. Por isso, estabilizar a técnica não é racional, e o atleta jovem que treina para o aperfeiçoamento da técnica de um esporte não consegue tempo para aumentar o repertório com outros exercícios.

As sessões de treinamento devem acontecer entre 2 a 3 vezes por semana, com duração de 1 a 1,5 horas, totalizando entre 100 e 250 horas anuais. Essa diferença de horas varia um pouco de acordo com a idade de iniciação esportiva. Por exemplo, crianças que começam no esporte aos 6 ou 7 anos podem iniciar com 100 a 150 horas anuais, já crianças que iniciam aos 9 ou 10 podem treinar 200 a 250 horas. No segundo caso, em vez de a etapa inicial durar 3 anos, ela pode ter duração reduzida entre 1,5 e 2 vezes.

Na **etapa de preparação básica preliminar**, as tarefas principais são o desenvolvimento multifacetado das possibilidades físicas do organismo; o fortalecimento da saúde das crianças; a remoção das insuficiências nos níveis de desenvolvimento físico e de preparo físico; a criação de potencial motor por meio da aquisição de habilidades motoras; a atenção para a formação de interesse e motivação para a preparação plurianual futura.

Essa etapa, geralmente, abrange crianças de 10 a 11 até 12 a 13 anos, e as recomendações são muito parecidas com as da etapa anterior, ou seja, evitar a especialização precoce e/ou preparação forçada, evitar cargas de grandeza elevada e monótonas, buscar aumentar o repertório motor da criança etc.

Nessa etapa, o volume de treinamento pode crescer para 250 a 600 horas de treinamento anual, além disso, aqui começa a ganhar importância a participação do indivíduo em competições. No entanto, essa participação em competições não deve ser direcionada para o resultado máximo. Em primeiro lugar, isso não deve ocorrer porque as crianças não têm estabilidade emocional suficiente para lidar com a pressão psicológica da exigência da vitória e, muito menos, com a decepção causada pela derrota quando essa exigência existe! Além disso, as diferenças maturacionais fazem com que a avaliação do resultado não seja tão objetiva quanto se pensa, pois é sabido que pouquíssimos atletas que são campeões nessa faixa etária conseguem chegar ao nível de alto rendimento. Por isso, a competição deve ter caráter lúdico para a criança, criando um clima emocional positivo e festivo da reunião de pais e filhos e um ambiente adequado para a criação de novas amizades – isso faz com que o interesse e a motivação da criança com relação ao esporte venham a crescer. Para o treinador, essa participação da criança em competições deve ter caráter de controle, ou seja, observar se a criança tem associado as tarefas do treinamento.

Um erro muito comum nessa etapa é a pressão de alguns pais em querer que o filho treine como atleta profissional. Hoje em dia, em escolinhas de esporte, é comum (infelizmente) crianças de 10 a 12 anos treinando absurdas 15 a 20 ou mais horas semanais. No início, esse volume mostra melhora no resultado, mas isso é uma ilusão, visto que só ocorre porque as outras crianças (que treinam menos) ainda não têm experiência motora suficiente para demonstrar grandes êxitos – e essa diferença é compensada no decorrer de 2 ou 3 anos de prática. Já a especialização precoce é desastrosa e irreversível, causando o desinteresse da criança pela prática esportiva futura, além dos malefícios sociais do princípio da vitória a qualquer custo[6]. Por fim, destacamos que, nessa

---

[6] Para mais detalhes sobre o princípio da vitória a qualquer custo, consultar o Capítulo1.

etapa, ainda não se constroem ciclos anuais de preparação com cargas ondulatórias e alto volume de preparação especial. Isso só atrapalha o processo de desenvolvimento esportivo a longo prazo.

Na **etapa de preparação básica especializada**, a tarefa principal é continuar a preparação básica preliminar, aplicando exercícios tradicionalmente utilizados em outros esportes e aperfeiçoando a técnica e o repertório motor. Na segunda metade dessa etapa, a preparação fica mais especializada. Nesse momento, o atleta já sabe em qual modalidade esportiva vai especializar-se, mas, no caso de modalidades esportivas em que se têm diversas disciplinas e provas, o atleta ainda pode participar de algumas provas que não serão sua especialização no futuro.

Essa etapa, em geral, abrange atletas de 13 a 16 anos, ou seja, adolescentes. O período da puberdade tem uma série de particularidades: é nesse momento que ocorrem o estirão de crescimento, a maturação do aparelho sexual e as mudanças hormonais bruscas, o amadurecimento do sistema cardiovascular, nervoso e muscular, entre outras alterações. Com essas mudanças, a técnica do atleta pode sofrer transformações profundas, por isso o volume de treinamento técnico é aumentado, mas direcionado à modalidade esportiva escolhida. Nesse momento, o atleta ainda não treina com o mesmo volume de atletas adultos, mas já suporta cargas elevadas de treinamento e começa a apresentar traços bem característicos de personalidade, por isso, aqui, o processo de treinamento deve começar a seguir os princípios da periodização, e o volume anual de treinamento pode atingir até 900 horas.

Um detalhe relevante é que essa é uma idade muito propícia para o aumento das possibilidades aeróbias, logo, a resistência desenvolve-se facilmente nessa faixa etária. De forma geral, a maioria dos atletas utiliza essa particularidade da idade para aumentar ao máximo a resistência, porém, quando se torna clara a predisposição do atleta e sua especialização em esportes cíclicos de velocidade e de força-velocidade, o volume exacerbado de treinamento de resistência pode ser contraproducente no futuro. Isso não quer dizer que esses atletas não devam treinar a resistência, mas aponta que o treinador deve ser cauteloso nesse aspecto.

Além de ser propício para a resistência, essa faixa etária, principalmente na segunda metade da etapa, também é favorável ao desenvolvimento de força e de potência muscular, mas é interessante que, nessa fase, o treinamento seja mais direcionado para o aprendizado das técnicas dos exercícios de musculação e de levantamento de peso e outros exercícios de força com o peso do corpo. O trabalho de musculação propriamente dito pode ser utilizado, porém exercícios de força especial e de força máxima ainda não devem ser prioridades.

Na **etapa de preparação para o alto rendimento (primeiras realizações)**, a tarefa principal é a entrada do atleta no nível do esporte de alto rendimento. A duração dessa etapa varia de 2 a 4 anos, dependendo da modalidade esportiva e de particularidades individuais do atleta – geralmente, quando a idade varia entre 17 e 20 anos, porém, em alguns esportes, como a ginástica artística, isso pode ocorrer antes.

Nessa etapa, aumentam-se consideravelmente a fração do treinamento voltada para a preparação especial e, principalmente, a prática competitiva orientada no alcance de elevados resultados na especialidade do atleta. Os microciclos passam a ser compostos de até 10 a 12 sessões de treinamento, começam a ser aplicadas com frequência cargas grandes (de choque), o volume anual de treinamento começa a se aproximar do máximo (900 a 1200 horas), cresce também o volume de preparação psicológica, técnica e integrada. Aqui, a periodização deve ser muito bem elaborada, além disso, a cobrança por resultados e o estresse natural das competições estão presentes.

A **etapa da máxima realização das possibilidades individuais** inicia-se com a entrada do atleta no cenário internacional e encerra-se quando se esgotam as possibilidades de crescimento da maestria esportiva, ou seja, é a idade ótima para o desempenho máximo na carreira do atleta. Logo, no início, a tarefa principal dessa etapa é o aperfeiçoamento seguinte do atleta, ou seja, direcionado ao máximo possível.

Em geral, a duração dessa etapa varia de 3 a 6 anos, porém, em alguns casos, isso se prolonga bastante. Por exemplo: Sergey Bubka conseguiu melhorar o recorde mundial por 11 anos, totalizando 35 recordes mundiais; Michael Phelps conseguiu, no decorrer de 12 anos, melhorar seus recordes mundiais em diferentes provas por 39 vezes; Stanislav Pozdnyakov foi 4 vezes campeão olímpico e 10 vezes campeão do mundo em esgrima em um período de 16 anos; Birgit Fischer ganhou sua primeira medalha de ouro aos 18 anos, nos Jogos Olímpicos de 1980, e a última em 2004, aos 42 anos, apresentando-se em alto nível por 25 anos e sendo 28 vezes campeã mundial em canoagem.

Entre outros muitos exemplos não citados, há atletas espetaculares que fogem da média. Por outro lado, algumas modalidades de fato têm essa etapa da máxima realização das possibilidades individuais um pouco mais prolongada, a exemplo dos jogos desportivos como o futebol, em que a idade ótima para o rendimento máximo é de 24 a 28 anos, mas, nos últimos anos, têm ocorrido um aumento significativo no número de grandes atletas com mais de 30 anos. Nesse caso, na preparação, atenção especial deve ser dada à busca de reservas adaptativas por meio de meios e métodos de treinamento diversos, além do preparo tático e psicológico que é característico de atletas experientes. Assim, alguns atletas, mesmo com a estabilização dos parâmetros físicos, conseguem aumentar o desempenho com base nos conhecimentos a respeito do adversário.

Nessa etapa, o volume de treinamento atinge a maior grandeza – 1.400 horas anuais em média, em alguns casos até um pouco mais. Outro fator importante é a máxima utilização dos recursos externos ao treinamento que ajudam na recuperação do atleta e permitem o aumento do volume de treinamento.

A periodização, em anos em que se realizam os Jogos Olímpicos, pode ter 2 macrociclos no ciclo anual, com ênfase no segundo ciclo, em anos de campeonatos mundiais, 2 ou 3, e em outros anos, de 4 a 6 macrocilos[7]. Contudo, vale destacar que, em anos olímpicos e de campeonatos mundiais, em caso de o objetivo ser a busca do mais alto rendimento do atleta, o ideal é que sejam utilizadas as operações da abordagem de modelo-alvo.

A **etapa de manutenção dos resultados** é caracterizada pelo esgotamento das reservas adaptativas do organismo e de outros componentes do preparo. Por isso, nessa etapa, o significado do conceito de forma desportiva muda, visto que o atleta não consegue mais construir uma nova forma, mas sim voltar à forma anterior. Essa diminuição das reservas adaptativas ocorre não somente pelo fato de o atleta já estar acostumado com praticamente todos os meios e métodos de preparação, mas também pela idade, quando o organismo já começa discretamente o processo de envelhecimento.

Considerando todas as questões do esporte moderno apresentadas no Capítulo 1 (interesses comerciais etc.), é absolutamente normal que os atletas queiram manter-se no alto rendimento por mais tempo. Nesse contexto, a prática esportiva mostrou que o aumento do volume de treinamento anual da preparação especial não apresentou resultados positivos. Na verdade, a maioria dos atletas que conseguiram a manutenção da maestria por longos períodos diminuiu o volume total de treinamento, visto que, com a idade, o organismo necessita de mais tempo para recuperação após as cargas de treinamento.

A abordagem mais adequada que é propagada atualmente é a de que o atleta deve buscar a máxima variabilidade dos exercícios de preparação para tentar ativar os recursos adaptativos do organismo, no entanto, com diminuição no volume total, pois o

---

[7] Detalhes sobre modelos de mais de 4 macrociclos em um único ciclo anual serão discutidos no Capítulo 7.

atleta com mais idade tende a necessitar de mais tempo para a recuperação das cargas de treinamento. Nessa etapa, é recomendada a diminuição do volume para 1.200 horas anuais, porém, alguns atletas conseguiram grandes êxitos diminuindo o volume total anual em 1,5 a 2 vezes.

Na **etapa de diminuição gradual dos resultados**, a preparação, ainda mais do que na etapa anterior, conta com a redução do volume total da atividade de treinamento e competitiva. A abordagem deve ser individualizada e com diminuição do número de macrociclos por ciclo anual para no máximo 1 ou 2.

Nessa etapa, atenção especial deve ser dada aos fatores externos ao treinamento, ao auxílio da medicina e à profilaxia de traumas. Isso se deve, principalmente, porque o organismo dos atletas nessa etapa e faixa etária já sofrem algumas consequências de traumas anteriores, o que faz com que cresça significativamente a chance de novos traumas.

Quando os resultados começam a diminuir gradualmente, é importante que o atleta, junto ao treinador, comece a planejar o encerramento da carreira esportiva. Nesse contexto, dois aspectos são importantes: (1) biológicos; e (2) sociais.

Do ponto de vista **biológico**, deve-se ter em mente que, com as grandes cargas de treinamento do esporte de alto rendimento, ao longo dos anos, o organismo do atleta passa por uma série de adaptações nos sistemas funcionais, principalmente nos sistemas cardiovascular, respiratório e muscular. Essas adaptações são importantes para o esporte, mas não são adequadas para um estilo de vida de uma pessoa comum. Por exemplo, o coração de um atleta pode ter o volume de 1,5 a 2 vezes maior do que o de uma pessoa comum. A parada brusca do processo de treinamento com o abandono da carreira não é uma forma efetiva de ativação do processo de desadaptação. O ideal é que o atleta diminua gradualmente, ao longo de 1 a 1,5 anos, o volume de treinamento até o nível de uma pessoa saudável fisicamente ativa. Além disso, é necessário que haja um ajuste nutricional em conformidade com a demanda diária e um acompanhamento médico do processo de desadaptação. Quando o processo é feito dessa forma, o atleta fica saudável, e o passado no esporte até reflete positivamente nisso, no entanto, simplesmente parar de maneira brusca pode interferir negativamente na saúde e, às vezes, até na longevidade da vida do indivíduo.

Do ponto de vista **social**, é relevante que o atleta tenha boas condições de vida: boas condições de moradia; condições financeiras e materiais; bom *status* social; e perspectiva de vida futura em outra atividade etc.

Quando o encerramento da carreira não é planejado e os aspectos biológicos e sociais não são respeitados ou adquiridos, a preparação nessa etapa torna-se irracional e, frequentemente, atletas que tiveram grande êxito no passado tentam manter uma boa imagem, manifestando vontade de participar e concorrer em competições. No entanto, por diferentes razões, principalmente médicas, nem sempre conseguem participar, causando imprevisibilidade de resultados.

Como foi exposto, existem diversos problemas na vida de atletas de idade mais avançada, de ordem tanto biológica quanto social, mas a tarefa do treinador limita-se a garantir o processo de desadaptação de forma efetiva.

## 6.5.2 Seleção e orientação esportivas

A **seleção esportiva** é o processo de busca de pessoas talentosas capazes de atingir resultados elevados em um esporte concreto, ao passo que a **orientação esportiva** é a determinação das direções mais promissoras de alcance de maestria esportiva, baseada no estudo das qualidades e capacidades dos atletas e das capacidades individuais de formação da maestria esportiva (Fiskalov, 2010). Em outras palavras, a seleção esportiva identifica o talento do atleta, e a orientação esportiva é o ato de o treinador/professor indicar para o atleta qual modalidade esportiva é mais adequada para prática, com o intuito de atingir a maestria esportiva, ou seja, a orientação esportiva ajuda na estratégia de preparação.

A existência de tais categorias se deve ao fato de que algumas qualidades do atleta identificadas em testes pedagógicos são comuns em várias modalidades esportivas. Por exemplo, a predisposição genética para altos níveis força e potência muscular, garantida por elevado percentual de fibras musculares rápidas, é importante para várias modalidades esportivas, porém somente o cruzamento de informação com uma série de outros dados a respeito da composição corporal e compleição física, do perfil psicológico, entre outros aspectos, é que pode trazer dados objetivos a respeito de qual modalidade realmente é mais indicada para que o atleta atinja o mais alto rendimento.

Vale ressaltar, ainda, que a seleção e a orientação esportivas, ao contrário do que muitos pensam, não acontece somente na idade escolar com crianças de 7 a 10 anos. Esse procedimento (seleção e orientação) ocorre em quase todas as etapas do processo de preparação, em razão de questões como maturação biológica, que se verifica em ritmos variados em diferentes crianças e adolescentes; nível de motivação; e, até mesmo, interesse do atleta em praticar determinada modalidade.

Para cada uma das etapas de preparação plurianual há métodos e critérios específicos, precisão da avaliação e conclusão. Se, na primeira etapa, têm papel essencial as características antropométricas e morfológicas mais fortemente determinadas pela genética do indivíduo (sob pouca ou nenhuma influência do processo de treinamento), na seleção e na orientação, antes da quarta e da quinta etapas de preparação, esses indicadores genéticos são praticamente ignorados e a atenção é dada aos seguintes aspectos: nível de rendimento esportivo; grandeza e caráter das cargas aplicadas ao longo das etapas anteriores; particularidades psicológicas; saúde; posição social; motivação do atleta em continuar a carreira desportiva; processo de treinamento.

A seleção e a orientação esportivas existem desde o começo da carreira até o alcance da maestria esportiva do atleta. A tarefa da primeira seleção é determinar para a criança a eficiência da prática das sessões de treinamento em uma modalidade esportiva concreta. Os critérios fundamentais, nesse caso, são: idade adequada para iniciação esportiva; ausência de problemas no estado de saúde e inclinação para doenças que podem servir como obstáculo para a prática esportiva; conformidade da compleição física e das exigências do esporte.

A tarefa da seleção preliminar (para a segunda etapa) é a avaliação das capacidades do atleta para o aperfeiçoamento esportivo efetivo. Os critérios fundamentais dessa seleção são os seguintes: ausência de obstáculos para o estado de saúde do atleta; correspondência entre as particularidades morfológicas do corpo e a estrutura e as possibilidades potenciais do sistema muscular; potencial energético e das capacidades físicas com as exigências da modalidade esportiva; confirmação da reconstrução dos sistemas funcionais fundamentais e dos mecanismos adaptativos do atleta sob influência do treinamento.

A tarefa da seleção intermediária para a etapa de especialização é a avaliação das possibilidades de alcance, pelo atleta, de elevada maestria em dada modalidade esportiva, disciplina ou prova concreta. Os critérios fundamentais dessa seleção são os seguintes: correspondência entre a compleição física e a possibilidade de o atleta atingir os resultados de alto nível; motivação estável quanto à aquisição de resultados positivos com o treinamento; ausência de problemas de saúde que podem atrapalhar o desenvolvimento seguinte do atleta; preparos psicológico e funcional para suportar as elevadas cargas de treinamento; reserva de adaptação futura para a adaptação dos sistemas funcionais, crescimento das capacidades físicas; aperfeiçoamento de elementos técnicos importantes; diferentes componentes da tática e do preparo psicológico.

Na seleção fundamental (seleção para etapa das primeiras realizações), a tarefa é a avaliação das perspectivas de alcance, por parte do atleta, de resultados de nível internacional. Os critérios fundamentais dessa seleção são os seguintes: grau de motivação em conquistar o pico de maestria esportiva e a ausência de problemas de saúde do atleta; preparos psicológico e funcional para suportar o estresse da carga competitiva, inclusive em condições adversas como diferenças climáticas extremas, mudanças drásticas de fuso horário, altitude, pressão social; capacidade de realização máxima do nível atingido de preparo em forma de resultado esportivo (recorde pessoal) em condições de concorrência aguda nas competições mais importantes; capacidade de percepção das situações competitivas e suas adversidades; variação dos componentes táticos.

Na seleção final (seleção para o estágio de maestria esportiva), a principal tarefa é a avaliação eficiente e o prognóstico a respeito de alcance e manutenção da maestria esportiva do atleta. Os critérios fundamentais dessa seleção são os seguintes: presença de motivação e ausência de fatores que atrapalhem a manutenção da maestria esportiva; idade do atleta e os limites correspondentes da faixa etária ótima para os resultados em dada modalidade; presença de reserva adaptativa do organismo; posição social e material adequada para a continuação da carreira esportiva.

## ⅠⅠⅠ *Síntese*

Construir o processo de treinamento racionalmente é uma tarefa muito importante, principalmente quando se trata de esporte de alto rendimento. A história da teoria da periodização e a grande experiência prática relatada por treinadores de todo o mundo revelam de forma praticamente indiscutível que as grandes realizações esportivas, sejam elas recordes pessoais, sejam recordes nacionais ou internacionais, só ocorrem conforme determinadas condições, ou seja, somente quando as leis objetivas que regem a formação da maestria esportiva do atleta são respeitadas. Quando os princípios do treinamento e da preparação esportiva são respeitados e somados a uma periodização bem organizada em todas as suas estruturas (micro, meso e macrociclo), o percentual de atletas que atingem a forma desportiva nas competições de maior significância pode chegar a 60 a 75% dos casos. Por isso, periodizar ou não o treinamento já não é um assunto para se discutir no estágio de conhecimento que a ciência esportiva tem no presente momento, quando o assunto é preparação de atletas.

Paralelamente, destacamos que a periodização não analisa somente a estrutura dos ciclos anuais, mas também todo o processo de treinamento plurianual. Assim, os estágios da maestria esportiva e as etapas do processo têm objetivos e tarefas bem estabelecidos de acordo com os conhecimentos científicos acumulados nas últimas décadas. Por tudo isso, o conhecimento a respeito da periodização é imprescindível para qualquer treinador de atletas que visam ao alto rendimento.

## ■ Atividades de autoavaliação

1. Sobre a contribuição da teoria da periodização de Matveev, analise as assertivas a seguir e indique V para as verdadeiras e F para as falsas:
   ( ) Matveev observou o efeito heterocrônico e acabou com a contradição que existia entre a teoria da supercompensação e a prática esportiva.
   ( ) Após o trabalho de Matveev, o volume de treinamento anual aumentou de 300 a 400 para 1.200 a 1.400 horas.
   ( ) Matveev esclareceu e fundamentou o conceito de forma desportiva.

( ) Matveev elaborou uma teoria que previa o fim do tempo gasto com a preparação geral.

( ) Matveev enfatizou que somente uma preparação estritamente específica pode trazer benefícios para o atleta.

2. Quanto à microestrutura do processo de treinamento, analise as assertivas a seguir e indique V para as verdadeiras e F para as falsas:

( ) A microestrutura trata a construção exclusiva da semana de treinamento.

( ) Os microciclos podem ser do tipo pré-competitivo, básico, introdução e preparatório recuperativo.

( ) O microciclo de choque é o tipo de miscrociclo que gera maior efeito sobre o organismo do atleta, podendo, em alguns casos, ser constituídos de 28 a 36 horas de trabalho.

( ) A sessão de treinamento é composta de parte funcional, motora e motivacional.

( ) O aquecimento tem duas partes importantes: a geral e a especial.

3. Relacionado ao macrociclo de preparação, correlacione as assertivas a seguir conforme a numeração indicada: (1) período preparatório; (2) período competitivo; (3) período transitório; (4) etapa de preparação geral; (5) etapa de preparação especial:

( ) Intervalo de tempo em que são criadas as premissas para o estabelecimento da forma desportiva.

( ) Intervalo de tempo em que é observada a manutenção do estado de forma desportiva.

( ) Intervalo de tempo em que o descanso ativo e a manutenção do nível de preparo geral são exigidos.

( ) Intervalo de tempo em que os componentes do preparo são trabalhados de forma integrada e harmoniosa.

( ) Intervalo de tempo relativamente grande, de 3 a 5 meses, para o desenvolvimento da forma desportiva.

4. Quanto à forma desportiva, analise as assertivas a seguir e indique V para as verdadeiras e F para as falsas:
   ( ) É a etapa do processo de preparação plurianual do atleta por meio da qual grandes resultados podem ser alcançados.
   ( ) É o objetivo da preparação e pode ser atingida várias vezes ao longo do ano.
   ( ) É um estado de preparo integral (físico, técnico, tático e psicológico) que garante a possibilidade de o atleta atingir grandes resultados.
   ( ) Na fase de manutenção, os resultados tendem a oscilar pouco (entre 2 a 4%, a depender da modalidade esportiva) em um intervalo de tempo que não dura mais do que 2 a 2,5 meses.
   ( ) Para construir uma nova forma desportiva, é necessário que o atleta saia do estado de forma desportiva anterior.

5. Quanto à preparação plurianual, correlacione as assertivas a seguir conforme a numeração indicada: (1) estágios; (2) etapas; (3) períodos (4) seleção de talentos; (5) orientação esportiva:
   ( ) É a determinação das direções mais promissoras de alcance de maestria esportiva, baseada no estudo das qualidades e capacidades dos atletas e das capacidades individuais de formação da maestria esportiva.
   ( ) Envolve preparação inicial; preparação básica preliminar; especialização básica; preparação para o alto rendimento; máximas realizações individuais; manutenção das realizações; diminuição gradual dos resultados.
   ( ) É o processo de busca de pessoas talentosas capazes de atingir resultados elevados em um esporte concreto.
   ( ) Envolve o desenvolvimento da maestria esportiva, bem como a realização e manutenção da maestria esportiva.
   ( ) Formação estrutural que certifica sobre mudanças concretas no nível de desempenho do atleta, sendo mais bem visualizado dentro dos macrociclos.

## Atividades de aprendizagem

*Questões para reflexão*

1. Por que a forma desportiva é um estado passageiro que dura apenas 2 a 2,5 meses? Argumente.

2. Por que a forma desportiva em seu caráter fásico e cíclico necessita de períodos relativamente longos para ser desenvolvida?

*Atividade aplicada: prática*

1. Escolha uma modalidade esportiva de sua preferência e, em seguida, elabore uma tabela com 7 colunas. Cada coluna deve representar uma etapa do processo de preparação plurianual. Agora, tente colocar, no mínimo, 4 tarefas de treinamento em cada coluna que estejam em correspondência com a faixa etária dos atletas em cada etapa do processo de treinamento.

# Capítulo 7

Evolução e conceitos modernos da teoria da periodização do treinamento desportivo

A pesar de, no início, principalmente nos anos 1970 e 1980, a teoria da periodização ter sido contestada por muitos autores, o tempo, a partir da prática esportiva e com a consideração de mais evidências científicas, mostrou que Matveev estava certo. Porém, ao longo dos últimos 50 anos, muitas coisas aconteceram no esporte, e isso, sem dúvida, fez com que vários fatores fossem considerados e adicionados à teoria. Nesse contexto, surgiram problemas diversos que se somaram à evolução da teoria da periodização. Na Seção 7.1, esses problemas serão discutidos. Na sequência, nas Seções 7.2 a 7.5, apresentaremos como esses problemas foram, de certa forma, resolvidos e como a teoria se desenvolveu.

## 7.1 Problemática da periodização do treinamento desportivo

No início, o conteúdo da periodização do treinamento desportivo estava mais voltado para as modalidades esportivas cíclicas e de força velocidade, o calendário de competições não tinha as mesmas particularidades, e o esporte apresentava outras características no que se refere aos fatores comerciais e midiáticos. Esses problemas foram mais intensamente observados nos anos 1980 e 1990, quando o calendário esportivo ampliou-se muito e as competições passaram a abranger grande parte do ano, o que não era típico nos anos 1960 e 1970. Com isso, a popularidade das competições cresceu exponencialmente, logo, os interesses comerciais surgiram em forma de direitos de imagem e transmissão por parte da televisão, patrocinadores diversos de grandes marcas do mundo etc. Assim, as competições esportivas começaram a oferecer grandes premiações em dinheiro, fazendo com que os próprios atletas e treinadores se interessassem em participar do maior número de competições possível.

Quando treinadores e atletas resolveram participar de várias competições, a abordagem de treinamento então utilizada levou a bons resultados em diferentes competições no decorrer do ciclo anual, mas, ao mesmo tempo, não permitiu que os atletas atingissem os mais elevados resultados nas principais competições. Isso pode ser explicado, basicamente, por dois problemas relacionados com a proximidade entre as competições:

1. A preparação geral fica praticamente ausente. A necessidade de o atleta competir no melhor nível possível para dado momento acaba exigindo dele a predominância da preparação especial. Contudo, a preparação geral é indispensável quando se busca o aumento das possibilidades funcionais do organismo.

2. A forma desportiva não pode ser desenvolvida pelo processo de treinamento, por falta de tempo dedicado prioritariamente à preparação, e muito menos mantida, tendo em vista que o calendário competitivo estende-se por grande parte do ano.

Considerando esses dois pontos principais, percebe-se claramente que o calendário saturado de competições, típico do momento de intensa comercialização do esporte, quebra os princípios do treinamento desportivo, tais como: unidade de preparação geral e especial; unidade do aumento gradual da carga; ondulação das cargas; variação das cargas; ciclicidade do processo de treinamento etc.

Apesar de os especialistas exigirem calendários esportivos com menos competições para que mais tempo seja dedicado à preparação, a existência do esporte, assim como de outras atividades humanas, depende muito de questões financeiras econômicas. É justamente a espetacularização do esporte que mantém as pessoas interessadas e faz com que ele não entre em colapso financeiro. Nesse sentido, a teoria do esporte – área que estuda o processo de preparação e outros aspectos correlatos – teve de se adaptar, reestruturando-se de acordo com as atuais necessidades desse fenômeno no mundo contemporâneo.

Considerando o advento da profissionalização e da comercialização do esporte de alto rendimento e de todas suas consequências, alguns pesquisadores (Suslov; Filin, 1998; Rubin, 2009) sugerem que existem dois grandes desafios a serem solucionados pela teoria do esporte.

Em primeiro lugar, há um problema de fundamentação científica do sistema de competições esportiva, que está relacionado com a constante busca pela resolução de duas tarefas: (1) realização dos mais altos resultados; e (2) garantia econômica de atletas, treinadores, clubes, empresários de elite etc. Em segundo lugar, deve ser colocada na frente dos teóricos e práticos do esporte uma tarefa muito difícil: estabelecer a combinação ótima entre o sistema de competições (individual e de equipe) e o sistema de treinamento, com o objetivo de criar a base necessária para a realização dos mais altos resultados esportivos nas competições.

Observando que a intensa participação em competições ao longo de todo ano com a preparação sempre específica tornava possível uma apresentação em um bom nível, mas não máximo (forma desportiva), foi considerado pelos especialistas que existem níveis ou orientações da preparação: **preparo elevado do atleta** e **preparo de alto rendimento**. No primeiro caso, é possível a manutenção do nível de preparo no decorrer do ano, e a dinâmica da carga pouco varia. No segundo caso, são considerados todos componentes que se relacionam com as diferentes faces dos preparos geral e especial dos atletas em ciclos de treinamento relativamente longos, sendo levados em conta princípios do treinamento e da periodização, ou seja, a busca da forma desportiva (Rubin, 2009). Entretanto, quando se atinge a forma desportiva, a tendência natural é que os resultados não se mantenham tão elevados por mais de dois meses.

O Gráfico 7.1, a seguir, mostra a dinâmica dos resultados de ciclistas que atingiram a forma desportiva em diferentes momentos do macrociclo.

**Gráfico 7.1** Atletas que atingiram a forma desportiva no giro da Itália e não participaram com sucesso nos Jogos Olímpicos

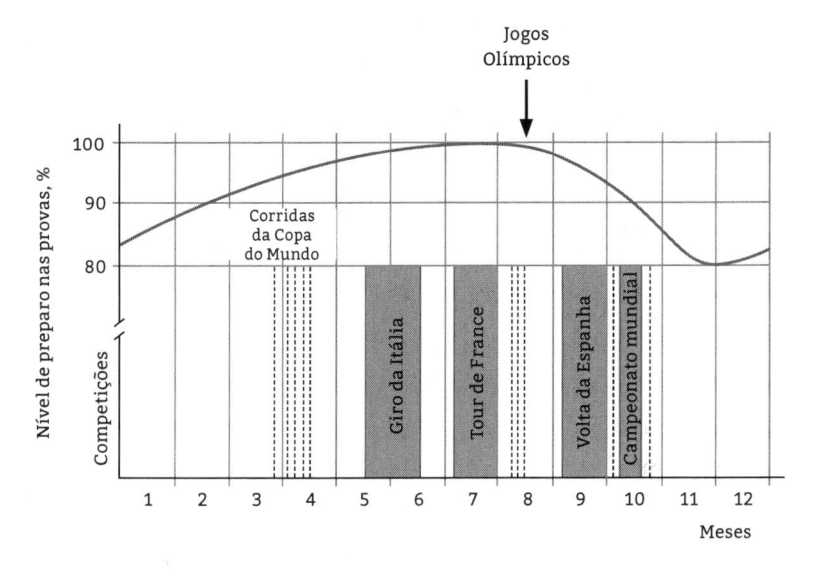

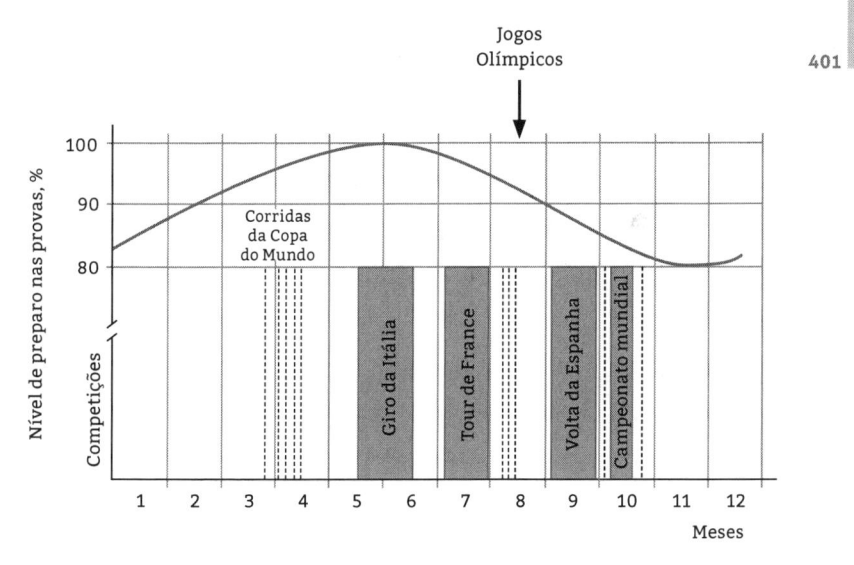

Fonte: Erdakov; Zakharov, 1997, p. 53.

Logicamente, a melhor variante de preparação do atleta é aquela que permite a ele alcançar o estado de forma desportiva e, consequentemente, apresentar-se bem em competições de maior prestígio. Contudo, com as exigências financeiras da preparação esportiva e os grandes prêmios em dinheiro pagos pela vitória nas competições, os atletas, as federações e os patrocinadores acabam mudando seus objetivos. Nesse contexto, a ideia de preparação visando à forma desportiva acaba sendo menos atraente do que a participação visando à vitória em grande parte das competições ao longo da temporada com a garantia do lucro financeiro. No atual momento, esse é um dos mais complexos problemas da teoria do esporte – a relação ótima entre o tempo dedicado à preparação e a participação nas competições.

## 7.2 Abordagens e estratégias de periodização do treinamento desportivo

Ao lado da problemática discutida na seção anterior – a questão sobre nível de preparo elevado ou preparo para o alto rendimento –, Platonov (2015) destaca três abordagens fundamentais de planejamento da atividade competitiva e participação do atleta em competições.

A primeira delas é típica do esporte profissional comercial[1] e está relacionada com a busca por parte dos atletas em **participar das competições frequentemente**, atingindo resultados esportivos significativos em cada uma delas. Essa abordagem permite aos atletas utilizar largamente as competições como meio e método de preparação e de controle da efetividade do processo de treinamento. Nessa abordagem, os esportistas mostram-se

---

[1] Detalhes sobre esporte profissional comercial constam no Capítulo 1.

incapazes de demonstrar realmente os melhores (máximos) resultados nas competições principais, pois tal abordagem apresenta a quebra das leis básicas que regem a construção do processo de treinamento. Nesse contexto, não é dedicado o tempo necessário para a preparação básica no período preparatório, tornando o desenvolvimento da forma desportiva praticamente impossível, mas, por outro lado, permite que o atleta participe amplamente nas competições com nível elevado (não máximo) de preparo, o que assegura bons resultados e acaba garantindo os interesses comerciais.

A segunda abordagem indicada por Platonov (2015) propõe uma **prática competitiva menos intensa**, em que toda a atenção dos atletas se concentre na preparação para as competições principais da temporada, prática típica dos anos 1960. Essa abordagem não é suficientemente efetiva na preparação de atletas de alta qualificação. Em primeiro lugar, a prática competitiva limitada priva o atleta de um dos mais importantes fatores que garantem o desenvolvimento seguinte das reações adaptativas de um organismo já bem adaptado. Em segundo, a experiência competitiva insuficiente não permite ao atleta realizar por completo, nas competições principais, seus potenciais funcional, técnico-tático e psicológico. A imprevisibilidade do desenvolvimento da situação competitiva e a falta de preparo do organismo para a resolução das situações problemáticas causam reação de estresse, que pode levar o esportista a resultados medíocres.

Por fim, a terceira abordagem indicada por Platonov (2015) apoia-se na **diferenciação minuciosa das competições** – preparatória, de controle, modeladora, seletiva, principal etc. O intuito dessa diferenciação é utilizar as competições como meio de preparação e controle do preparo do atleta ou da equipe. Nesse contexto, o atleta participa de competições de segundo escalão sem quebrar os princípios da periodização para atingir a forma desportiva nas competições de maior relevância. Em outras palavras, é como se o treinador e o atleta entendessem que o período competitivo é composto somente pelas principais competições, sendo as outras competições realizadas ao longo do período preparatório. Dessa forma, a tarefa de realização dos resultados máximos não é o objetivo em todas competições, apenas nas seletivas e nas principais.

Nos últimos anos, a terceira abordagem tem-se mostrado mais efetiva e é utilizada entre os países que dominam o esporte na arena olímpica. Essa vantagem existe justamente em virtude de a competição em si, diante das próprias particularidades de realização, gerar um grau de mobilização psicológico-emocional e, consequentemente, funcional do organismo do atleta. Esse estado de mobilização máxima pode ativar as reservas adaptativas do organismo e expor o atleta aos fatores estressores internos e externos observados em uma competição. Logo, essa mobilização máxima contribui diretamente para a resolução de tarefas das preparações funcional e psicológica. Também merece destaque lembrar que o conhecimento e o enfrentamento dos adversários são estímulos a mais na preparação tática. Assim, não resta dúvida que a participação em competições completa o processo de preparação do atleta.

Além do aspecto preparatório, como já foi discutido em capítulos anteriores, é justamente no estado de máxima mobilização psicológica observado nas competições que são conhecidas as reais possibilidades do atleta ou da equipe. Dessa forma, a realização de competições serve como controle do processo de treinamento, ou seja, observando o comportamento na competição, é possível que o treinador entenda de forma objetiva quais são os pontos fortes e fracos do atleta, o que já foi melhorado e o que precisa ser aprimorado. Logo, competições de controle servem para dar noção ao treinador sobre a necessidade de correções na periodização e de novos direcionamentos de trabalho.

Tendo em vista que a terceira abordagem de estruturação da preparação utiliza o calendário desportivo de forma abrangente e sem ignorar o treinamento e todas as suas tarefas, justifica-se que essa abordagem seja a mais eficiente no presente momento para atletas de elite. No entanto, como a teoria do esporte é uma área que, em essência, permite aos especialistas usar a criatividade para manipular as devidas variáveis, respeitando as leis que regem a racionalidade do processo de preparação, três estratégias de periodização podem ser adotadas conforme as características da terceira abordagem.

A **primeira estratégia de periodização** propõe como tarefa principal a garantia da apresentação do atleta no mais alto nível de rendimento nas principais competições do ano. Todas as outras competições são de caráter secundário, e a participação do atleta nelas serve exclusivamente como método de preparação e de controle da efetividade do processo de treinamento. Dessa forma, todos os princípios do treinamento são respeitados minuciosamente, além disso, o tempo do período preparatório, a relação dos meios gerais e especiais de preparação e a sequência da resolução das tarefas são voltados para o período de realização das competições de maior prestígio. Nesse contexto, a prática mostra que o esquema de 1 a 3 macrociclos no ciclo anual é o mais eficiente diante dos objetivos pretendidos. Contudo, frisamos que, no caso de periodização de 2 ou 3 macrociclos ao longo do ano, cada unidade estrutural não deve ser entendida com estrutura independente, em que se busca o desenvolvimento da forma desportiva em cada macrociclo, mas como elementos integrais inter-relacionados no sistema de preparação anual, visando ao desenvolvimento da forma desportiva no último macrociclo. Essa estratégia de periodização permite ao atleta atingir os mais elevados resultados individuais nas principais competições em 60 a 70% dos casos.

A **segunda estratégia de periodização** está mais relacionada com a busca de uma preparação efetiva para diversas competições ao longo de 8 a 10 meses e, concomitantemente, visando alcançar os melhores resultados nas principais competições do ano. Essa estratégia é típica de muitos atletas de elite mundial, tendo em vista que ela garante elevado nível de rendimento em competições de maior interesse financeiro por parte de atletas, comissões esportivas, federações etc., ao mesmo tempo que permite o desenvolvimento da forma desportiva no momento certo. Apesar de parecer muito mais interessante do que a estratégia anterior, aqui a efetividade da preparação cai, e a possibilidade de se atingir o estado de forma desportiva também! Portanto, nessa estratégia de preparação, embora possível, nem sempre o treinador pode contar com os melhores resultados do atleta nas principais competições. Essa estratégia no sistema de preparação anual utiliza um esquema de 4 a 7 macrociclos, e a chance de atingir a forma desportiva cai para 40 a 50%.

A **terceira estratégia de periodização** é bem característica dos jogos desportivos coletivos e individuais (futebol, handebol, basquetebol, voleibol, hóquei, tênis de campo), em que o calendário competitivo, além de ser denso, tem um sistema de disputa das competições que não permite ao atleta oscilar muito quanto ao desempenho. Por exemplo, o Campeonato Brasileiro de Futebol dura mais de 7 meses e tem um sistema de pontos corridos, ou seja, é importante que as equipes construam o resultado em cada rodada, sem contar o fato de outras competições relevantes acontecerem de forma paralela. Assim, as equipes participam de 50 a 80 jogos anuais com a responsabilidade de demonstrar grande desempenho em cada um deles. Dessa forma, o período preparatório é muito curto e o período competitivo é muito longo, fazendo com que a periodização acabe voltando-se mais para a melhora gradual do desempenho ou a simples manutenção do desempenho ao longo do macrociclo. E, assim, a chance de desenvolvimento da forma desportiva é drasticamente diminuída. Nessa estratégia, em geral, é utilizado apenas 1 macrociclo ao longo do ano.

## 7.3 Modelos de periodização no ciclo anual de preparação

Embora a literatura sobre treinamento desportivo disponível em língua portuguesa trate como modelo de periodização aquilo que, na verdade, deveria ser entendido como concepções e abordagens alternativas, buscaremos discutir esse assunto de outra forma. Nesse contexto, a ideia de modelos de periodização está relacionada com diferentes exemplos que se adequam a diversos calendários e estratégias, sempre levando em consideração a mesma concepção.

### 7.3.1 Modelos de 1, 2 e 3 macrociclos ao longo do ciclo anual

Em conformidade com as estratégias de periodização, diferentes modelos podem ser utilizados no ciclo anual. Como já afirmava Matveev (1977; 1991; 2010), quando se busca estabelecer a forma desportiva no macrociclo, o período preparatório deve ser relativamente longo. Isso porque somente diante de uma preparação com a aplicação de grandes cargas de treinamento é que se pode provocar as devidas mudanças nas possibilidades funcionais, físicas, técnico-táticas e psicológicas que permitem ao atleta apresentar-se em um novo nível. Nesse contexto, o período preparatório deve ter duração de 3 a 5 meses ou mais.

Assim, quando se trata de preparação para o alto rendimento com o estabelecimento da forma desportiva, utilizam-se modelos de periodização de 1 a 3 macrociclos no ciclo anual. Nesse contexto, a depender da modalidade esportiva e das tarefas e dos objetivos da periodização, determinada variante pode ser mais ou menos eficiente.

O Gráfico 7.2, a seguir, apresenta uma dinâmica de resultados com 1, 2 e 3 picos de preparo ao longo do ciclo anual.

**Gráfico 7.2** Tipos fundamentais de dinâmica dos resultados esportivos no ciclo anual

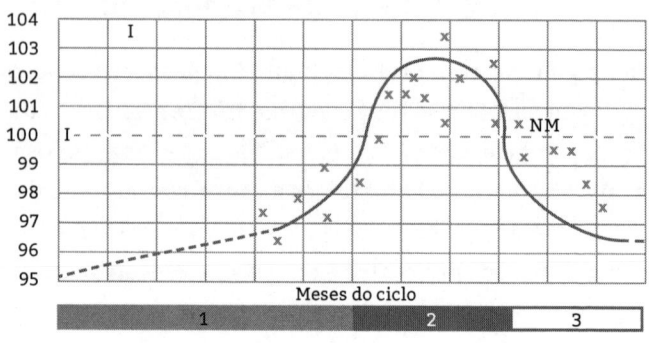

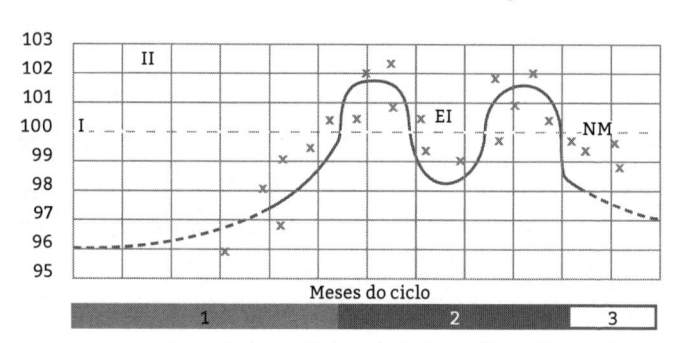

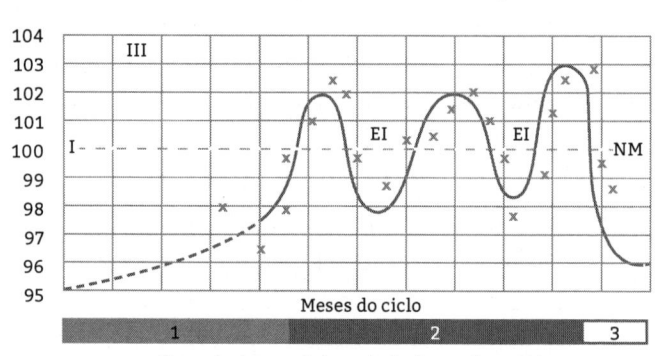

E.I. – Etapa intermediária
N.M. – Nível médio dos resultados esportivos do ano

Fonte: Matveev, 1964, p. 49; 1977, p. 240.

Em modalidades cíclicas de resistência, por exemplo, é mais comum o modelo de **1 macrociclo** no ciclo anual, já em modalidades de força-velocidade e nas modalidades cíclicas de velocidade, os modelos de 2 a 3 macrociclos no ciclo anual são mais frequentes. Mesmo nas modalidades cíclicas de resistência, em razão das particularidades do calendário competitivo (competições de inverno e de verão), os atletas utilizam 2 macrociclos anuais.

Diante da utilização de **2 macrociclos**, estes podem ter diferentes estratégias. Nos anos 1980, pesquisadores da RDA e da URSS, testaram diversos modelos de periodização dupla. No primeiro modelo, apesar de serem utilizados 2 macrociclos, eles não eram entendidos como estruturas independentes, mas como se fossem um único macrociclo seguindo os princípios da periodização. Nesse caso, o primeiro macrociclo terminava não nas competições principais, mas em competições preparatórias, de controle e modeladoras. Logo, o primeiro macrociclo tinha o conteúdo do treinamento mais voltado para o aumento multifacetado das possibilidades funcionais do organismo, que eram a base para o crescimento posterior do preparo especial no segundo macrociclo. Então, no primeiro macrociclo, em torno de 85% do volume de treinamento era dedicado à preparação básica, ou seja, justamente em conformidade com as tarefas de treinamento da etapa geral do período preparatório, de acordo com a teoria clássica da periodização do treinamento desportivo. Já no segundo macrociclo, que tinha o objetivo de estabelecer a forma desportiva para atingir elevados resultados nas competições nacionais seletivas e nos Jogos Olímpicos, o volume de preparação especial (treinamento de velocidade, resistência de força-velocidade e resistência competitiva) era de 40%, na primeira metade do período preparatório, e 60%, na segunda metade. Posteriormente, começava o período competitivo de competições nacionais, seguido de uma etapa de preparação direta para as competições.

Além das tarefas específicas do segundo macrociclo, ainda eram dedicadas 3 a 4 semanas de preparação em condições de elevada altitude no período preparatório. Após as competições nacionais seletivas para os Jogos Olímpicos, na etapa de preparação direta para os jogos com duração de 7 semanas, 2 a 3 semanas eram dedicadas à preparação funcional, para evitar o processo de desadaptação, e as semanas seguintes eram totalmente voltadas às preparações especial e competitiva, com microciclos modeladores, como mostra a Figura 7.1, a seguir.

Figura 7.1 Esquema de preparação anual de atletas da seleção da RDA (corredores de fundo e meio fundo) com orientação no alcance da forma desportiva nas principais competições do ano (ciclo olímpico 1988-1992)

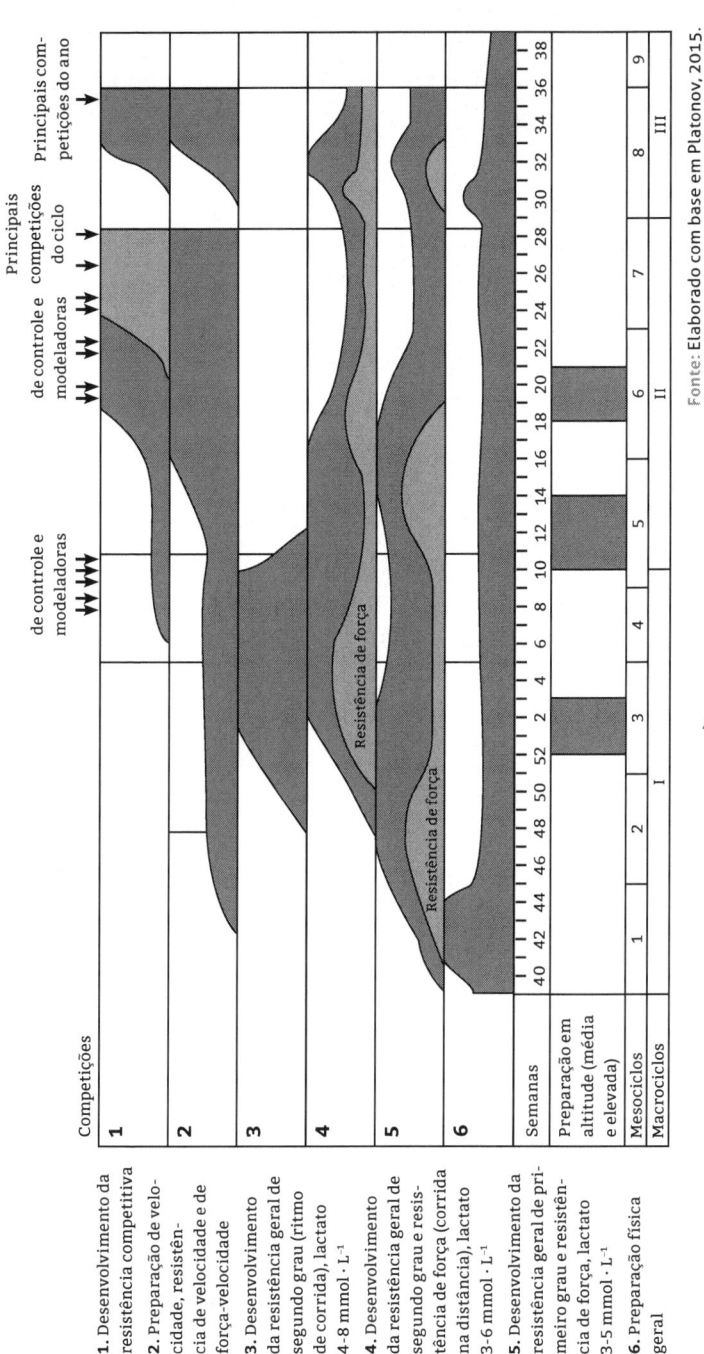

Competições

1. Desenvolvimento da resistência competitiva
2. Preparação de velocidade, resistência de velocidade e de força-velocidade
3. Desenvolvimento da resistência geral de segundo grau (ritmo de corrida), lactato 4-8 mmol · L$^{-1}$
4. Desenvolvimento da resistência geral de segundo grau e resistência de força (corrida na distância), lactato 3-6 mmol · L$^{-1}$
5. Desenvolvimento da resistência geral de primeiro grau e resistência de força, lactato 3-5 mmol · L$^{-1}$
6. Preparação física geral

Fonte: Elaborado com base em Platonov, 2015.

Nesse modelo de periodização dupla, a etapa de preparação direta para as competições assume uma característica como se fosse um "terceiro macrociclo", porém, na verdade, essa etapa de preparação direta serve apenas para que o atleta recupere a forma desportiva atingida nas competições seletivas. Isso ocorre porque, no período de 7 semanas, não seria possível construir um novo nível de preparo, mas sim voltar no anterior, tendo em vista que a forma desportiva não pode ser mantida por muito tempo e, paralelamente, é possível, na fase de perda temporária da forma desportiva, voltar ou recuperar a forma desportiva anterior em um intervalo de tempo de 4 a 6 semanas de preparação especial intensa (Matveev, 2010).

O segundo modelo de periodização dupla testado por pesquisadores da RDA e da URSS, diferentemente do anterior, era entendido com **2 macrociclos independentes**. Aqui, o primeiro macrociclo era composto de 40% de preparação especial em relação ao volume de treinamento (contra 15% da variante anterior), o que, obviamente, diminui a efetividade da preparação básica. Para corrigir esse problema, aumenta-se o volume de preparação geral, tanto no segundo macrociclo quanto na etapa de preparação direta para as competições principais. Nesse contexto, no segundo modelo de periodização dupla, cresce a possibilidade de o atleta competir em altíssimo nível já no primeiro macrociclo e, ainda, atingir a forma desportiva no segundo macrociclo (principais competições). Vale destacar que, na primeira variante, a chance de atingir a forma desportiva no segundo macrociclo é de aproximadamente 70% dos casos, com relatos de até 90%. Já na segunda variante, a chance de atingir a forma desportiva no segundo macrociclo cai em relação à primeira variante.

No planejamento de **3 macrociclos** da preparação de atletas de alta qualificação, o primeiro macrociclo traz principalmente um caráter básico, propõe a apresentação em competições menos importantes do que as principais competições da temporada;

no segundo macrociclo, o processo de treinamento torna-se mais específico e a preparação é direcionada para a apresentação em competições com grau de importância elevada no ciclo anual; e o terceiro macrociclo é direcionado para que o atleta atinja os melhores resultados da temporada nas principais competições, além disso, a intensidade das cargas específico-competitivas e de treinamento atinge grandeza máxima. De forma geral, a duração do macrociclo, ou seja, o tempo de transição para a nova forma desportiva, vai depender do tipo de esporte, da etapa da preparação plurianual, do nível de preparo e das particularidades individuais do atleta (Rubin, 2009).

## 7.3.2 Modelos de 4 a 7 macrociclos no ciclo anual

A utilização de uma periodização anual composta de muitos macrociclos é típica da segunda estratégia de periodização apresentada na Seção 7.2, ou seja, aquela estratégia que busca, ao mesmo tempo, a capacidade do atleta de competir em elevado nível de preparo em boa parte do ano e o desenvolvimento da forma desportiva desse esportista nas principais competições.

Esse modelo surgiu partir dos trabalhos conjuntos de pesquisadores da RDA e da URSS no fim dos anos 1970 e início dos anos 1980 (Pfeifer, Harre, 1982). A princípio, o modelo foi testado em nadadores de alto nível e baseou-se em hipóteses científicas promissoras a respeito da importância e da necessidade do aumento do treinamento de força especial fora da água, do aumento do volume de natação e da relevância do aumento da participação dos nadadores em competições como um fator de preparação.

Dessa forma, foi criado um modelo de periodização anual de **4 macrociclos** anuais que buscava a elevada participação em competições e desenvolvimento da forma desportiva no período de realização dos Jogos Olímpicos. Inicialmente, muitos pesquisadores criticavam esse modelo porque acreditavam que não se sustentava a ideia de chamar de *macrociclo* estruturas relativamente curtas (10 a 16 semanas), uma vez que, nesses macrociclos, não seria possível ao atleta, em virtude de um período preparatório muito curto, alcançar o estado de forma desportiva. Entretanto, ao analisarem a literatura, para Pfeifer e Harre (1982) ficou claro que a ideia dos 4 macrociclos buscava não quebrar os princípios da periodização, assim, apesar de existir 4 grandes estruturas, elas não eram independentes, mas estavam subordinadas umas às outras com o intuito de construir a forma desportiva do atleta no último macrociclo. Dessa forma, apesar da existência de 4 grandes estruturas, a princípio, respeitava-se a ideia de 1 macrociclo anual, sendo alteradas, de macrociclo para macrociclo, as tarefas principais e a relação percentual do volume de preparação geral e especial.

Portanto, no primeiro macrociclo, predomina o trabalho de caráter aeróbio e misto na piscina, e o treinamento fora da água é multifacetado, visando preferencialmente à preparação de força em diferentes aparelhos, à flexibilidade e à coordenação. Nesse macrociclo, a duração é de 16 semanas, sendo composto por 3 mesociclos. O primeiro mesociclo é introdutório, em que cresce o volume de treinamento de microciclo para microciclo. O segundo mesociclo já tem volume elevado e aplicação de microciclos de choque com o intuito de estimular o nível de preparo funcional dos sistemas neuromuscular, cardiovascular e respiratório do atleta. Ao fim, é utilizado um microciclo de recuperação, seguido da participação de competições preparatórias e de controle, praticamente sem a utilização de preparação especial. O terceiro mesociclo é caracterizado por grandes cargas de treinamento de caráter semiespecial, tanto na piscina quanto fora da água. O volume total de treinamento nesse macrociclo é de 390 horas, sendo 315 na piscina e 75 fora da água.

**Gráfico 7.3** Dinâmica as cargas de treinamento do primeiro macrociclo

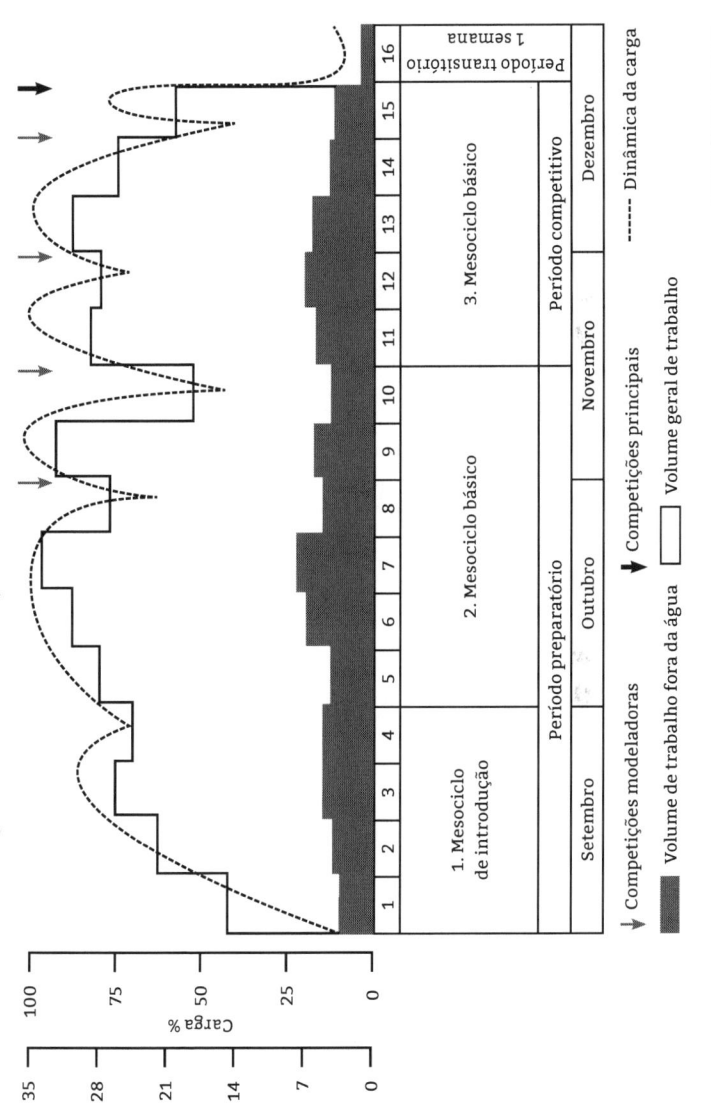

| | 1 | 2 | 3 | 4 | 5 | 6 | 7 | 8 | 9 | 10 | 11 | 12 | 13 | 14 | 15 | 16 |
|---|---|---|---|---|---|---|---|---|---|---|---|---|---|---|---|---|
| | 1. Mesociclo de introdução | | | | 2. Mesociclo básico | | | | | | | 3. Mesociclo básico | | | | Período transitório 1 semana |
| | Período preparatório | | | | | | | | | | Período competitivo | | | | | |
| | Setembro | | | | Outubro | | | | Novembro | | | | Dezembro | | | |

→ Competições modeladoras   → Competições principais   ----- Dinâmica da carga
■ Volume de trabalho fora da água   □ Volume geral de trabalho

Fonte: Platonov, 2015.

O segundo macrociclo tem duração de 14 semanas e é formado por 2 mesociclos básicos e 1 pré-competitivo. Nesse macrociclo, cresce o volume de meios de preparação semiespecial e especial, tanto fora da água quanto na piscina, no fundo do crescimento das cargas de treinamento e competitivas. Aqui, são largamente utilizados microciclos de choque, intensa preparação de força fora da água com aparelhagem especial e treinamento de força especial na água com palmares, elásticos e outras formas de resistência, além da natação em canal hidrodinâmico. O fim do macrociclo coincide com as competições nacionais e com uma série de competições internacionais, que são acompanhadas de diminuição do volume de treinamento e do aumento da fração especial do trabalho. Após o segundo macrociclo, um microciclo de 10 dias é utilizado para promover a recuperação do atleta, visto que, nesse caso, não há tempo para o planejamento de um período transitório. O volume total de treinamento nesse macrociclo é de 340 horas, sendo 270 na piscina e 70 fora da água.

**Gráfico 7.4** Dinâmica as cargas de treinamento do segundo macrociclo

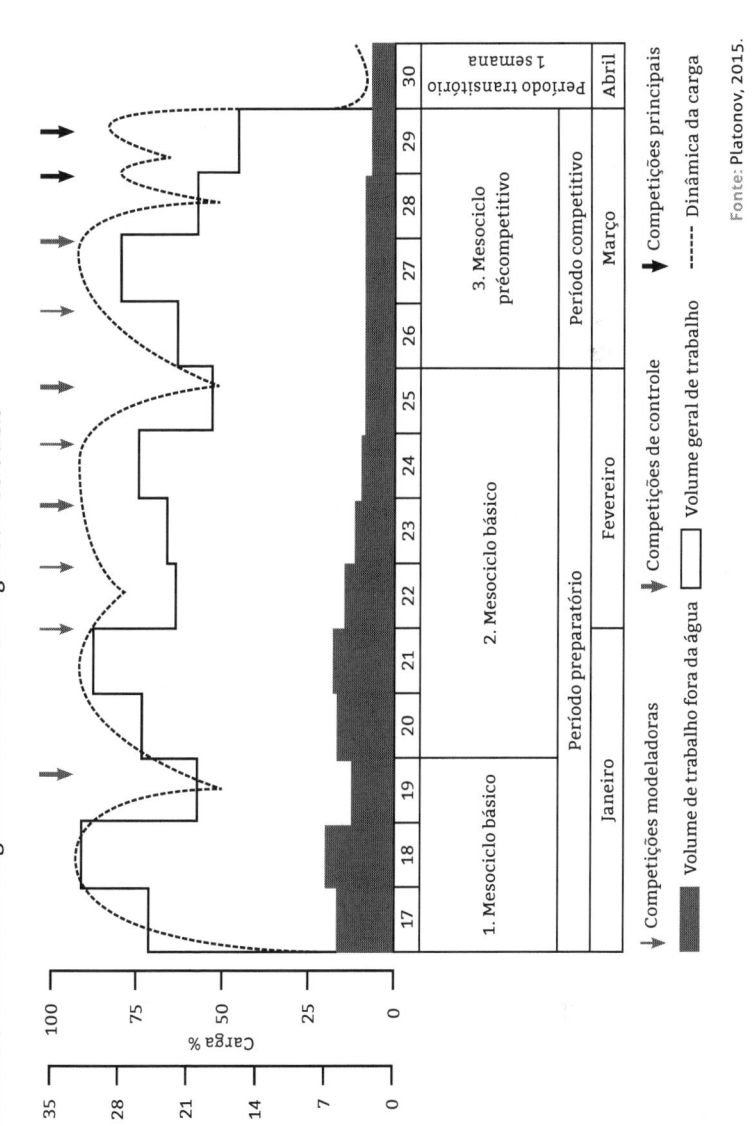

| Semanas | 17 | 18 | 19 | 20 | 21 | 22 | 23 | 24 | 25 | 26 | 27 | 28 | 29 | 30 |
|---|---|---|---|---|---|---|---|---|---|---|---|---|---|---|
| Mesociclo | 1. Mesociclo básico | | | 2. Mesociclo básico | | | | | | 3. Mesociclo précompetitivo | | | | Período transitório 1 semana |
| Período | Período preparatório | | | | | | | | | Período competitivo | | | | |
| Mês | Janeiro | | | Fevereiro | | | | Março | | | | | Abril | |

→ Competições modeladoras
→ Competições de controle
→ Competições principais
■ Volume de trabalho fora da água
□ Volume geral de trabalho
----- Dinâmica da carga

Fonte: Platonov, 2015.

O terceiro macrociclo tem duração de 12 semanas e é formado também por 2 mesociclos básicos e 1 pré-competitivo. De forma resumida, esse macrociclo começa com um microciclo introdutório seguido de uma série de microciclos de choque com aumento gradual da especificidade. As sessões de treinamento na piscina alternam-se com treinamentos de força e resistência de força em aparelhagem especial, além do trabalho para o aumento de mobilidade articular e flexibilidade. O macrociclo é encerrado com 2 semanas de preparação direta para o campeonato nacional, que serve como competição seletiva para determinar quem serão os atletas que participarão das principais competições do ano. Outro ponto importante a ser considerado é que, nesse macrociclo, ocorre uma oscilação de cargas mais bem pronunciada entre os microciclos para garantir a racionalidade dos processos de fadiga e de recuperação, considerando a elevada quantidade de microciclos de choque com 30 a 35 horas de trabalho. O volume total de treinamento aqui é de 290 horas, sendo 240 na piscina e 50 fora da água.

**Gráfico 7.5** Dinâmica as cargas de treinamento do terceiro macrociclo

| Mês | Abril | | | Maio | | | | Junho | | | |
|---|---|---|---|---|---|---|---|---|---|---|---|
| Semana | 31 | 32 | 33 | 34 | 35 | 36 | 37 | 38 | 39 | 40 | 41 | 42 |
| Mesociclo | 1. Mesociclo básico | | | | 2. Mesociclo básico | | | 3. Mesociclo précompetitivo | | | | Período transitório 1 semana |
| Período | Período preparatório | | | | | | | Período competitivo | | | | |

→ Competições modeladoras
→ Competições de controle
→ Competições principais

☐ Volume de trabalho fora da água
☐ Volume geral de trabalho
----- Dinâmica da carga

Fonte: Platonov, 2015.

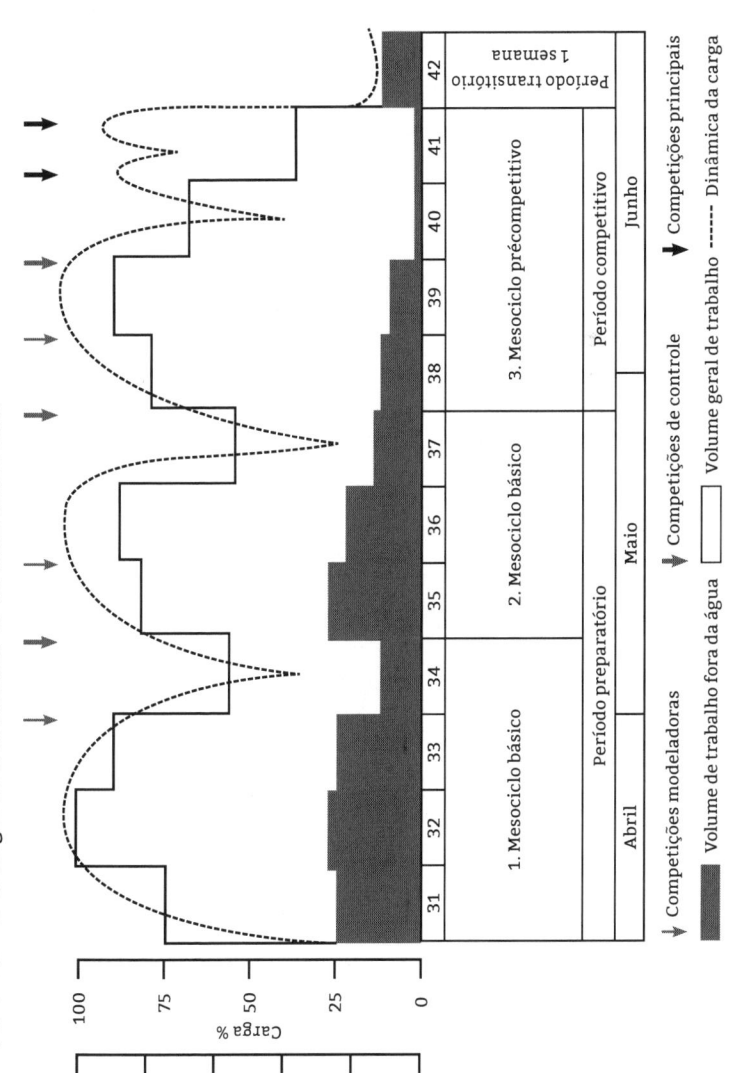

O quarto macrociclo tem duração de apenas 10 semanas e nada mais é do que a etapa de preparação direta para competição principal. Em sua estrutura, utiliza-se um mesociclo básico para a manutenção ou para evitar a perda dos componentes básicos do preparo. Em seguida, adota-se um mesociclo de 3 semanas de caráter especial com cargas no limite máximo disponível para o atleta e, na sequência, mais 3 semanas de microciclos modeladores e recuperativos voltados para garantir o desempenho máximo nas principais competições. O volume total de treinamento nesse macrociclo é de 180 horas, sendo 155 na piscina e 25 fora da água.

**Gráfico 7.6** Dinâmica as cargas de treinamento do primeiro macrociclo

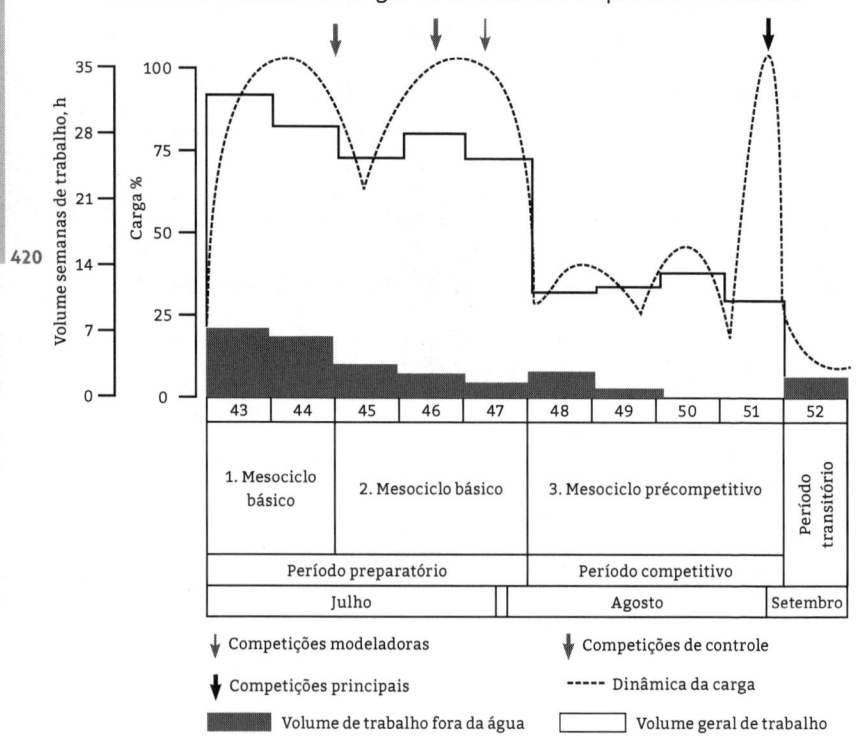

↓ Competições modeladoras    ↓ Competições de controle

↓ Competições principais     ----- Dinâmica da carga

■ Volume de trabalho fora da água    ☐ Volume geral de trabalho

Fonte: Platonov, 2015.

Esse modelo de ciclo anual composto de 4 macrociclos garantiu que os atletas da RDA e URSS atingissem a forma desportiva e conseguissem competir em alto nível ao longo de um ano. Com base nisso, Platonov (1997) demonstrou um modelo análogo que tentava seguir as ideias e os princípios da periodização clássica, só que considerando um calendário esportivo ainda mais denso. Dessa forma, o autor propôs **modelos de 5, 6 e até 7 macrociclos** ao longo do ciclo anual, o que permitia que os atletas competissem em alto nível por 8 a 10 meses e, ainda assim, participassem das principais competições no mais elevado nível de preparo.

Antes de expor as particularidades desse modelo, precisamos compreender algumas questões principalmente terminológicas importantes. Após a publicação dos trabalhos de Platonov a respeito de uma periodização anual em "multimacrociclos", Suslov e Shepel (1999), em um artigo intitulado "Estrutura da preparação de treinamento e competitiva anual: realidade e ilusão", teceram uma crítica severa que gerou muita repercussão. Nesse trabalho, os autores demonstraram, pela dinâmica dos resultados dos melhores esportistas de atletismo do mundo, que, na maioria dos casos, a tendência era a utilização de periodizações duplas, ou seja, 2 macrociclos ao longo do ciclo anual. Além disso, como já frisava Matveev, os macrociclos são as estruturas que servem para construir a forma desportiva do atleta. Assim, o período preparatório deve ser relativamente longo para que haja tempo de as mudanças morfofuncionais e dos demais componentes do preparo acontecerem. Portanto, as afirmações de Suslov e Shepel (1999) sobre tratar como ilusão[2] a ideia de 5 a 7 macrociclos no ciclo anual estão corretas!

---

[2] Suslov quis dizer que é impossível existirem 5 ou 6 macrociclos em um único ano de treinamento, por isso ele considerava a estratégia do Platonov uma ilusão.

Apesar das afirmações de Suslov e Shepel (1999), ao analisarmos a fundo o trabalho de Platonov (1997; 2004; 2015) e, posteriormente, a própria explicação desse autor sobre as críticas, fica claro que o **modelo multimacrociclo** não se trata, na verdade, de vários macrociclos independentes que buscam atingir 6 a 7 vezes o estado de forma desportiva. Muito pelo contrário, a dinâmica desse modelo também segue a lógica da periodização de 1 único macrociclo anual, mas, nesse caso, o crescimento do desempenho do atleta é gradual, pois em cada estrutura denominada *macrociclo*, aumenta-se o volume de preparação especial. Dessa forma, cresce o rendimento esportivo, de macrociclo para macrociclo, gradualmente, o que permite ao atleta apresentar-se em elevado nível de preparo ao longo de 8 a 10 meses e, ainda, atingir a forma desportiva. Nesse sentido, torna-se claro que o termo *macrociclo*, nesse caso, é utilizado pelo fato de ser mais "confortável" do ponto de vista terminológico assim classificar o nome da estrutura, em vez de reinventar ou criar termos confusos relativos ao aparato terminológico da teoria da periodização do treinamento desportivo. Por fim, Platonov (1997; 2004; 2013; 2015) afirma que o modelo de vários macrociclos é interessante para atletas que, na etapa de manutenção dos resultados (etapa da preparação plurianual), buscam a participação em várias competições com a chance, ainda, de atingir o nível de forma desportiva. Contudo, nesse modelo, cai muito a chance de atingir a forma desportiva nas principais competições quando comparado aos modelos de 1 a 3 macrociclos no ano. Por isso, Platonov sugere que, em anos olímpicos, é mais interessante que sejam utilizados os modelos de 1 a 3 macrociclos, ao passo que, em outros anos do ciclo olímpico, a variante de vários macrociclos no ciclo anual pode ser interessante.

Nos modelos de 5 a 7 macrociclos no ciclo anual, o objetivo é resolver duas tarefas ao mesmo tempo: (1) garantir a preparação sistemática planejada do atleta para as principais competições do ano; e (2) fazer com que o atleta alcance um elevado nível de preparo para a apresentação com sucesso nas competições do macrociclo. Nesse contexto, quando o ciclo anual possui mais de 4 macrociclos, a tendência é que o primeiro macrociclo seja marcado por um alto volume de preparação geral e semiespecial. Porém, a cada macrociclo a ênfase na preparação especial cresce, assim como o número de microciclos de choque, sendo que no macrociclo que precede as competições principais, o volume de preparação especial pode atingir até 70% do total para esse macrociclo.

Outro ponto marcante nesse modelo, é que o aumento da preparação especial de macrociclo para macrociclo não precisa necessariamente seguir uma sequência predeterminada. Por exemplo, se as competições seletivas estiverem no terceiro macrociclo e as competições principais no quinto, é normal que o terceiro macrociclo tenha um volume percentual de preparação especial menor que o quinto, mas maior que o quarto macrociclo. Logo, esse modelo facilita a estruturação do processo de treinamento no calendário esportivo moderno apesar de diminuir as chances de alcance da forma desportiva em relação aos modelos de 1 a 3 macrociclos.

### 7.3.3 Modelo de 1 macrociclo no ciclo anual sem alcance da forma desportiva

Esse modelo de periodização é tipicamente utilizado nos jogos desportivos, e a aplicação dele se deve à complexidade do calendário competitivo nesses esportes. Ao analisar o calendário competitivo desse grupo de modalidades esportivas, podemos perceber claramente que existe uma saturação de competições, ou seja, mais de um campeonato acontecendo de forma paralela e muitas rodadas em cada campeonato, havendo jogos praticamente todas as semanas em um período de 7 a 10 meses.

No futebol, os clubes brasileiros da elite jogam várias competições ao mesmo tempo, tais como campeonato estadual, campeonato brasileiro, Copa do Brasil, Copa Libertadores da América, Copa Sul-Americana e, às vezes, até o Mundial de Clubes da FIFA (Federação Internacional de Futebol). No ano de 2012, a equipe do Corinthians, campeã da Libertadores da América e do Mundial de Clubes, fez 78 jogos oficiais ao longo do ano. Concomitantemente, os principais clubes europeus, como Barcelona, Chelsea, Bayer de Munique, entre outros, jogaram por temporada em torno de 50 a 60 jogos. Nessas condições, podem ocorrer de 5 a 8 jogos por mês, o que dificulta muito o processo de preparação dos atletas.

Situação análoga pode ser vista em outras modalidades, por exemplo, no basquetebol, a temporada regular da NBA (National Basketball Association) de 2016-2017 teve 82 jogos, além dos jogos da fase seguinte (playoffs) para as equipes que se classificaram, com início do campeonato em outubro e término em junho. No tênis, os atletas precisam participar de muitos torneios, tanto com o intuito de atender aos interesses comerciais e pessoais quanto para ganhar posições no *ranking* de pontos. Atletas como Caroline Wozniacki, Maria Sharapova, Serena Williams, Novak Djokovic, Roger Federer e Rafael Nadal chegam a jogar entre 16 e 22 torneios, realizando entre 70 e 80 jogos ao longo de 11 meses. Exemplos parecidos podem ser observados nas ligas de handebol e em outros esportes classificados como *jogos desportivos*. Ainda, vale destacar o caso de alguns atletas em específico, por exemplo, os melhores jogadores de voleibol do Brasil, que, além de jogarem as competições representando os próprios clubes, ainda participam de torneios pela seleção brasileira no intervalo das competições nacionais.

Apesar de outras modalidades, como o atletismo e a natação, também contarem com muitas competições, nesses esportes, o atleta pode escolher em quais delas quer participar e não tem, necessariamente, a obrigação de estar no melhor nível em todas elas. Já nos jogos desportivos, geralmente, as competições têm um sistema de disputa que não permite que os atletas ou a equipe escolham um momento do ano para estar no melhor nível. Por exemplo, não se pode estruturar o processo de treinamento visando atingir a forma desportiva no momento dos *playoffs* (fase de "mata-mata") quando a primeira fase de um campeonato utiliza o sistema de pontos corridos. Assim, a periodização não teria lógica, tendo em vista que, no momento do melhor rendimento, a equipe possivelmente já estaria desclassificada em virtude de uma primeira fase em um nível de preparo insuficiente. Além dos sistemas de disputa de pontos corridos, há outros problemas de regulamento das competições, como o rebaixamento. Portanto, mesmo que uma equipe estabeleça uma meta em determinada competição entendida como principal, não se pode deixar de dar atenção às outras.

Considerando as informações já citadas sobre o calendário, o sistema de disputa das competições e a importância de cada competição nos jogos, torna-se claro que, nesse grupo de modalidades esportivas (jogos desportivos), a preparação fica condicionada não ao desenvolvimento da forma desportiva ao longo do macrociclo, mas à preparação direta para o próximo jogo e à manutenção de um nível elevado de preparo que não caracteriza a forma desportiva ao longo do macrociclo (Rubin, 2009). Como o intervalo entre os jogos varia de 3 a 10 dias em diferentes momentos, nos microciclos competitivos, diferentes tarefas podem ser combinadas, desde a manutenção do desempenho e a recuperação física do jogo anterior para o próximo até o treinamento dos componentes básicos, assim como aqueles mais lábeis.

Em geral, as abordagens, as estratégias e os modelos de periodização dos jogos desportivos buscam padronizar os micros e mesociclos, dependendo do intervalo entre os jogos. Quando se tem intervalo de apenas 3 dias, a tarefa principal da preparação é, basicamente, recuperar os jogadores do jogo anterior, estudar e estabelecer a tática contra o adversário e treiná-la, respeitando o volume de treinamento para não causar muito desgaste físico. Se o microciclo competitivo for de 4 dias, 1 dos dias pode ter uma sessão de carga complexa e de grandeza significativa, com o intuito de ajudar na manutenção das capacidades físicas e, paralelamente, resolver as tarefas técnico-táticas. Quando o intervalo é de 7 a 10 dias, é possível a aplicação de cargas com o objetivo de aumentar as possibilidades de rendimento do atleta, porém, sempre com certo cuidado (Cassidori, 2014).

Apoiando-se justamente nos princípios do treinamento desportivo e na parte científica periférica da teoria da periodização, é possível que o treinador use a criatividade para elaborar a periodização. Por exemplo, alguns clubes apostam em grandes elencos e utilizam um revezamento de jogadores nas competições, permitindo que eles treinem mais, visto que participam menos de jogos entendidos como menos importantes. Outro exemplo que podemos citar ocorre no próprio futebol, quando alguns clubes de elite utilizam o campeonato estadual (competição de nível técnico inferior) como um meio de preparação para o campeonato brasileiro. Nesse caso, os clubes utilizam um grande rodízio de jogadores sem estabelecer a obrigação de vencer o campeonato estadual. Dessa forma, sobra tempo para a aplicação de cargas de treinamento que exigem recuperação, além disso, é possível treinar a tática em diferentes contextos e com certo destaque para determinados pontos que não podem ser enfatizados nas competições em razão da aleatoriedade e da imprevisibilidade das partidas. Por outro lado, quando a equipe não pode fazer um grande revezamento dos jogadores em virtude de um elenco limitado, tecnicamente, os jogadores que são suspensos ou que não participam de algum jogo por diferentes razões podem utilizar microciclos isolados de cargas concentradas de força, visando evitar a perda de condicionamento físico em razão da sequência de jogos.

## 7.3.4 Considerações sobre os modelos da teoria clássica da periodização do treinamento desportivo

Apesar dos muitos fatores relacionados com a questão comercial do esporte – interesse de atletas, treinadores e federações de competirem em elevado nível durante todo o ano – e das diferentes características das modalidades esportivas, as recomendações de Matveev continuam mostrando-se adequadas para atletas mais interessados nas grandes realizações em competições de maior prestígio. Paralelamente, e ao mesmo tempo integradas, existem outras abordagens, estratégias e modelos de periodização adequados para garantir variadas demandas.

Hoje é muito comum uma forma mista de combinação de diferentes abordagens e estratégias. Desse modo, durante os anos do ciclo olímpico e da carreira esportiva do atleta, alternam-se momentos de busca pelo desempenho máximo e momentos de busca por um desempenho satisfatório (não máximo) que garanta todo o aspecto financeiro. Essas abordagens e estratégias tratadas aqui – formas de estruturar o treinamento em diferentes calendários esportivos – já são assuntos bem fundamentados com conceitos relativamente estáveis, que têm demonstrado total respaldo na prática de atletas de alta qualificação.

Apesar disso, a teoria do esporte (disciplina científica que busca integrar os conhecimentos adquiridos em diferentes ramos das ciências que estudam o fenômeno *esporte*) tem tentado encontrar alternativas que tragam uma nova visão a respeito da estruturação do treinamento e que venham a fazer com que os atletas se apresentem em um novo nível, acima daqueles que têm sido atingidos no esporte mundial. Embora a frequência alta das competições seja um combustível para o entretenimento do público que financia o esporte, os desempenhos excepcionais continuam sendo um fator atraente. Isso fica muito claro quando atletas que marcaram a história do esporte mundial competiam ou competem. Quando atletas ou ex-atletas como o velocista Usain Bolt, a saltadora com vara Elena Isinbaeva, o jogador de futebol Cristiano Ronaldo, a tenista Serena Williams, os lutadores de MMA (artes marciais mistas – do inglês *mixed martial arts*) Anderson Silva ou Fedor Emelianenko participam, ou participavam, de grandes competições, sempre há intensa mobilização de público e amantes do esporte que esperam por novos recordes ou grandes apresentações.

Considerando as necessidades reais, tanto de natureza social quanto financeira e econômica, do esporte atual, torna-se natural a busca contínua por novas abordagens, estratégias e modelos de periodização. Uma nova discussão na literatura da teoria do esporte começou nos anos 2000 a respeito de tecnologias de projeção de macrociclos de treinamento e vem sendo testada e aperfeiçoada no presente momento. As operações utilizadas na projeção dos macrociclos são conhecidas como *abordagem de modelo-alvo* e serão analisadas na Seção 7.5, mas antes de iniciar essa discussão, com o intuito de facilitar o entendimento, abordaremos, na Seção 7.4, a *modelagem no esporte*.

## 7.4 Modelagem no esporte

Atualmente, a teoria do esporte tem uma função integradora dos conhecimentos de diversas áreas científicas que estudam o fenômeno *esporte* (pedagogia, biologia, filosofia, biomecânica, psicologia, entre outras). Com todo o acúmulo de informações de diversas pesquisas e a sistematização desses dados informativos em conhecimentos concretos, são reveladas as leis gerais que regem o processo de treinamento (leis expressas nos princípios de treinamento e preparação esportiva). Dessa forma, vem tornando-se possível, e cada vez de maneira mais eficiente, ao treinador gerir o processo de treinamento construindo a periodização de modo mais racional e objetivo.

A efetividade da gestão (coordenação) do processo de treinamento está relacionada com a utilização de diferentes modelos. O termo *modelo*, quando utilizado em ciência, pode ser entendido como representação teórica, análoga a algo qualquer (objeto estudado), reproduzida de forma simplificada no contexto da realidade. Em outras palavras, *modelo* é qualquer amostra ou exemplo de determinado objeto, processo ou fenômeno. Já *modelagem* é o processo de construção, estudo e utilização de modelos para a determinação e a especificação das características do objeto. No esporte, a modelagem é feita com o intuito de otimizar o processo de preparação esportiva e de participação dos atletas nas competições (Fedotova, 2003; Sakharova, 2005a; 2005b; Matveev, 2010).

A modelagem como método prático-científico disseminou-se na teoria moderna do esporte. Há diversas funções atribuídas à modelos na ciência, como os exemplos que podemos conferir a seguir.

As pesquisas utilizando modelos adquirem novos dados e informações sobre o próprio objeto. Assim, algumas posições teóricas e hipóteses surgem a respeito do objeto com base no que foi adquirido no modelo. Após a verificação dos conhecimentos aplicados já ao objeto, a noção teórica passa a fazer parte da teoria do objeto. Um exemplo claro dessa função pode ser revelado pelos resultados de pesquisas da estrutura do tecido muscular nos animais em condições habituais e após o treinamento intenso. Com base nas analogias musculares entre o ser humano e o animal, são adquiridas informações importantes que podem ser usadas, por exemplo, para o aperfeiçoamento da teoria da seleção e orientação esportivas e para o desenvolvimento das capacidades físicas etc. Outro exemplo é a utilização de modelos matemáticos que simulam o funcionamento do músculo esquelético. Eliceev, Kulik e Seluianov (2014) destacam que os modelos matemáticos são elaborados e têm a efetividade confirmada quando conseguem prever com certa precisão o processo adaptativo com o treinamento.

Além disso, os modelos têm a função de sintetizar e generalizar conhecimentos empíricos, criando, dessa forma, a compreensão das relações naturais de diferentes processos e fenômenos. Um ótimo exemplo dessa função é o estudo da dinâmica dos resultados ao longo do ciclo anual de preparação dos atletas. Os modelos demonstram que as relações naturais entre carga, adaptação, resultado etc., o que contribui muito para a compreensão da racionalidade na construção do processo de treinamento e preparação.

Por fim, os modelos influenciam muito a "tradução" dos trabalhos científicos para a esfera prática do esporte, ou seja, a realização prática. Essa função é bem expressa na utilização de modelos morfofuncionais e das diferentes faces do preparo. É imprescindível que o treinador tenha conhecimento a respeito desses modelos no momento da seleção de talentos e na compreensão do direcionamento da preparação física no início dos macrociclos.

Na ciência, existem diversas formas de modelos, como matemáticos, computacionais, condicionais, mentais etc. Não entraremos em detalhes a respeito deles, no entanto, destacaremos os tipos de modelos utilizados na teoria do esporte.

Segundo Platonov (2004; 2015), os modelos utilizados no esporte se dividem em dois grupos:

- **Grupo 1** – Modelo que caracteriza a atividade competitiva; modelo que especifica as diferentes faces do preparo; modelo morfofuncional que reflete as particularidades morfológicas do organismo e as possibilidades funcionais de determinados sistemas.
- **Grupo 2** – Modelos que abrangem a duração e a dinâmica do estabelecimento da maestria esportiva[3] e do preparo

---

[3] Os modelos que abrangem a duração e a dinâmica do estabelecimento da maestria esportiva são aqueles abordados nas Seções 7.3.1 a 7.3.3.

no plano plurianual, assim como no ciclo anual e no macrociclo; modelos das estruturas que formam o processo de treinamento (períodos e etapas, meso e microciclos, dias e sessões, exercícios etc.).

Ainda, é possível subdividir esses modelos em generalizados, grupais e individuais.

Os **modelos generalizados** refletem as características do objeto (atleta ou processo de treinamento), identificadas com base em pesquisas de grandes grupos de atletas conforme idade, sexo, qualificação e determinada modalidade esportiva. Esse tipo de modelo trabalha com valores médios e traz consigo uma orientação de caráter geral do processo de treinamento e da atividade competitiva.

Os **modelos grupais** são elaborados com base em um grupo ou conjunto concreto de atletas ou equipe que se diferenciam em relação a alguns indicadores específicos da média dos modelos generalizados. Podemos imaginar como exemplo o modelo das ações técnico-táticas (modelo de jogo) de uma equipe campeã da Copa do Mundo de futebol ou da Liga dos Campeões da UEFA (União das Associações Europeias de Futebol – em inglês, Union of European Football Associations). Outros exemplos seriam os modelos da atividade competitiva, das faces do preparo e morfofuncional de atletas que atingem elevados resultados em dado esporte, mas fogem dos parâmetros médios tradicionais dos modelos generalizados, apresentando alguns parâmetros abaixo da média, mas outros elevadíssimos e que compensam os "defeitos". Esse é o caso de atletas como Usain Bolt e Michael Johnson: ambos bateram recorde nos 200 metros rasos – Bolt em velocidade máxima e Johnson em resistência de velocidade –, tanto é que Bolt também é recordista dos 100 metros e Johnson foi dos 400 metros rasos. Muitos atletas têm essa mesma característica que diferencia Bolt e Johnson e que permite que sejam divididos em grupos específicos.

Os **modelos individuais** são elaborados considerando cada atleta e suas particularidades. Esse tipo de modelo apoia-se nos dados de estudos longitudinais e prognósticos individuais da estrutura da atividade competitiva e de preparo de determinado atleta, suas reações diante de cargas de treinamento de diferentes grandezas e orientações etc. Como resultado, são obtidos modelos individuais que se diferenciam completamente de dados generalizados e, até mesmo, grupais da atividade competitiva.

Os modelos generalizados e grupais servem como orientação para atletas que ainda não atingiram a maestria esportiva, ou seja, que ainda estão nas 4 primeiras etapas do processo de preparação plurianual. Nesse contexto, as informações tanto a respeito das estruturas de treinamento quanto sobre as faces do preparo e da seleção e orientação esportivas são úteis para o treinador. Quando se trata de atletas de alta qualificação que já atingiram a maestria esportiva, o papel dos modelos individuais ganha maior relevância e torna-se fator importante na efetividade do processo de treinamento.

### 7.4.1 Modelo da atividade competitiva

O modelo da atividade competitiva destaca algumas características essenciais de parâmetros importantes e ações de caráter independente que compõem a atividade competitiva do atleta e garantem determinado nível de resultado esportivo.

Para melhor compreensão da definição ora indicada, vamos utilizar o exemplo do salto em distância, prova composta de quatro ações independentes: (1) corrida de aproximação; (2) repulsão na tábua; (3) fase aérea; (4) aterrisagem. Para que um atleta consiga um resultado elevado, por exemplo, 8 metros e 50 centímetros de distância (valor aproximado dos campeões dos últimos campeonatos mundiais e Jogos Olímpicos), cada uma das ações isoladas terá uma contribuição para o resultado. Como dito, as ações são independentes, e a força de repulsão na tábua que determinará a altura do salto (elevação do centro de gravidade) não depende tanto da corrida – um atleta pode saltar verticalmente muito bem sem necessariamente ser veloz –, mas para que o atleta consiga um bom voo, é necessário que eleve bem o centro de gravidade e, ao mesmo tempo, tenha uma corrida de aproximação muito veloz que determinará o quanto o corpo (com o centro de gravidade a determinada altura) se deslocará para frente, determinando, assim, o resultado esportivo.

Geralmente, os grandes saltadores atingem a velocidade de 10 a 11 metros por segundo na corrida e executam uma repulsão que dura de 0,11 a 0,15 segundos, concentrando o direcionamento da força para cima. Logo, cada ação pode ser vista de maneira isolada, porém quando todas as ações são analisadas de forma integrada, o treinador consegue fazer uma análise e identificar os pontos fortes e fracos da técnica como um todo. A partir disso, é possível sistematizar o conteúdo do treinamento e, de certa forma, determinar em qual ação preferencialmente dedicar esforços. Contudo, esse parâmetro de comparação do resultado esportivo das ações e dos dados tidos como ideais para cada uma das ações é justamente o conhecimento a respeito do modelo da atividade competitiva.

Cada grupo de modalidades, disciplinas e provas esportivas tem um conjunto de ações e elementos que formam a atividade competitiva e determinam o resultado. A diferença entre *modelo da atividade competitiva* e simplesmente *atividade competitiva* é que a estrutura da atividade competitiva revela quais ações a compõem, ao passo que o modelo demonstra quais devem ser as características de cada uma dessas ações para se atingir dado nível de desempenho (resultado esportivo). Por isso, entender a estrutura da atividade competitiva e, principalmente, o modelo dela são fatores extremamente determinantes no estabelecimento do conteúdo do treinamento em uma periodização racional.

A seguir, destacamos alguns parâmetros e ações da atividade competitiva que devem ser considerados em diferentes grupos de modalidades esportivas.

1. Modalidades cíclicas de resistência:
   - gráfico da distância percorrida (tempo e velocidade em cada trecho);
   - cadência (frequência de passadas) em cada trecho da distância percorrida;
   - amplitude das passadas em cada trecho.
2. Modalidades cíclicas de velocidade:
   - gráfico da distância percorrida;
   - cadência em cada trecho;
   - tempo de reação;
   - aceleração após o *start* (largada ou saída);
   - velocidade máxima atingida;
   - velocidade nos metros finais.
3. Modalidades de força-velocidade:
   - característica da corrida de aproximação, quantidade de passadas, velocidade da última passada, virada, velocidade inicial (largada) do implemento;
   - direção do esforço final (ângulo de ataque, saída do implemento, ângulo da repulsão etc.).
4. Jogos esportivos:
   - efetividade das ações de ataque, defesa, contra-ataque e transição;
   - atividade (quantidade) das ações de ataque e defesa;
   - diversidade de ações de ataque e defesa.
5. Lutas:
   - efetividade e atividade das ações de ataque e defesa;
   - volume e diversidade das ações de ataque e defesa.
6. Modalidades de coordenação complexa:
   - quantidade de elementos de alta complexidade;
   - quantidade de elementos "supercomplexos";

- coeficiente de dificuldade;
- nota média nas competições de alto nível.
7. Esportes com arma:
    - resultados por série;
    - tempo de mira;
    - quantidade de tentativas na primeira e última série;
    - dispersão da média;
    - manutenção do ponto médio dos acertos no alvo.
8. Esportes combinados:
    - correlação dos pontos em diferentes combinações;
    - componentes da atividade competitiva em cada modalidade.

Tabela 7.1 Modelo característico da atividade competitiva de jogadoras de hóquei de grama em diferentes etapas de preparação

| Indicadores | Etapas da preparação plurianual | | | |
| --- | --- | --- | --- | --- |
| | Etapa inicial | Básica preliminar | Básica especializada | Preparação para o alto rendimento |
| **Ações técnico-táticas (ATT)** | | | | |
| Passe de bola | 7-20 | 5-23 | 9-32 | 22-40 |
| Domínio de bola | 8-14 | 7-13 | 10-20 | 11-24 |
| Drible com a bola | 9-14 | 5-13 | 6-14 | 4-11 |
| Desarme | 3-13 | 2-13 | 4-14 | 10-15 |
| Interceptação | 2-6 | 2-8 | 4-10 | 10-15 |
| Somatória de ATT | 41-70 | 39-71 | 49-94 | 64-107 |
| **Efetividade das ATT (percentual)** | | | | |
| Passe de bola | 34,64 a 59,63% | 35,82 a 64,52% | 56,2 a 66,67% | 67,31 a 76,3% |
| Domínio de bola | 41,40 a 64,10% | 46,85 a 69,6% | 58,5 a 80,8% | 77,9 a 88,9% |
| Drible com bola | 55,14 a 63,36% | 53,1 a 66,24% | 62,3 a 74,8% | 71,1 a 76,5% |

*(continua)*

*(Tabela 7.1 – conclusão)*

| Indicadores | Etapas da preparação plurianual ||||
|---|---|---|---|---|
| | Etapa inicial | Básica preliminar | Básica especializada | Preparação para o alto rendimento |
| Desarme | 16,83 a 53,17% | 19 a 39,5% | 24,5 a 36,3% | 24,8 a 34,8% |
| Interceptação | 21,54 a 39,46% | 53,97% | 36 a 57,36% | 54,28 a 58,1% |
| Somatória de ATT | 55,77 a 57,55% | 51,64 a 61,98% | 58 a 65,64% | 65,75 a 70,4% |
| **Variabilidade das ATT** |||||
| Passe de bola | 2-3 | 4-6 | 6-8 | 6-8 |
| Domínio de bola | 2-3 | 2-3 | 3-4 | 4-5 |
| Drible com bola | 2-3 | 3-5 | 3-6 | 4-6 |
| Desarme | 1-2 | 2-3 | 3-4 | 3-4 |
| Interceptação | 1-2 | 2-3 | 3-4 | 3-4 |

Fonte: Fedotova, 2003, p. 202.

**Tabela 7.2** Modelo dos parâmetros parciais e integrais da atividade competitiva de nadadores de alta qualificação

| Parâmetros da atividade competitiva | Modelo geral (média entre os melhores do mundo) |
|---|---|
| Resultado em segundos | 47, 20 |
| Velocidade de start (15m), m · s$^{-1}$ | 2, 70 |
| Velocidade no primeiro trecho de 50 metros, m · s$^{-1}$ | 2, 15 |
| Velocidade no segundo trecho de 50 metros, m · s$^{-1}$ | 1, 93 |
| Velocidade na execução da virada (5+10m), m · s$^{-1}$ | 2, 19 |
| Velocidade no trecho final (5m), m · s$^{-1}$ | 1, 71 |
| Cadência, ciclos · min$^{-1}$ | 52, 06 |
| Comprimento da braçada, cm | 228 |

Fonte: Elaborada com base em Platonov, 2015.

Tabela 7.3 Correlação percentual das ações individuais parciais técnico-táticas da equipe campeã da Eurocopa 2008 de futebol

| Denominação da ATT (ações técnico-táticas) | Percentual em relação ao total |
|---|---|
| Passes curtos e médios | 54-56 |
| Passes longos | 4-5 |
| Condução | 11-13 |
| Drible | 6-7 |
| Desarme | 12-13 |
| Interceptação | 5-6 |
| Jogadas aéreas | 5-6 |
| Chutes a gol | 3-4 |

Fonte: Godik; Skhorodumova, 2010, p. 101.

## 7.4.2 Modelo das faces do preparo

O modelo das faces do preparo apresenta informações sobre diversos parâmetros parciais da atividade competitiva. Nesse contexto, tem destaque o nível de exigência de cada uma das capacidades físicas e de outros componentes do preparo que são necessários para a realização da atividade competitiva ideal.

Em geral, para a elaboração dos modelos do preparo, são utilizados testes pedagógicos que, de alguma forma, refletem parcialmente o nível de desenvolvimento das capacidades físicas que determinam o desempenho do atleta. Vale destacar que os testes devem ser específicos, por exemplo, os parâmetros de força e de potência dos membros inferiores têm alta correlação com o desempenho de corrida e velocidade, mas a força máxima identificada no exercício supino não tem grande relevância nesse caso. Por isso, na teoria do esporte, é possível identificar diversos trabalhos que caracterizam o "modelo dos campeões", em que um conjunto de testes é utilizado para cada modalidade esportiva, caracterizando, como o próprio nome diz, o modelo das faces do preparo.

Há diversos exemplos em diferentes modalidades esportivas que podem ser citados. Se analisarmos a atividade competitiva dos velocistas, entre os atletas que conseguem grandes resultados de nível internacional, algumas informações sobre diferentes parâmetros físicos e técnicos são relevantes. Nesse contexto, entre esses atletas, geralmente, o comprimento de passada varia entre 230 e 251 cm, o tempo de repulsão varia de 60 a 90 milissegundos, e a cadência, de 5,5 passos por segundo (Ratov et al., 2007). Para atingir tais parâmetros técnicos, é preciso que o atleta tenha certos parâmetros físicos que são necessários para a execução dos parâmetros técnicos parciais em tal nível. É bem comum, tanto na prática de treinamento com velocistas de alto rendimento quanto nas publicações referentes ao tema, encontrarmos informações sobre parâmetros físicos específicos, como o valor de força máxima e explosiva. A especificidade dos parâmetros é condicionada pela correlação dos testes (parâmetro) e do resultado esportivo. Por exemplo, a corrida de 100 metros rasos tem correlação alta com o resultado do deca-salto[4], porém outros testes também são utilizados para revelar o nível ideal de desenvolvimento das capacidades físicas. Velocistas de elite podem atingir resultados como 3,30 a 3,60 metros no salto horizontal, 32 a 36 metros no deca-salto, tempo abaixo de 4 segundos na corrida de 30 metros com *start*, 200 a 250 kg no agachamento, entre outros (Vovk, 2007). O cruzamento e a comparação desses dados podem servir como um mecanismo de orientação que ajuda o treinador a compreender os pontos fortes e fracos do atleta.

Outro exemplo de modelo das faces de preparo são os jogos desportivos. Nos jogos desportivos, o modelo da atividade competitiva é dado pela quantidade total, efetividade (percentual de acertos e erros) e densidade (quantidade de ações por minuto) das ações. No entanto, para manter-se a efetividade e a elevada

---

[4]   Teste que utiliza a medida (distância) de 10 saltos alternados seguidos.

densidade típica do esporte moderno, os atletas devem apresentar altos níveis de desenvolvimento das capacidades físicas. Uma forma de exemplificar a importância dos parâmetros físicos para realizar a atividade competitiva é a comparação entre jogadores profissionais e universitários, em que ambos os grupos correm de 10 a 12 km por jogo. Contudo, existe uma grande diferença nas ações em intensidade máxima que atinge 262 segundos (σ 28,3)[5] entre os profissionais e apenas 104 (σ 5,3) entre os universitários. Um jogador bem preparado fisicamente, para executar 500 a 1.000 ações técnico-táticas, necessita empreender entre 90 a 110 acelerações máximas em um jogo (Seluianov; Sarsania; Zaboronov, 2012; Dias et al., 2016). Por isso, há diversos trabalhos que utilizam de regressões matemáticas em testes específicos que refletem o desempenho no futebol – como o teste de RAST, saltos diversos, *shuttle run*, teste de Cooper, *Yoyo Test*, entre outros. Essas regressões permitem que sejam criadas tabelas comparativas com a classificação do desempenho (resultado no teste) do atleta.

Judocas de alto nível de qualificação na categoria peso-pesado são capazes de saltar horizontalmente acima de 260 cm, executar 85 apoios ("flexão de braços") ou mais antes da falha muscular, executar 10 rolamentos para frente em menos de 9,24 segundos, 10 arremessos de quadril em 18,09 segundos e 10 pontes com reversão em 20,24 segundos (Poleva; Zagrevski; Podverbnaya, 2012).

Os parâmetros citados nos parágrafos anteriores (em diversas modalidades) ajudam o treinador a entender qual é o nível de desenvolvimento de capacidades físicas do atleta. A partir da comparação, é possível descobrir as reservas de realização (o que e o quanto pode ser melhorado) dos indicadores planejados da atividade competitiva, determinar as direções fundamentais

---

[5] σ = desvio padrão.

de aperfeiçoamento do preparo e estabelecer o nível ótimo das diferentes faces do preparo, assim como a relação e a inter-relação entre eles com base nos diferentes indicadores estudados no modelo. Assim, o modelo das faces do preparo permite ao treinador avaliar os pontos fortes e fracos dos diferentes componentes do preparo do atleta e, fundamentando-se nisso, planejar e corrigir o processo de treinamento; selecionar os meios e métodos de treinamento; fazer prognósticos de parâmetros isolados das possibilidades de realização desse ou daquele resultado etc. Em outras palavras, esse modelo tem a função de determinar a orientação geral do aperfeiçoamento esportivo em conformidade com a significância de diferentes características das ações técnico-táticas e dos parâmetros do preparo funcional para o alcance de elevados indicadores em dada modalidade esportiva.

Tabela 7.3 Modelo das faces do preparo de jogadores de futebol

| Testes | Indicadores para avaliação | Nível modelado | | |
|---|---|---|---|---|
| | | Referência | Médio | Mínimo |
| **Rapidez** | | | | |
| Corrida de 10 m com saída alta (tempo em segundos) | Velocidade de saída | 1,60-1,64 | 1,65-1,70 | 1,71-1,73 |
| Corrida de 50 m com saída alta (tempo em segundos) | Velocidade na distância | 6,00-6,15 | 6,16-6,20 | 6,21-6,35 |
| Reação na plataforma de contato com sinal colorido (tempo em milissegundos) | Reação específica | 235-260 | 261-280 | 281-300 |

*(continua)*

*(Tabela 7.3 – conclusão)*

| Testes | Indicadores para avaliação | Nível modelado | | |
|---|---|---|---|---|
| | | Referência | Médio | Mínimo |
| **Força-velocidade** | | | | |
| Salto vertical máximo (altura em cm) | Nível do salto | 65-62 | 61-59 | 58-56 |
| **Resistência** | | | | |
| Corrida intermitente, 7 × 50 m (tempo em segundos) | Resistência especial | 56-58 | 59-60 | 61-62 |
| Corrida de 3.000 metros (tempo em minutos) | Resistência geral | 8 | 9 | 10 |

Fonte: Fedotova, 2003, p. 186.

## 7.4.3 Modelos morfofuncionais

Os modelos desse grupo envolvem indicadores que refletem as particularidades morfológicas e as possibilidades dos sistemas funcionais do organismo. Os modelos morfofuncionais podem ser divididos em: (a) modelos que contribuem para escolha da estratégia geral do processo de seleção esportiva, orientação esportiva e processo de preparação; e (b) modelos que orientam a realização de níveis concretos de perfeição de um ou outro componente do preparo funcional do atleta.

Por exemplo, as características morfológicas, como dados antropométricos e de composição corporal, somatótipo, compleição física etc. ajudam no processo de seleção esportiva. Por outro lado, os parâmetros sobre as possibilidades funcionais do organismo são as premissas para o rendimento físico. Em outras palavras, assim como foi citado no Capítulo 3, as particularidades morfológicas de um órgão caracterizam a função dele e, consequentemente, o desempenho físico do atleta. Por isso, a resistência especial do atleta de alto nível apresenta parâmetros típicos muito elevados, como valor de consumo máximo de oxigênio, limiar anaeróbio, débito cardíaco, entre outros.

A Tabela 7.4 indica os parâmetros (indicadores) do modelo morfofuncional de tenistas.

Tabela 7.4 Modelo generalizado do preparo funcional de tenistas

| Tempo de trabalho | Ventilação pulmonar, L/min. | Consumo máximo de oxigênio ($VO_{2max}$) | | | Limiar anaeróbio (L/ana) | | % L.ana do $VO_{2max}$ | Ventilação equivalente $VE/VO_2$ | Pulso de oxigênio | Lactato mmol/L |
|---|---|---|---|---|---|---|---|---|---|---|
| | | Absoluto, L/min. | Relativo ml/kg/min. | FC, BPM | $VO_2$, L/min | FC, BPM | | | | |
| 14,0 | 132 | 3,965 | 65,5 | 191 | 2,883 | 175 | 72,8 | 33,3 | 20,7 | 10,9 |

Fonte: Godik; Skorodumova, 2010, p. 221.

## 7.5 Aplicação da abordagem de modelo--alvo na construção de macrociclos

No processo de utilização da teoria da periodização na preparação de atletas de alta qualificação, mais de uma vez foi mostrado que a realização das posições básicas dessa teoria deve trazer um caráter criativo; prever a possibilidade de participação do atleta em uma quantidade significativa de competições; considerar a especificidade da modalidade esportiva, as particularidades individuais do atleta e as condições climáticas e materiais para preparação e competições. Nesse contexto, o problema consiste em criar minuciosamente tecnologias concretas que permitam garantir a formação de programas de preparação, considerando tanto as condições teóricas fundamentais quanto as exigências específicas deste ou daquele esporte.

Para resolver o problema dos atletas, a teoria do esporte deve considerar a experiência e o conhecimento que a ciência acumulou ao longo de muitos anos de pesquisa. Assim, a teoria da periodização do treinamento desportivo é uma área de conhecimento que se desenvolve dinamicamente e de maneira contínua, que se amplia, atualiza-se e torna-se mais precisa à medida que surgem novos fatos, ideias construtivas e hipóteses (Sakharova, 2004; 2005a).

Na atualidade, a atividade de projeção é um dos tópicos mais promissores da teoria do esporte. O projeto de macrociclo é, particularmente, uma área multifacetada, um fator sistematizador que permite que sejam integrados os conhecimentos e as tecnologias de diferentes atividades e áreas e, em ótima combinação, utilizados para a criação de um sistema de preparação de atletas ou equipes em um novo nível qualitativo. Nesse caso, essa ideia apresenta-se como uma tecnologia de aplicação de inovação esportivo-pedagógica que permite que sejam criados e elaborados sistemas de preparação desde o nível *micro* até o nível *mega* com base em um complexo integrativo de novos dados científicos e sistemas informativos modernos. A projeção de macrociclos desenrola-se na base da evolução natural de todas as capacidades e possibilidades de elaboração de sistemas de treinamento e competitivos (planejamento, programação etc.) e, junto a determinadas condições, pode tornar-se a via predominante para a elaboração de aplicação na prática de novos sistemas de controle, gestão e coordenação da preparação de atletas (Sakharova, 2004; 2005a).

A abordagem de modelo-alvo, quando aplicada à construção dos macrociclos de preparação esportiva, relaciona-se, em primeiro lugar, com o caso de atletas que querem atingir um novo nível de preparo e, consequentemente, de resultado esportivo antes ainda não apresentado; em segundo, com atletas que desejam atingir esses resultados (em um novo nível) em conformidade com o período de realização das competições de maior prestígio. De forma geral, essa abordagem não é útil quando se trata de esporte profissional comercial, mas quando se trata da prática esportiva voltada para o desempenho máximo do atleta ou da equipe.

## 7.5.1 Operações de modelagem da abordagem de modelo-alvo

Matveev (2010) explica que a construção da preparação nos macrociclos de treinamento deve ter base na "abordagem de modelo-alvo". Tal abordagem, em sua execução, é caracterizada por um sistema único de operações teóricas (lógicas, conceituais), de projeção (construção calculada de projetos) e práticas (prático--tecnológicas) de modelagem dos processos que se desenrolam dentro dos grandes ciclos (macrociclos) da atividade competitiva e preparatória dos atletas. Junto a isso, essa abordagem está ligada ao rígido estabelecimento de metas e objetivos e com a respectiva realização sequencial. O conjunto das operações (teóricas, de projeção e práticas) é o que faz essa abordagem ser denominada *abordagem de modelo-alvo*.

O **aspecto teórico** (lógico-conceitual) da modelagem é embasado na concepção de estrutura dos macrociclos. Atualmente, tal concepção já foi criada e bem fundamentada (ver Seções 7.1.1 a 7.1.3), apesar da discussão interminável relativa à sua interpretação (principalmente por parte de especialistas ocidentais, como discutido na Seção 6.1.3). Como evidenciado anteriormente, todas as posições teóricas que revelam as leis que regem o processo de treinamento são refletidas nos princípios da preparação do atleta (Capítulo 2), sendo estas entendidas como determinantes nesse aspecto. Nesse contexto, têm papel importante os dados científicos e práticos sobre as leis naturais relacionadas: (a) com o processo de influências competitivas e de treinamento sobre o atleta; (b) com o processo de alterações qualitativas e quantitativas das possibilidades de realização do atleta no decorrer do macrociclo esportivo. Quando os princípios e as posições teóricas gerais são aplicados em cada caso isolado, a construção da preparação esportiva concretiza-se com a consideração de muitas circunstâncias variáveis, condicionadas, em particular, pelo nível de preparo inicial do atleta; pelos resultados esportivos apresentados e aqueles estabelecidos para o futuro; pelas particularidades individuais do desenvolvimento do atleta; pelas especificidades de estilo de vida do atleta etc. Isso não é, nem de longe, uma tarefa simples para o treinador e os auxiliares que compõem a equipe.

A **projeção** concreta do macrociclo esportivo com a utilização da abordagem de modelo-alvo envolve um complexo de operações; em particular, as seguintes:

- modelagem dos parâmetros futuros fundamentais (alvo) da atividade competitiva em dado macrociclo (resultado técnico-esportivo e suas características parciais);
- modelagem das mudanças no nível de preparo do atleta que são necessárias para que sejam atingidos os resultados subentendidos como "alvo" para a realização do objetivo, ou seja, aquele resultado para o alcance do objetivo traçado do macrociclo;
- sistematização do conteúdo de exercícios preparatórios pelo critério de similaridade e diversidade com os parâmetros criados no modelo-alvo de atividade competitiva;
- modelagem da dinâmica do processo de preparação e da atividade competitiva em escala real de tempo nos períodos e etapas do macrociclo, considerando as leis que regem o estabelecimento e a gestão da forma desportiva conforme os prazos das competições principais.

O conjunto dessas operações, se executado corretamente, permite que seja criado um modelo complexo de macrociclo (projeto otimizado), o qual é delineado de forma mais realística conforme as tendências fundamentais do esporte atual do que de acordo com as formas tradicionais de planejamento da preparação esportiva. É claro que essas operações só são justificadas quando consideram os dados científicos e práticos que refletem naturalmente diversos fatos a respeito das possibilidades de realização de um atleta.

Por fim, o **aspecto prático** da modelagem é expresso pela materialização da execução do projeto, criado e fundamentado com ajuda de operações cognitivo-intelectuais. Aqui tem destaque a execução sequencial dos exercícios preparatórios, que, no início, são fragmentados e, posteriormente, reproduzidos integralmente do ponto de vista dos parâmetros do modelo calculado da **atividade competitiva alvo**. Além disso, vale a pena destacar que, pelo fato de a preparação esportiva ser construída considerando uma nova realização, ou seja, um novo nível de preparo (que o atleta nunca atingiu), surgem discrepâncias entre os parâmetros da atividade competitiva projetados e os que se desenrolam na realidade. Com o controle complexo do processo de treinamento, é possível fazer as devidas correções no projeto original, com relação tanto à estrutura quanto à metodologia.

### 7.5.2 Operações construtivas para a criação de projetos de macrociclo

Antes de analisarmos as operações construtivas, novamente enfatizamos que as operações de aspecto teórico da abordagem de modelo-alvo não serão discutidas nesta seção, porque se trata, basicamente, do que já foi amplamente discutido e apresentado nas Seções 7.3.1 a 7.3.3. Assim, discutiremos diretamente as operações construtivas relacionadas com a projeção do macrociclo.

As operações construtivas para a criação de projetos podem ser consideradas como o conjunto principal de operações da abordagem de modelo-alvo. Isso se deve ao fato de que somente com base na modelagem é possível que sejam entendidas as reais necessidades do processo de treinamento de um atleta ou de uma equipe em concreto e a natureza do desenvolvimento do processo de treinamento nas possibilidades de rendimento do atleta. Tendo isso em mente, a seguir, discutiremos cada umas dessas operações.

As operações da projeção são:

- modelagem da atividade competitiva alvo;
- modelagem dos parâmetros parciais da atividade competitiva alvo;
- modelagem das mudanças no preparo do atleta para as realizações no macrociclo;
- sistematização do conteúdo básico dos meios de preparação em relação ao modelo da atividade competitiva alvo;
- modelagem da dinâmica do processo de preparação pelos períodos do macrociclo esportivo no aspecto.

A **modelagem da atividade competitiva alvo** pode ser entendida como a atividade planejada do atleta para as principais competições no macrociclo futuro. Aqui são estudados os principais componentes técnicos da atividade competitiva e, nesse contexto, são destacados os parâmetros externos comportamentais. Em outras palavras, é preciso ficar claro que, para atingir determinado resultado desportivo (aquele que o atleta almeja para o futuro), existe a necessidade de aperfeiçoar até certo nível cada um dos componentes da atividade competitiva.

Compreender o modelo da atividade competitiva da modalidade esportiva, principalmente quando esse é o modelo característico dos campeões (ou dos melhores do mundo), ajuda o treinador a entender o que ele deve buscar e aperfeiçoar no processo de treinamento. Seguindo esse raciocínio, a partir do momento em que se conhecem os parâmetros tidos como "alvo" para atividade competitiva, o treinador pode seguir os seguintes passos:

- fazer um prognóstico calculado do resultado esportivo a ser atingido;
- prever o grau de crescimento dos resultados do atleta, considerando a etapa da carreira esportiva e a carga de treinamento aplicada.

Os dois passos citados só são possíveis quando o treinador se baseia em dados científicos e práticos a respeito da natureza da dinâmica dos resultados esportivos ao longo dos anos (plurianual) e da dinâmica individual do atleta em relação às cargas de treinamento. Considerando isso, é importante enfatizar que, para uma previsão realística do resultado-alvo no macrociclo futuro, incide uma condição essencial: que seja realizada uma análise comparativa da dinâmica entre os resultados do atleta nos últimos anos e a dinâmica da influência das cargas de treinamento – no mínimo pelos parâmetros anuais de cargas especializadas – nesse tempo. Somente por meio da análise desse material (dados concretos do atleta), torna-se possível fazer uma varredura das relações legítimas entre os fatores (fundamentais) causadores da alteração das possibilidades de rendimento do atleta e a tendência geral de desenvolvimento desse atleta diante das condições que criam tais alterações, principalmente as cargas de treinamento e competição.

Esse tipo de prognóstico é mais fácil e preciso em modalidades em que o critério de avaliação do resultado desportivo é dado por critérios mais objetivos – tempo, distância, velocidade, peso etc. Lembramos que, aqui, não se trata de critérios de determinação do resultado, mas da avaliação dele. Por exemplo, um atleta velocista capaz de correr 100 metros em 9,75 segundos pode vencer uma competição com um tempo de 9,98 segundos. Nesse caso, apesar da vitória, para ele, esse não é considerado um grande resultado. Seguindo o mesmo raciocínio, um atleta que faz arremesso de peso na competição Troféu Brasil e atinge a marca de 20,5 metros pode ser considerado um atleta que está no mesmo nível de outro que atingiu a mesma marca em uma competição europeia. Paralelamente, existem esportes em que a avaliação do resultado (desempenho) não é objetiva. Por exemplo, se uma equipe de basquetebol como a do Clube de Regatas do Flamengo vence um jogo do campeonato nacional com um placar de 100 a 70 e o mesmo resultado é conquistado por uma equipe americana em um jogo da NBA, não quer dizer que as equipes tenham o mesmo rendimento.

No caso de modalidades como os jogos desportivos e as lutas, o prognóstico do resultado torna-se um pouco mais complexo, visto que a variedade de fatores que influenciam no desempenho é enorme. Vale destacar que, hoje em dia, nesses esportes, vem crescendo o potencial de prognóstico com base na análise de dados quantitativos e qualitativos da atividade competitiva. Por exemplo, os jogos das diferentes ligas de futebol e, até mesmo, da Copa do Mundo têm resultados parecidos, geralmente terminam em 1 a 0, 2 a 1, 3 a 1. Porém, quando analisamos parâmetros como a quantidade de ações técnico-táticas, a efetividade e a densidade dessas ações, as estruturas e os sistemas táticos e os modelos de jogo com determinadas filosofias, fica claro o nível real de desempenho das equipes. Somente tais dados servem como comparação.

Para concluir a respeito da primeira operação (modelagem da atividade competitiva alvo), é necessário que, junto ao cálculo do crescimento possível do resultado no macrociclo futuro, seja planejada a trajetória da transição do resultado inicial (o qual o atleta apresenta no início do macrociclo) no resultado-alvo (o qual o atleta deve atingir no macrociclo a seguir). Na execução desse procedimento, os orientadores integrais podem servir, antes de tudo, como corte transverso, ou seja, dados sobre os parâmetros das fases de desenvolvimento da "forma desportiva" – como eles se manifestam na dinâmica dos resultados esportivos.

A segunda operação da projeção é a **modelagem dos parâmetros parciais da atividade competitiva alvo**. Os parâmetros analisados na primeira operação podem ser entendidos como um orientador integral, ou seja, é o que o atleta apresenta de fato na atividade competitiva. Contudo, junto ao orientador integral, existem parâmetros parciais que são mecanismos indiretos garantidores da execução de cada um dos componentes da atividade competitiva integral. Esses parâmetros parciais podem ser entendidos como os modelos das faces do preparo (Seção 7.4.2) e os modelos morfofuncionais (Seção 7.4.3), ou seja, os parâmetros parciais biofísicos.

Atualmente, a literatura científica do esporte está repleta de dados sobre os parâmetros biofísicos parciais da atividade competitiva de praticamente todas as modalidades esportivas. Esse material reflete as premissas necessárias para realizar determinado parâmetro comportamental. Por exemplo, se um corredor de 800 metros no atletismo ou um nadador de 200 metros estilo livre busca atingir um resultado esportivo na marca de 1 minuto e 45 segundos, ele deverá superar a primeira metade da prova em menos de 55 segundos. Obviamente que, para realizar essa tarefa, não basta simplesmente que ele tenha o resultado em mente, será necessário determinado nível de força (demonstrado em testes específicos), certa densidade mitocondrial (revelada em testes de limiar anaeróbio em ergômetros específicos), nível de flexibilidade, parâmetros cardiovasculares elevados, determinada compleição física que facilite a economia do movimento etc. Por isso, esses parâmetros ajudam o treinador a compreender o porquê de o atleta não conseguir executar certo componente planejado da atividade competitiva.

Os parâmetros analisados na segunda operação são importantes e servem de apoio na modelagem real. Na maioria dos esportes, esses indicadores são revelados por meio de testes específicos para identificar os níveis de força, a velocidade e outros critérios físicos e métricos, assim como a correlação entre parâmetros ergométricos, bioquímicos e funcionais. A especificidade dos testes aqui é fundamental e condicionada pelas particularidades da modalidade esportiva. Contar com os dados sobre esses parâmetros no início do macrociclo, cruzando-os (correlacionando) com cada um dos componentes da atividade competitiva, pode ser fator decisivo entre a melhora do desempenho do atleta e a perda de tempo. Por exemplo, comparações entre testes de força máxima, salto com e sem contramovimento e salto reativo (*drop jump*) podem revelar a direção determinante de treinamento na melhora do salto vertical.

Apesar do crescimento exponencial dos estudos e da modelagem de parâmetros biofísicos da atividade competitiva na última década, devemos salientar que, por mais que existam modelos concretos na teoria, é importante que o treinador dê atenção a modelos individuais, visto que atletas do mesmo nível podem apresentar diferentes parâmetros (pontos fortes e fracos), que são caracterizados por questões principalmente genéticas. Nesse contexto, às vezes, o mesmo resultado esportivo é dado por diferentes combinações de indicadores internos.

A terceira operação de projeção é a **modelagem das mudanças no preparo do atleta para as realizações no macrociclo**. Aqui, consideram-se as operações anteriores, ou seja, a modelagem dos parâmetros externos e internos da atividade competitiva alvo permitem a comparação com os mesmos parâmetros apresentados pelo atleta no início do macrociclo. Com isso, torna-se possível para o treinador prever e determinar a amplitude das alterações biofísicas para atingir o resultado-alvo, detalhar o conteúdo do treinamento no macrociclo e, em dada medida, compreender como estruturar esse macrociclo.

Assim, a ideia geral a respeito das leis que regem a dinâmica dos resultados ao longo do macrociclo e da participação das competições relaciona-se com o conceito de forma desportiva.

A análise de uma grande quantidade de dados sobre a dinâmica individual de resultados esportivos identifica parâmetros das fases de estabelecimento, manutenção e perda temporária da forma desportiva. Esta, por sua vez, varia conforme as diferentes circunstâncias (estágio de preparação do atleta, particularidades do esporte e do sistema de competições etc.).

É muito importante lembrar que o nível de crescimento dos resultados esportivos em dado macrociclo depende de maneira determinante da duração da fase de estabelecimento da forma desportiva. Por isso, no macrociclo, é necessário que seja estabelecida certa duração do período preparatório. Quando se diminui o período preparatório e tenta-se forçar o estabelecimento da forma desportiva por meio da preparação especializada, o atleta atinge o nível de *quase forma desportiva*. Esse nível até permite que o atleta demonstre elevados níveis de preparo, mas não permite resultados superiores em relação ao macrociclo anterior.

A modelagem é mais promissora nessa operação, quando existe o entendimento aprofundado das relações legítimas da dependência e da correlação entre as diferentes faces do preparo em suas manifestações e em seu desenvolvimento. Apesar de existir uma posição científica geral sobre a unidade integral das faces do preparo (unidade da preparação geral e especial), na literatura, ainda se encontram controvérsias entre especialistas que defendem de forma rígida o *princípio da especificidade*. Geralmente, esses especialistas subestimam o papel da preparação geral do atleta no processo de treinamento para atingir níveis de preparo e de resultados superiores. No entanto, assim como foi demonstrado no Capítulo 3, as publicações mais recentes, principalmente nas áreas da biologia molecular, mostram que os mecanismos biológico-adaptativos de desenvolvimento das propriedades morfológicas e funcionais do organismo têm uma tendência universal e não tão específica como alguns acreditam.

Todos esses fatores demonstram que, na projeção e na construção prática da preparação do atleta, é necessário prever a inter-relação, a interdependência e a correlação das diferentes faces do preparo em sua dinâmica e possibilitar não só a preparação estreitamente especializada, mas também a geral.

A quarta operação de projeção é a **sistematização do conteúdo básico dos meios de preparação em relação ao modelo da atividade competitiva alvo**. Se as operações anteriores da projeção estiverem corretas – ou seja, se forem modelados os parâmetros integrais e parciais da atividade competitiva necessária para atingir o resultado técnico esportivo alvo e também as mudanças progressivas necessárias do preparo do atleta –, elas podem servir como um importante orientador para o estabelecimento do conteúdo dos exercícios preparatórios selecionados como meios de preparação esportiva para o macrociclo seguinte. Tendo em mente esse orientador (resultados das outras operações) e comparando sequencialmente os parâmetros de cada um dos exercícios preparatórios selecionados com os parâmetros planejados no modelo da atividade competitiva alvo (pelos critérios de similaridade e diferença), é possível que o treinador determine precisamente quais funções preparatórias especificamente serão propriedade de cada um dos diferentes exercícios utilizados.

Com o entendimento dos parâmetros integrais externos da atividade competitiva, é viável que o treinador faça uma análise comparativa com diversos exercícios. Nessa comparação, são analisados os parâmetros coordenativos (forma do movimento) e a manifestação das capacidades físicas. Por exemplo, corredores velocistas, ao utilizarem exercícios de tração diversos (faixas elásticas, trenós, paraquedas), podem imitar o movimento da corrida e o tipo de explosão muscular (reativo-balística). Dessa forma, o exercício pode modelar os parâmetros da atividade competitiva (meio de preparação especial). Entretanto, se o mesmo exercício é utilizado com uma resistência muito rígida, a técnica do movimento pode ser alterada, o tempo de apoio cresce muito e a fadiga muscular também, alterando diversos parâmetros biomecânicos e funcionais. Logo, o exercício que poderia ser considerado como preparação especial deixa de exercer o efeito previsto. Por isso, é necessário que sejam determinados quais exercícios podem ter parâmetros mais aproximados com aqueles estabelecidos no modelo-alvo da atividade competitiva e, com base nisso, utilizá-los como meio de preparação especial.

Além do estabelecimento dos exercícios de preparação especial, usando essa operação de modelagem, é possível e necessário que o treinador determine quais exercícios preparatórios não têm indicadores similares com a atividade competitiva, mas podem, em outro contexto, contribuir para a preparação que visa a uma nova realização. Nesse caso, alude-se aos exercícios preparatórios gerais e semiespeciais. Quando se modelam os parâmetros parciais internos e externos, é possível que sejam identificadas determinadas premissas para a melhora de dado parâmetro integral. Por exemplo, se o velocista tem nível de força explosiva muito elevado (identificado pela relação entre força máxima e explosiva – parâmetros parciais) e o treinador percebe que, para melhorar a força explosiva, será necessário primeiro aumentar a força máxima, os exercícios gerais, como o agachamento com método direcionado para hipertrofia de fibras rápidas e lentas, podem ser fundamentais! No momento em que esse exercício é utilizado, o desempenho do atleta não melhora, tendo em vista que muitas particularidades e características do movimento são ignoradas. Contudo, após a aplicação dos meios de preparação geral, determinadas premissas são criadas (nesse caso, a hipertrofia). Assim, quando o atleta chega à etapa de preparação especial e começa a utilizar os meios especiais, o efeito da preparação geral manifesta-se, contribuindo muito para o desempenho. Paralelamente, se no início do macrociclo a força explosiva não estiver bem desenvolvida (força máxima elevada e força explosiva abaixo do esperado), treinar a hipertrofia não é inútil, mas pode representar uma perda de tempo irrecuperável para dado macrociclo.

É claro que tal comparação analítica dos exercícios competitivos com o modelo-alvo da atividade competitiva necessita ser feita com base em informações fidedignas e autênticas dos indicadores técnicos (em particular, os parâmetros cinemáticos, dinâmicos e rítmicos), assim como dos indicadores qualitativos da atividade funcional na execução das ações (inclusive pelo grau de mobilização das capacidades físicas do atleta e da manifestação da atividade dos sistemas funcionais do organismo). Prestando atenção nisso, é possível ao treinador imaginar o grau de semelhança ou de diferença dos parâmetros daqueles exercícios, que serão utilizados na preparação futura em relação aos parâmetros do modelo da atividade competitiva, e classificar de forma fundamentada dados exercícios que se distribuem pelos grupos e subgrupos típicos, conforme podemos observar no Quadro 7.1, a seguir.

Quadro 7.1 Esquema da classificação dos grupos de exercícios pelos indicadores de semelhança e diferença com a atividade competitiva alvo

| | Semelhança (+) ou diferença (−) | |
|---|---|---|
| | Pela forma da ação | Pelas particularidades qualitativas de funcionamento |
| **1. Exercícios preparatórios especiais** | | |
| 1.1 Exercícios que modelam integralmente a atividade competitiva. | + + | + + |
| 1.2. Exercícios que reproduzem o conteúdo da atividade competitiva de forma fragmentada ou com pequenas mudanças justificadas. | + | + |

*(continua)*

*(Quadro 7.1 – conclusão)*

| | Semelhança (+) ou diferença (−) | |
|---|---|---|
| | Pela forma da ação | Pelas particularidades qualitativas de funcionamento |
| **2. Exercícios preparatórios semiespeciais** | | |
| 2.1. Exercícios que exigem as qualidades funcionais que se manifestam na atividade competitiva, mas na forma se diferenciam parcialmente em relação aos componentes. | + − | + |
| 2.2. Exercícios similares às ações competitivas em relação à forma, mas que apresentam outras particularidades qualitativas. | + | − |
| **3. Exercícios preparatórios gerais** | | |
| 3.1. Exercícios preparatórios gerais que se aproximam dos exercícios especiais parcialmente. | + − − <br> Parcialmente | − − + <br> Parcialmente |
| 3.2. Exercícios que se contrastam com os exercícios especiais. | − | − |

Fonte: Matveev, 2010, p. 192.

Como podemos observar no quadro, no primeiro grupo estão os exercícios com grau de semelhança elevado em relação aos elementos da atividade competitiva futura, tanto pela forma (parâmetros coordenativo-técnicos) da ação quanto pelas particularidades qualitativas de funcionamento na execução de dadas ações (manifestação das capacidades físicas). Somente por meio de exercícios desse grupo é possível materializar a expressão *modelo-alvo da atividade competitiva*. Por isso, apenas no decorrer do macrociclo futuro, em que acontece a realização prática do modelo planejado de atividade competitiva, são determinados os exercícios de preparação especial propriamente ditos. Eles se dividem, objetivamente, em dois subgrupos: (1) exercícios integrais, que se reproduzem de forma muito aproximada aos parâmetros modelados da atividade competitiva alvo (exercícios modelados integralmente); (2) exercícios que criam os parâmetros fragmentados (exercícios modelados em fragmentos). Os últimos são mais aplicados em grande parte do macrociclo, quando o atleta ainda não está pronto para executar por completo todos os parâmetros planejados no modelo projetado da atividade competitiva calculada para o novo resultado desportivo.

O grupo seguinte de exercícios preparatórios podem ser denominados *exercícios semiespeciais*. Esse grupo também se divide em dois subgrupos. Um deles envolve exercícios que se diferenciam pela forma em relação às ações competitivas, mas garantem uma influência seletiva e elevada nas capacidades físicas e nas propriedades morfofuncionais do atleta, sendo essenciais para a progressão na direção da atividade competitiva alvo – por exemplo, exercícios de força direcionados seletivamente que se diferenciam em relação à forma das ações competitivas. O outro subgrupo, ao contrário, envolve exercícios análogos por algumas características da técnica integral, como (por exemplo, parâmetros cinemáticos) das ações competitivas, mas se diferenciam deles pelas particularidades do regime de funcionamento – por exemplo, exercícios análogos pela forma de execução, mas com intensidade superior ou inferior em relação à atividade competitiva alvo. Em geral, o segundo subgrupo de exercícios preparatórios exerce, na prática moderna do esporte, papel essencial, principalmente na primeira parte do período preparatório.

O terceiro grupo envolve exercícios que têm parâmetros que se diferenciam mais dos parâmetros da atividade competitiva alvo, assim como dos exercícios do primeiro e segundo grupo. Tradicionalmente, os exercícios do terceiro grupo relacionam-se com os meios de preparação geral do atleta. O primeiro subgrupo dos meios de preparação geral busca aproximar suas influências (ação sobre o organismo) com as particularidades das exigências da atividade competitiva futura do atleta, pelo menos em algumas relações –por exemplo, a aplicação de um complexo de exercícios de preparação geral do tipo ginásticos em forma de circuito, em que a carga sumária ativa funções dos sistemas cardiovascular e respiratório até o nível exigido na atividade competitiva de um lutador. Ao contrário, o segundo subgrupo tem uma relação de contraste com a especialização estreita. A designação multifacetada desse subgrupo contribui para o desenvolvimento ou a manutenção de algumas capacidades vitais do atleta, as quais pouco dizem respeito à especialização esportiva; enriquece o fundo individual de habilidades motoras do atleta; utiliza o efeito de transferência positiva da ação multifacetada do treinamento; favorece os processos recuperativos em forma de descanso ativo após cargas especializadas agudas; e contrapõe-se à monotonia de cargas estreitamente especializadas.

A quinta e última operação da projeção do macrociclo é a **modelagem da dinâmica do processo de preparação pelos períodos do macrociclo esportivo** no aspecto da abordagem de modelo-alvo. Essa operação é a projeção da ordem do desenrolar do processo de preparação do atleta no macrociclo seguinte. Em essência, trata-se da integração dos resultados das outras operações da abordagem de modelo-alvo em um sistema único de determinação concreta do objetivo e do conteúdo dos meios de preparação, modelando exatamente as tendências fundamentais da dinâmica do macrociclo por períodos e etapas em conformidade com as leis objetivas e as condições concretas de sua construção.

Podemos afirmar que as premissas conceituais e tecnológicas para a execução construtiva de tais operações já foram criadas. Elas foram elaboradas graças aos trabalhos científicos da construção sistêmica do treinamento desportivo e do sistema de competições esportivas. Obviamente que, com o tempo, elas se modernizaram, aprofundaram e se complementaram sob a influência de novos fatos (como foi citado nas Seções 7.1 a 7.3).

Até mesmo com a sistematização dos meios de preparação do atleta e a respectiva divisão em grupos e subgrupos típicos de acordo com os indicadores da atividade competitiva e da modelagem das mudanças do nível de preparo, ainda não estará resolvido o problema da projeção. Às vezes, surgem problemas mesmo diante do estabelecimento da ordem de utilização dos meios de preparação em conformidade com a sequência de períodos e etapas do macrociclo esportivo. A resolução desses problemas depende muito do conceito realístico sobre as leis que regem a periodização no macrociclo esportivo. Por isso, é necessária a projeção dos parâmetros temporais do período de preparação fundamental para a atividade competitiva alvo e de outros períodos do macrociclo.

O ciclo anual, semestral ou de outra duração é composto de três períodos, denominados *preparatório*, *competitivo* e *transitório*. A depender das condições concretas da prática esportiva, podem ser justificadas diferentes variações de estrutura de tal macrociclo, incluindo variantes de correlação da duração dos períodos. Naturalmente, em cada caso concreto de projeção desses períodos, é importante que seja escolhida a variante que se adequa melhor à condição, principalmente considerando quais tarefas da preparação do atleta, identificadas nas operações anteriores, devem ser resolvidas e a dinâmica natural individual do próprio atleta. Muitas vezes, as respostas relativas às cargas de treinamento de determinado atleta são diferentes daquelas observadas na média.

O primeiro período, **preparatório** (do ponto de vista da abordagem de modelo-alvo é mais corretamente chamado de *período de preparação fundamental*, tendo em vista que a preparação do atleta não se limita somente ao primeiro período), não deve ter duração fixa para todos os casos. A duração planejada desse período é mais adequada quando o treinador se orienta, primeiramente, nos dados estatísticos sobre as variações de tempo necessárias para o estabelecimento da forma desportiva. Com base nesses dados gerais, o treinador deverá dar atenção ainda às circunstâncias que são capazes de influenciar no prazo. Por exemplo, é necessário considerar o tempo que de fato foi necessário para atingir a forma desportiva nos macrociclos anteriores para aquele atleta. Além disso, muitas vezes, de um macrociclo para o outro, as tarefas preferenciais da preparação (identificadas na modelagem) podem mudar, com isso, o tempo necessário para as mudanças qualitativas também muda.

Sem a consideração e a análise minuciosa de tudo que já foi visto neste livro, não é possível que seja planejada de forma correta a duração do período preparatório. Se a duração do período preparatório é minimizada além dos limites, cresce bruscamente a chance de distorção do conteúdo e do efeito da preparação esportiva. O grau do crescimento possível do nível de preparo do atleta, e a estabilidade da forma desportiva adquirida é proporcional em determinados limites da duração do período de preparação fundamental. Por isso, diminuir a duração do período significa limitar as possibilidades de realização e de desenvolvimento das capacidades de rendimento do atleta. Por outro lado, aumentar o tempo de forma ilimitada nesse período é contraditório à lógica objetiva das reais condições da construção do macrociclo esportivo.

As pesquisas e a prática esportiva demonstram uma série fatos que corroboram com a ideia de que, se o atleta quiser se apresentar em um novo nível (acima do apresentado no macrociclo anterior), o período preparatório não pode ser muito curto. Por exemplo, o crescimento do consumo máximo de oxigênio no decorrer do macrociclo acontece em 10 a 12 semanas de treinamento rígido e, nesse tempo, ocorrem mudanças nos parâmetros do sistema cardiovascular, como o aumento do volume sistólico do coração e do débito cardíaco, o aumento da rede de capilares nos músculos, entre outros fatores. Por outro lado, a força máxima pode crescer ininterruptamente e sem atingir um efeito platô por 8 semanas, e a força explosiva, por até 4 meses. A densidade mitocondrial cresce e satura o músculo de mitocôndrias em um prazo de 15 a 30 dias.

A partir da posição da abordagem de modelo-alvo, é essencial que, na primeira etapa, sejam criadas premissas dos parâmetros projetados do modelo-alvo da atividade competitiva, já na segunda etapa, a execução prática integral dos parâmetros alvo torna-se a tendência dominante no desenrolar da preparação. O limite de tempo entre essas etapas não é sempre igual, mas deve variar de acordo com o quanto podem ser criadas plenamente as premissas para a construção integral da atividade competitiva no novo nível do resultado desportivo (alvo), assim como conforme o intervalo do tempo que sobra para o treinamento do atleta até as competições. Naturalmente, se imediatamente após a segunda etapa do período preparatório acontecerem as principais competições, elas servirão como etapa de preparação direta para as competições principais. A duração dessa etapa pode ser de 4 a 6 semanas.

Após o período de preparação fundamental, há o período **competitivo**, em que o conteúdo é a atividade competitiva propriamente dita. A prática moderna de planejamento do calendário oficial de competições considera a realização de diferentes competições no decorrer de grande parte do ano. No entanto, isso não significa que o período competitivo ocupa todo o ano, pois não devemos confundir o calendário esportivo com a real periodização das estruturas do macrociclo esportivo. O ideal é que o treinador projete o macrociclo em conformidade com os conhecidos princípios que regem a construção racional da periodização, bem como que as competições no período preparatório sirvam justamente como meio de preparação do atleta para as principais competições. Por isso, segundo a abordagem de modelo-alvo, o ideal é denominar o segundo período não como *competitivo*, mas como *período das competições fundamentais*.

O período que encerra o macrociclo é o **transitório**. Esse é o período de menor variação em relação à duração, isso, é claro, se o atleta não estiver machucado ou em estado de sobretreinamento. Em condições ideais, esse período dura um mês, o que é suficiente para o descanso ativo e a manutenção do nível geral de preparo mais elevado do que no início do macrociclo anterior. No caso de 2 ou mais macrociclos ao longo do ciclo anual, entre eles não é planejado o período transitório para que não haja perda tempo na criação de um novo impulso no desenvolvimento do nível de preparo.

Na projeção da dinâmica das cargas (influências) de treinamento direcionadas no preparo do atleta para o resultado-alvo, é desejável planejar a dinâmica considerando não somente os exercícios preparatórios, mas também outros fatores da preparação, incluindo os meios externos ao treinamento e a otimização dos processos recuperativos. No entanto, modelar rigorosamente a dinâmica de todas as influências desse tipo é difícil.

Além do que já foi citado, é importante também que o treinador consiga definir os parâmetros sumários de carga de treinamento (volume) no macrociclo. É claro que, antes de resolver o problema da distribuição das cargas de treinamento por períodos e etapas do macrociclo, é preciso imaginar, de forma fundamentada, o quanto será alterado o volume de treinamento em dado macrociclo em relação com o macrociclo anterior. Para entender como isso pode ser feito, duas informações são importantes: a primeira é constituída dos dados sobre as tendências da dinâmica plurianual das cargas de treinamento; a segunda refere-se à análise comparativa da dinâmica individual de determinado atleta nos macrociclos anteriores, junto à dinâmica dos resultados e dos indicadores parciais do preparo esportivo do atleta.

No desenrolar do processo de treinamento no estágio de maestria esportiva na etapa de realização máxima das possibilidades de rendimento, o volume das cargas, aproximadas pela intensidade da atividade competitiva alvo, atinge significado individual máximo. Ao lado disso, o grau de crescimento do volume geral das cargas de treinamento nos macrociclos nesse estágio se estabiliza. Por exemplo, a quantidade anual de sessões e dias de treinamento e o gasto anual de tempo nas sessões de treinamento estabilizam-se, em geral, quando os dias de treinamento no ano ultrapassam a quantidade de 300, o número de sessões, de 600 a 650, e a quantidade de horas, de 1.200 a 1.400.

## 7.5.3 Operações práticas e gestão do processo de treinamento no macrociclo

Na seção anterior, foram demonstradas diversas operações de projeção da abordagem de modelo-alvo da atividade competitiva, mas a criação do projeto de macrociclo ainda não é o fim das operações dessa abordagem de construção do processo de treinamento. Após o encerramento da projeção modelada, inicia-se a realização desse projeto, ou seja, processo no qual acontece a realização prática e natural dos parâmetros que foram planejadamente modelados da atividade competitiva e a execução de exercícios correspondentes.

Nesse caso, a problemática localiza-se exatamente quando ocorrem divergências entre o projeto (modelo da atividade competitiva alvo) e os parâmetros que, de fato, desdobram-se. Entretanto, a chance de divergência, a princípio, é maior quando o resultado-alvo é muito elevado e o tempo necessário para atingir esse rendimento esportivo é muito grande. Por isso, até mesmo uma projeção inicial detalhada e minuciosa não pode ser apontada como absolutamente exata e correta. É necessário que sempre, sistematicamente, sejam comparados, durante a realização do projeto, aquilo que se coleta com aquilo que se planeja. Por isso, aqui vale a regra da gestão de qualquer processo – planejar, executar, controlar e corrigir.

Segundo Godik e Skhorodumova (2010), o controle do treinamento pode ser de tipo operacional (ou operativo), corrente e de etapas. O **controle operacional** envolve a execução de testes e a análise (avaliação) de diversos parâmetros que sofrem mudanças diárias com as cargas de treinamento. Por exemplo, a força explosiva pode piorar momentaneamente em razão da fadiga causada pelo treinamento nessa direção realizado no dia anterior. O **controle corrente** é capaz de, pela avaliação dos mesmos parâmetros e de outros, analisar o efeito cumulativo das cargas de treinamento ao término e ao início dos microciclos e mesociclos. Já o **controle de etapas** é aquele que identifica os efeitos reais do processo de treinamento nas etapas e nos períodos dos ciclos de treinamento.

Quanto ao direcionamento ou orientação do controle do treinamento, ele pode ser classificado como controle da atividade competitiva; controle da atividade de treinamento; controle do preparo. Assim, há a possibilidade de nove combinações diferentes de controle do processo de treinamento para ajudar na principal tarefa de gestão do processo de treinamento por meio da abordagem de modelo-alvo: a transição do objeto ou sistema de um estado para outro (Sakharova, 2004; 2005b).

Com relação ao controle, a primeira exigência quando se trata do aspecto prático da abordagem de modelo-alvo é a necessidade do controle de etapas considerando a possibilidade de comparação das baterias de teste anteriores em condições iguais (isso deve ao fato de que o atleta deve estar recuperado das cargas de treinamento para uma comparação válida e fidedigna). A segunda exigência é utilizar no controle não somente formas de diagnóstico estreitamente parciais (testes laboratoriais), mas também testes pedagógicos esportivos específicos que identificam integralmente as mudanças gerais e especiais do preparo do atleta. A informação coletada no caso da negligência dessas exigências "silenciam" as influências que são trazidas ao organismo pelas diferentes circunstâncias variáveis e, por isso, não podem servir como material qualitativo para análise comparativa da dinâmica do preparo do atleta.

Se, ao longo do período preparatório, o controle de etapas identificar no decorrer dos meses que o atleta não está respondendo ao treinamento na direção dos parâmetros modelados como alvo, esse pode ser o primeiro indício de que é necessário executar correções no projeto inicial. Em tal situação, são possíveis algumas decisões para a resolução do problema: estabilizar temporariamente a dinâmica das cargas; intensificar as influências de treinamento que levam ao desenvolvimento do atleta; e, até mesmo, remodelar todo o projeto caso as outras decisões não atinjam o resultado esperado.

Dessa forma, seguindo todas essas operações que são apontadas na abordagem de modelo-alvo (abordagem criada e fundamentada por Matveev), a chance de construção de um modelo de macrociclo que venha a atender de fato as exigências reais do processo de treinamento para que o atleta atinja níveis antes não alcançados cresce significativamente.

De forma resumida, a abordagem de modelo-alvo é caracterizada por todo o conjunto de operações citadas neste capítulo (tarefa extremamente complexa). Para os especialistas do leste europeu, essa é atualmente a forma mais promissora de construir a periodização do treinamento desportivo com excelência.

### 7.5.4 Operações do modelo-alvo pela ótica dos jogos desportivos

Além de Matveev, outros pesquisadores estudaram e confirmaram a eficiência da abordagem de modelo-alvo, por exemplo, M. V. Sakharova estudou e aplicou todo o conjunto de operações nos jogos desportivos com grandes êxitos. Inclusive, essa foi a abordagem utilizada na periodização da equipe feminina russa de handebol campeã nos Jogos Olímpicos do Rio de Janeiro em 2016.

Isso mostra que essa abordagem pode ser adaptada a casos específicos em outras modalidades esportivas. A seguir, veremos um resumo do conjunto de operações e sua sequência lógica segundo M. V. Sakharova.

Sakharova (2004) destaca diferentes etapas da atividade de criação de projetos como tecnologia pedagógica de construção de macrociclo de treinamento. A primeira etapa preliminar na atividade de projeção é o **diagnóstico pedagógico**. Nesse caso, subentende-se: determinação do nível inicial de preparo do objeto (atleta ou equipe); análise da atividade de treinamento e competitiva anterior (parâmetros parciais e gerais das cargas de treinamento e competição); identificação das insuficiências (defeitos) do atleta ou da equipe e as faces mais efetivas do preparo; análise das tendências de desenvolvimento da modalidade esportiva; análise do sistema de competições na próxima temporada.

Com base nos dados objetivos adquiridos na primeira etapa, ocorre o estabelecimento de **objetivos e metas**. Isso inclui a hierarquia de objetivos pelo nível de significância e a determinação dos objetivos operacionais, táticos e estratégicos. Depois são determinadas as **tarefas**, direcionadas à resolução dos objetivos estabelecidos – perspectivos, correntes e operacionais.

A etapa seguinte é orientada na elaboração de **projetos** teóricos de preparação e de modelos de preparo, de parâmetros e de tempo de crescimento exigidos dos diferentes componentes do preparo (corrente e de etapa) que realmente possam garantir a efetividade da atividade competitiva do atleta (ou equipe). A **realização prática** dos projetos no processo de preparação serve para a realização de resultados previamente planejados e permite que seja avaliada a efetividade do sistema elaborado e os respectivos componentes em separado. Na etapa final do ciclo tecnológico de projeção é feita a elaboração do **sistema de controle** e dos **critérios de avaliação** que viabilizem determinar o grau de realização dos objetivos estabelecidos, identificar as deficiências e indicar as reservas, assim como trazer as correções correspondentes.

Nesse contexto, a projeção como função integradora que determina não apenas a construção e o conteúdo do processo de preparação, mas todo o sistema de gestão desse processo, deve diferenciar-se pela efetividade objetivamente orientada. A efetividade da função vai confirmar-se pela realização do mais alto resultado para dadas condições junto às menores perdas. Como exemplo dos critérios que propiciam avaliar a efetividade do processo de preparação, podem ser utilizados: resultado desportivo; indicadores da maestria técnico-tática; dinâmica do nível de preparo e do estado do atleta. A correspondência desses indicadores integrais com o modelo característico reflete a efetividade tanto da tecnologia de projeção quanto de seu conteúdo (Sakharova, 2004).

A Figura 7.2 mostra um esquema resumido do todas as operações da projeção do macrociclo.

Figura 7.2 Esquema que representa a sequência lógica do conjunto de operações para projeção e execução racional de macrociclo

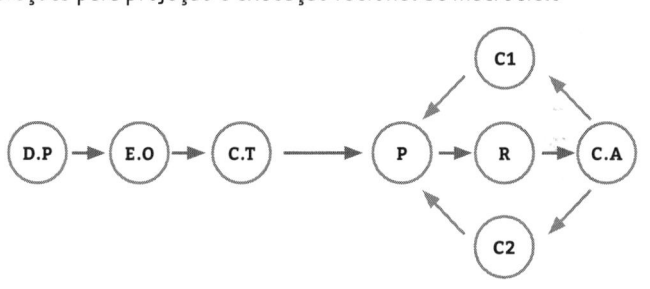

D.P → E.O → C.T → P → R → C.A
               C1 (entre P, R, C.A)
               C2 (entre P, R, C.A)

Legenda: D.P = Diagnostico pedagógico; E.O = Estabelecimento de objetivos e metas; C.T= Criação das tarefas; P = Criação do projeto; R = Realização (execução) do projeto; C.A = Controle e avaliação; C1 = Controle operacional e corrente; C2 = Controle de etapa.

Fonte: Sakharova, 2004, p. 38.

## ▌▌▌ *Síntese*

Ao longo dos anos, muitas mudanças foram feitas na concepção da periodização do treinamento desportivo, fatores como crescimento do número de competições, investimento e interesses comerciais sobre o esporte, significado político nas vitórias, entre outros, influenciaram muito essa teoria. Nesse contexto, destacam-se diversas abordagens, estratégias e modelos de periodização, como é o caso de abordagens características para o esporte profissional comercial – em que o volume de meios de preparação especial é predominante e o atleta participa em várias competições – ou abordagens mais voltadas para os grandes êxitos desportivos – em que a periodização envolve a participação em competições com diferentes objetivos, mas sem que sejam quebradas as leis que regem a periodização e na busca do estado de forma desportiva. Além disso, a teoria da periodização estendeu-se além dos ciclos anuais, abrangendo também a preparação plurianual.

Outro fator relevante para a teoria da periodização é o surgimento de tecnologias de construção de macrociclos de treinamento em diferentes etapas da carreira esportiva de um atleta. Nesse contexto, ganhou destaque a abordagem de modelo-alvo, que utiliza a projeção de macrociclos por meio de operações de modelagem dos mais diversos componentes do preparo e das estruturas conhecidas de treinamento.

Por fim, ao término deste capítulo, fica claro que a periodização do treinamento desportivo é uma concepção que apresenta os mais diversos conceitos e aparatos terminológicos, além de leis gerais que regem a formação da maestria esportiva, as quais são executadas e refletidas nos princípios da preparação do atleta. Nesse contexto, a teoria da periodização não se trata de um "modelo pronto" como alguns especialistas citam (modelo Matveev, modelo Verkhoshanski etc.), mas de uma teoria que tem todo um conjunto de conhecimentos que ajudam o treinador a elaborar, de forma racional, específica e individualizada, o processo de treinamento para atletas e equipes e, dessa forma, resolver problemas e tarefas para que sejam atingidos os objetivos de cada caso específico.

## Atividades de autoavaliação

1. A periodização do treinamento desportivo evoluiu muito dos 1990 até os dias atuais, mas, apesar da existência de abordagens alternativas, a teoria não perdeu sua essência em si. Sobre o tema, assinale a alternativa correta:
    a) A abordagem mais racional é aquela que preconiza o estabelecimento da forma desportiva em uma competição-alvo, excluindo a participação em outras competições menos importantes que podem atrapalhar o processo de treinamento.
    b) A abordagem mais racional da periodização é direcionar a preparação para o estabelecimento da forma desportiva nas competições principais, mas também participar de muitas competições, utilizando-as com diferentes objetivos de preparação.
    c) A abordagem mais racional e que atende à demanda do esporte moderno é aumentar o volume de preparação especial ao máximo, participando em alto nível de todas as competições.
    d) A abordagem mais racional é aquela que prevê o maior número possível de macrociclos dentro do ciclo anual. Essa dinâmica aumenta em muito a chance de atingir o estado de forma desportiva nas competições de maior prestígio.
    e) A melhor abordagem é aquela que atende aos interesses comerciais de atletas, empresários e federações, pois o esporte torna-se mais caro a cada dia.

2. Sobre os modelos de periodização, analise as assertivas a seguir e indique V para as verdadeiras e F para as falsas:
   ( ) O modelo que utiliza 1 a 3 macrociclos é o que tem maior chance de garantir o desenvolvimento da forma desportiva.
   ( ) O modelo de 4 a 7 macrociclos visa à participação do atleta em um grande número de competições com alguma possibilidade de atingir a forma desportiva.
   ( ) Nos jogos desportivos com calendários saturados de competições, o mais comum é a utilização de um único macrociclo visando à manutenção de alto nível de preparo, com poucas chances de atingir a forma desportiva.
   ( ) O modelo de 1 a 3 macrociclos é indispensável nos anos em que ocorrem a realização dos Jogos Olímpicos.
   ( ) O modelo de 4 a 7 macrociclos pode ser uma boa alternativa para atletas que visam ao lucro durante o ciclo olímpico, sem perder o objetivo principal de se apresentar bem nos Jogos Olímpicos.

3. Quanto à abordagem de modelo-alvo, assinale a alternativa correta:
   a) A abordagem de modelo-alvo é um segmento da teoria do esporte e de ciências que estudam o esporte que busca a análise, a especificação e a construção dos modelos da atividade competitiva, das faces do preparo e morfofuncional.
   b) A abordagem de modelo-alvo trata-se de um modelo de periodização a ser seguido e que já foi bem fundamentado para cada modalidade esportiva.
   c) A abordagem de modelo-alvo é uma tecnologia que auxilia o treinador na construção do processo de treinamento voltado para atingir níveis de preparo superiores. Essa abordagem utiliza uma série de operações de modelagem, de projeção e de extrapolação de conhecimentos.

d) A abordagem de modelo-alvo tem por objetivo a determinação do modelo dos campeões no esporte de alto rendimento.
e) Todas as alternativas estão incorretas.

4. Quanto aos modelos utilizados no esporte, analise as assertivas a seguir e indique V para as verdadeiras e F para as falsas:
   ( ) O modelo das faces do preparo considera parâmetros antropométricos como estatura, peso corporal, percentual de gordura etc.
   ( ) O modelo da atividade competitiva busca descrever de forma objetiva como e em que nível são realizadas as ações integrais e fragmentadas em uma modalidade esportiva.
   ( ) O modelo morfofuncional pode ser utilizado como base para a seleção de talentos no esporte.
   ( ) Os indicadores das faces do preparo são determinates para a realização dos indicadores apresentados no modelo da atividade competitiva.
   ( ) O modelo das estruturas do processo de treinamento é pouco utilizado no esporte por carência de dados concretos e fundamentação suficiente.

5. Quanto às operações da projeção pela ótica dos jogos desportivos, correlacione as assertivas a seguir conforme a numeração indicada: (1) diagnóstico pedagógico; (2) estabelecimento de metas e objetivos; (3) criação de tarefas; (4) criação de projetos; (5) controle:
   ( ) Basicamente, essa operação é realizada no momento da comparação do diagnóstico (modelo atual individual do atleta) com o modelo-alvo; somente assim é possível saber o que se deve melhorar.
   ( ) É o primeiro passo da projeção; não se pode planejar nada para um atleta sem saber em qual nível ele se encontra.

( ) É a operação que garante a correção entre os parâmetros planejados do modelo-alvo e as discrepâncias que se desenrolam no processo de treinamento.

( ) Deve ser realizada após a determinação dos objetivos e das metas da preparação; somente assim é possível estabelecer quais meios e métodos de treinamento serão utilizados.

( ) É uma das operações mais importantes; envolve a capacidade do treinador de criar uma forma de levar seu objeto de estudo (atleta) de um estado para outro.

## Atividades de aprendizagem

### Questões para reflexão

1. Analisando a dinâmica de resultados com diferentes modelos de periodização, por que as abordagens comerciais não são o caminho mais racional para o esporte de alto rendimento?

2. No esporte de alto rendimento (quando o atleta já atingiu a maestria esportiva), por que nem sempre a busca do modelo generalizado apresenta-se como uma boa ferramenta para o treinador?

### Atividade aplicada: prática

1. Com base na abordagem de modelo-alvo, elabore uma periodização anual com dois macrociclos. Escolha a modalidade esportiva que preferir.

# Considerações finais

Finalizamos esta obra evidenciando que a teoria do esporte se apresenta como uma área do conhecimento muito dinâmica, que sofre mudanças e evolui com o passar dos anos. A grande quantidade de pesquisas, a experiência prática, as mudanças nas regras das modalidades esportivas, o aumento de tecnologias tanto de estudo quanto de material esportivo fazem com que essa área seja caracterizada como um ramo da ciência no qual não existem conceitos absolutos. Sempre existem novos dados, ideias, fatos, hipóteses e teorias científicas que podem ser incorporadas na preparação do atleta, porém, ao mesmo tempo e de forma paralela, a teoria do esporte (área do estudo do treinamento e da preparação esportiva) tem uma função integradora e sistematizadora do conhecimento adquirido ao longo dos anos em outras ciências que também estudam o esporte, como é o caso das ciências sociais, naturais e pedagógicas.

Tendo isso em vista, podemos dizer que, como área científica, a teoria do esporte conta com conceitos "relativamente estáveis", que servem como base para um bom trabalho, mas um bom treinador deve estar sempre atento aos novos dados e a outras informações publicadas nas diversas ciências que estudam o esporte. Nesse sentido, ganha destaque a extrapolação de informações dessas áreas para que a efetividade do processo de treinamento aumente.

Seguindo tal raciocínio, destacamos o surgimento de novas informações nas áreas vizinhas, por exemplo: os conhecimentos da biologia molecular nos processos de expressão gênica; os ótimos resultados fisiológicos alcançados com diferentes meios, métodos e protocolos de treinamento intervalado; a importância do fortalecimento dos músculos do tronco na estabilidade e na eficiência da técnica; as diferentes abordagens alternativas da periodização e novas tecnologias de construção do processo de treinamento; e as novas metodologias a respeito da tática no esporte. Todos esses conceitos são importantes e devem ser inseridos no conjunto de conhecimentos dos treinadores, mas isso não torna os conhecimentos adquiridos anteriormente obsoletos. Muito pelo contrário, todas essas informações só vêm a enriquecer a teoria do esporte.

Portanto, com o encerramento deste trabalho, esperamos que você, leitor, tenha compreendido satisfatoriamente o significado da teoria do esporte e dos diversos aspectos relevantes na preparação do atleta, motivando-se para ler e estudar mais sobre o tema.

# Referências

AKHMETOV, Y. Y. **Biologia molecular do esporte**. Moscou: Sovietsky Sport, 2009.

ALBERTS, B. et al. **Biologia molecular da célula**. Porto Alegre: Artmed, 2010.

BARTLETT, R. Princípios do lançamento. In: ZATSIORSKY, V. M. **Biomecânica no esporte**: performance do desempenho e prevenção de lesão. Rio de Janeiro: Guanabara Koogan, 2004.

BARTONIETZ, K. Lançamento de dardo: uma abordagem ao desenvolvimento do desempenho. In: ZATSIORSKY, V. M. **Biomecânica no esporte**: performance do desempenho e prevenção de lesão. Rio de Janeiro: Guanabara Koogan, 2004.

BILLETER, R.; HOPPLER, M. Bases musculares da força. In: KOMI, P. V. **Força e potência no esporte**. 2. ed. Porto Alegre, 2006.

BISHOP, D. et al. Effects of High-intensity Training on Muscle Lactate Transporters and Postexercise Recovery of Muscle Lactate and Hydrogen Ions in Women. **American Journal of Physiology**, Rockville, v. 295, n. 6, R1991-R1998, 2008.

BOLOBAN, V. et al. Treinamento coordenativo com utilização de exercícios de saltos no trampolim acrobático. **Nauka v Olimpiskom Sporte**, n. 4, p. 85-94, 2016.

BOMPA, T. O. **Periodização**: teoria e metodologia do treinamento. São Paulo: Phorte, 2002.

BOMPA, T. O. **Treinando atletas de desporto coletivo**. São Paulo: Phorte, 2005.

BOMPA, T. O.; HAFF, G. G. **Periodização**: teoria e metodologia do treinamento. São Paulo: Phorte, 2012.

BOSCO, C. **A força muscular**: aspectos fisiológicos e aplicações práticas. São Paulo: Phorte, 2007.

BRESLAV, I. S.; VOLKOV, N. I.; TAMBOVTSEVA, R. V. **Respiração e atividade muscular do ser humano no esporte**. Moscou: Sovietsky Sport, 2013.

BUCHHEIT, M.; LAURSEN, P. B. High-Intensity Interval Training, Solutions to the Programming Puzzle: Part I – Cardiopulmonary Emphasis. **Sports Medicine**, v. 43, n. 5, p. 313-338, 2013.

CAMPOS, M. A. **Biomecânica da musculação**. Rio de Janeiro: Sprint, 2000.

CASSIDORI, J. J. **Construção da preparação nos jogos desportivos no estágio de elevada maestria esportiva e calendário moderno de competições**. 101 f. Dissertação (Mestrado em Esporte de Alto Rendimento e Preparação de Atletas) – Universidade Estatal de Cultura Física, Esporte, Juventude e Turismo da Rússia, Moscou, 2014.

CASUSO, R. A. et al. High-intensity High-volume Swimming Induces More Robust Signaling Through PGC-1α and AMPK Activation than Sprint Interval Swimming in M. Triceps Brachii. **PLoS ONE**, v. 12, n. 10, 2017.

CHESNOKOV, N. N.; NIKITUSHKIN, V. G. **Atletismo**. Moscou: Fizicheskaya Kultura, 2010.

CHIRVA, B. G. **Futebol**: concepção da preparação técnica e tática dos jogadores. 2. ed. Moscou: TVT Division, 2015.

CLARK, K. A. et al. Striated Muscle Cytoarchitecture: an Intricate Web of Form and Function. **Annual Review of Cell and Developmental Biology**, v. 18, p. 637-706, 2002.

COI – Comitê Olímpico Internacional. **Carta Olímpica**. Paris, 8 de julho de 2011. Tradução de Alexandre Miguel Mestre e Filipa Saldanha Lopes. Disponível em: <http://www.fadu.pt/files/protocolos-contratos/PNED_publica_CartaOlimpica.pdf>. Acesso em: 10 jun. 2020.

DESCHENES, M. R. et al. The Effects of Different Treadmill Running Programs on the Muscle Morphology of Adult Rats. **International Journal of Sports Medicine**, v. 16, n. 5, p. 273-277, 1995.

DIAS, S. B. C. D. et al. **Futebol**: tópicos especiais da preparação do atleta. Curitiba: Juruá, 2016.

DONSKOI, D. D. Caminhos do desenvolvimento orientado do sistema de movimentos: **Teoria i praktika fiz. Kulturi,** Moscou, n. 5, p. 2-5, 1969.

DRAKE, J. C.; WILSON, R. J.; YAN, Z. Molecular Mechanisms for Mitochondrial Adaptation to Exercise Training in Skeletal Muscle. **The Faseb Journal**, Rockville, v. 30, n. 1, p. 13-22, 2016.

EDGETT, B. A. et al. The Effect of Acute and Chronic Sprint-interval Training on LRP130, SIRT3, and PGC-1α Expression in Human Skeletal Muscle. **Physiological Reports**, Pittsburgh, v. 4, n. 17, 2016.

ELICEEV, S. V.; KULIK, N. G.; SELUIANOV, V. N. **Preparação física de lutadores de sambo com a consideração das leis biológicas do organismo**. Moscou: Anta Press, 2014.

ENOKA, R. M. **Fundamentos de cinesiologia**. Kiev: Olimpiskaya Literatura, 2000.

ERDAKOV, S. V.; ZAKHAROV, D. D. Preparação de ciclistas de estrada de alta qualificação em condições do calendário profissional competitivo de elite. **Teoria i Praktika Fiz. Kulturi**, Moscou, n. 7, 1997.

FEDOTOVA, E. V. **Fundamentos da gestão da preparação plurianual de jovens atletas nos jogos desportivos**. Moscou: SportAcademPress, 2003.

FILIN, V. P.; VOLKOV, V. M. **Seleção de talentos nos desportos**. Londrina: Midiograf; 1998.

FISKALOV, V. D. **Esporte e sistema de preparação**. Moscou: Sovietsky Sport, 2010.

FOSS, M. L.; KETEYIAN, S. J. **Bases fisiológicas do exercício e do esporte**. Rio de Janeiro: Guanabara Koogan, 2000.

GELETSKY, V. M. **Teoria da cultura física e do esporte**. Krasnoyarsky: IPK SFU, 2008.

GIBALA, M. J. et al. Physiological Adaptations to Low-volume, High--intensity Interval Training in Health and Disease. **Journal of Physiology**, Rockville v. 590, n. 5, p. 1.077-1.084, 2012.

GIBALA, M. J. et al. Changes in Human Skeletal Muscle Ultrastructure and Force Production After Acute Resistance Exercise. **Journal of Applied Physiology**, v. 2, p. 702-708, 1995.

GLAISTER, M. Multiple Sprint Work: Physiological Responses, Mechanisms of Fatigue and the Influence Of Aerobic Fitness. **Sports Medicine**, v. 9, n. 35, p. 757-77, 2005.

GODIK, M. A.; SKORODUMOVA, A. P. **Controle complexo nos jogos desportivos**. Moscou: Sovietsky Sport, 2010.

GOLDSPINK, G.; HARRIDGE, S. Aspectos celulares e moleculares da adaptação do músculo esquelético. In: KOMI, P. **Força e potência no esporte**. 2. ed. Porto Alegre: Artmed, 2006.

GOLOMOZOV, S. V.; CHIRVA, B. G. **Teoria e metodologia do futebol**: a técnica do jogo. Moscou: TVT Division, 2008. v. 1.

GOMES A. C. **Treinamento desportivo**: estruturação e periodização. Porto Alegre: Artmed, 2009.

GORBUNOV, G. D. **Psicopedagogia do esporte**. 3. ed. Moscou: Sovietsky Sport, 2014.

HAFF, G. G.; HAFF, E. E. Training Integration and Periodization. In: HOFFMAN, J. R. (Ed.). **NSCA's Guide to Program Design Champaign**. IL: Human Kinetics, 2012. p. 209-254.

GOTO, K. et al. The Impact of Metabolic Stress on Hormonal Responses and Muscular Adaptations. **Medicine & Science in Sports & Exercise**, v. 37, n. 6, p. 955-963, 2005.

HAWKE, T. J. Muscle Stem Cells and Exercise Training. **Exercise and Sport Science Review**, v. 33, n. 2, p. 63-68, 2005.

HEATH, D.; WILLIANS, D. R. **High Altitude Medicine and Pathology**. London: Butterworths, 1983.

HOPPELER, H.; KLOSSNER, S.; FLUCK, M. Gene Expression in Working Skeletal Muscle. **Advances in Experimental Medicine and Biology**, v. 618, p. 245-254, 2007.

INMETRO – Instituto Nacional de Metrologia, Qualidade e Tecnologia. **Unidades legais de medida**: Sistema Internacional de Unidades – SI. Disponível em: <http://www.inmetro.gov.br/consumidor/unidLegaisMed.asp>. Acesso em: 10 jun. 2020.

INOUE, A. et al. Effects of Sprint versus High-Intensity Aerobic Interval Training on Cross-Country Mountain Biking Performance: a Randomized Controlled Trial. **PLoS One**, v. 11, v. 1, Jan. 2016.

ISSURIN, V. B. **Periodização do treinamento desportivo em blocos**. Moscou: Sovietsky Sport, 2010.

JUNQUEIRA, L. C. U.; CARNEIRO, J. **Biologia celular e molecular**. Rio de Janeiro: Guanabara Koogan, 2018.

KHOLODOV, J. K.; KUZNETSOV, V. S. **Teoria e metodologia da educação física e esporte**. Moscou: Academa, 2003.

KHOLODOVA, O.; KOZLOVA, E. Modelagem das variantes táticas da corrida de atletas de alta qualificação especializados em short-track nas distâncias de 500, 1.000 e 1.500 metros. **Nauka v Olimpiskom Sporte**, n. 1, p. 11-16, 2016.

KNUTTGEN, H. G.; KOMI, P. Considerações básicas sobre o exercício. In: KOMI, P. **Força e potência no esporte**. Porto Alegre: Artmed, 2006. p. 17-21.

KOMI, P. V. **Força e potência no esporte**. 2. ed. Porto Alegre: Artmed, 2006.

KOTZ, Y. M. **Fisiologia esportiva**: manual para institutos de cultura física. Moscou: Fizkultura i Sport, 1986.

KOZLOVA, E.; RABIN, M. F. Dinâmica dos resultados da atividade competitiva dos principais atletas de atletismo do mundo no decorrer do ano olímpico. **Nauka v Olimpiskom Sporte**, n. 4, p. 23-34, 2016.

KOZLOVA, E.; KLIMASHEVSKY, A. Equilíbrio dinâmico como fator de elevação da efetividade das ações motoras no esporte. **Nauka v Olimpiskom Sporte**, n. 3, p. 29-39, 2017.

KRAEMER, W. J. **Sistema endócrino, esporte e atividade motora**. Kiev: Olimpiskaya Literature, 2008.

KRAEMER, W. J.; MAZZETTI, S. A. Mecanismos hormonais relacionados à expressão da força muscular e da potência. In: KOMI, P. **Força e potência no esporte**. 2. ed. Porto Alegre: Artmed, 2006.

KRAEMER, W. J.; RATAMES, N. Respostas endócrinas e adaptações ao treinamento de força. In: KOMI, P. V. **Força e potência no esporte**. 2. ed. Porto Alegre: Artmed, 2006.

KRESTOVNIKOV, A. N. **Ensaios de fisiologia dos exercícios físicos**. Moscou: Fizkultura i Sport, 1951.

KRESTOVNIKOV, A. N. **Fisiologia do esporte**. Moscou: Fizkultura i Sport, 1939.

KRISTENSEN, D. E. et al. Human Muscle Fibre Type-Specific Regulation of AMPK And Downstream Targets by Exercise. **Journal of Physiology**, v. 8, n. 593, p. 2.053-2.069, 2015.

LAKER, R. C. et al. Ampk Phosphorylation of Ulk1 is Required for Targeting of Mitochondria to Lysosomes in Exercise-Induced Mitophagy. **Nature Communications**, n. 8, p. 548, 2017.

LOTURCO, I; NAKAMURA, F. Training Periodisation: an Obsolete Methodology? **Aspetar Sports Medicine**, n. 4, p. 110-116, 2016.

MACINNIS, M. J.; GIBALA, M. J. Physiological Adaptations to Interval Training and the Role of Exercise Intensity. **Journal of Physiology**, v. 595, n. 9, p. 2.915-2.930, 2017.

MAKARENKO, L. P. Técnica da natação esportiva. In: BULGAKOVA, N. J. **Natação esportiva**. Moscou: FON, 1996.

MAKCIMENKO, A. M. **Teoria e metodologia da cultura física**: manual para faculdades de cultura física. Moscou: Fizicheskaya Kultura, 2009.

MATVEEV, L. P. Abordagem de modelo-alvo na construção da preparação esportiva: **Teoria i Praktika Fizicheskoi Kulturi**, Moscou, n. 2, p. 28-37, 2000.

MATVEEV, L. P. **Fundamentos da teoria geral do esporte e do sistema de preparação dos atletas**. Kiev: Olimpiskaya Literatura, 1999.

MATVEEV, L. P. **Fundamentos do treinamento desportivo**. Moscou: Fizkultura and Esporte, 1977.

MATVEEV, L. P. **O problema da periodização do treinamento desportivo**. Moscou: FiS, 1964.

MATVEEV, L. P. Teoria da construção do treinamento desportivo. **Teoria i Praktika Fizicheskoi Kulturi**, Moscou, n. 12, p. 11-20, 1991.

MATVEEV, L. P. **Teoria e metodologia da cultura física**. Moscou: Fizkultura i Sport: SportAkademPress, 2008.

MATVEEV, L. P. **Teoria geral do esporte e seus aspectos aplicáveis**. Moscou: Sovietsky Sport, 2010.

MCBRIDE, J. M. et al. Characteristics of Titin in Strength and Power Athletes. **European Journal of Applied Physiology**, v. 88, n. 6, p. 553--557, 2003.

MERSON, F. Z.; PSHNIKOVA, M. G. **Adaptação às situações estressantes e cargas físicas**. Moscou: Medtsina, 1988.

MILLER, M. K. et al. The Sensitive Giant: the Role of Titin-based Stretch Sensing Complexes in the Heart. **Trends in Cell Biology**, v. 14, n. 3, p. 119-26, 2004.

MOOREN, F. C.; VÖLKER, K. **Fisiologia do exercício molecular e celular**. Rio de Janeiro: Santos, 2012.

MYAKINCHENKO, E. B.; SELUIANOV, V. N. **Desenvolvimento da resistência muscular local nos esportes cíclicos**. Moscou: TVT Divizion, 2009.

NICOL, C.; KOMI, P. Ciclo alongamento-encurtamento e sua influência na produção de força e potência. In: KOMI, P. **Força e potência no esporte**. 2. ed. Porto alegre: Artmed, 2006.

NIKULIN, B. A.; RODIONOVA, I. I. **Controle bioquímico no esporte**. Moscou: Sovietsky Sport, 2011.

O'CONNOR, P. J. Psychological Aspects of Endurance Performance. In: SHEPHARD, R. J.; ASTRAND, P. O. Endurance in Sport. **Blackwell Science**, p. 139-145, 1992.

OLESHKO, V.; IVANOV, A.; PRIIMAK, S.; Aperfeiçoamento da preparação técnica de levantadores de peso qualificados por meio da variação do peso dos implementos. **Nauka v Olimpiskom Sporte**, n. 2, p. 57-62, 2016.

OZOLIN, N. G. **O treinamento de atletismo**. Moscou: Fizkultura i Sport, 1949.

OZOLIN, N. G. Problemas de aperfeiçoamento do sistema soviético de preparação de atletas. **Teoria i Praktika Fizicheskoi Kulturi**, n. 10, p. 48-50, 1984.

PFEIFER, H; HARRE, D. **Principles of Sport Training**. Berlin: Sportverlag, 1982.

PIVETTI, B. M. F. **Periodização tática**. São Paulo: Phorte, 2012.

PLATONOV, V. N. **Esporte de alto rendimento e preparação das equipes nacionais para os jogos olímpicos**. Moscou: Sovietsky Sport, 2010.

PLATONOV, V. N. **Periodização do treinamento desportivo**: teoria geral e sua aplicação prática. Kiev: Olimpiskaya Literatura, 2013.

PLATONOV, V. N. **Sistema de preparação de atletas no esporte olímpico**: teoria geral e suas aplicações práticas. Moscou: Olimpiskaya Literatura, 2004.

PLATONOV, V. N. **Sistema de preparação de atletas no esporte olímpico**: teoria geral e suas aplicações práticas – manual em 2 volumes. Kiev: Olimpiskaya Literatura, 2015.

PLATONOV, V. N. Teoria da periodização da preparação de atletas de alta qualificação no decorrer do ano. **Nauka v Olimpiskom Sporte**, n. 3, 2008.

PLATONOV, V. N. **Teoria geral de preparação de atletas no esporte olímpico**. Moscou: Olimpiskaya Literatura, 1997.

PLISK, S. S. Speed, Agility, and Speed-endurance development. In: BAECHLE, T. R.; EARLE, R. W. (Ed.). **Essentials of Strength Training and Conditioning**. 3. ed. Champaign, IL: Human Kinetics, 2008. p. 457-484.

PLISK, S.; STONE, M. Periodization Strategies. **Strength and Conditioning Journal**, n. 25, p. 18-37, 2003.

POLEVA, N. V.; ZAGREVSKY, O. I.; PODVERBNAYA, N. I. Características moldeladas do preparo físico de judocas de diferentes qualificações esportivas. **Tomsk State University Journal**, n. 355, p. 136-139, 2012.

POPOV, G. I.; SAMSONOVA, A. V. **Biomecânica da atividade motora**. Moscou: Izdatelsky Tsentr Akademia, 2011.

POWERS, S. K.; HOWLEY, E. T. **Fisiologia do exercício**: teoria e aplicação ao condicionamento e ao desempenho. 8. ed. Barueri: Manole, 2014.

RABITA, G. et al. Stretching. In: HAUSSWIRTH, C. I. MUJIKA, I. **Recovery for Performance in Sport**. Champaign, IL: Human Kinetics, 2010. p. 55-67.

RAMIREZ-CAMPILLO, R. et al. Sequencing Effects of Plyometric Training Applied Before or After Regular Soccer Training on Measures of Physical Fitness in Young Players. **Journal of Strength and Conditioning Ressearch**, 2018.

RATOV, I. P. et al. **Tecnologias biomecânicas de preparação do atleta**. Moscou: Fizikultura i Sport, 2007.

RICHARD, K. Modulação das ações da insulina no musculo esquelético nas condições de cargas físicas. In: KRAEMER, J. **Sistema endócrino, esporte e atividade física**. Kiev: Olimpiskaya Literatura, 2008.

ROBERGS, R. A.; ROBERTS, S. O. **Fisiologia do exercício**. São Paulo: Phorte, 2002.

ROZENFELD, A.; RYAMOVA, K.; Acidose como fator limitante da atividade muscular nas cargas físicas e mecanismos de sua formação. **Nauka v Olimpiskom Sporte**, n. 2, p. 91-98, 2016.

RUBIN, V. S. **Ciclo anual e olímpico de treinamento**. Moscou: Sovietsky Sport, 2009.

RUBINI, E. C., COSTA, A. L.; GOMES, P. S. The Effects of Stretching on Strength Performance. **Sports Medicine**, v. 37, p. 201-224, 2007.

SAKHAROVA, M. V. **Fundamentos da preparação do rúgbi infantil e juvenil**. Moscou: Sportna, 2005a.

SAKHAROVA, M. V. Projeção do sistema de preparação de atletas (equipes) nos jogos desportivos. **Teoria i Praktika Fizicheskoi Kulturi**, Moscou, n. 5, p. 35-38, 2004.

SAKHAROVA, M. V. Projeção dos macrociclos de jovens atletas nos jogos desportivos no estágio de preparação básica: condições, variantes e formas. **Fizicheskaya Kultura**, Moscou, n. 1, p. 28-32, 2005b.

SAKS, V. A., BOBKOV, Y. G.; STRUMIA, E. (Ed.). **Creatine Phosphate**: Biochemistry, Pharmacology and Clinical Efficiency. Torino: Edizioni Minerva Medica, 1987.

SAKS, V. A. Transporte intracelular de energia: via creatina fosfato. **Sucesso da Química Biológica**, n. 24, 1983.

SALTIN, B. Exercise and the Environment: Focus on Altitude. **Research Quarterly for Exercise and Sport**, v. 67, p. 1-10, 1996.

SANTOS, V. dos. **Lamarckismo**. Disponível em: <https://brasilescola.uol.com.br/biologia/lamarckismo.htm>. Acesso em: 10 jun. 2020.

SARAF, M. Y. Esporte na cultura do século XX. **Teoria i Praktika Fizicheskoi Kulturi**, n. 7, p. 5-12, 1997.

SAVIN, V. P. **Teoria e metodologia do hóquei**. Moscou: academia, 2003.

SCRIBBANS, T. D. et al. Fibre-specific Responses to Endurance and Low Volume High Intensity Interval Training: Striking Similarities in Acute and Chronic Adaptation. **PLoS One**, v. 9, n. 6, 2014.

SELUIANOV, V. N. **Tecnologia de saúde e bem-estar na cultura física**. Moscou: Sport Akadem Press, 2001.

SELUIANOV, V. N. **Preparação de corredores de meio fundo**. Moscou: TVT Division, 2007.

SELUIANOV, V. N. **Preparação física de futebolistas**. 2. ed. Moscou: TVT divizion, 2006.

SELUIANOV, V. N.; SARSANIA, K. C.; ZABOROVA, V. A. **Futebol**: problemas da preparação física e técnica. Moscou: Intelektik, 2012.

SHEPHARD, R. J. General Considerations: Endurance in Sport. **Blackwell Scientific Publications**, Oxford, p. 96-106, 1992.

SHUVALOV, V. I. **Natação**. Moscou: Fizkultura i Sport, 1940.

SIFF, M. Fundamentos biomecânicos do treinamento de força e de potência. In: ZATSIORSKY, V. M. **Biomecânica no esporte**: performance do desempenho e prevenção de lesão. Rio de Janeiro. Guanabara koogan, 2004.

SIFF, M.; VERKHOSHANSKY, Y. V. **Supertrenamiento**. Barcelona: Editorial Paidotribo, 2004.

SILI, R. R.; STEVENS, F. **Anatomia e fisiologia**. Kiev. Olimpiskaya Literatura, 2007.

SIQUEIRA, M. Os (bizarros) rituais dos nadadores. **Swim Channel**, 3 out. 2014. Disponível em: <https://swimchannel.blogosfera.uol.com.br/2014/10/03/os-bizarros-rituais-dos-nadadores>. Acesso em: 10 jun. 2020.

SOPOV, V. P. **Teoria e metodologia da preparação psicológica no esporte moderno**. Moscou, 2010.

STOLBOV, V. V.; FINOGENOVA, L. A.; MELNIKOVA, N. Y. **História da cultura física e do esporte**. 3. ed. Moscou: Fizikultura i Sport, 2001.

STOLIAROV, V. I; PEREDELSKY, A. A.; BASHAIEVA, M. M. Problemas modernos das ciências sobre a cultura física e esporte. **Filosofia do esporte**: manual. Moscou; Sovietsky Sport, 2015.

STONE, M. N.; O'BRYANT, H.; GARHAMMER, J. A Hypothetical Model for Strength Training. **Journal of Sports Medicine and Physical Fitness**, n. 21, p. 342-351, 1981.

SUSLOV, F. P. **Treinamento desportivo em condições montanhosas**. Moscou, 1999.

SUSLOV, F. P.; CYCHA, V. L.; SHUTINA, B. N. **Sistema moderno de treinamento desportivo**. Moscou: CAAM Moskva, 1995.

SUSLOV, F. P.; FILIN, V. P. Crise real ou mínima da teoria moderna. **Teoria i Praktika Fizicheskoi Kulturi**, n. 6, p. 50-53, 1998.

SUSLOV, F. P.; SHEPEL, S. P. Estrutura anual do ciclo de preparação de competição e treinamento: realidade e ilusão. **Teoria i Praktika Fizicheskoi Kulturi**, n. 9, p. 30-33, 1999.

SUTTON, J. R.; HOUSTON, C. S.; COATES, G. **Hypoxia and Cold**. New York: Praeger, 1987.

TEOLDO, I. et al. Princípios táticos do jogo de futebol: conceitos e aplicação. **Motriz**, Rio Claro, v. 15, n. 3, p. 657-668, jul./set. 2009.

TEOLDO, I.; GUILHERME, J.; GARGANTA, J. **Para um futebol jogado com ideias**: concepção, treinamento e avaliação do desempenho tático de jogadores e equipes. Curitiba: Appris, 2015.

UNESCO – Organização das Nações Unidas para a Educação, a Ciência e a Cultura. **Carta Internacional da Educação Física e do Esporte da Unesco**. 21 nov. 1978. Disponível em: <https://unesdoc.unesco.org/ark:/48223/pf0000216489_por>. Acesso em: 10 jun. 2020.

VERKHOSHANSKI, Y. V. **Treinamento desportivo**: teoria e metodologia. Porto Alegre: Artmed, 2001.

VERKHOSHANSKY, I. V. **Entrenamiento deportivo**: planificación y programación. Barcelona: Martínez Roca, 1990.

VERKHOSHANSKY, Y.; VERKHOSHANSKY, N. **Special Strength Training Manual for Coaches**. Rome: Verkhoshansky SSTM, 2011.

VERKHOSHANSKI, Y. V. **Fundamentos da preparação de força especial no esporte**. 3. ed. Moscou: Sovietsky Sport, 2013.

VERKHOSHANSKI, Y. V. Sistema de treinamento na corrida de meio fundo no ciclo anual. **Sportivnoe Sovershenstvovanie**, Moscou, n. 6, p. 3-8, 1989.

VINOGRADOV, P. A.; OKUNKOV, Y. V. **Cultura física e esporte do praticante**. Moscou: Sovietsky Sport, 2015.

VIRU, A. treinamento de força e testosterona. In: KRAEMER, J. **Sistema endócrino, esporte e atividade motora**. Kiev: Olimpiskaya Literatura, 2008.

VOLKOV, N. I. et al. **Bioquímica da atividade muscular**. Kiev: Olimpiskaya literatura, 2013.

VOLKOV, N. I.; OLEINIKOV, V. N. **Bioenergética do esporte**. Moscou: Sovietsky Sport, 2011.

VORONTSOV, A. R; RUMYANTSEV, V. A. Forças propulsoras na natação. In: ZATSIORSKY, V. M. **Biomecânica no esporte**: performance do desempenho e prevenção de lesão. Rio de Janeiro: Guanabara Koogan, 2004.

VOVK, S. I. Alguns dados do mapa cronológico da reconstrução morfofuncional sob influência do treinamento de resistência. **Teoria e Praktika Fizicheskoi Kulturi**, n. 8, p. 32-35, 2001.

VOVK, S. I. **Dialética do treinamento desportivo**. Moscou: Fizicheskaya Kultura, 2007.

WEINECK, E. J. **Treinamento ideal**. 9. ed. São Paulo: Manole, 2003.

WILMORE, J. H.; COSTIL, D. L.; KENNEY, W. L. **Fisiologia do exercício**. 5. ed. Barueri: Manole, 2013.

WILT, F. **Corrida, corrida, corrida**. Moscou: Fizkultura i Sport, 1967.

ZAKHAROV, A. A.; GOMES, A. C. **Ciência do treinamento desportivo**. 2. ed. Rio de Janeiro: Palestra Sport, 2003.

ZATSIORSKY, V. M. **Biomecânica no esporte**: performance do desempenho e prevenção de lesão. Rio de Janeiro: Guanabara Koogan, 2004.

ZATSIORSKY, V. M.; KRAEMER, W. J. **Ciência e prática do treinamento de força**. 2. ed. São Paulo: Phorte, 2008.

# Bibliografia comentada

GOMES A. C. **Treinamento desportivo**: estruturação e periodização. Porto Alegre: Artmed, 2009.

Esse livro trata sobre diversos problemas da teoria do treinamento desportiva de forma simples e didática, além de reunir informações úteis sobre a atividade competitiva no esporte de alto rendimento e a metodologia de treinamento das capacidades físicas. A obra conta, ainda, com reflexões a respeito da periodização do treinamento nos jogos desportivos com calendários competitivos mais densos. O autor apresenta um modelo, denominado *cargas seletivas*, que se tem mostrado uma excelente abordagem alternativa no que se refere à estruturação do processo de treinamento. A obra apresenta uma linguagem clara e objetiva, além de uma excelente fundamentação teórica na literatura russa.

PLATONOV, V. N. **Sistema de preparação de atletas no esporte olímpico**: teoria geral e suas aplicações práticas. Kiev: Olimpiskaya Literatura, 2015.

Embora se trate de um livro com versão original escrita na língua russa, uma das edições anteriores foi traduzida para o português (PLATONOV, V. N. **Tratado geral de treinamento desportivo**. São Paulo: Phorte, 2008). Essa é uma das maiores obras da área do treinamento desportivo reconhecida mundialmente, com tradução em mais de 10 línguas. O autor aborda os mais diversos problemas associados à teoria do esporte, com embasamento científico extremamente amplo e, ao mesmo tempo, aprofundado. Apesar de apresentar um nível de complexidade mais elevado, é um material indispensável para treinadores qualificados.

POWERS, S. K.; HOWLEY, E. T. **Fisiologia do exercício**: teoria e aplicação ao condicionamento e ao desempenho. 8. ed. Barueri: Manole, 2014.

Esse é um dos manuais de fisiologia do exercício mais didáticos do meio acadêmico. Por meio de um texto de linguagem simplificada e bem ilustrado, os autores conseguem passar claramente os conceitos fundamentais da fisiologia, que são a base para o treinamento de qualquer atleta. Além disso, há discussões sobre tópicos muito interessantes, como os ergômetros e os testes mais frequentemente utilizados na fisiologia, a prática laboratorial e de campo, entre outros. Com certeza é uma literatura indispensável tanto para estudantes iniciantes no curso de educação física quanto para especialistas experientes.

MOOREN, F. C.; VÖLKER, K. **Fisiologia do exercício molecular e celular**. Rio de Janeiro: Santos, 2012.

Essa é uma obra que, assim como qualquer livro de fisiologia do exercício, tenta explicar os mecanismos de funcionamento do organismo humano. No entanto, pelo fato de a biologia molecular ser uma área que muito se desenvolveu e explica mecanismos extremamente complexos relacionados à sinalização celular, trata-se de um material que exige conhecimento avançado para o pleno entendimento dos processos. Paralelamente, a compreensão do conteúdo coloca o leitor em um nível superior de conhecimento e entendimento do desenrolar dos processos adaptativos no organismo durante o treinamento.

KOMI, P. V. **Força e potência no esporte**. 2. ed. Porto Alegre: Artmed, 2006.

O livro de Komi faz parte de uma coleção lançada por uma comissão especial do Comitê Olímpico Internacional. Essa obra reúne mais de 20 autores renomados internacionalmente e trata, principalmente, dos problemas dos ramos das ciências naturais no treinamento de força. É um texto de nível avançado, sendo recomendado para treinadores e pesquisadores experientes. O conteúdo multifacetado tem destaque nesse trabalho.

ZATSIORSKY, V. M.; KRAEMER, W. J. **Ciência e prática do treinamento de força**. 2. ed. São Paulo: Phorte, 2008.

Esse é um livro que já se tornou um clássico entre os especialistas da área. Integra a experiência de autores das duas maiores escolas de treinamento desportivo do mundo (Rússia e Estados Unidos), abordando problemas e fenômenos de natureza biomecânica determinantes do desempenho da potência, como os processos fisiológicos característicos nas manifestações e nos programas de treinamento de força. Têm destaque, nesse contexto, os tópicos especiais sobre as relações paramétricas e não paramétricas no desempenho de força.

DIAS, S. B. C. D. et al. **Futebol**: tópicos especiais da preparação do atleta. Curitiba: Juruá, 2016.

Esse é um livro publicado recentemente que, ao contrário de outros livros da área do treinamento desportivo, busca tratar somente de temas que ainda não foram bem esclarecidos ou que, de certa forma, despertam discussões e contradições entre os especialistas. Assuntos como a correção de programas motores já formados, o treinamento da reação de antecipação dos goleiros em cobranças e pênaltis, os fatores determinantes na precisão dos chutes, os problemas da bioenergética no esporte, entre outros temas, são destaque nesse livro. É uma obra complementar para treinadores interessados que buscam resolver tarefas complexas do treinamento.

# Respostas

## Capítulo 1
1. F; F; V; V; V
2. 1; 2; 1; 1; 1
3. 3; 4; 2; 1; 5
4. c
5. V; V; V; F; F

## Capítulo 2
1. F; V; F; V; F
2. F; V; V; F; F
3. 5; 3; 2; 1; 4
4. c
5. a

## Capítulo 3
1. V; F; V; V; V
2. V; F; V; V; F
3. F; F; V; V; V
4. c
5. 1; 2; 3; 5; 4

## Capítulo 4

1. a
2. F; F; V; F; F
3. V; F; V; V; V
4. F; V; V; V; V
5. V; V; F; F; V

## Capítulo 5

1. c
2. V; V; V; F; F
3. a
4. a
5. b

## Capítulo 6

1. V; V; V; F; F.
2. F;F;V;F; V
3. 4; 2; 3; 5; 1
4. F; F; V; V; V
5. 5; 2; 4; 1; 3

## Capítulo 7

1. b
2. V; V; V; V; V
3. c
4. F; V; V; V; F
5. 2; 1; 5; 3; 4

## Sobre os autores

**José Cassidori Junior** é licenciado e bacharel em Educação Física pela Universidade Paranaense (Unipar), mestre em Esporte de Alto Rendimento e Preparação de Atletas e doutorando em Cultura Física e Esporte, ambos pela Universidade Estatal Russa de Cultura Física, Esporte, Juventude e Turismo. O foco de pesquisa do autor concentra-se na abordagem de estruturação do treinamento desportivo nos jogos desportivos. Tem experiência prática como treinador em futebol, voleibol, handebol, atletismo, judô e tênis.

**Jackson José da Silva** é formado em Educação Física e tem especialização em treinamento desportivo pela Universidade Estadual de Ponta Grossa. É mestre em Ergonomia e Fisiologia pela Universidade Federal do Rio Grande do Sul (UFRGS).

Impressão:
Julho/2020